KNAUR.LEBEN

Tara Brach

Mit dem Herzen eines Buddha

Heilende Wege zu Selbstakzeptanz und Lebensfreude

Aus dem Amerikanischen
von Susanne Kahn-Ackermann

KNAUR.LEBEN

Die amerikanische Originalausgabe erschien 2003 unter dem Titel
»Radical Acceptance: Embracing your life with the heart of a Buddha«
bei Bantam Books, New York.

Besuchen Sie uns im Internet:
www.knaur-leben.de

MIX
Papier | Fördert gute Waldnutzung
FSC® C083411
FSC www.fsc.org

Vollständige Taschenbuchausgabe Juli 2023

Ein Imprint der Verlagsgruppe Droemer Knaur GmbH & Co. KG
Landsberger Straße 346, 80687 München

Redaktion: Annette Gillich, Essen
Covergestaltung: ZERO Werbeagentur, München
Coverabbildung: FinePic®, München
Satz: Andrea Mogwitz, München
Druck und Bindung: CPI books GmbH, Leck
ISBN 978-3-426-21750-4

Kontaktadresse nach EU-Produktsicherheitsverordnung:
produktsicherheit@droemer-knaur.de

4 6 7 5 3

*Für meine Eltern,
die mit ihren großzügigen, liebevollen Herzen
mein Leben segneten.*

Inhalt

Geführte Reflexionen und Meditationen

Vorwort

Sie halten eine wunderbare Einladung in den Händen. Eine Einladung, sich darauf zu besinnen, dass Sie Ihr Leben mit dem weisen und zärtlichen Herzen eines Buddha leben können. Tara Brach bietet Ihnen in ihrem Buch *Mit dem Herzen eines Buddha* heilende Worte und ein transformatives Verständnis an, die Früchte ihres langjährigen Wirkens als geschätzte Meditationslehrerin und Psychotherapeutin. Weil sie sich der jeden Tag aufs Neue zu leistenden Arbeit verschrieben hat, mit tief empfundenem Mitgefühl und inniger Versöhnlichkeit die menschliche Würde wieder einzufordern und herzustellen, sind ihre Belehrungen unmittelbar und fassbarer Natur; sie bringen die Barrieren zum Schmelzen, die uns am vollkommenen Lebendigsein hindern.

In unserer von Stress und Konkurrenz geprägten Gesellschaft, die in so vielen von uns ein sehr geringes Selbstwertgefühl, die Selbstverurteilung und den Verlust des Heiligen herangezüchtet hat, sind die hier beschriebenen *Prinzipien Radikaler Akzeptanz* für ein freudvolles und befreites Leben unabdingbar. Dieses Buch weist uns mit seinen Geschichten und Berichten von Schülerinnen und Klienten, der Schilderung von Taras eigener, ganz persönlicher Reise und den systematisch aufgebauten Praxisübungen kluge Mittel und Wege, sich selbst innerlich zu nähren, Kummer und Leid zu transformieren und wieder zur Ganzheit zu gelangen. Und das Wichtigste: *Mit dem Herzen eines Buddha* erweckt in uns die Buddha-Natur, das grundlegende Glücklichsein und die Freiheit, die das Geburtsrecht eines jeden menschlichen Wesens ist. Lesen Sie diese Seiten mit Bedacht. Nehmen Sie sich die Worte und Übungen zu Herzen. Lassen Sie sich von ihnen führen und Ihren Pfad von ihnen segnen.

Jack Kornfield

Mit dem Herzen eines Buddha

Prolog

»Mit mir stimmt irgendetwas nicht«

Während meiner Collegezeit fuhr ich einmal mit einer älteren und klügeren Freundin von zweiundzwanzig Jahren übers Wochenende zum Wandern in die Berge. Nachdem wir unser Zelt aufgestellt hatten, saßen wir am Bach, schauten zu, wie das Wasser ums Felsgestein wirbelte, und sprachen über unser Leben. Irgendwann schilderte meine Freundin, wie sie gelernt hatte, »ihre eigene beste Freundin« zu sein. Da stürzte eine gewaltige Woge der Traurigkeit über mich herein, und ich brach schluchzend zusammen. Ich war extrem weit davon entfernt, meine eigene beste Freundin zu sein. Ständig wurde ich von einer inneren Richterin schikaniert, einer erbarmungslosen, unnachgiebigen, nörgelnden, mich permanent antreibenden, oft unsichtbaren, doch immer aktiven Richterin. Ich wusste, dass ich eine Freundin nie so behandeln würde, wie ich mit mir selbst umging, so ohne jede Gnade oder Freundlichkeit.

Ich war davon überzeugt, dass »mit mir irgendetwas Grundlegendes nicht stimmte«, und mühte mich ab, etwas unter Kontrolle zu halten und zu reparieren, was meinem Gefühl nach ein unzulängliches, mit Mängeln behaftetes Ich war. Ich trieb mich im Studium voran, war eine glühende politische Aktivistin und widmete mich einem sehr ausgefüllten Gesellschaftsleben. Den Schmerz floh ich (und erzeugte ihn umso mehr) durch Esssucht und unbedingtes Leistungsstreben. Meine Freizeitvergnügungen waren zuweilen durchaus gesund – Aufenthalte in der Natur mit Freunden –, beinhalteten aber auch eine gewisse zwanghafte Jagd nach Nervenkitzel durch weiche Drogen, Sex und andere Abenteuer. In den Augen der Welt funktionierte ich außerordentlich gut. Innerlich empfand ich Angst, fühlte ich mich getrieben und oft deprimiert. Ich lebte mit keinem Teil meines Daseins im Frieden.

Das Gefühl, nicht okay zu sein, verband sich mit einer tiefen Einsamkeit. In meinen frühen Teenagerjahren hatte ich manchmal die Vorstellung, in einer durchsichtigen Blase zu leben, die mich von den Leuten und dem Leben um mich herum getrennt hielt. Fühlte ich mich mit mir selbst und mit anderen wohl, wurde ihre Haut immer dünner, bis sie nur noch eine Art unsichtbare Gashülle war. War mir mit mir selbst unwohl, wurden ihre Wände so dick, dass ich meinte, die anderen müssten sie sehen können. Darin eingekerkert fühlte ich mich hohl und qualvoll allein. Als ich älter wurde, verblasste diese Vorstellung ein wenig, aber ich lebte ständig in der Angst, jemanden zu enttäuschen oder von irgendjemandem abgelehnt zu werden.

Bei meiner Freundin war das anders – zu ihr hatte ich genügend Vertrauen, um ihr gegenüber völlig offen sein zu können. Im Verlauf der nächsten zwei Tage, in denen wir auf hohen Bergkämmen dahinwanderten und uns mal unterhielten, mal schwiegen, begann mir allmählich klarzuwerden, dass hinter all meinen Stimmungsschwankungen, meiner Depression, meiner Einsamkeit und meinem Suchtverhalten das Gefühl einer tiefen, persönlichen Mangelhaftigkeit und Unzulänglichkeit lauerte. Ich bekam meinen ersten klaren Einblick in den Kern des Leidens, zu dem ich in meinem Leben immer und immer wieder vordringen sollte. Ich fühlte mich ausgeliefert und wund, wusste aber intuitiv, dass ich mich, wenn ich mich diesem Schmerz stellte, auf einen Weg der Heilung begab.

Als wir Sonntagabend von den Bergen zurückfuhren, war mir leichter ums Herz, aber es schmerzte noch immer. Ich sehnte mich danach, zu mir selbst freundlich sein zu können. Ich wünschte, mit meiner inneren Erfahrungswelt Freundschaft schließen und gegenüber den Menschen in meinem Leben mehr Nähe und Zwanglosigkeit empfinden zu können.

Als mich diese Sehnsüchte einige Jahre später zum buddhistischen Pfad hinzogen, fand ich dort die Lehren und Praxisübungen, die es mir möglich machten, mich meinen Gefühlen von

Unwürdigkeit und Unsicherheit direkt zu stellen. Sie gaben mir ein Mittel an die Hand, das, was ich erlebte und durchmachte, klar zu sehen, und zeigten mir, wie ich mich in Mitgefühl auf mein Leben beziehen konnte. Auch halfen mir die Lehren des Buddha, mich von der schmerzlichen und irrigen Vorstellung zu verabschieden, dass ich in meinem Leiden allein, dass es ein ganz persönliches Problem und irgendwie meine Schuld sei.

Im Verlauf der letzten zwanzig Jahre habe ich als Psychologin und buddhistische Lehrerin mit Tausenden von männlichen und weiblichen Klienten und Schülern gearbeitet, die mir offenbarten, was für eine schmerzliche Bürde dieses Gefühl, nicht gut genug zu sein, für sie ist. Ob unsere Unterhaltung inmitten eines zehntägigen Meditationsretreats oder während einer regulären wöchentlichen Therapiesitzung stattfand: Das Leiden – die Angst, mit Mängeln behaftet und nichts wert zu sein – ist im Grunde immer das gleiche.

Bei vielen von uns lauern diese Gefühle von Unzulänglichkeit und Minderwertigkeit gleich um die Ecke. Es braucht nicht viel, um in uns das Gefühl auszulösen, nicht okay zu sein: Wir hören etwas über die Leistungen eines anderen, werden kritisiert, geraten in Streit, machen einen Fehler bei der Arbeit.

Wie eine Freundin es formulierte: »Das Gefühl, dass mit mir irgendetwas nicht stimmt, ist das unsichtbare und giftige Gas, das ich ständig atme.« Nehmen wir unser Leben durch diese Linse der persönlichen Unzulänglichkeit wahr, sind wir in dem gefangen, was ich die »Trance des geringen Selbstwertgefühls« nenne. Und sitzen wir in dieser Falle, sind wir unfähig, die ganze Wahrheit von dem zu erkennen, wer wir wirklich sind.

Eine Meditationsschülerin berichtete mir während eines Retreats von einer Erfahrung, die ihr die Tragödie eines Lebens in Trance klar zu Bewusstsein brachte. Marilyn hatte viele Stunden am Bett ihrer sterbenden Mutter gesessen – hatte ihr vorgelesen, hatte spät in der Nacht neben ihr meditiert, hatte ihre Hand gehalten und ihr immer und immer wieder gesagt, dass sie sie liebt. Ihre Mutter blieb die meiste Zeit über bewusstlos, atmete schwer und unregelmäßig. Dann öffnete sie eines Tages kurz vor der

Morgendämmerung unvermittelt die Augen und sah ihre Tochter mit klarem, eindringlichem Blick an. »Weißt du«, flüsterte sie leise, »ich habe mein ganzes Leben lang gedacht, dass mit mir irgendetwas nicht stimmt.« Sie schüttelte fast unmerklich den Kopf, als wollte sie sagen: »Was für eine Vergeudung«, dann schloss sie die Augen und glitt wieder ins Koma. Einige Stunden später verschied sie.

Wir müssen nicht warten, bis wir auf dem Totenbett liegen, um uns klarzumachen, welche Vergeudung unseres kostbaren Lebens es bedeutet, wenn wir die Überzeugung mit uns herumschleppen, dass mit uns irgendetwas nicht stimmt. Aber weil die Gewohnheit unseres Unzulänglichkeitsgefühls so stark ist, erfordert das Erwachen aus dieser Trance nicht nur innere Entschlusskraft, sondern auch die aktive Schulung von Herz und Geist. Mit Hilfe buddhistischer Achtsamkeitsübungen befreien wir uns vom Leiden der Trance, indem wir erkennen lernen, was im gegenwärtigen Augenblick wahr ist, und mit offenem und liebevollem Herzen annehmen, was immer wir sehen. Dieses Kultivieren von Achtsamkeit und Mitgefühl nenne ich »Radikale Akzeptanz«.

Radikale Akzeptanz kehrt unsere Gewohnheit um, mit unvertrauten, erschreckenden oder intensiven Erfahrungen im Kriegszustand zu leben. Sie ist das Gegenmittel zu all den Jahren der Selbstvernachlässigung, der Selbstverurteilung und des harten Umgangs mit sich selbst, zu den Jahren, in denen wir die Erfahrung des Augenblicks abgelehnt und zurückgewiesen haben. Sie ist die Bereitschaft, sich selbst und das eigene Leben so wahrzunehmen und zu erfahren, wie es ist. Ein Augenblick Radikaler Akzeptanz ist ein Augenblick echter Freiheit.

Sri Nisargatta, ein indischer Meditationsmeister des 20. Jahrhunderts, ermuntert uns dazu, aus ganzem Herzen in diesen Pfad der Freiheit einzutreten: »... ich bitte euch nur um dies: *Macht die Liebe zu eurem Selbst zu etwas Vollkommenem.*« Was meine Schülerin Marilyn anging, so war sie durch die letzten Worte ihrer sterbenden Mutter für diese Möglichkeit erweckt worden. »Es war ihr Abschiedsgeschenk«, sagte sie. »Mir wurde klar, dass ich mein Leben nicht auf die gleiche Art verlieren muss. Aus Liebe – zu meiner Mutter, zum Leben – entschloss ich mich, mir selbst mit mehr Akzeptanz und Freundlichkeit verbunden zu sein.« Wir alle können die gleiche Wahl treffen.

Wenn wir Radikale Akzeptanz üben, fangen wir bei den Ängsten und Wunden unseres eigenen Lebens an und entdecken, dass unser mitfühlendes Herz unendlich weit wird. Indem wir uns in Mitgefühl selbst umarmen und halten, werden wir frei, diese lebendige Welt zu lieben. Das ist der Segen der Radikalen Akzeptanz: In dem Maße, wie wir uns vom Leiden befreien, »dass mit mir irgendetwas nicht stimmt«, vertrauen wir auf die ganze Fülle von dem, wer wir wirklich sind, und lassen sie zum Ausdruck kommen.

Ich bete darum, dass die in diesem Buch angebotenen Belehrungen uns auf unserem gemeinsamen Weg des Erwachens dienlich sein mögen. Mögen wir alle das reine Gewahrsein und die Liebe entdecken, die unsere tiefste Wesensnatur sind. Möge unser liebendes Gewahrsein alle Wesen allerorts in die Arme schließen und liebevoll annehmen.

1

Die Trance des geringen Selbstwertgefühls

Eines Nachts gehst du spazieren …
Dir wird plötzlich klar,
dass du am Entfliehen warst
und dass du schuldig bist:
Du hast die Anweisungen falsch verstanden,
du bist kein Mitglied, du hast deine Karte verloren
oder nie eine gehabt …
Wendell Berry

Jahrelang hatte ich einen immer wiederkehrenden Traum, in dem ich mich vergeblich abmühe, irgendwohin zu gelangen: Manchmal renne ich einen Hügel hinauf, oder ich klettere über Felsbrocken oder schwimme gegen eine Strömung an. Oft steckt eine geliebte Person in Schwierigkeiten, oder es wird gleich etwas Schlimmes passieren. Mein Verstand rast, doch mein Körper fühlt sich schwer und erschöpft an; es ist, als wate ich in Sirup. Ich weiß, ich sollte imstande sein, das Problem zu lösen, aber ganz gleich, wie sehr ich mich bemühe, ich kann nicht dahin gelangen, wo ich hinmuss. Mutterseelenallein und voll Angst, zu versagen, bin ich in meinem Dilemma gefangen. Es existiert nichts anderes mehr auf der Welt.

Dieser Traum erfasst die Trance des geringen Selbstwertgefühls im Kern. Oft scheinen wir in unseren Träumen die Protagonisten eines vorgezeichneten Dramas zu sein, dazu verdammt, auf bestimmte Weise auf unsere Umstände zu reagieren. Es scheint uns nicht bewusst zu sein, dass es auch andere Wahlmöglichkeiten geben könnte. Wenn wir in der Trance und in unseren Geschichten und Ängsten über all die Möglichkeiten unseres

Versagens und Scheiterns gefangen sind, befinden wir uns in einem ziemlich ähnlichen Zustand. Wir leben in einem Wachtraum, der die Erfahrungen unseres Lebens vollständig definiert und einschränkt. Der Rest der Welt bildet nur noch den Hintergrund, während wir uns abmühen, irgendwohin zu gelangen, ein besserer Mensch zu sein, etwas zu erreichen, Fehler zu vermeiden. Wie im Traum halten wir unsere Geschichten für die Wahrheit – eine zwingende Realität –, und sie beanspruchen den Großteil unserer Aufmerksamkeit. Unsere Gedanken drehen sich ständig um unsere Sorgen und Pläne, beim Mittagessen, auf der Heimfahrt nach der Arbeit, beim Gespräch mit unseren Partnern oder wenn wir den Kindern vor dem Einschlafen etwas vorlesen. Dieser Trance wohnt die Überzeugung inne, dass wir unser Ziel, ganz gleich, wie sehr wir uns anstrengen, immer irgendwie nicht erreichen werden.

Dieses geringe Selbstwert- oder Minderwertigkeitsgefühl geht mit dem Empfinden einher, von anderen getrennt, vom Leben abgetrennt zu sein. Wie sollen wir denn dazugehören können, wenn wir mit Makeln und Fehlern behaftet sind? Es ist ein Teufelskreis: Je unzulänglicher wir uns vorkommen, desto isolierter und verletzlicher fühlen wir uns. Hinter unserer Angst, nicht zu genügen, lauert eine urtümlichere Angst, dass mit dem Leben etwas nicht in Ordnung ist, dass etwas Schlimmes passieren wird. Auf diese Angst reagieren wir mit Schuldzuweisungen, sogar mit Hass, gegenüber dem, was wir als Quelle des Problems erachten: wir selbst, andere, das Leben an sich. Aber tief im Innern fühlen wir uns nach wie vor verletzlich, auch wenn wir unsere Aversionen nach außen richten.

Unsere Minderwertigkeits- und Entfremdungsgefühle lassen die verschiedensten Formen von Leiden entstehen, deren augenfälligste die Sucht ist. Dabei kann es sich um Alkohol, Essen oder Drogen handeln; andere haben eine Beziehungssucht, fühlen sich von einer bestimmten Person oder bestimmten Leuten abhängig, um sich als ganz empfinden und das Leben lebenswert finden zu können. Manche versuchen, sich durch lange, aufreibende Arbeitsstunden wichtig zu fühlen – eine Sucht, die in unserer Gesellschaft oft Beifall findet. Manche schaffen sich äußere Feinde und befinden sich im permanenten Kriegszustand mit der Welt. Der Glaube, dass wir unzulänglich und nichts wert sind, macht uns das Vertrauen darauf, wirklich geliebt zu werden, schwer. Viele von uns leben mit einer unterschwelligen Depression oder ohne jede Hoffnung, sich anderen Menschen jemals nahe fühlen zu können. Wir haben Angst, abgelehnt zu werden, wenn die anderen merken, wie langweilig oder dumm, egoistisch oder unsicher wir sind. Wenn wir nicht attraktiv genug sind, werden wir vielleicht nie auf intime, romantische Weise geliebt werden. Wir sehnen uns danach, dazuzugehören, möchten uns bei uns selbst und anderen daheim, unbeschwert und vollkommen akzeptiert fühlen. Aber die Trance des geringen Selbstwertgefühls hält das süße Erleben des Zugehörigkeitsgefühls außer Reichweite.

Und die Trance intensiviert sich, wenn unser Leben schmerzlich wird und außer Kontrolle geraten zu sein scheint. Wir glauben vielleicht, dass unsere physische Krankheit oder Depression unsere eigene Schuld ist – die Folge unserer schlechten Gene oder unseres Mangels an Disziplin oder Willenskraft. Wir meinen vielleicht, dass der Verlust unseres Arbeitsplatzes oder eine schmerzliche Scheidung unseren persönlichen Makel widerspiegelt. Wären wir nur besser gewesen, wären wir nur irgendwie anders gewesen, dann wären die Dinge nicht schiefgegangen. Es mag zwar sein, dass wir die Schuld jemand anderem anlasten, aber im Stillen sprechen wir uns doch schuldig dafür, überhaupt in diese Situation geraten zu sein.

Und auch wenn es nicht um uns selbst geht, sondern eine uns nahestehende Person – der Partner, die Partnerin oder ein Kind – leidet oder Schmerzen hat, nehmen wir das als weiteren Beweis für unsere Unzulänglichkeit. Beim dreizehnjährigen Sohn einer meiner psychotherapeutischen Klientinnen wurde ein Aufmerksamkeitsdefizitsyndrom diagnostiziert. Sie hat alles in ihrer Macht Stehende getan, ihm zu helfen – Ärzte, Ernährung, Akupunktur, Medikamente, Liebe. Doch er leidet noch immer unter schulischen Rückschlägen und fühlt sich gesellschaftlich isoliert.

Er ist davon überzeugt, ein »Verlierer« zu sein, und schlägt oft aus lauter Schmerz und Frustration um sich. All ihrer liebevollen Bemühungen und Anstrengungen ungeachtet quält sie das Gefühl, dass sie ihren Sohn im Stich lässt und mehr tun sollte.

Die Trance des geringen Selbstwertgefühls zeigt sich nicht immer so offenkundig als Empfinden von Scham und Unzulänglichkeit. Als ich einer guten Freundin berichtete, dass ich über das geringe Selbstwertgefühl und seine allgemeine Verbreitung schreibe, reagierte sie mit dem Einwand: »Mein Hauptproblem sind nicht die Schamgefühle, sondern es ist der Stolz.« Sie, eine erfolgreiche Schriftstellerin und Lehrerin, erzählte mir, wie leicht sie sich im Überlegenheitsgefühl anderen gegenüber verfängt. Sie findet viele Leute geistig etwas lahm und langweilig. Und weil so viele Menschen sie bewundern, reitet sie oft auf den Wogen des Gefühls, etwas Besonderes und wichtig zu sein. »Es ist mir peinlich, es zuzugeben«, sagte sie, »und vielleicht passt *hier* das Schamgefühl hinein. Aber ich mag es, wenn die Leute zu mir aufsehen ... dann fühle ich mich gut und wohl mit mir selbst.« Hier agiert sie die andere Seite der Trance aus. Dann gab sie zu, in Dürrezeiten, wenn sie sich nicht produktiv oder nützlich oder bewundert fühlt, in Minderwertigkeitsgefühle abzusacken. Statt einfach ihre Talente anzuerkennen und ihre Stärken zu genießen, braucht sie die Bestätigung des Gefühls, etwas Besonderes oder anderen überlegen zu sein.

Davon überzeugt, nie gut genug zu sein, können wir uns nie entspannen. Immer sind wir auf der Hut und überprüfen uns auf Schwächen und Mängel. Wenn wir sie dann unvermeidlich entdecken, fühlen wir uns noch unsicherer und minderwertiger. Wir müssen uns noch mehr anstrengen. Und die Ironie bei allem ist ... wo glauben wir denn überhaupt hinzugehen? Ein Meditationsschüler berichtete mir, dass er das Gefühl habe, ständig unter Dampf zu stehen, getrieben vom Gefühl, noch mehr tun zu müssen. Und mit Wehmut in der Stimme setzte er hinzu: »Ich streife über das Leben hinweg und rase auf die Ziellinie zu – den Tod.« Wenn ich in meinem Meditationsunterricht über das Leiden des geringen Selbstwertgefühls spreche, sehe ich Schülerinnen und

Schüler häufig mit dem Kopf nicken, und manchen kommen die Tränen. Vielleicht wird ihnen zum ersten Mal klar, dass ihre Schamgefühle nicht ihre eigene, ganz persönliche Bürde sind, sondern dass viele Menschen diese Empfindungen haben. Hinterher bleiben einige noch da, um zu reden. Sie gestehen, dass ihr mangelndes Selbstwertgefühl es ihnen unmöglich macht, um Hilfe zu bitten oder sich von der Liebe eines anderen Menschen umfangen und gehalten zu fühlen. Manche erkennen, dass ihre Minderwertigkeits- und Unsicherheitsgefühle sie daran hindern, ihre Träume zu verwirklichen. Oft erzählen mir Schüler, dass ihr chronisches Minderwertigkeitsgefühl sie fortwährend daran zweifeln lässt, dass sie richtig meditieren und sich auf spiritueller Ebene weiterentwickeln.

Eine ganze Reihe von ihnen berichtete mir, zu Beginn ihres spirituellen Pfades angenommen zu haben, dass ihre Unzulänglichkeitsgefühle durch eine hingebungsvolle Meditationspraxis transzendiert werden würden. Doch sie mussten feststellen, dass ihnen die Meditation zwar auf wichtige Art und Weise geholfen hat, aber die tiefen Nester des Scham- und Unsicherheitsgefühls überdauern hartnäckig – manchmal trotz jahrzehntelanger Praxis. Mag sein, dass sie einen Meditationsstil kultiviert haben, der für ihr persönliches emotionales Naturell nicht gut geeignet ist. Vielleicht brauchen sie auch zusätzliche psychotherapeutische Hilfe, um tiefe Wunden aufdecken und heilen zu können. Wie auch immer, wenn es uns nicht gelingt, uns durch die spirituelle Praxis von diesem Leiden zu befreien, kann das in uns grundsätzliche Zweifel daran aufkommen lassen, dass wir jemals wirklich glücklich und frei sein können.

Ein Ich, das sich minderwertig und unwürdig fühlt, in das spirituelle Leben einbringen

In den Kommentaren meiner Schüler und Schülerinnen höre ich den Widerhall meiner eigenen Geschichte. Nach meinem Collegeabschluss zog ich in einen Ashram, eine spirituelle Gemeinschaft, und gab mich voller Enthusiasmus fast zwölf Jahre lang dieser Lebensweise hin. Ich hatte das Gefühl, einen Weg gefunden zu haben, durch den ich mich reinigen und läutern und die Unvollkommenheiten meines Egos – das Ich und seine Strategien – transzendieren konnte. Wir mussten jeden Tag um halb vier Uhr morgens aufstehen, uns kalt duschen und anschließend von vier bis sechs Uhr dreißig eine *Sadhana* (spirituelle Yoga-Übung), Meditation, Rezitation und Gebet praktizieren. Wenn dann Frühstückszeit war, hatte ich oft das Gefühl, in einem lichten, liebevollen, seligen Zustand zu schweben. Ich war eins mit einem liebenden Bewusstsein, das ich Die Geliebte nenne und als meine eigene tiefste Essenz erfahre. Ich fühlte mich weder schlecht noch gut *im Hinblick auf mich,* ich fühlte mich einfach gut.

Nach dem Frühstück und im Verlauf des Tages schlichen sich allmählich wieder meine gewohnheitsmäßigen Gedanken und Verhaltensweisen ein. Wie schon im College fühlte ich mich unsicher und selbstsüchtig, und meine Gefühle sagten mir, dass ich es nicht schaffte. Wenn ich keine Zeit für noch mehr Yoga und Meditation finden konnte, empfand ich mich oft wieder als mein altvertrautes kleinmütiges Ich, das nicht okay war. Dann ging ich zu Bett, wachte auf und fing wieder von vorne an.

Während ich echten inneren Frieden und ein weit offenes Herz spürte, fuhr meine innere Kritikerin fort, mein Reinheitslevel einzuschätzen. Ich misstraute mir selbst dafür, dass ich so tat, als sei ich positiv gestimmt, während ich mich im Grunde einsam oder verängstigt fühlte. Ich liebte die Yoga- und Meditationspraktiken, schämte mich aber für mein Bedürfnis, andere mit der Stärke meiner Praxis zu beeindrucken. Ich wollte, dass andere mich als tief Meditierende und hingebungsvolle Yogini ansahen, als eine Person, die mit Achtsamkeit, Fürsorge und Großzügigkeit ihrer Welt diente. Unterdessen verurteilte ich andere Menschen für ihre nachlässige Disziplin und mich selbst dafür, dass ich über andere Urteile fällte. Auch inmitten der Gemeinschaft fühlte ich mich oft einsam und allein.

Nach meiner Vorstellung würde es, wenn ich mich wirklich anstrengte, acht bis zehn Jahre dauern, bis ich mich von meiner ganzen Selbstanhaftung gelöst haben und frei und weise sein würde. In regelmäßigen Abständen konsultierte ich von mir bewunderte Lehrer und Lehrerinnen verschiedener anderer Traditionen: »Wie komme ich voran? Was kann ich noch tun?« Sie antworteten stets: »Entspann dich einfach.« Ich war mir nicht ganz sicher, was genau sie damit meinten, dachte aber auf keinen Fall, es könnte tatsächlich »entspann dich einfach« bedeuten. Wie konnten sie es wohl meinen? Ich war noch nicht »da«.

Der tibetisch-buddhistische Lehrer Chögyam Trungpa schrieb: »Das Problem ist, dass das Ego alles für seine eigenen Zwecke umfunktionieren kann, auch die Spiritualität.« Ich hatte all mein Bedürfnis, bewundert zu werden, all meine Unsicherheiten, nicht gut genug zu sein, all meine Neigungen, über meine innere und äußere Welt zu urteilen und zu richten, in meinen spirituellen Weg eingebracht. Dieses Spielfeld war größer als das meiner früheren Bestrebungen, aber das Spiel war noch immer das gleiche: Das Streben und Ringen darum, ein anderer und besserer Mensch zu sein.

Rückblickend überrascht es nicht, dass meine Selbstzweifel unbeschadet in mein spirituelles Leben getragen wurden. Wer vom Gefühl, nicht gut genug zu sein, geplagt ist, wird oft von idealistischen Weltanschauungen angezogen, die die Möglichkeit der Läuterung und Transzendierung einer mit Mängeln und Fehlern behafteten Wesensnatur anbieten. Diese Suche nach Vollkommenheit gründet sich auf der Annahme, dass wir uns ändern müssen, um dazuzugehören. So mögen wir sehnsuchtsvoll der Botschaft lauschen, dass Ganzheit und Gutsein schon immer unsere Essenz waren, fühlen uns aber immer noch wie Außenseiter, wie uneingeladene Gäste an der Festtafel des Lebens.

Eine Kultur, die das Gefühl von Getrenntsein und Scham züchtet

Vor ein paar Jahren lud eine kleine Gruppe buddhistischer Lehrer und Psychologen, die aus den Vereinigten Staaten und Europa zusammengekommen waren, den Dalai Lama zur Teilnahme an einem Gespräch über Gefühle und Gesundheit ein. Bei einer der Sitzungen bat ihn ein amerikanischer Vipassana-Lehrer, etwas über das Leiden des Selbsthasses zu sagen. Auf dem Gesicht des Dalai Lama zeigte sich Verwunderung. »Was ist Selbsthass?«, fragte er. Und der Ausdruck der Verblüffung verstärkte sich noch, als die anwesenden Therapeuten und Lehrer es ihm zu erklären versuchten. »Ist dieser Geisteszustand ein Nervenleiden?«, fragte er. Als ihm die Versammelten versicherten, dass es sich hier keineswegs um ein ungewöhnliches, sondern ein bei ihren Schülern und Klienten ziemlich verbreitetes Phänomen handelte, war der Dalai Lama überrascht. Wie war es möglich, so über sich zu denken und zu fühlen, fragte er, wo doch »jedermann eine Buddha-Natur hat«.

Während alle Menschen sich ihrer Schwächen schämen und Angst vor Ablehnung haben, ist doch unsere westliche Gesellschaft eine Brutstätte für eine Art von Scham und Selbsthass, die der Dalai Lama nicht verstehen konnte. Da so viele von uns ohne das nährende Gefühl von Familie und Zusammenhalt, von Nachbarschaft, Gemeinschaft oder »Stamm« aufwuchsen, überrascht es nicht, wenn wir uns wie Außenseiter fühlen, auf uns allein gestellt und abgeschnitten. Wir lernen schon früh im Leben, dass jedwede Zugehörigkeit und Angliederung – zur Familie und zum Freundeskreis, in der Schule oder am Arbeitsplatz – es erfordern, dass wir uns ihrer würdig erweisen. Wir stehen unter dem Druck, miteinander zu konkurrieren, voranzukommen und uns als intelligent, attraktiv, fähig, machtvoll, reich hervorzutun. Irgendeiner zählt immer den Punktestand.

Nachdem sie ihr Leben lang mit Armen und Kranken gearbeitet hatte, äußerte Mutter Teresa die überraschende Erkenntnis: »Heutzutage ist die am weitesten verbreitete Krankheit nicht Lepra oder Tuberkulose, sondern das Gefühl, nicht dazuzugehören.« In unserer Gesellschaft hat diese Krankheit epidemische Ausmaße angenommen. Wir sehnen uns danach, dazuzugehören, und haben das Gefühl, es nicht zu verdienen.

Für eine solche kulturelle Weltsicht stellt der Buddhismus eine fundamentale Herausforderung dar. Der Buddha lehrte, dass die menschliche Geburt ein kostbares Geschenk ist, weil sie uns die Gelegenheit zur Verwirklichung von Liebe, Gewahrsein und Bewusstheit gibt, die unsere wahre Natur sind. Wir alle haben eine *Buddha-Natur,* wie der Dalai Lama so bewegend darlegte. Das spirituelle Erwachen ist der Prozess, der uns zur Erkenntnis unseres essenziellen Gutseins, unserer natürlichen Weisheit und unseres natürlichen Mitgefühls gelangen lässt.

Dieses Vertrauen auf den uns innewohnenden Wert steht im krassen Gegensatz zum Leitmythos unserer Kultur: die Geschichte von Adams und Evas Vertreibung aus dem Paradies. Wir vergessen vielleicht die Kraft dieser Geschichte, weil sie uns schon so abgenutzt und bekannt vorkommt, aber sie formt und reflektiert die Psyche des Westens auf tiefer Ebene. Die Botschaft der »Erbsünde« ist unmissverständlich: Wegen unserer grundlegend fehlerhaften und schwachen Natur verdienen wir es nicht, glücklich zu sein, von anderen geliebt zu werden und mit dem Leben locker zurechtzukommen. Wir sind Ausgestoßene, und wenn wir das Paradies wieder betreten wollen, müssen wir unser sündiges Ich erlösen. Wir müssen unsere Fehler und Schwächen überwinden, indem wir unseren Körper, unsere Gefühle, unsere Umwelt und andere Menschen beherrschen und unter Kontrolle halten. Und wir müssen – arbeitend, erwerbend, konsumierend, Ziele erreichend, e-mailend, mehr als hundertprozentige Leistung bringend und hastend – uns unermüdlich anstrengen im Bemühen, uns ein für alle Mal zu beweisen.

Jack Kornfield und Christina Feldman erzählen in ihrem Buch *Geschichten, die der Seele gut tun* folgende Geschichte: Eine Familie ging zum Abendessen in ein Restaurant. Als die Kellnerin an den Tisch trat, gaben die Eltern ihre Bestellung auf. Sogleich meldete die fünfjährige Tochter mit piepsiger Stimme ihre eigenen Wünsche an: »Ich nehme einen Hotdog, Pommes frites und eine Cola.« – »O nein, das tust du nicht«, ging der Vater dazwischen und sagte an die Kellnerin gewandt: »Sie bekommt Hackbraten, Kartoffelbrei und Milch.« Die Kellnerin sah mit einem Lächeln das Kind an und fragte: »Also Schätzchen, was soll auf dem Hotdog drauf sein?« Nachdem sie wieder gegangen war, saß die Familie einen Moment verdutzt und schweigend da. Dann sagte das kleine Mädchen mit leuchtenden Augen: »Sie glaubt, ich bin echt.«

Meine Mutter war bei mir zu Besuch und mitgekommen, als ich diese Geschichte in meiner allwöchentlichen Meditationsgruppe in Washington, D. C., erzählte. Später auf der Heimfahrt sagte sie den Tränen nahe: »Das kleine Mädchen im Restaurant – das war ich.« Sie hatte sich unter dem Blick ihrer Eltern nie echt, nie wirklich existent gefühlt, berichtete sie. Sie war ein Einzelkind und hatte das Gefühl, der Zweck ihres Daseins auf diesem Planeten sei allein der, die Person zu sein, die sie nach dem Wunsch ihrer Eltern sein sollte. Ihr Wert bemaß sich einzig daran, wie gut sie ihre Eltern repräsentierte, ob sie auf sie stolz sein konnten oder nicht. Sie war das Objekt ihrer Eltern, das diese handhaben und kontrollieren, vorzeigen und zurechtweisen konnten. Ihre eigenen Ansichten und Gefühle spielten keine Rolle, weil sie sie nicht als »eigenständige Person« ansahen. Ihre Identität beruhte darauf, dass sie tat, was andere wollten, und auf der Angst, nicht gemocht zu werden, wenn sie es nicht tat. So, wie sie sich erlebte, war sie keine wirkliche, keine echte Person, die Respekt verdiente und liebenswert war ohne zusätzliches Brimborium und Bemühung darum.

Die meisten Klientinnen und Klienten, die mich aufsuchen, sind sich sehr bewusst, welche Eigenschaften eine ideale Mutter oder ein idealer Vater haben sollte. Sie wissen, dass wirklich präsente und liebevolle Eltern ihrem Kind ein Spiegel für sein eigenes Gutsein sind. Durch dieses klare Spiegeln entwickelt das Kind schon früh im Leben ein Gefühl von Sicherheit, Grundvertrauen und die Fähigkeit, im Umgang mit anderen Spontaneität zu entfalten und Nähe zuzulassen. Wenn meine Klientinnen und Klienten ihre Wunden untersuchen, erkennen sie, wie sie als Kinder nicht die Liebe und das Verständnis erhielten, wonach sie sich sehnten. Und sie können auch sehen, auf welche Art sie in der Beziehung zu ihren eigenen Kindern dem Elternideal nicht entsprechen – wenn sie unaufmerksam, wertend, wütend und egozentrisch sind.

Auch unsere unvollkommenen Eltern hatten unvollkommene Eltern. Ängste, Unsicherheiten und Wünsche werden über Generationen weitergegeben. Eltern wollen erleben, dass ihre Nachkommen es auf eine Weise schaffen, die ihnen selbst wichtig ist. Oder sie wollen, dass ihre Kinder etwas Besonderes sind, was in unserer Wettbewerbsgesellschaft heißt, intelligenter, fähiger und attraktiver als andere Leute zu sein. Sie sehen ihre Kinder durch den Filter der Angst (sie kommen vielleicht auf kein gutes College und werden nicht erfolgreich) und durch den Filter des Wunsches (werden sie uns gut dastehen lassen?).

Als Botschafter unserer Gesellschaftskultur übermitteln Eltern ihren Kindern oft, dass Wut und Angst etwas Schlechtes sind, dass ihre natürliche Art, ihren Bedürfnissen und Frustrationen Ausdruck zu geben, unakzeptabel ist. In Fällen von Misshandlung und Missbrauch lautet die Botschaft: »Du bist schlecht, du bist im Weg, du bist nichts wert.« Aber auch in weniger extremen Situationen lernen die meisten von uns, dass unsere Wünsche, Ängste und Ansichten nicht viel Gewicht haben und dass wir anders und besser sein müssen, wenn wir dazugehören wollen. Jeff, einer meiner Schüler, erzählte mir bei einem Meditationsretreat von einer Erinnerung, die bei seiner letzten Sitzung plötzlich in ihm aufgestiegen war. Als er ungefähr sieben

Jahre alt war, tat er sich beim Spielen mit seinem älteren Bruder weh. Weinend rannte er zu seiner Mutter, die in der Küche beschäftigt war. Er trippelte hinter ihr her und drängte sie, seinen Bruder zurechtzuweisen. Plötzlich blieb sie stehen, drehte sich um, die Hände in die Hüften gestemmt, und sah ihn ausgesprochen verärgert und verächtlich an. Jeff konnte sich nicht mehr erinnern, was sie konkret sagte, aber ihr Gesichtsausdruck hatte ihm zu verstehen gegeben: »Sei nicht so bedürftig!«

Erst viele Jahre später begriff Jeff, dass man seiner Mutter, die in einer großen, chaotischen Familie aufgewachsen war, beigebracht hatte, dass Kinder sich selbst zur Wehr setzen müssen. Wenn Jeff jammerte oder klammerte, ärgerte sie sich über seine »Schwäche«. Als er erwachsen wurde, hatte unsere Gesellschaft, die so viel Wert auf Eigenständigkeit und Unabhängigkeit legt – und diese Eigenschaften gerade bei Männern für besonders wichtig hält –, diese Botschaft noch verstärkt. Und obwohl er das alles verstand, hatte Jeff auch als Erwachsener nach wie vor das Gefühl, dass ihn die Tatsache, dass er Bedürfnisse hatte, zu einem unattraktiven, unerwünschten, ja sogar schlechten Menschen machte. Wie bei so vielen von uns erweckte schon jedes Gefühl von Bedürfnis in ihm Scham. Er zuckte schon zusammen, wenn er das Wort *bedürftig* nur hörte.

Indem sie uns beibringen, dass mit uns irgendetwas Grundlegendes nicht stimmt, transportieren unsere Eltern und unsere Gesellschaftskultur die in der Geschichte von Adam und Eva enthaltene Botschaft immer weiter. Und durch das Verinnerlichen dieser Auffassung von unserer Wesensnatur verfangen wir uns in der Trance des geringen Selbstwertgefühls. Wir können Jahre und Jahrzehnte unseres Lebens auf den Versuch verwenden, zu sein, wer wir dem Wunsch unserer Eltern nach sein sollen, können versuchen, gut genug zu sein, um wieder ins Paradies eintreten zu können.

Wie wir mit dem Schmerz des Unzulänglichseins umgehen

Wir tun alles uns Mögliche, um den brutalen Schmerz des Gefühls, nichts wert und unwürdig zu sein, zu vermeiden. Jedes Mal, wenn unsere Mängel und Schwächen – vor uns selbst oder anderen – bloßgelegt werden, reagieren wir wie Adam und Eva nach dem Sündenfall und versuchen ängstlich, unsere Nacktheit, unsere Blöße zu bedecken. Im Lauf der Jahre entwickeln wir spezielle Strategien, die unsere Fehler und Schwächen verdecken und das kompensieren sollen, was unserer Überzeugung nach mit uns nicht in Ordnung ist.

Wir lassen uns auf ein Selbstverbesserungsprojekt nach dem anderen ein. Wir bemühen uns, den von den Medien bestimmten Normen eines perfekten Körpers und Aussehens gerecht zu werden, indem wir alles Graue mit Farbe übertünchen, uns liften lassen, ständig auf Diät sind. Wir treiben uns an, um am Arbeitsplatz in eine bessere Position zu gelangen. Wir machen Fitnesstraining, belegen Weiterbildungsseminare, meditieren, stellen Listen auf, übernehmen freiwillig Arbeiten, nehmen an Workshops teil. Jede dieser Aktivitäten kann auf gesunde Art und Weise unternommen werden, doch nur allzu oft betreiben wir sie mit dem ängstlichen Unterton von »nicht gut genug«. Statt uns zu entspannen und uns an unserem Sein und Tun zu erfreuen, vergleichen wir uns mit einem Ideal und versuchen, den Unterschied auszugleichen.

Wir halten uns zurück und gehen auf Nummer sicher, statt einen Fehlschlag zu riskieren. Mein Sohn Narayan machte mit etwa zehn eine Phase durch, in der er nur äußerst widerwillig neue Dinge ausprobierte. Er wollte in allem sofort gut sein, und wenn er merkte, dass irgendetwas Übung erforderte, war er eingeschüchtert. Ich versuchte mit ihm darüber zu reden, dass die wundervollsten Bereiche des Lebens immer ein gewisses Risiko beinhalten und Fehler unvermeidlich sind. Meine Vorschläge, seinen Horizont durch Tennisstunden oder einen Konzertbesuch zu erweitern, stießen stets auf Widerstand. Auf einen meiner vergeblichen Versuche, ihn dazu zu bringen, sich auf etwas Neues einzulassen, reagierte Narayan mit einem Zitat Homers (gemeint ist Homer Simpson): »Der Versuch ist der erste Schritt zum Scheitern.«

Auf Nummer sicher zu gehen erfordert das Vermeiden riskanter Situationen – was so ziemlich alles im Leben abdeckt. Das kann heißen, dass wir bei der Arbeit keine Führung oder Verantwortung übernehmen, keine Beziehung von wirklicher Nähe und Intimität mit anderen riskieren, uns zurücknehmen und unserer Kreativität keinen Ausdruck verleihen, nicht sagen, was wir wirklich meinen, uns nie spielerisch oder zärtlich oder liebebedürftig zeigen.

Wir ziehen uns vom Erfahren und Erleben des gegenwärtigen Moments zurück. Wir streben weg vom nackten Gefühl der Angst und Scham, indem wir uns unaufhörlich Geschichten über das Geschehen in unserem Leben erzählen. Bestimmte Schlüsselthemen sind ständig präsent: Was wir tun müssen, was nicht funktioniert hat, welche Probleme auf uns warten könnten, wie andere uns sehen, wie andere unsere Bedürfnisse erfüllen (oder nicht erfüllen), wie andere sich einmischen oder uns im Stich lassen. Es gibt einen alten Witz über eine jüdische Mutter, die ihrem Sohn ein Telegramm schickt: »Fang schon an, dir Sorgen zu machen, Einzelheiten folgen.« Da wir in einem frei schwebenden Besorgniszustand leben, brauchen wir noch nicht einmal ein Problem, um einen ganzen Schwall an Katastrophenszenarien in Gang zu setzen. Das Leben in der Zukunft schafft die Illusion, dass wir unser Dasein im Griff haben und gegen persönliche Fehlschläge gewappnet sind.

Wir halten uns beschäftigt. Permanent beschäftigt zu sein ist eine gesellschaftlich sanktionierte Art, den Schmerz von sich fernzuhalten. Wenn jemand, der gerade einen geliebten Menschen verloren hat, sich ablenken kann, »sich gut beschäftigt hält«, finden wir das positiv. Sobald wir innehalten, riskieren wir das Versinken im unerträglichen Gefühl, allein und absolut nichts wert zu sein. Also scharren wir alles zusammen, um uns vollzustopfen – unsere Zeit, unseren Körper, unseren Geist. Vielleicht kaufen wir uns etwas Neues oder verlieren uns in geistlosem Geplapper. Sobald sich eine Lücke auftut, gehen wir online, um unsere E-Mails zu checken, machen Musik an, besorgen uns eine Kleinigkeit zu essen, sehen fern – alles, um uns die in unserer Psyche lauernden Gefühle von Verletzlichkeit und Unzulänglichkeit begraben zu helfen.

Wir werden zu unseren eigenen schlimmsten Kritikern. Der ständig in uns ablaufende Kommentar bringt uns immer und immer wieder in Erinnerung, dass wir alles vermasseln, dass andere sehr viel effizienter und erfolgreicher sind und ihr Leben besser im Griff haben. Oft machen wir da weiter, wo unsere Eltern aufgehört haben, und halten uns unbarmherzig unsere Fehler und Schwächen vor Augen. Wie der Karikaturist Jules Feiffer es formuliert: »Ich wuchs auf, um das Aussehen meines Vaters, die Sprachgewohnheiten meines Vaters, die Körperhaltung meines Vaters, die Gehweise meines Vaters, die Meinungen meines Vaters und die Verachtung meiner Mutter für meinen Vater zu haben.« Über dem zu stehen, was mit uns nicht stimmt, gibt uns das Gefühl, dass wir unsere Impulse unter Kontrolle halten, unsere Schwächen übertünchen und möglicherweise unseren Charakter verbessern.

Wir richten unser Augenmerk auf die Fehler anderer Leute. Es gibt den Spruch, dass sich die Welt in Menschen unterteilt, die glauben, recht zu haben. Je unzulänglicher wir uns fühlen, desto unangenehmer ist uns das Eingeständnis unserer Fehler. Anderen die Schuld zuzuweisen erlöst uns zeitweilig von der Bürde des Versagens.

Die schmerzliche Wahrheit ist, dass alle diese Strategien nur genau die Unsicherheiten bestärken, die die Trance des geringen Selbstwertgefühls aufrechterhalten. Je banger und angsterfüllter wir uns all die Geschichten erzählen, wie wir versagen oder scheitern könnten oder was an uns oder anderen nicht stimmt, desto mehr vertiefen wir die Furchen – die neuralen Pfade –, die das Empfinden von Mangelhaftigkeit erzeugen. Mit jedem Verstecken einer Niederlage verstärken wir die Angst, unzulänglich zu sein. Wenn wir bestrebt sind, andere zu beeindrucken oder auszustechen, stärken wir den unterschwelligen Glauben, dass wir so, wie wir sind, nicht gut genug sind. Natürlich können wir auf gesunde Art wetteifern, unser ganzes Bemühen auf die Arbeit richten oder unsere Kompetenz anerkennen und uns über sie freuen. Aber wenn unsere Anstrengungen von der Angst, unzulänglich und mit Fehlern und Schwächen behaftet zu sein, angetrieben werden, vertiefen wir die Trance des geringen Selbstwertgefühls.

Andere zum Feind machen

Bisher ging es in diesem Kapitel vor allem darum, wie wir uns aus Angst gegen uns selbst wenden, uns selbst zum Feind, zur Quelle des Problems machen. Diese Gefühle projizieren wir auch nach außen und machen andere zum Feind. Je größer die Angst, desto heftiger unsere Feindseligkeit. Da werden unsere Eltern, die uns nie wirklich respektiert haben, zum Feind, der Chef, der uns daran hindert, erfolgreich zu sein, eine politische Gruppe, die uns die Macht wegnimmt, oder eine Nation, die unser Leben bedroht. In dieser Welt von »wir gegen sie« befindet sich die Minderwertigkeit, das Unwerte, das Böse »da draußen«.

Ob es sich nun um eine Spaltung innerhalb der Familie oder einen uralten Krieg zwischen ethnischen Gruppen handelt, das Schaffen eines Feindes vermittelt das Gefühl von Kontrolle: Wir fühlen uns überlegen, wir fühlen uns im Recht, wir glauben, dass wir etwas unternehmen, um das Problem anzugehen. Wenn wir unsere Wut und unseren Zorn auf einen Feind richten, mindert das vorübergehend unsere Gefühle von Angst und Verletzlichkeit.

Das soll nicht heißen, dass keine wirklichen Bedrohungen existieren. Wir können eine Gefahr für uns selbst sein; andere können uns verletzen und schädigen. Doch wenn wir hassen und gewalttätig zuschlagen, wenn wir gegen uns selbst oder gegeneinander Krieg führen, erzeugen wir noch mehr Angst, Gegenreaktionen und Leiden. Eine Befreiung aus dieser Trance der Angst und Entfremdung wird nur dann möglich, wenn wir mit klugem Herzen auf unsere eigene Verletzlichkeit reagieren.

Die Wurzeln der Trance – sich selbst für ein vereinzeltes Ich halten

In Nordindien vor über zweitausendfünfhundert Jahren verbrachte der Buddha, unter dem nunmehr berühmten Bodhi-Baum sitzend, meditierend die Nacht. Danach wurde er vollkommen erleuchtet. Er wusste, dass er den »Großen Weg« gefunden hatte, denn sein Herz war offen und frei. Einige Tage später übermittelte er in seiner ersten Unterweisung die Lehren, die eine neue Ära menschlicher spiritueller Entfaltung in Gang setzen sollten. In diesem entscheidenden Moment der Geschichte lehrte der Buddha, dass der Beginn der Freiheit darin liegt, zur Wurzel unseres Leidens vorzudringen und sie klar zu erkennen. Dies war seine erste edle Wahrheit. Leiden oder Unzufriedenheit sind allgemein existent, und die vollkommene Erkenntnis ihrer Existenz ist der erste Schritt auf dem Pfad des Erwachens.

Im Verlauf seines nächtlichen Wachens bekam der Buddha tiefen Einblick in sein eigenes Leiden. Seine erstaunliche Einsicht war die, dass *alles Leiden oder alle Unzufriedenheit aus dem irrigen Verständnis hervorgeht, dass wir ein eigenständiges, unabhängiges und von anderen getrenntes Ich oder Selbst sind.* Diese Wahrnehmung von einer unabhängigen »Selbstheit« hält uns in endlosen Runden des Verlangens und der Abneigung gefangen. Wenn unser Seinsgefühl solchermaßen beschränkt ist, haben wir das liebevolle Gewahrsein vergessen, das unsere Essenz ist und uns mit allem im Leben verbindet.

Was wir als »Ich« oder »Selbst« erfahren, ist eine Ansammlung von vertrauten Gedanken, Gefühlen und Verhaltensmustern. Der Geist fasst diese zusammen und erschafft eine Geschichte über eine persönliche, individuelle Wesenheit, die über die Zeit hinweg Kontinuität besitzt. Alles, was wir erleben und erfahren, wird in diese Geschichte vom Selbst eingeordnet und zu *meiner* Erfahrung. *Ich* habe Angst. Dies ist *mein* Wunsch. Der thailändische buddhistische Meditationsmeister und Autor Ajahn Buddhadasa bezeichnet diese Gewohnheit, unseren Erfahrungen ein Gefühl von Selbst oder Ich anzuhaften, als »ich-en« und »mein-en«. Wir interpretieren alles, was wir denken und fühlen, alles, was uns geschieht, so, als gehöre es auf irgendeine Weise zu einem Ich oder werde von einem Ich verursacht.

Unsere zutiefst gewohnheitsmäßigen und zwingenden Gefühle und Gedanken definieren den Kern dessen, wer wir unserer Meinung nach sind. Wenn wir in der Trance des geringen Selbstwertgefühls gefangen sind, erleben wir diesen Kern als mit Fehlern und Defekten behaftet. Wenn wir das Leben durch das Ich-en und Mein-en persönlich nehmen, verdichtet sich das allgemeine Gefühl, dass »irgendetwas nicht stimmt« leicht zu »irgendetwas stimmt mit mir nicht«.

Wenn ich mir meine eigenen geringen Selbstwertgefühle genau anschaue, kann ich manchmal auf gar keinen wesentlichen Punkt deuten, in dem ich unzulänglich bin. Doch dieses Gefühl, ein von anderen getrenntes Ich oder Selbst zu sein, lässt in mir einfach die Grundannahme aufkommen, dass ich nicht okay bin. Das kann ein Flüstern im Hintergrund sein, das mich ängstigt und auf Trab hält; oder auch eine tiefe Einsamkeit, so als würde mich dieses »Ich«-Sein vom Dazugehören und von der Ganzheit wegreißen.

Dieser Glaube, dass wir vereinzelt und getrennt, unvollständig und gefährdet sind, ist nicht irgendeine Fehlfunktion der Natur. Vielmehr ist diese Wahrnehmung inhärenter Bestandteil unserer menschlichen Erfahrung – ja, allen Lebens. Der Biologe und Zen-Autor David Darling weist darauf hin, dass sogar die frühesten einzelligen Geschöpfe »Barrieren, eindeutige, haltbare Schranken zwischen sich und der Außenwelt errichtet hatten … So wurden die Grundlagen für den Dualismus – der Glaube an die Trennung des Ich vom Rest der Welt – gelegt.« Dieses existenzielle Gefühl von Getrenntsein ist die Titelmelodie unserer erstaunlich vielfältigen und rätselhaften Welt. Einzellige Wesen schieben weg, was bedrohlich ist, und gehen auf das zu, was ihnen förderlich ist. Wir Menschen haben die gleichen Grundreflexe, aber unser Greifen nach etwas und unsere Abneigung spielen sich im Rahmen einer beängstigend komplexen Reihe von physischen, mentalen und emotionalen Aktivitäten ab, von denen sich viele außerhalb unseres normalen Gewahrseins ereignen.

Das Wünschen und Fürchten sind natürliche Energien, sind Teil der Evolution, deren Aufgabe es ist, uns zu schützen und uns zu helfen zu gedeihen. Aber wenn sie zum Kern unserer Identität werden, verlieren wir die Fülle und Ganzheit unseres Seins aus den Augen. Wir identifizieren uns – bestenfalls – nur mit einem Schnipsel unseres natürlichen Seinswesens – einem Schnipsel, der sich als unvollständig, gefährdet und vom Rest der Welt getrennt wahrnimmt. Wenn unser Gefühl von dem, wer und was wir wirklich sind, von Bedürftigkeit und Unsicherheit bestimmt wird, vergessen wir, dass wir ja auch neugierig, humorvoll und fürsorglich sind. Wir vergessen den Atem, der uns nährt, die Liebe, die uns vereint, die gewaltige Schönheit und Zerbrechlichkeit, welche die Erfahrungen im Lebendigsein sind, die wir mit anderen teilen. Und das Entscheidendste: Wir vergessen das reine Gewahrsein, die strahlende Wachheit, die unsere Buddha-Natur ist.

»Ohne Angst hinsichtlich der Unvollkommenheit«

Viele Leute erzählten mir, dass sie, wenn sie schließlich erkennen, wie lange sie im Selbsthass und in der Scham eingesperrt lebten, nicht nur Trauer empfinden, sondern auch Hoffnung in sich spüren. Wie beim Erwachen aus einem schlimmen Traum sehen wir, wenn wir unser Gefängnis wahrnehmen können, auch unser Potenzial.

Seng-tsan, ein bekannter Zen-Meister des siebten Jahrhunderts, lehrte, dass wahre Freiheit bedeutet, »ohne Angst hinsichtlich der Unvollkommenheit« zu sein. Es bedeutet, unsere menschliche Existenz und alles im Leben so zu akzeptieren, wie es ist. Die Unvollkommenheit ist nicht unser persönliches Problem – sie ist natürlicher Bestandteil des irdischen Daseins. Wir alle verfangen uns in Wünschen und Ängsten, wir alle handeln unbewusst, wir alle bekommen Krankheiten und verfallen. Wenn wir uns in puncto Unvollkommenheit entspannen, verpassen wir nicht länger die Augenblicke unseres Lebens im Bemühen, anders zu sein, und in der Angst vor dem, was nicht stimmt.

D. H. Lawrence verglich unsere westliche Kultur mit einem großen entwurzelten Baum, der seine Wurzeln in die Luft streckt. »Wir gehen an der mangelnden Erfüllung unserer größeren Bedürfnisse zugrunde«, schrieb er, »wir sind von den großen Quellen unserer Ernährung und Erneuerung im Innern abgeschnitten.« Wir werden wieder lebendig, wenn wir die Wahrheit unseres Gutseins und natürlichen Verbundenseins mit allem Leben wieder entdecken. Unsere »größeren Bedürfnisse« werden dadurch erfüllt, dass wir uns liebevoll aufeinander beziehen, dass wir uns voll und ganz gegenwärtig auf jeden Augenblick beziehen, dass wir uns auf die Schönheit und den Schmerz im Innern und um uns herum beziehen. Wie Lawrence sagte: »Wir müssen uns wieder im Universum einpflanzen.«

Wie die Trance des Gefühls, getrennt und nicht würdig zu sein, ist auch unsere Fähigkeit zu erwachen inhärenter Bestandteil unseres Menschseins. Wir befreien uns aus dem Gefängnis dieser Trance, wenn wir aufhören, gegen uns selbst Krieg zu führen, und stattdessen lernen, uns mit weisem und mitfühlendem Herzen auf unser Leben zu beziehen. In diesem Buch geht es um den Prozess des liebevollen Annehmens unseres Lebens. Wenn wir lernen, Radikale Akzeptanz zu kultivieren, entdecken wir allmählich wieder das Paradies – ein vergessenes, aber hochgeschätztes Gefühl von Ganzheit, Wachheit und Liebe.

GELENKTE REFLEXION

Die Trance des geringen Selbstwertgefühls erkennen

Das Erkennen der Glaubensvorstellungen und Ängste, die die Trance des geringen Selbstwertgefühls aufrechterhalten, ist der Anfang der Freiheit. Sie finden es vielleicht nützlich, ein paar Minuten innezuhalten und sich die Teile und Aspekte Ihrer selbst anzuschauen, die Sie aus Gewohnheit ablehnen und von sich schieben.

* * *

- **Akzeptiere ich meinen Körper so, wie er ist?**
  Gebe ich mir die Schuld, wenn ich krank bin?
  Habe ich das Gefühl, nicht attraktiv genug zu sein? Bin ich mit dem Aussehen meines Haars unzufrieden? Geniere ich mich, weil mein Gesicht und mein Körper altern? Verurteile ich mich, weil ich zu dick bin? Untergewichtig? Körperlich nicht fit?

- **Akzeptiere ich meinen Geist so, wie er ist?**
  Verurteile ich mich dafür, nicht intelligent genug zu sein? Nicht humorvoll? Nicht interessant?
  Kritisiere ich mich dafür, dass ich Zwangsvorstellungen habe? Dass ich einen sich ewig wiederholenden, langweiligen Geist habe?
  Schäme ich mich dafür, dass ich schlechte Gedanken habe – soll heißen, verurteilende oder lüsterne Gedanken?
  Betrachte ich mich als schlecht Meditierende/Meditierender, weil mein Geist so unruhig und geschäftig ist?

- **Akzeptiere ich meine Gefühle und Stimmungen so, wie sie sind?**
  Ist es für mich in Ordnung, zu weinen? Fühle ich mich unsicher und verletzlich?
  Verurteile ich mich dafür, dass ich Depressionen habe? Schäme ich mich meiner Eifersuchtsgefühle?
  Kritisiere ich mich für meine Ungeduld? Reizbarkeit? Intoleranz?
  Habe ich das Gefühl, dass meine Wut oder Besorgnis ein Zeichen dafür ist, dass ich auf dem spirituellen Weg keine Fortschritte mache?

- **Fühle ich mich wegen meiner Verhaltensweisen als schlechter Mensch?**
  Hasse ich mich, wenn ich auf egozentrische oder verletzende Weise agiere? Schäme ich mich meiner Wutausbrüche? Verabscheue ich mich selbst, wenn ich zwanghaft esse? Wenn ich Zigaretten rauche oder zu viel Alkohol trinke?
  Habe ich das Gefühl, spirituell unentwickelt zu sein, weil ich egoistisch bin und häufig anderen nicht den Vorrang gebe? Habe ich das Gefühl, in meiner Beziehung zu meiner Familie und meinen Freunden immer unzulänglich zu sein?
  Habe ich das Gefühl, dass mit mir etwas nicht stimmt, weil ich unfähig bin zu Nähe und Intimität?
  Hacke ich auf mir herum, weil ich nicht genug leiste – weil ich mich nicht hervortue oder auf meinem Arbeitsgebiet etwas Besonderes bin?

* * *

Oft nehmen wir die Trance am deutlichsten wahr, indem wir uns klarmachen, wie andere uns nach unserem Wunsch sehen sollen – und was wir sie nicht sehen lassen wollen. Vergegenwärtigen Sie sich eine Person, mit der Sie kürzlich einige Zeit verbracht haben – eine Person, die Sie mögen und respektieren, aber nicht gut kennen.
Wovon wünschen Sie sich am meisten, dass diese Person es an Ihnen wahrnimmt (z. B. dass Sie liebevoll, großzügig, attraktiv sind)?
Was möchten Sie nicht, dass diese Person an Ihnen wahrnimmt (z. B. dass Sie egoistisch, unsicher, eifersüchtig sind)?

* * *

Halten Sie untertags immer mal wieder inne und fragen Sie sich: »Akzeptiere ich mich in diesem Augenblick so, wie ich bin?« Machen Sie sich, ohne zu bewerten, einfach bewusst, wie Sie sich auf Ihren Körper, Ihre Gefühle, Ihre Gedanken und Ihr Verhalten beziehen. In dem Maße, wie uns die Trance des geringen Selbstwertgefühls bewusst wird, verliert sie allmählich ihre Macht über unser Leben.

2

Erwachen aus der Trance

Der Pfad der Radikalen Akzeptanz

Letzte Nacht im Schlaf
träumte ich – wunderbarer Irrtum! –,
dass ich einen Bienenstock
hier in meinem Herzen hatte.
Und die goldenen Bienen
machten weiße Waben
und süßen Honig
aus meinen alten Misserfolgen.
Antonio Machado

Es ist ein kurioses Paradoxon, dass ich mich,
wenn ich mich so akzeptiere, wie ich bin,
verändern kann.
Carl Rogers

Mohini war eine weiße Königstigerin, die viele Jahre im National Zoo von Washington, D. C., lebte. Den überwiegenden Teil dieser Zeit war sie im alten Löwenhaus untergebracht – in einem typischen vier mal vier Meter großen Käfig aus Eisenstäben mit Zementboden. Mohini verbrachte ihre Tage mit rastlosem Auf-und-ab-Wandern in diesem engen Käfig. Schließlich setzten sich Biologen und Pflegepersonal gemeinsam dafür ein, dass eine natürliche Umgebung für sie geschaffen wurde. Diese umfasste mehrere Morgen Land mit Hügeln, Bäumen, einem Teich und einer vielfältigen Vegetation. Voller Spannung und Freude entließen sie Mohini in das neue weiträumige Gehege. Aber es war zu spät. Sie suchte sofort in einer Ecke Zuflucht, wo sie für den Rest ihres Lebens blieb. Dort wanderte sie auf und ab, bis auf einer Fläche von vier mal vier Metern kein Gras mehr wuchs.

Die vielleicht größte Tragödie unseres Lebens besteht darin, dass die Freiheit möglich ist, wir aber unsere Jahre damit zubringen können, in den immer gleichen alten Mustern gefangen zu sein. In die Trance des geringen Selbstwertgefühls eingewoben, gewöhnen wir uns daran, uns in einen Käfig der Selbstverurteilung und Sorge, Rastlosigkeit und Unzufriedenheit zu sperren. Wie Mohini werden wir unfähig, die Freiheit und den Frieden zu erlangen, die unser Geburtsrecht sind. Wir mögen uns wünschen, Menschen rückhaltlos lieben zu können, uns authentisch zu fühlen, die Schönheit um uns herum aufzunehmen, zu tanzen und zu singen. Doch jeden Tag hören wir auf innere Stimmen, die unser Leben klein halten. Selbst wenn wir Millionen Euro im Lotto gewinnen oder die perfekte Person heiraten würden – solange wir das Gefühl haben, nicht gut genug zu sein, wären wir nicht imstande, die vor uns liegenden Möglichkeiten zu genießen. Doch im Gegensatz zu Mohini können wir lernen zu erkennen, ob wir uns von unseren eigenen Glaubensvorstellungen, Überzeugungen und Ängsten einkerkern lassen. Wir können sehen, wie wir unser kostbares Leben vergeuden.

Der Weg aus unserem Käfig beginnt damit, dass wir *absolut alles* an uns selbst und unserem Leben *akzeptieren,* indem wir wachsam und sorgsam die Erfahrung eines jeden Augenblicks liebevoll annehmen. Wenn ich davon spreche, dass wir absolut alles akzeptieren sollen, meine ich damit, dass wir uns in jedem Moment bewusst sind, was in unserem Körper und Geist vorgeht, ohne zu versuchen, die Vorgänge zu kontrollieren oder zu beurteilen oder vor ihnen zurückzuweichen. Ich meine damit nicht, dass wir bei uns oder anderen ein verletzendes und schädigendes Verhalten dulden. *Hier handelt es sich um einen inneren Prozess des Akzeptierens unserer konkreten, momentanen Erfahrung.* Es bedeutet, Kummer und Schmerz zu spüren, ohne Widerstand zu leisten. Es bedeutet, Verlangen nach jemandem oder etwas oder Abneigung gegen jemanden oder etwas zu empfinden, ohne uns für dieses Gefühl zu be- oder verurteilen oder von ihm zum Handeln treiben zu lassen.

Klar zu erkennen, was in unserem Innern vorgeht, und das Wahrgenommene mit aufgeschlossenem, freundlichem und liebevollem Herzen anzuschauen ist das, was ich Radikale Akzeptanz nenne. Wenn wir uns vor irgendeinem Teil oder Aspekt unserer Erfahrung verschließen, wenn unser Herz irgendeinen Teil von dem, *wer wir wirklich sind* und *was wir fühlen,* ausschließt, nähren wir die Ängste und Getrenntheitsgefühle, die die Trance des geringen Selbstwertgefühls aufrechterhalten. Die Radikale Akzeptanz demontiert ganz unmittelbar die Grundlagen dieser Trance.

Sie steht unseren konditionierten Reaktionen entgegen. Wenn körperliche oder emotionale Schmerzen aufkommen, haben wir den Reflex, ihnen nicht nur durch ein körperliches Versteifen, sondern auch durch ein Zusammenziehen unseres geistigen Bewusstseins zu widerstehen. Wir verlieren uns in Gedanken darüber, was nicht in Ordnung ist, wie lange es dauern wird, was wir unternehmen sollten und wie doch der Schmerz unsere Minderwertigkeit widerspiegelt. Ein körperlicher Schmerz wie etwa Kopfschmerzen oder Migräne könnte in einen Kommentar darüber ausarten, dass wir uns nicht genug um uns selbst kümmern, dass wir uns nicht richtig ernähren oder uns körperlich nicht fit halten. Der Schmerz gibt uns vielleicht das Gefühl, ein Opfer zu sein; er sagt uns vielleicht, dass wir uns auf unseren Körper nicht verlassen können, dass alles immer schiefgehen wird. Auf die gleiche Art vermehren wir unsere emotionalen Schmerzen mit unseren Bewertungen, Urteilen und Geschichten. Dass wir Angst haben oder wütend oder eifersüchtig sind, bedeutet, dass mit uns irgendetwas nicht stimmt, dass wir schwach oder schlecht sind.

Indem wir uns in unseren Geschichten verlieren, kommt uns der Kontakt mit unserer tatsächlichen Erfahrung abhanden. Wenn wir uns in die Zukunft vorbeugen oder die Vergangenheit wieder durchkauen, verlassen wir die lebendige Erfahrung des

Augenblicks. Unsere Trance wird tiefer, während wir uns, angetrieben von »ich muss mehr tun, um okay zu sein« oder »es fehlt mir etwas zur Vollständigkeit; ich brauche mehr, um glücklich zu sein«, durch den Tag bewegen. Diese »Mantras« bestärken die Trance-Überzeugung, dass unser Leben anders sein sollte, als es ist.

Laufen die Dinge gut, fragen wir uns, ob wir das verdienen, oder wir haben Angst, dass etwas Schlimmes passieren wird. Kaum haben wir den ersten Happen unserer Lieblingseiscreme verspeist, fangen wir schon an abzuschätzen, wie viel wir noch davon essen können, ohne Schuldgefühle zu bekommen oder gewichtsmäßig zuzulegen. Wir stehen inmitten einer wundervollen Landschaft und machen uns Sorgen, ob noch genug Bilder auf dem Film sind, um Fotos zu machen, oder wir fangen an darüber nachzudenken, dass wir doch wirklich aufs Land ziehen sollten. Wenn wir meditieren, erleben wir eine herrliche Phase von Ruhe und Frieden und fragen uns dann sofort, wie wir dafür sorgen können, dass sie sich fortsetzt. Unsere Freude wird von der Sorge und Angst belastet, wie wir behalten können, was wir haben, und vom Zwang, nach mehr zu greifen und noch mehr zu bekommen.

Die Flügel der Akzeptanz entfalten

Sind wir in der Trance des geringen Selbstwertgefühls gefangen, erkennen wir weder klar, was in unserem Innern geschieht, noch sind wir freundlich gestimmt. Unsere Sicht von dem, wer wir wirklich sind, ist verzerrt und verengt, unser Herz hat sich gegen das Leben verhärtet. Wenn wir uns in die Erfahrung des Augenblicks begeben – unsere Geschichten loslassen und unseren Schmerz oder unser Verlangen sanft halten –, beginnt sich die Radikale Akzeptanz zu entfalten. Die beiden Bestandteile echter Akzeptanz – klares Sehen und mitfühlendes Halten unserer Erfahrung – sind voneinander abhängig wie die Flügel eines großen Vogels. Gemeinsam befähigen sie uns zu fliegen und frei zu sein.

In der buddhistischen Praxis wird das klare Sehen oft als Achtsamkeit beschrieben. Es ist die Qualität des Gewahrseins, das genau erkennt, was in unserem Erfahren oder Erleben von Moment zu Moment geschieht. Wenn wir zum Beispiel unsere Aufmerksamkeit ganz bewusst der Angst zuwenden, werden wir gewahr, dass die Gedanken rasen, unser Körper angespannt ist und zittert, dass wir den Drang haben zu fliehen – und das erkennen wir alles, ohne zu versuchen, unsere Erfahrung irgendwie zu kontrollieren oder vor ihr wegzulaufen. Unser aufmerksames Gegenwärtigsein ist bedingungslos und offen – wir sind bereit, bei allem zu bleiben, was immer entsteht, auch wenn wir uns wünschen, dass der Schmerz ein Ende haben möge oder wir etwas anderes tun könnten. Dieser Wunsch und Gedanke werden zum Bestandteil dessen, was wir akzeptieren. Weil wir an unserer Erfahrung nicht herumpfuschen, lässt uns die Achtsamkeit das Leben so sehen, »wie es ist«. Diese Erkenntnis der Wahrheit unserer Erfahrung ist der Radikalen Akzeptanz inhärent: *Solange wir nicht klar sehen, was wir akzeptieren, können wir eine Erfahrung auch nicht ehrlich akzeptieren.*

Der zweite Flügel Radikaler Akzeptanz, das Mitgefühl, ist unsere Fähigkeit, uns auf liebevolle, zärtliche, verständnisvolle und teilnahmsvolle Art auf das zu beziehen, was wir wahrnehmen. Statt uns gegen unsere Angst oder unseren Kummer zu stemmen, umarmen wir unseren Schmerz mit der liebevollen Güte einer Mutter, die ihr Kind in den Armen hält. Statt uns zu verurteilen oder unserem Verlangen nach Aufmerksamkeit oder Schokolade oder Sex nachzugeben, blicken wir sanft, achtsam und teilnahmsvoll auf unser Greifen. Mitgefühl ehrt und achtet unsere Erfahrung; es erlaubt uns, innig mit dem Leben dieses Augenblicks, *so, wie es ist,* verbunden zu sein. Mitgefühl macht unsere Akzeptanz zu etwas vollständig Umfassendem und zu etwas, das aus ganzem Herzen geschieht.

Die beiden Flügel – das klare Sehen und das Mitgefühl – sind unzertrennlich; beide sind für unsere Befreiung aus der Trance unverzichtbar. Sie arbeiten zusammen, bestärken sich gegenseitig. Wenn wir von jemandem, den wir lieben, abgewiesen werden, können wir uns in unserer Trance des geringen Selbstwertgefühls in Zwangsvorstellungen verfangen; der Person die Schuld geben, die uns verletzt hat, und gleichzeitig davon überzeugt sein, dass wir verschmäht wurden, weil wir mit Fehlern behaftet sind. Wir fühlen uns vielleicht in einem erbarmungslosen Hin und Her zwischen explosiver Wut, herzzerreißendem Kummer und schmerzlicher Scham gefangen. Die beiden Flügel der Radikalen Akzeptanz befreien uns aus diesem Strudel der Reaktionen. Sie helfen uns, zur Balance und Klarheit zu finden, die uns bei unserer Entscheidung, was wir sagen oder tun wollen, anleiten können.

Brächten wir nur den Flügel der Achtsamkeit in unseren Prozess der Radikalen Akzeptanz ein, wären wir uns wohl der Qual und des Schmerzes in unserem Herzen, der Wut- und Zornesröte im Gesicht klar bewusst; vielleicht würden wir die Geschichten, die wir uns erzählen, klar vernehmen – dass wir ein Opfer sind, dass wir immer allein und ohne Liebe sein werden. Aber wir würden unser Leiden vielleicht verschlimmern durch die Wut auf uns selbst, weil wir uns überhaupt in eine solche Situation gebracht haben. Hier verbindet sich der Flügel des Mitgefühls mit der Achtsamkeit, um eine wahrhaft heilende Präsenz zu schaffen. Statt unsere Wut oder Niedergeschlagenheit zu verurteilen oder beiseitezuwischen, befähigt uns das Mitgefühl, sanft und gütig bei unseren offenen Wunden zu bleiben.

Ebenso balanciert die Achtsamkeit das Mitgefühl aus. Wenn unsere tief empfundene Anteilnahme in Selbstmitleid umzukippen und den Faden einer weiteren Geschichte zu spinnen droht – wir haben uns so sehr bemüht, aber nicht bekommen, was wir ganz eindeutig wollten –, lässt uns die Achtsamkeit erkennen, in welche Falle wir da stolpern.

Beide Flügel helfen uns, in der Erfahrung des Moments zu bleiben, so, wie sie ist. Wenn wir das tun, passiert allmählich etwas – wir fühlen uns freier, Möglichkeiten tun sich vor uns auf, wir sehen mit größerer Klarheit, wie wir vorgehen möchten. Die

Radikale Akzeptanz hilft uns zu heilen und frei von unbewussten Gewohnheiten des Selbsthasses und der Schuldzuweisung weiterzugehen.

Unsere von Moment zu Moment gelebte Erfahrung ist die Basis der Radikalen Akzeptanz; die gleiche klare und freundliche Aufmerksamkeit können wir aber auch den Gedanken- und Gefühlsmustern, Verhaltensweisen und Ereignissen, die unsere Lebenserfahrung formen und gestalten, zukommen lassen. Wir werden uns der Absichten bewusster, die unser Verhalten motivieren. Wir werden uns auch bewusster, welche Konsequenzen unsere Handlungen nach sich ziehen. In der buddhistischen Psychologie nennt man das Einbeziehen dieser umfassenderen Sichtweise in ein akzeptierendes Gewahrsein »klares Verständnis«.

Nehmen wir einmal an, wie werden uns der Tatsache bewusst, dass wir regelmäßig ausrasten und unsere Kinder respektlos und geringschätzig behandeln. Wir fangen an, unsere Absichten zu untersuchen, wir öffnen uns in Akzeptanz den Gedanken und Gefühlen, die in einem solchen Fall aufkommen. Vielleicht wird uns klar, dass wir unsere Kinder abschieben wollen, weil wir zu gestresst sind, um mit ihren Bedürfnissen zurechtkommen zu können: »Ich bin am Untergehen und versuche mein eigenes Leben zu retten.« Im Verein mit diesem Gedanken spüren wir vielleicht eine starke Verspanntheit im Bauch, die sich wie eine Woge ausbreitet und uns die Kehle zuschnürt. Vielleicht schauen wir auch hin und sehen, wie sich unser Verhalten auf unsere Kinder auswirkt. Haben sie sich von uns zurückgezogen? Wenn wir merken, dass unsere Kinder anfangen, Geheimnisse und auch Angst vor uns zu haben, spüren wir vielleicht ein zunehmendes Gefühl von Traurigkeit und Bekümmertheit in unserer Brust. Wir bemerken auch, welche Auswirkungen unsere Wutausbrüche auf unseren eigenen Körper und Geist haben, wie isoliert oder schlecht wir uns nach solchen Ausrastern fühlen.

Die von einem klaren Verständnis gewährte umfassendere Sicht führt uns unfehlbar zu unserer tiefsten Intention zurück. *Wir wollen nicht leiden und auch kein Leid verursachen.* Wir erkennen vielleicht, dass wir mehr als alles andere unsere Kinder wissen lassen möchten, wie sehr wir sie lieben. Und auch dieser Sehnsucht wird mit klarem Sehen und Güte begegnet. Indem wir auf diese Weise den gesamten Kontext unserer Umstände mit Radikaler Akzeptanz betrachten, wird es uns immer mehr gelingen, unser Handeln mit unserem Herzen in Übereinstimmung zu bringen.

Da Nichtakzeptanz das Wesen der Trance ist, stellt sich uns vielleicht die Frage, wie wir, wenn wir uns absolut festgefahren fühlen, den ersten Schritt zur Radikalen Akzeptanz tun können. Es kann unsere Zuversicht stärken, wenn wir uns darauf besinnen, dass unsere Essenz, die Buddha-Natur, unangetastet bleibt, ganz gleich, wie sehr wir uns verirrt haben mögen. *Es ist die Wesensnatur unseres Gewahrseins und unserer Bewusstheit, zu wissen, was geschieht. Es ist die Wesensnatur unseres Herzens, Zuneigung zu fühlen und Anteil zu nehmen.* Einem grenzenlosen Meer gleich haben wir die Fähigkeit, die Wogen des Lebens liebevoll anzunehmen, während sie uns durchlaufen. Selbst wenn das Meer durch die Winde der Selbstzweifel aufgewühlt ist, können wir unseren Weg nach Hause finden. Es ist uns möglich, inmitten der Wogen unser umfassendes und wachsames Gewahrsein zu entdecken.

Wir schaffen die Grundlagen der Radikalen Akzeptanz, indem wir erkennen, wann wir in der Gewohnheit des Bewertens und Urteilens, des Widerstandleistens und Greifens gefangen sind und wie wir ständig versuchen, unseren Schmerz- und Vergnügungslevel zu kontrollieren. Ebenso legen wir diese Grundlagen, indem wir sehen, wie wir Leid schaffen, wenn wir uns voller Härte gegen uns selbst wenden, und indem wir uns an unsere Intention, das Leben zu lieben, erinnern. Wenn wir unsere Geschichten über all das, was mit uns nicht stimmt, loslassen, beginnen wir mit klarer und gütiger Aufmerksamkeit zu erahnen, was tatsächlich geschieht. Wir entledigen uns unserer Pläne oder Phantasien und kommen mit offenen Händen bei der Erfahrung dieses Augenblicks an. Ob wir Freude oder Schmerz empfinden, die Flügel der Akzeptanz erlauben uns, dieses sich stets wandelnde Leben zu ehren und so zu schätzen, wie es ist.

Sich der Qual der Trance stellen

Als ich mit Yoga und Meditation begann, wusste ich anfangs nicht, dass Akzeptanz der Kernpunkt des spirituellen Lebens ist. Mir war nur teilweise bewusst, wie meine Gefühle, nie gut genug zu sein, mich von dem Frieden und der Freiheit abhielten, die ich ersehnte. Schließlich bedurfte es einer Erfahrung, die mich emotional zerbrach, um aus den jahrelangen Gewohnheiten und Konditionierungen zu erwachen. Obwohl die äußeren Umstände meiner persönlichen Geschichte ungewöhnlich sind, haben mir viele Menschen berichtet, dass sie das innere Drama aus eigenem Erleben kennen.

Zu jenem Zeitpunkt war ich Ende zwanzig und hatte acht Jahre in der spirituellen Gemeinschaft gelebt, der ich mich nach dem College angeschlossen hatte. Ich gab regelmäßig Yoga- und Meditationsunterricht, studierte, um meinen Doktor in klinischer Psychologie zu machen, und betreute außerdem Klienten in einer ganztägigen Beratungspraxis. Das bedeutete einen Spagat zwischen meinem Leben in der »äußeren Welt« und dem im Ashram, der mich oft unter Druck setzte. Manchmal wurde ich von meinem Lehrer gerügt, dass ich nicht mehr Energie auf die Gemeinschaft verwandte, und ich hatte oft Schuldgefühle, weil ich mir so viel aufgeladen hatte. Aber ich schätzte beide Welten und konnte mir nicht vorstellen, eine davon aufzugeben.

Auf Vorschlag unseres Lehrers hatte ich einen Mann aus unserer spirituellen Gemeinschaft geheiratet, und wir hatten uns seit dem ersten Tag unseres Zusammenlebens nach einem Kind gesehnt. Obgleich mein Leben so ausgefüllt war, waren wir begeistert, als ich schließlich schwanger wurde und unser Traum sich erfüllen sollte. Wir waren uns einig, dass dies ein guter Zeitpunkt war, um mir von meiner Therapiepraxis einen Monat Urlaub zu nehmen, mich etwas auszuruhen und spirituell zu nähren. Ich beschloss, diese Zeit in einem Yoga- und Meditationsretreat zu verbringen, das unser Lehrer in der Wüste von Südkalifornien leitete.

Nach zwei Wochen im Retreat setzten bei mir starke Blutungen ein. Meine Freunde brachten mich in ein nahe gelegenes Krankenhaus, wo mein Traum von der Mutterschaft mit einer Fehlgeburt endete. Da lag ich im Krankenhausbett, voller Trauer über den Verlust des Babys, und versuchte zu ergründen, was schiefgelaufen war. Konnte es sein, dass das anstrengende Yoga und die große Sommerhitze zu viel für mich gewesen waren? Nach meiner Rückkehr auf das Retreatgelände hinterließ ich meinem Lehrer eine Nachricht auf dem Anrufbeantworter; ich erklärte ihm, was passiert war, und erwähnte meine Besorgnis. Er ließ nichts von sich hören.

Die nächsten zwei Tage lag ich im Bett, erholte mich physisch, trauerte, betete. Am dritten Tag beschloss ich, an der täglichen Zusammenkunft teilzunehmen, bei der der Lehrer einen Vortrag hielt. Ich hatte das Gefühl, die Inspiration gut brauchen zu können, und wusste, dass mir das Zusammensein mit meiner spirituellen Familie ein Trost sein würde.

Es war ein heißer Abend in der Wüste, und viele von uns saßen unter dem Dach eines riesigen offenen Zeltes, still meditierend und die Ankunft unseres Lehrers erwartend. Als wir seinen Wagen vorfahren sahen, standen wir auf und begannen ein Lied der Hingabe zu psalmodieren. Mit seinem in Roben gewandeten Gefolge von Yogis betrat er das Zelt und ließ sich vorne auf Kissen nieder, die in den orange- und rosafarbenen Tönen der untergehenden Sonne ihren Widerschein fanden. Unser Psalmodieren endete, wir ließen uns nieder und sahen still zu, wie er einen Keks und ein paar Weintrauben von einem sorgfältig vorbereiteten Essenstablett nahm und verspeiste. Sein Blick wanderte über das Meer der zu ihm hochblickenden Gesichter, alle erwartungsvoll seiner Inspiration harrend. Da wurde mir abrupt bewusst, dass er mich direkt ansah. Das Schweigen durchbrechend, rief er meinen Namen, den Sanskritnamen, den er mir vor Jahren gegeben hatte, als ich gelobte, seinen Lehren zu folgen. Der Klang seiner Stimme hallte mir in den Ohren, als er mich bat, aufzustehen.

Manchmal wandte er sich bei solchen Zusammenkünften in aller Öffentlichkeit speziell an einen oder eine seiner Schüler oder Schülerinnen, und so dachte ich, er wolle vielleicht sehen, wie es mir ging. Doch er erklärte ohne weitere Vorrede in barschem Ton, dass ich den Tod meines Babys verursacht hatte, weil ich beruflich so ehrgeizig und so egozentrisch war. Mir war, als hätte ich einen Tritt in den Magen bekommen – der Schock des Schmerzes verknotete mein Inneres. Ich stand erstarrt und völlig benommen da, als er fortfuhr, mir mit groben Worten zu sagen, dass ich zwar willens gewesen wäre, Sex zu haben, aber nicht wirklich ein Kind hatte haben wollen. Es musste ein schlechter Traum sein. Sicher hatte er mich bei Privatgesprächen für mein Leben außerhalb des Ashrams kritisiert, aber nie bösartig, nie mit solcher Wut und Verachtung.

Ich setzte mich vor Scham brennend nieder. Meine Zweifel an ihm waren in den letzten Jahren gewachsen, nun aber war mein Vertrauen völlig verraten worden. Ein brutales, tiefes Loch des Schmerzes begann alles in mir zu verschlingen. Zitternd hörte ich zu, ohne zu verstehen, während seine Stimme irgendwo im Hintergrund weiterdröhnte.

Als der Vortrag vorbei war und sein Wagen wegfuhr, umarmten mich einige Freundinnen und Freunde und suchten verlegen nach den richtigen Worten. Ich konnte die Verwirrung in ihren Augen lesen: Diese Art von »Teaching«, wie er es gegeben hatte, musste einen spirituellen Zweck haben; unser Lehrer konnte nichts falsch machen ... doch irgendetwas schien nicht richtig zu sein. Ich war dankbar für ihre Tröstungen, wollte aber am liebsten einfach verschwinden. Vor Jahren hatte ich einmal die Geschichte von einem jungen, verletzten Soldaten gelesen, über den man sich nach seiner Rückkehr vom Schlachtfeld gerüchteweise erzählte, er sei ein Verräter, und ihn aus seinem Dorf verbannte. Er konnte spüren, wie ihn jedermann beobachtete, sogar Mitleid mit ihm hatte, als er mit seinem Sack, in dem sich ein paar Kleidungsstücke und etwas Nahrung befanden, davonhumpelte. Genau so fühlte ich mich jetzt. Gedemütigt und unerreichbar versuchte ich den Blicken der anderen auszuweichen, während ich mir den Weg durch die Menge bahnte. Mir schien, dass alle einhundertfünfzig Anwesenden entweder ein Urteil über mich fällten oder mich bemitleideten. Ich wollte verzweifelt gern allein sein – so elend, wie ich mich fühlte, wie konnte ich da die Gesellschaft von irgendjemandem ertragen?

Mit tränenverschleiertem Blick fand ich den Weg zu meiner Zufluchtsstätte, einem kleinen versteckten Platz mitten in einem Rund von Josua-Bäumen, einer Yucca-Art. Ich ließ mich auf dem harten nackten Boden nieder und schluchzte laut – stundenlang. Wie konnte das passieren? Ich hatte mein Baby verloren, und mein Lehrer hatte mich verurteilt. Hatte er recht? Alles in meinem Körper sagte mir, dass er sich irrte, was das Baby anging. Aber was hatte ihn dazu gebracht, so wütend auf mich einzudreschen, wo ich so deutlich verletzbar war? Vielleicht hatte ihn meine Telefonnachricht gekränkt, und er hatte geglaubt, ich würde die Weisheit seines Programms und seiner Lehren anzweifeln. Vielleicht wusste er, dass ich meine Zweifel an ihm hatte, dass ich ihm nicht vollkommen vertraute. Aber warum dieses Gift, warum ein solcher Hass? War ich wirklich so schlecht, wie er sagte?

Mein Herz wollte aus Furcht und Kummer schier brechen, und ich fühlte mich von meiner Welt abgeschnitten und meinem eigenen Wesen entfremdet. Befand ich mich auf dem richtigen spirituellen Weg? Wie konnte ich weiterhin einer Gemeinschaft angehören, die einem solchen Lehrer so fraglos hingegeben war? Was würde mit meiner Ehe passieren, wenn ich diesem Weg nicht länger folgen konnte? Konnte ich es ertragen, durch mein Weggehen meine spirituelle Familie zu verlieren, eine ganze Lebensweise aufzugeben? Und während eine Welt um mich herum zusammenbrach, setzte sich eine altvertraute Verzweiflung in mir fest. Nicht nur hatten seine Worte mich in einen Abgrund meiner eigenen Hässlichkeit gestürzt, nun bestätigten auch die Stimmen in meinem Innern, dass ich grundlegende Makel und Mängel hatte. Solange ich zurückdenken konnte, hatte ich versucht, meinen Wert unter Beweis zu stellen. Ich entsann mich, wie stolz – und erleichtert – ich als Teenager war, wenn ich am Esstisch mit meinem Vater, dem Rechtsanwalt, debattierte und ihn mit einem überzeugenden Argument beeindruckte. Mein

Herz sank, als mir bewusst wurde, dass ich mich meinen Lehrern und anderen Autoritätspersonen gegenüber auf die gleiche Weise verhielt. Es stiegen Bilder von meiner Mutter in mir auf, wie sie im Bett lag und Krimis las, Gin und Tonic daneben – und die Erinnerungen an ihren Kampf mit Depression und Angstzuständen überschwemmten mich. Vielleicht war mein zwanghaftes Bemühen, stark und kompetent zu erscheinen, eine Methode, um derartigen Strömungen in meinem eigenen Leben aus dem Weg zu gehen? War ich überhaupt eine liebevolle und anteilnehmende Person? Vielleicht war die Hilfe, die ich Freunden oder Klienten angedeihen ließ, nur ein Mittel, um Wertschätzung und Anerkennung zu bekommen? All mein Streben und Mühen – meinen Doktor zu machen, eine gute Yogini zu sein, gut zu sein –, all das passte in diese Geschichte von einer unsicheren und mit Mängeln behafteten Person. Nichts an mir fühlte sich rein oder vertrauenswürdig an.

In meiner Qual und Verzweiflung wandte ich mich, wie schon viele Male zuvor, an die Präsenz, die ich Die Geliebte* nenne. Dieses bedingungslos liebevolle und wachsame Gewahrsein war mir immer eine Zuflucht gewesen. Als ich »Geliebte« flüsterte und meine Sehnsucht spürte, diesem liebenden Gewahrsein oder Bewusstsein anzugehören, begann sich etwas zu ereignen. Zunächst war es ganz subtil, nur das Gefühl, dass ich nicht ganz so verloren und allein war. Statt völlig in einem Kessel des Leidens eingetaucht zu sein, spürte ich allmählich eine Offenheit und Zärtlichkeit in mir und um mich herum. Meine Welt wurde weiträumiger.

Die ganzen langen Stunden der Nacht hindurch bewegte ich mich hin und her zwischen dem Schmerz meiner Wunden und

* Engl.: *The Beloved,* hier mit »Die Geliebte« übersetzt. Dazu eine Anmerkung der Autorin: »Wenn ich von *The Beloved* spreche, beziehe ich mich auf die unermessliche, grenzenlose Präsenz, das liebende Gewahrsein oder Bewusstsein, das die Quelle allen Seins ist. Dieses reine Gewahrsein ist nicht durch ein Geschlecht gekennzeichnet, wenngleich es durch Wesen oder Wesenheiten, denen ein Geschlecht zugeordnet wird (wie z. B. Kuan Yin), Ausdruck findet.«

dieser zunehmenden Offenheit. Jedes Mal, wenn eine der verurteilenden und verdammenden Stimmen zu übernehmen versuchte und es mir gelang, mich dieser liebevollen und anteilnehmenden Präsenz zu erinnern, stellte ich fest, dass ich mir diese Urteile anhören konnte, ohne ihnen Glauben zu schenken. Als Geschichten hochkamen von Fällen, in denen ich mich egoistisch verhalten hatte oder vorgab, jemand zu sein, die ich nicht war, konnte ich die Gedanken daran loslassen und einfach die schmerzende Stelle in meinem Herzen fühlen. Wenn ich mich dem Schmerz öffnete, ohne ihm Widerstand entgegenzusetzen, wurde alles an meinem Erfahren und Erleben weicher und flüssiger.

In mir erhob sich eine neue Stimme: *Ich will mich vollkommen akzeptieren,* auch wenn ich Fehler habe, wie mein Lehrer behauptet hat. Selbst wenn mein Streben und meine Unsicherheit bedeuten sollten, dass ich »in meinem Ego verfangen« war, wollte ich mich mit Herzenswärme umarmen und halten, mich ehren und achten, mich nicht verurteilen und verdammen. Auch wenn ich selbstsüchtig war und zu Kritik neigte, wollte ich diese Aspekte meiner selbst bedingungslos akzeptieren. Ich wollte mit diesem endlosen Überwachen, Kontrollieren und Kritisieren aufhören.

Ich betete: »Möge ich mich so lieben und akzeptieren, wie ich bin.« In mir entstand ein Gefühl, als hielte ich mich selbst in den Armen und wiegte mich hin und her. Jede Woge des Lebens, die mich durchlief, gehörte dazu und war akzeptabel. Auch die Stimme der Angst, die Stimme, die mir sagte, dass »irgendetwas mit mir nicht stimmte«, war akzeptabel und konnte dieses tiefe und echte Lieben und Anteilnehmen nicht beeinträchtigen.

Meine Mutter war eine von mehreren ehemaligen Studentinnen, die aufgrund ihrer Lebensleistung ausgewählt wurde, eine Rede vor den Absolventen des Barnard College zu halten. Einen Tag vor ihrem fünfundsiebzigsten Geburtstag erhielt sie einen Anruf von der Studentin, die die Aufgabe bekommen hatte, sie zu interviewen. Die junge Reporterin eröffnete das Gespräch, indem sie meiner Mutter Komplimente für ihre Arbeit als Vorsitzende einer gemeinnützigen Organisation machte, die so viel tat, Menschen zu helfen, die an Alkoholismus litten. »Und als sie mich fragte, wie ich auf diesen faszinierenden Bereich gekommen war, sagte ich zu dieser ernsthaften jungen Studentin: ›Barbara, mein Liebes, ich hab mich da hinein*getrunken*‹«, berichtete mir meine Mutter mit trockenem Humor.

Als ich klein war, hatte meine Mutter zum Alkohol gegriffen, um ihren emotionalen Schmerz zu betäuben. Sie fühlte sich immer ängstlicher und elender und sah nur noch in der Liebe zu ihrer Familie einen Sinn ihres Daseins. Doch als ich sechzehn war, konnte sie sich der Tatsache nicht länger verschließen, dass die Menschen, die ihr am nächsten standen, über ihre Trinkerei äußerst besorgt waren. Keine ihrer lang erprobten Verleugnungstaktiken, es heimlich zu tun oder zu versuchen, es den anderen trotzdem immer recht zu machen, funktionierte mehr. Ihr Leben war völlig außer Kontrolle geraten. Meine Mutter war ganz unten angelangt.

Im Zwölf-Schritte-Programm der Anonymen Alkoholiker (AA) spricht man davon, dass dieses Ganz-unten-Anlangen der Wendepunkt ist, an dem eine echte Genesung von der Sucht möglich wird. Mit Unterstützung der AA war meine Mutter imstande, ihre Krankheit einzugestehen, sie anzuerkennen und auf sie zu reagieren. Indem sie sich ihrem Leiden stellte, indem sie ihre Unsicherheit und Scham akzeptierte und sich ihnen öffnete, verband sie sich wieder mit einem Sinn in ihrem Leben. Im Verlauf ihrer Genesung gelangte sie allmählich über ihre Identität als jenes kleine Mädchen hinaus, das nicht echt, das nicht wirklich da war und keine Aufmerksamkeit verdiente. Sie lernte, dass das Zugehörigsein nicht von ihren Bemühungen abhing, es anderen recht zu machen. Nun gehen ihre Arbeit und ihre Beziehungen zu anderen aus einer tiefen und echten Quelle der Fürsorge und Anteilnahme hervor. Aber um aus ihrer Trance erwachen zu können, musste sie aufhören zu rennen und ihren Schmerz akzeptieren.

Der Dichter Rumi erkannte sehr deutlich die Beziehung zwischen unseren Wunden und unserem Erwachen. Er riet: »Wende dich nicht ab. Halte deinen Blick auf die bandagierte Stelle gerichtet. Genau da tritt das Licht in dich ein.« Wenn wir direkt auf die bandagierte Stelle blicken, ohne sie zu verleugnen oder zu meiden, entwickeln wir Zärtlichkeit gegenüber unserer menschlichen Verwundbarkeit. Unsere Aufmerksamkeit erlaubt ein Einströmen des Lichts der Weisheit und des Mitgefühls.

Auf diese Weise können aus Zeiten großen Leids Zeiten tiefgründiger spiritueller Einsichten und Öffnung werden. Fast alle von uns hatten Phasen in ihrem Leben, in denen alles auseinanderzubrechen schien. In solchen Zeiten werden alle Glaubensvorstellungen und Überzeugungen, auf die wir unser Leben gegründet haben, aus ihren Verankerungen gerissen; wir glaubten zu wissen, wie man das Leben lebt, aber jetzt fühlen wir uns auf einer stürmischen See verloren. Und wenn der Sturm sich wieder legt, fangen wir an, unser Leben mit Frische und bemerkenswerter Klarheit zu sehen.

Mit den Jahren kam ich dazu, meine Erfahrung im Wüstenretreat weniger als Verrat durch meinen Lehrer als vielmehr als Fenster zu verstehen, das mich durchblicken und sehen ließ, wie sehr ich mich selbst verraten hatte. Angesichts seines Angriffs zerbröckelten meine gewohnten Verteidigungsmechanismen, und ich schlug auf dem Grund auf. Durch das Versinken in diesem qualvollen Schmerz enthüllte sich mein Schmerz des geringen Selbstwertgefühls, mit dem ich nun schon so viele Jahre gelebt hatte. Die Angst, eine mit Makeln und Fehlern behaftete Person zu sein, lag meiner Trance zugrunde, und ich hatte im

Verlauf der Jahre viel Zeit geopfert, um meinen Wert unter Beweis zu stellen. Wie die Tigerin Mohini hatte ich ein selbst errichtetes Gefängnis bewohnt, das mich davon abhielt, voll und ganz zu leben. Die Radikale Akzeptanz all meiner Gefühle von Unvollkommenheit und meiner Ängste davor war die einzige Möglichkeit, mich daraus zu befreien. Indem ich mich der bandagierten Stelle zuwandte und mich um sie kümmerte – den Schmerz umarmte, vor dem ich weggerannt war –, begann ich mir selbst und meinem Leben zu vertrauen.

Häufige Missverständnisse in Bezug auf Radikale Akzeptanz

Die Praxis der Radikalen Akzeptanz läuft unserer Kultur der Nichtakzeptanz dermaßen zuwider, dass es unter Umständen schwierig ist, sie richtig zu verstehen. Man könnte meinen, ich spräche von Resignation oder Selbstnachgiebigkeit oder davon, schlechtes Benehmen zu entschuldigen: »Ich praktiziere Radikale Akzeptanz, also verurteile mich nicht dafür, dass ich bei der Arbeit keine Verantwortung übernehme oder zu Hause unfreundlich und unsensibel bin.« Weil die Radikale Akzeptanz eine so machtvolle Praxis ist, möchte ich gerne die Bereiche potenzieller Konfusion etwas eingehender untersuchen.

Radikale Akzeptanz ist nicht Resignation. Eines der größten Missverständnisse in Bezug auf die Radikale Akzeptanz ist die Annahme, dass wir, wenn wir uns einfach so akzeptieren, wie wir sind, jede Motivation verlieren, uns zu verändern und weiterzuentwickeln. Man kann sich die Akzeptanz zur Ausrede für das Bestehen auf schlechten Gewohnheiten zurechtbiegen: »So bin ich eben. Finde dich damit ab, oder lass es bleiben.« Oder wir wollen uns zum Positiven verändern, kommen aber dann zum Schluss: »Ich bin so, wie ich bin, ich werde mich ohnehin nie ändern.« Der Begriff der Akzeptanz könnte darauf hindeuten, dass wir uns damit abfinden, genau so zu sein, wie wir sind, was oft genug »nicht gut genug« meint. Doch wie die wichtige Erkenntnis des Psychologen Carl Rogers besagt: »Es ist ein kurioses Paradoxon, dass ich mich, wenn ich mich so akzeptiere, wie ich bin, verändern kann.« Das Erwachen und Gedeihen liegt in unserer tiefsten Wesensnatur. Immer und immer wieder habe ich erlebt, dass wenn wir irgendeinem Teil unserer Erfahrung mit Radikaler Akzeptanz begegnen, dies der grundlegende Wendepunkt ist, der den Weg zu einer echten und dauerhaften Veränderung frei macht. Dieses Buch präsentiert viele Beispiele dafür, wie sich eine solche Veränderung entfaltet, wenn man einer scheinbar verfahrenen Situation oder tief eingefahrenen Gewohnheit mit Radikaler Akzeptanz begegnet.

Radikale Akzeptanz bedeutet nicht, dass wir uns über unsere Grenzen definieren. Sie ist keine Entschuldigung für Rückzug. Vielleicht sagen wir uns zum Beispiel, dass wir nicht über die nötigen Qualifikationen oder Erfahrungen verfügen, um für einen Job, den wir gerne haben wollen, geeignet zu sein, und dass wir uns deshalb erst gar nicht bewerben. Vielleicht kommen wir aufgrund unserer Erfahrungen, die wir in der Vergangenheit gemacht haben, zu dem Schluss, dass wir für intime Beziehungen nicht geschaffen sind, also bleiben wir einfach Single. Zwar mag in unseren Einschätzungen ein Körnchen Wahrheit stecken, doch meint hier Radikale Akzeptanz, dass wir uns unseren Fähigkeiten und Grenzen mit klarer, freundlicher Aufmerksamkeit zuwenden, ohne unseren angsterfüllten Geschichten die Macht zu geben, unser Leben zu reduzieren.

Das Gleiche gilt für physische Herausforderungen. Was, wenn wir einen Unfall haben und danach von der Hüfte abwärts gelähmt sind? Bedeutet Akzeptanz, dass wir uns hoffnungslos in unser Schicksal ergeben, wenn man uns sagt, dass wir nie wieder gehen können werden? Geben wir die Möglichkeit auf, ein erfülltes und glückliches Leben zu führen? Radikale Akzeptanz würde in diesem Fall nicht bedeuten, dass wir den gewaltigen Kummer und Schmerz über den Verlust unserer Bewegungsfreiheit negieren. Wir würden unsere Gefühle und Reaktionen absolut respektieren und akzeptieren. Wir würden die unmittelbaren Auswirkungen unserer neuen Beschränkungen auf unsere Arbeit, unsere Sexualität, unser Elterndasein, unsere Haushaltspflichten ehrlich einschätzen. Aber Radikale Akzeptanz bedeutet auch, eine andere wichtige Wahrheit nicht zu übersehen: das im Leben gegebene unendliche Ausmaß an Kreativität und Möglichkeiten.

Wenn wir die Wahrheit der Veränderung akzeptieren, wenn wir akzeptieren, dass wir nicht wissen, wie sich unser Leben entfalten wird, öffnen wir uns für die Hoffnung, so dass wir uns mit Vitalität und Willenskraft voranbewegen können. Wie uns der Schauspieler Christopher Reeve mit seiner Lähmung nach einem Reitunfall so wunderbar vorlebte, können wir uns mit ganzer seelischer Kraft auf die Genesung werfen – wir können durch eine Physiotherapie auf sie »zugehen«, dadurch, dass wir tiefe Beziehungen aufrechterhalten, dass wir aus allem, was wir erfahren und erleben, lernen und daran wachsen. Tatsache ist, dass Mr. Reeve durch sein Bemühen eine Ebene der Genesung entdeckt hat, die man davor für unmöglich hielt. Indem wir unseren konkreten Erfahrungen mit der Klarheit und Güte der Radikalen Akzeptanz begegnen, entdecken wir, dass wir, ganz gleich, wie unsere Umstände aussehen, frei bleiben, um kreativ zu leben und voll und ganz zu lieben.

Radikale Akzeptanz ist nicht Selbstnachgiebigkeit. Sie besagt nicht: »Ich akzeptiere, dass ich diese Lust oder Begierde habe, deshalb gebe ich ihr nach.« Es ist zwar wichtig, dass wir unsere Wünsche und Sehnsüchte nicht verleugnen oder unterdrücken, aber ebenso wichtig ist es, dass wir uns unserer Motivationen und der Auswirkungen unseres Verhaltens bewusst sind. Wenn wir zum Beispiel nikotinsüchtig sind, bedeutet Radikale Akzeptanz nicht, dass wir uns jedes Mal, wenn uns das Verlangen nach einer Zigarette überkommt, auch gleich eine anzünden. Vielmehr begegnen wir dem Verlangen und der Spannung, die wir empfinden, wenn wir »jetzt unbedingt eine rauchen müssen«, mit klarem Sehen und Mitgefühl. Wir registrieren die Geschichten, die uns davon überzeugen, dass wir jetzt eine Pause von unserem Stress brauchen. Wir spüren die Erregung im Körper und schmecken die Erinnerung an Tabak im Mund. Wir lesen den Warnhinweis auf der Packung, ohne die Wahrheit zu verdrängen, dass das Rauchen uns schädigt. Und wenn wir dann die nächste Zigarette rauchen, schwelgen wir nicht in Rechtfertigungen oder Schuldgefühlen; wir nehmen zur Kenntnis, wie sie hochkommen, und akzeptieren sie in Achtsamkeit. Wenn wir dem gesamten Ablauf des Rauchens mit der Wachsamkeit und Freundlichkeit der Radikalen Akzeptanz begegnen, kann uns das dahin bringen, dass wir eine klügere Wahl treffen.

Radikale Akzeptanz macht uns nicht passiv. Eine Freundin, die Umweltaktivistin ist, sagte kürzlich zu mir, sie würde sich, wenn sie den Angriff auf unsere Umwelt akzeptierte, nicht länger aktiv für die Veränderung im Umgang mit der Natur einsetzen. Eine meiner Klientinnen, eine misshandelte Frau, sagte mir, wenn sie akzeptierte, wie ihr Mann sie behandelt, würde sie ihre Fähigkeit einbüßen, sich um sich selbst zu kümmern. Meine Schüler fordern mich oft mit Fragen heraus wie: Bedeutet Radikale Akzeptanz nicht, dass wir auch Hitlers Massenvernichtung akzeptieren oder einfach hinnehmen, dass es in der Welt Rassismus, Kriege und Hungersnöte gibt? Bedeutet Radikale Akzeptanz, dass wir auf das Leiden in der Welt nicht reagieren?

Wenn wir über die Greueltaten der Menschen empört oder wegen der Entwürdigung und Schändung unserer Umwelt am Verzweifeln sind, werden wir zu Recht vehement dazu bewegt, etwas dagegen zu unternehmen. Wenn wir sehen, wie unser eigenes oder das Verhalten anderer Leiden verursacht, fühlen wir uns ganz natürlich gezwungen, eine Veränderung herbeizuführen. Diese starken Impulse und Reaktionen bringen uns unser ganzes Leben lang dazu, spirituelle Praktiken zu üben und heilende Therapien durchzuführen, politische Zugehörigkeiten zu wählen, zu entscheiden, mit wem wir unsere Zeit verbringen, welcher Projekte wir uns annehmen und wie wir unsere Kinder erziehen. Doch es besteht ein Unterschied zwischen Handlungen und Entscheidungen, die aus der Radikalen Akzeptanz hervorgehen, und solchen, die reflexartig unserem Greifen nach bestimmten Resultaten und unserer Angst vor bestimmten Konsequenzen entspringen.

Die Radikale Akzeptanz erkennt unser Erfahren und Erleben als ersten Schritt klugen Handelns an. Bevor wir agieren oder reagieren, erlauben wir uns, unseren Kummer und unsere Trauer über die Verschmutzung und Verseuchung der Erde, unsere Wut über die Zerstörung der natürlichen Tier- und Pflanzenwelt, unsere Scham über die Art und Weise, in der wir misshandelt wurden, unsere Angst, was andere über uns denken mögen, unser Schuldgefühl wegen unserer eigenen Gefühllosigkeit und Unsensibilität zu fühlen und zu akzeptieren. Ganz egal, um welche Situation es geht, unsere unmittelbare persönliche Erfahrung, unser unmittelbares persönliches Erleben, ist die grundlegende Domäne der Radikalen Akzeptanz. Hier kultivieren wir die echte Wachheit und Güte, die dem wirkungsvollen Handeln zugrunde liegen.

Einige der am meisten geachteten gesellschaftspolitischen Aktivisten und Aktivistinnen gründeten ihre Arbeit auf die Radikale Akzeptanz. Gandhi in Indien, Aung San Suu Kyi in Burma, Nelson Mandela in Afrika – sie alle machten das Leiden der Inhaftierung durch und waren mit der Ohnmacht, Einsamkeit und den Beschwerlichkeiten ihrer Unterdrückung konfrontiert. Sie erkannten und verstanden das potenzielle Leiden, das ein wütendes Reagieren beinhaltet, und blieben achtsam bei und in ihrer Intention, anderen von Nutzen zu sein. Indem sie ihr eigenes Leiden akzeptierten, statt es zu leugnen oder einfach darauf zu reagieren, befreiten sie sich selbst, um ohne Bitterkeit oder Selbstmitleid für Frieden und Gerechtigkeit zu arbeiten. Diese und viele andere Menschen führen mit ihrem Beispiel vor, welche Kraft und Macht darin liegt, die Radikale Akzeptanz ins Zentrum des Bemühens um Linderung und Verringerung des Leidens zu stellen.

Radikale Akzeptanz bedeutet nicht, ein »Selbst« anzunehmen. Wenn ich im Rahmen buddhistischer Belehrungen darüber spreche, sich selbst zu akzeptieren und zu lieben, werde ich manchmal von Schülern gefragt, wie sich das mit der buddhistischen Lehre von *anatta* oder vom Nicht-Selbst vereinbaren lässt. Bekräftigt nicht schon allein der Gedanke der Selbstakzeptanz eine irrige Vorstellung vom Selbst? Wie der Buddha lehrte, ist unsere gewohnheitsmäßige Wahrnehmung eines Ichs oder Selbsts ein geistiges Konstrukt – das Bild von einer Wesenheit, die die Dinge geschehen lässt, die zum Opfer wird, die die Show managt und kontrolliert. Doch wenn wir »ich akzeptiere mich so, wie ich bin« sagen, akzeptieren wir die unmittelbaren geistigen, psychischen und sinnhaften Erfahrungen, die wir als unser Ich interpretieren. Wir sehen die vertrauten Wünsche und Ängste, die urteilenden und planenden Gedanken als Bestandteil des Lebensflusses. Wenn wir sie auf diese Weise akzeptieren, können wir erkennen, dass die Erfahrung an sich etwas Unpersönliches ist, und das befreit uns aus der Falle, uns mit einem mit Makeln und Fehlern behafteten, beschränkten Ich oder Selbst zu identifizieren.

Ich erinnere meine Schüler und Schülerinnen gerne daran, dass sich das Wort »radikal« vom lateinischen *radix* herleitet, was »an die Wurzel oder zum Ursprung gehend« bedeutet. Die Radikale Akzeptanz befähigt uns, zur Wurzel oder zum Ursprung von dem, wer und was wir sind, zurückzukehren, zur Quelle unseres Seins. Wenn wir bedingungslos warmherzig und gegenwärtig sind, lösen wir ganz direkt die Trance des geringen Selbstwertgefühls und Getrenntseins auf. Wir akzeptieren die Wellen der Gedanken und Gefühle, die aufsteigen und vergehen, wir erkennen unsere tiefste Natur, unsere ursprüngliche Natur, als grenzenloses Meer der Wachheit und Liebe.

Auf dem Pfad des Buddha – die Freiheit der Radikalen Akzeptanz entdecken

Im Gegensatz zur orthodoxen Vorstellung vom Erklettern einer Leiter im Streben nach Vollkommenheit beschreibt der Psychologe C. G. Jung den spirituellen Pfad als ein Sich-Entfalten zur *Ganzheit*. Statt zu versuchen, die Wogen der Emotionen zu bezwingen und uns von unserem unreinen Selbst zu befreien, drehen wir uns um und umarmen dieses Leben in seiner ganzen Realität – gebrochen, unordentlich, rätselhaft und vor Lebendigkeit sprühend. Indem wir ein bedingungsloses und von Akzeptanz geprägtes Gegenwärtigsein kultivieren, kämpfen wir nicht länger gegen uns selbst und halten unser ungebärdiges und unvollkommenes Ich oder Selbst auch nicht länger in einem Käfig des Richtens und Misstrauens gefangen. Stattdessen entdecken wir die Freiheit, authentisch und vollkommen lebendig zu werden.

Die Akzeptanz, mit der ich in meiner Zufluchtsstätte in der Wüste in Berührung kam, stärkte mein Selbstvertrauen in dramatischer Weise, aber das Integrieren dieser Erfahrung war ein langsamer Prozess. Nach meiner Rückkehr in mein Ashram-»Zuhause« an der Ostküste hatte ich das Gefühl, das Leben mit klareren Augen zu betrachten, doch es dauerte noch fast zwei Jahre, bis ich schließlich bereit war, es zu verlassen. Diese Männer, Frauen und Kinder waren meine spirituelle Familie; diese Gemeinschaft aufzugeben bedeutete einen ungeheuren Verlust.

Als ich mich nach und nach aus dem Ashram-Leben zurückzog, begann ich immer deutlicher zu erkennen, wie mein dortiges Leben mich in meinen Tendenzen bestärkt hatte, die Leiter der Vollkommenheit zu erklimmen und meine Fehler und Schwächen zu verbergen. Da ich mich nun nicht mehr so stark anzweifelte oder hinterfragte, konnte ich auch nicht länger die in der Gemeinschaft unterschwellig existierenden Probleme negieren, mit denen ich mich nicht hatte konfrontieren wollen. Mein Mann war vom Leben im Ashram schon länger desillusioniert, und so waren wir uns schließlich einig, dass es Zeit war zu gehen. Als ich mich offiziell von dem Lehrer verabschiedete, warnte er mich, dass ich für den Rest meines Lebens unfruchtbar sein würde, wenn ich mich von ihm und diesem spirituellen Weg abkehrte. Wie das Schicksal so spielt, wurde ich in den Tagen zwischen dem Verkünden unserer Entscheidung und dem Ablegen unserer Roben wieder schwanger. Doch während ich Narayans Geburt freudig entgegensah und unsere Entscheidung zu gehen nie in Frage stellte, schmerzte mich der große Verlust noch viele Jahre.

Rückblickend ergibt es vollkommen Sinn, dass mich die Lehren des Buddha durch diesen qualvollen Wechsel führen sollten. Als ich spürte, dass ich mich vom Ashram immer mehr zurückzog, begann ich Bücher über andere spirituelle Traditionen zu lesen. Ich fühlte mich besonders zum Buddhismus hingezogen und begann mit einer buddhistischen Achtsamkeitsmeditation zu experimentieren. Sie wird *Vipassana* genannt, was »klare Einsicht« bedeutet. Diese Praxis gründet sich auf Lehren, die das Leiden, wie ich es erlebte, explizit anerkennen und einen Weg anbieten, daraus zu erwachen.

Im Ashram war unsere Meditation auf das Kultivieren eines Zustands des inneren Friedens, der Energie oder Glückseligkeit ausgerichtet. Wir brachten den Geist zur Ruhe, indem wir uns auf den Atem oder ein heiliges Sanskrit-Mantra konzentrierten. Es war ein wertvolles Training, doch stellte ich fest, dass diese Meditationen, wenn ich mich in einem emotionalen Aufruhr befand, meinen Kummer bestenfalls zeitweilig überdeckten. Ich manipulierte meine innere Erfahrung, statt beim konkreten inneren Geschehen zu bleiben. Die buddhistischen Achtsamkeitsübungen lehrten mich hingegen, mich zu öffnen und den veränderlichen Strom der Erfahrung durch mich durchfließen zu lassen. Kam ein hartes Selbsturteil zum Vorschein, konnte ich es schlicht als vorübergehenden Gedanken erkennen. Dieser konnte durchaus ein hartnäckiger und regelmäßiger Besucher sein, aber *die Erkenntnis, dass er nicht die Wahrheit war, war wunderbar befreiend*. Wenn ich mich in Gefühlen von Unsicherheit oder Einsamkeit verlor, konnten mich die Meditationen über gütige Liebe und Mitgefühl wieder zu der Zärtlichkeit zurückführen, die ich in meiner Zufluchtsstätte in der Wüste empfunden hatte. Ich war nicht länger bemüht, meinen Schmerz und mein Leid loszuwerden, sondern lernte vielmehr, mich darauf mit Fürsorglichkeit und Anteilnahme zu beziehen. Von Anfang an brachten mich diese Übungen zu einem liebevollen, offenen und annehmenden Gewahrsein, das sich wie meine wahre Natur anfühlte.

Nachdem ich ein paar Jahre für mich allein meditiert hatte, nahm ich an meinem ersten Schweigeretreat bei der Insight Meditation Society in Massachusetts teil. Da wusste ich, dass ich heimgekommen war. Am Ende eines der abendlichen Vorträge sagte der Lehrer etwas, das mich bis ins Mark traf; es hatte mit dem Kern des Leidens zu tun, mit dem ich so lange gerungen hatte. Wenn ich mich recht entsinne, waren es die Worte: *Die Grenze dessen, was wir akzeptieren können, ist die Grenze unserer Freiheit.* In der nachfolgenden Stille blitzten in mir Erinnerungen auf, die mir zeigten, wie sehr ich gegen meine Lebenserfahrungen gekämpft hatte. Ich konnte die Mauern spüren, die ich errichtet hatte, um die Menschen draußen zu halten, die anders waren als ich, die mich einschüchterten oder zu viel von mir verlangten. Ich erkannte meine Abneigung gegen körperliches Unbehagen, gegen Gefühle von Angst und Einsamkeit. Mir wurde klar, wie unversöhnlich ich mir selbst gegenüberstand, weil ich anderen weh getan hatte, weil man ein Urteil über mich gefällt hatte, weil ich zwanghaft, weil ich egoistisch war.

Als der Lehrer und die meisten Schülerinnen und Schüler die Halle verlassen hatten, blieb ich noch in der Ruhe und Stille sitzen. Ich wollte wissen, wie es wäre, wenn sich alle Grenzen auflösten und ich das Leben einfach durch mich hindurch leben ließe. Als ich mich entspannte und öffnete, füllten sich Herz und Geist mit Zärtlichkeit gegenüber allem, was sich in mir so schmerzlich angefühlt hatte und so falsch und unstimmig erschienen war. Ich erkannte, dass mich jeder Konflikt, den ich mit dem Leben hatte – vom geringsten Anflug von Selbstkritik bis hin zur tiefsten Qual der Scham –, von der Liebe und dem Gewahrsein trennten, die mein wahres Zuhause sind.

Seither habe ich viele Male, besonders wenn ich unter Spannung stand oder dabei war, mich selbst zu verurteilen, innegehalten und mich gefragt: *»Wir wäre es, wenn ich mein Leben – diesen Augenblick – genau so akzeptieren könnte, wie er ist?«* Egal, welcher spezielle geistige Film gerade abläuft, allein schon durch die Absicht, meine Erfahrung zu akzeptieren, vertieft sich meine Aufmerksamkeit und wird mein Herz weicher. Und während mir die Wellen der Erfahrung, die mich durchströmen, immer vertrauter werden, lockert der laufende innere Kommentar seinen Griff, und die Spannung in meinem Körper beginnt sich zu lösen. Jedes Mal, wenn ich wieder damit beginne, wachsam das Leben so sein zu lassen, wie es ist, erlebe ich dieses starke Gefühl von *Ankommen*, von Wiedereintreten in den veränderlichen Fluss der Erfahrung. Dieses Loslassen ist das Tor: Wenn wir es durchschreiten, sind wir von Staunen erfüllt und ganz und gar lebendig. Wie der Autor Storm Jameson es ausdrückt: *»Es gibt nur eine Welt, die Welt, die in dieser Minute gegen dich andrängt. Es gibt nur eine Minute, in der du lebendig bist, diese Minute hier und jetzt. Die einzige Art zu leben ist die, jede Minute als unwiederholbares Wunder zu akzeptieren.«*

Wir sind alle imstande, Radikale Akzeptanz zu erlernen – die beiden Flügel der klaren Erkenntnis und mitfühlenden Gegenwärtigkeit sind Ausdruck von dem, wer und was wir von Natur aus sind. Doch weil wir uns auf ziemlich natürliche Weise in der Trance verlieren, brauchen wir beides, wirkliche Entschlusskraft und effektive Übungspraktiken, um unser Herz und unseren Geist zu wecken. Die in diesem Buch angebotenen Lehren und Meditationen gehören einem reichen spirituellen Erbe an, das seit Jahrhunderten jene anleitet und führt, die echten Frieden und Freiheit suchen. Auf diesem heiligen Pfad der Radikalen Akzeptanz entdecken wir, wie wir uns in die Ganzheit lieben können, statt angestrengt nach Vollkommenheit zu streben.

GELENKTE MEDITATION
Die Vipassana-Praxis (Achtsamkeit)

Die buddhistische Praxis zur Entwicklung von Achtsamkeit wird *Vipassana* genannt, was »Klarblick« oder »klare Einsicht« bedeutet. Hier folgt nun eine einfache Einführung in diese Praxis. Sie können sie auf Tonband aufnehmen oder sich von jemandem so lange vorlesen lassen, bis Sie mit ihr vertraut sind.

* * *

Setzen Sie sich aufrecht hin, das Rückgrat soll gerade, aber nicht starr sein. Die Haltung soll es Ihnen ermöglichen, wach und aufmerksam und zugleich entspannt zu sein. Schließen Sie die Augen, und lassen Sie Ihre Hände locker ruhen.

Durchwandern und überprüfen Sie mit Ihrem Gewahrsein den ganzen Körper, und entspannen und lockern Sie, wo immer möglich, die verspannten Bereiche.

Da wir uns so leicht in Gedanken verlieren, beginnt Vipassana damit, dass wir auf den Atem achten. Wenn wir den Atem als primären Anker der Achtsamkeit benutzen, hilft uns das, den Geist zur Ruhe zu bringen, so dass wir für den uns durchfließenden veränderlichen Strom des Lebens wach sein können. Machen Sie ein paar tiefe Atemzüge und atmen Sie dann ganz natürlich. Stellen Sie fest, wo Sie den Atem am leichtesten wahrnehmen können. Sie spüren ihn vielleicht in der Nase ein- und ausströmen; Sie könnten ihn auch um die Nasenlöcher herum oder auf der Oberlippe wahrnehmen; vielleicht fühlen Sie auch die Bewegung Ihrer Brust oder wie sich Ihr Bauch hebt und senkt. Richten Sie Ihre Aufmerksamkeit auf die Empfindungen des Atmens in einem dieser Bereiche, vielleicht dorthin, wo sie am deutlichsten wahrnehmbar sind.

Es ist nicht nötig, den Atem zu kontrollieren, danach zu greifen oder sich auf ihn zu fixieren. Es gibt keine »richtige« Art zu atmen. Entdecken Sie im entspannten Gewahrsein, wie der Atem als veränderliche Erfahrung von sinnhaften Empfindungen wirklich ist.

Sie werden feststellen, dass der Geist ganz natürlich in Gedanken abwandert. Gedanken sind nicht der Feind, und Sie brauchen Ihr Bewusstsein nicht von ihnen frei zu halten. Entwickeln Sie vielmehr die Fähigkeit zu erkennen, wann Gedanken auftauchen, ohne sich in ihnen zu verlieren. Wenn Sie merken, dass Sie denken, können Sie sich im Stillen sanft und freundlich sagen »denken, denken«. Kehren Sie dann ohne jedes Urteil sacht zur Unmittelbarkeit des Atmens zurück. Lassen Sie den Atem Ihre Heimatbasis sein, einen Ort vollkommenen Gegenwärtigseins. Mag sein, dass Sie auch anderes wahrnehmen – die Geräusche vorbeifahrender Autos, das Gefühl von Wärme, Kälte oder Hunger –, doch das alles kann im Hintergrund bleiben, ohne Ihre Aufmerksamkeit abzuziehen.

Wenn irgendwelche speziellen Empfindungen sehr stark werden und Ihre Aufmerksamkeit in Anspruch nehmen, lassen Sie sie zum Gegenstand Ihrer Achtsamkeit werden. Sie mögen Hitze oder Frösteln, ein Kitzeln, Schmerzen, einen Druck, ein Stechen, ein Pulsieren fühlen. Nehmen Sie mit weichem offenem Gewahrsein diese Empfindungen einfach so wahr, wie sie sind. Sind sie angenehm oder unangenehm? Werden sie intensiver oder verschwinden sie, wenn Sie sich ihnen zuwenden? Nehmen Sie zur Kenntnis, wie sie sich verändern. Wenn diese Empfindungen nicht mehr besonders stark sind, lenken Sie Ihre Achtsamkeit wieder auf das Atmen. Sollten die Empfindungen so unangenehm sein, dass Sie sie unmöglich mit Gleichmut oder ohne den Verlust Ihrer Balance betrachten können, fühlen Sie sich ebenfalls frei, wieder zum Ruhen im Atem zurückzukehren.

Auf ähnliche Weise können Sie die Achtsamkeit auf starke Gefühle richten – Angst, Traurigkeit, Glück, Aufregung, Kummer. Begegnen Sie jeder Erfahrung mit freundlicher und klarer Präsenz, klammern Sie sich nicht an das Geschehen, und wehren Sie sich auch nicht dagegen. Wie setzt sich dieses Gefühl als Empfindung in Ihrem Körper um? Wo fühlen Sie es am stärksten? Ist es statisch, oder bewegt es sich? Wie ausgedehnt ist es? Sind Ihre Gedanken erregt und lebhaft? Sind sie dumpf und monoton? Haben Sie das Gefühl, dass sich Ihr Geist oder geistiges Bewusstsein zusammengezogen oder geweitet hat?

Nehmen Sie zur Kenntnis, wie sich das Gefühl verändert, während Sie Ihre Aufmerksamkeit auf diese Dinge richten. Wird es intensiver oder schwächer? Wechselt es in einen anderen Gefühlszustand über? Wird aus Wut Trauer? Aus Glücksempfinden innerer Frieden? Wenn das Gefühl Ihre Aufmerksamkeit nicht länger unbedingt beansprucht, wenden Sie sich wieder dem Atem zu. Wenn das Gefühl überwältigend ist oder wenn Sie unsicher werden, wohin Sie Ihre Aufmerksamkeit richten sollen, dann entspannen Sie sich und kehren heim zu Ihrem Atem.

* * *

Wenn Sie Achtsamkeit üben, sind die speziellen Empfindungen, Gefühle oder Gedanken, die auftauchen, nicht so wichtig. Unsere Bereitschaft, still und ruhig zu werden und auf unsere Erfahrung zu achten, welcher Art sie auch immer sein mag, ist das, was die Saat der Radikalen Akzeptanz legt. Mit der Zeit entwickeln wir die Fähigkeit, uns mit Klarheit und Güte auf unsere temporären Erfahrungen zu beziehen, ob nun in der Meditation oder im Alltagsleben.

3

Geheiligte Pause

Unter dem Bodhi-Baum ruhen

Genug. Diese wenigen Worte sind genug.
Wenn nicht diese Worte, dann dieser Atem.
Wenn nicht dieser Atem, dann dieses Hier-Sitzen.

Diesem Sich-dem-Leben-Öffnen
haben wir uns verweigert
immer und immer wieder
bis jetzt.

Bis jetzt.
David Whyte

In den fünfziger Jahren des letzten Jahrhunderts wurden ein paar speziell trainierte Piloten der amerikanischen Luftwaffe auf ein Himmelfahrtskommando geschickt – sie mussten in Höhen fliegen, wie sie zuvor noch nie erprobt worden waren. Als sie über die dichtere Erdatmosphäre hinaus hochstiegen, stellten sie zu ihrem Entsetzen fest, dass hier die normalen Gesetze der Aerodynamik nicht mehr galten. Tom Wolfe beschrieb dies in *Die Helden der Nation:* Es konnte passieren, dass ein Flugzeug in ein flaches Kreiseln geriet, so ähnlich wie eine Müslischale auf einem polierten Resopaltresen, und dann abstürzte, wobei es sich überschlug.

Die ersten Piloten, die mit diesem Problem konfrontiert waren, bemühten sich verzweifelt, das Flugzeug zu stabilisieren, und nahmen eine Korrektur nach der anderen vor. Doch je heftiger sie die Steuerung manipulierten, desto wilder wurde die Karussellfahrt. Die Bodenkontrolle hilflos anflehend: »Was mache ich als Nächstes?«, stürzten sie in den Tod.

Diese Tragödie ereignete sich einige Male, bis einer der Piloten, Chuck Yeager, aus Versehen auf eine Lösung stieß. Als sein Flugzeug zu trudeln begann, wurde er heftig im Cockpit herumgeworfen und außer Gefecht gesetzt. Bewusstlos lag er in der abstürzenden Maschine. Nach sieben Meilen tauchte sie in die dichtere Erdatmosphäre ein, wo die normalen Navigationsstrategien wieder angewandt werden konnten. Yeager kam zu sich, brachte das Flugzeug in eine stabile Lage und landete sicher. Er hatte die einzige Reaktion entdeckt, die in dieser verzweifelten Situation möglich war: Du tust gar nichts. Du nimmst die Hände von allen Knöpfen und Schaltern. Diese Lösung, so Wolfe, »war die einzige Wahl, die du hattest«. Sie lief allem Training und sogar den grundlegendsten Überlebensinstinkten zuwider, aber sie funktionierte.

Wir befinden uns in unserem Leben oft in Situationen, die wir nicht kontrollieren können, in Umständen, in denen keine unserer Strategien funktioniert. Hilflos, verzweifelt und panisch versuchen wir das Geschehen zu managen. Unser Kind sackt in seinen schulischen Leistungen ab, und wir stoßen eine Drohung nach der anderen aus, um es wieder auf Kurs zu bringen. Jemand sagt etwas Verletzendes zu uns, und wir schlagen schnell zurück oder kapseln uns ab. Wir machen einen Fehler bei der Arbeit und beeilen uns, ihn zu kaschieren, oder mühen uns hektisch ab, ihn wiedergutzumachen. Wir begeben uns in emotional aufgeladene Auseinandersetzungen, die wir zuvor nervös durchgespielt und strategisch durchdacht haben. Je mehr wir ein Scheitern oder Versagen fürchten, desto hektischer arbeiten Körper und Geist. Wir füllen unsere Tage, indem wir ständig in Bewegung sind – planen und uns sorgen, reden, reparieren, improvisieren, umändern, telefonieren, einen Happen essen, verwerfen, kaufen, in den Spiegel schauen.

Wie wäre es, wenn wir inmitten all dieser Geschäftigkeit ganz bewusst unsere Hände von den Kontrollschaltern und -knöpfen nehmen würden? Chuck Yeager musste bewusstlos werden, um den zwanghaften Kontrolldrang zu unterbrechen. Was, wenn wir ganz bewusst und vorsätzlich in unseren gedanklichen Berechnungen und Kalkulationen und unserem Herumgerenne für ein oder zwei Minuten innehalten, einfach Pause machen und zur Kenntnis nehmen würden, was in uns geschieht?

Zu lernen, Pause zu machen, ist der erste Schritt in der Praxis der Radikalen Akzeptanz. Pausieren ist das Aussetzen einer Aktivität, ist eine Zeit, in der wir uns vorübergehend auskoppeln und nicht länger auf irgendein Ziel zubewegen. Anders als die verzweifelten Piloten hören wir auf zu fragen: »Was mache ich als Nächstes?« Die Pause kann inmitten fast jeder Aktivität stattfinden und einen Moment oder Stunden oder ganze Lebensabschnitte dauern. Wir nehmen uns vielleicht eine Auszeit von unseren laufenden Verpflichtungen und Verantwortlichkeiten, lassen uns auf dem Sitzkissen nieder und meditieren. Wir machen vielleicht inmitten der Meditation Pause, um uns von Gedanken zu lösen und unsere Aufmerksamkeit wieder auf den Atem zu lenken. Wir machen vielleicht Pause in unserem Alltagsleben, um uns in ein Retreat zu begeben oder etwas Zeit in der Natur zu verbringen oder um uns für ein Jahr freistellen zu lassen. Wir machen vielleicht Pause inmitten eines Gesprächs, nehmen Abstand von dem, was wir gerade sagen wollten, um wirklich zuzuhören und bei der anderen Person zu sein. Wir machen vielleicht Pause, wenn wir plötzlich sehr bewegt oder erfreut oder betrübt sind, und lassen den Gefühlen in unserem Innern ihren Raum. Wir unterbrechen ganz einfach unser Tun, worin es auch bestehen mag – denken, reden, gehen, schreiben, planen, sich sorgen, essen –, und werden ganz und gar gegenwärtig, aufmerksam und oftmals körperlich ruhig. Vielleicht möchten Sie es jetzt gleich versuchen: Hören Sie auf zu lesen, tun Sie gar nichts und achten Sie einfach auf die Erfahrung, die Sie machen, auf das, was Sie wahrnehmen.

Eine Pause ist ihrer Natur nach begrenzt. Wir nehmen unsere Aktivitäten wieder auf, sind nun aber präsenter und können besser Entscheidungen treffen. So nehmen wir vielleicht in der Pause, bevor wir in einen Schokoriegel beißen, das Prickeln gespannter Vorfreude und im Hintergrund eine Wolke des Schuldgefühls und der Selbstverurteilung wahr. Dann entscheiden wir uns vielleicht dafür, die Schokolade zu essen, und genießen den Geschmack in seiner ganzen Fülle. Oder wir beschließen, die Schokolade nicht zu essen und stattdessen rauszugehen und einen kleinen Dauerlauf zu machen. Wenn wir Pause machen, wissen wir nicht, was als Nächstes passieren wird. Aber durch das Unterbrechen unserer gewohnten Verhaltensweisen öffnen wir uns für die Möglichkeit, auf neue und kreative Art auf unsere Wünsche und Ängste zu reagieren.

Natürlich gibt es Augenblicke und Zeiten, in denen ein Pausieren unangemessen wäre. Wenn unser Kind auf eine vielbefahrene Straße zurennt, legen wir keine Pause ein. Wenn jemand dabei ist, uns zu schlagen, bleiben wir nicht einfach still stehen, um im Hier und Jetzt zu ruhen – wir finden vielmehr sehr schnell ein Mittel, uns zu verteidigen. Wenn wir drauf und dran sind, unseren Flug zu verpassen, rennen wir zum Gate. Aber ein Großteil unseres gehetzten Tempos und gewohnheitsmäßigen Kontrollierens im Alltag dient nicht dem Überleben und ganz bestimmt nicht dem Gedeihen. Es entsteht aus einer frei schwebenden Angst, dass irgendetwas nicht stimmen oder nicht ausreichend sein könnte. Und selbst dann, wenn wir angesichts eines ganz konkreten Versagens, Verlusts oder – wie im Fall der Piloten – des Todes Angst bekommen, ist dieses instinktive Anspannen und Bemühen oft unwirksam und unklug.

Wenn wir die Hände von den Kontrollschaltern nehmen und Pause machen, gibt uns das die Gelegenheit, die Wünsche und Ängste, die uns um- und antreiben, klar zu erkennen. In den Augenblicken, in denen wir innehalten, wird uns bewusst, wie das Gefühl, dass etwas fehlt oder nicht stimmt, uns dazu bringt, immer auf dem Weg zu sein und uns in die Zukunft vorzubeugen. Damit erhalten wir eine wichtige Wahlmöglichkeit in Bezug auf unsere Reaktion: Wir können unsere fruchtlosen Versuche, unsere Erfahrungen zu managen, fortsetzen, oder wir können unserer Verletzlichkeit mit der Weisheit der Radikalen Akzeptanz begegnen.

Während meiner Pause in der Wüstenzuflucht sah ich allmählich, wie ungemein tief ich in den Geschichten und Leiden der Trance festsaß. Indem ich bei diesen Gedanken blieb, konfrontierte ich mich mit der Scham und den Ängsten, vor denen ich jahrelang davongelaufen war. Tatsache ist, dass das Pausieren und das Akzeptieren meines intensiven Leidens die einzige Möglichkeit war, den Griff der Trance zu lockern und zu lösen.

Oft ist der Augenblick, in dem es am notwendigsten ist, Pause zu machen, genau der, in dem dies für uns am unerträglichsten ist. Mitten im Wutanfall Pause zu machen oder wenn wir gerade von Kummer und Leid überwältigt werden oder voller Verlangen sind, ist wahrscheinlich das Letzte, was wir wollen. Die Finger von den Kontrollschaltern zu lassen läuft, wie im geschilderten Fall der Piloten, unseren instinktiven Methoden, zu bekommen, was wir wollen, völlig zuwider. Ein Pausieren kann ein Gefühl sein, als fielen wir hilflos durch den Raum – wir haben keine Ahnung, was passieren wird. Wir haben Angst, von der Rohheit unserer Wut oder unseres Kummers oder Verlangens verschlungen zu werden. Doch Radikale Akzeptanz ist nicht möglich, ohne dass wir uns für die konkrete Erfahrung des Augenblicks öffnen.

Charlotte Joko Beck, Zen-Lehrerin und Autorin, lehrt, dass das Geheimnis des spirituellen Lebens in der Fähigkeit liegt, »… zu dem zurückzukehren, vor dem wir uns ein ganzes Leben lang versteckt haben, in der körperlichen Erfahrung des gegenwärtigen Augenblicks zu ruhen – auch wenn wir das Gefühl haben, gedemütigt zu werden, zu scheitern, verlassen oder unfair behandelt zu werden«. Durch die heilige Kunst des Pausierens entwickeln wir die Fähigkeit, uns nicht mehr zu verstecken, vor unserer Erfahrung und Wahrnehmung nicht mehr wegzurennen. Wir beginnen unserer natürlichen Intelligenz zu vertrauen, unserem von Natur aus weisen Herzen, unserer Fähigkeit, uns für alles Entstehende zu öffnen. Wie beim Erwachen aus einem Traum zieht sich im Augenblick der Pause unsere Trance zurück, und die Radikale Akzeptanz wird möglich.

Wegrennen vertieft die Trance

Ein altes Volksmärchen erzählt die Geschichte von einem Mann, der vor seinem eigenen Schatten so viel Angst bekommt, dass er vor ihm wegzurennen versucht. Er glaubt, dass er glücklich wäre, wenn er ihn nur hinter sich lassen könnte. Der Mann wird immer unruhiger und unglücklicher, als er feststellen muss, dass er, egal, wie schnell er rennt, seinen Schatten nicht abschütteln kann. Er will nicht aufgeben und rennt immer schneller und schneller, bis er schließlich vor Erschöpfung tot umfällt. Hätte er sich in den Schatten begeben und dort niedergelassen, um sich auszuruhen, wäre sein Schatten verschwunden.

Unser eigener Schatten besteht aus den Anteilen unseres Wesens, die wir als unakzeptabel wahrnehmen und erfahren. Familie und Gesellschaft lassen uns schon von früher Kindheit an wissen, welche Eigenschaften der menschlichen Natur wertgeschätzt und welche missbilligt werden. Und weil wir akzeptiert und geliebt werden möchten, versuchen wir ein Selbst oder Ich zu formen und zu präsentieren, das andere anzieht und sicherstellt, dass wir dazugehören. Aber wir bringen unsere natürliche Aggression oder Bedürftigkeit oder Angst – Bestandteile unserer emotionalen Struktur, die häufig tabu sind – unvermeidlich zum Ausdruck, und die in unserem Leben wichtigen Leute reagieren auf uns. Ob wir nun sanft zurechtgewiesen, ignoriert oder auf traumatische Weise abgelehnt werden, auf irgendeine Art fühlen wir uns verletzt und abgeschoben. Während wir die Emotionen, die bei anderen Ablehnung und Zurückweisung hervorrufen könnten, regelmäßig ins Exil schicken, wird der Schatten zu einer Kraft in unserer Psyche. Da kann es sein, dass wir unsere kindliche Begeisterungsfähigkeit begraben und vergessen; dass wir unsere Wut und unseren Zorn ignorieren, bis sie zu Knoten in unserem Körper werden; dass wir unsere Ängste mit endlosen Selbstverurteilungen und Schuldzuweisungen überdecken. Unser Schatten hat seine Wurzeln in der Scham und ist von unserem Gefühl gebunden, im Grunde mit Mängeln und Fehlern behaftet zu sein.

Je stärker und tiefer unser Gefühl ist, unzulänglich und nicht liebenswert zu sein, desto verzweifelter laufen wir vor den Klauen des Schattens davon. *Doch mit unserem Wegrennen vor dem, was wir fürchten, nähren wir die innere Dunkelheit.* Mit jeder Ablehnung und Zurückweisung eines Teils unseres Wesens bestätigen wir uns selbst unsere grundlegende Minderwertigkeit, unser fundamentales Unwürdigsein. Unter einem »Ich sollte nicht so wütend werden« verbirgt sich: »Mit mir stimmt etwas nicht, wenn ich es werde.« Als steckten wir in Treibsand, lassen uns unsere panischen Bemühungen, von unserer Schlechtigkeit wegzukommen, nur noch tiefer sinken. In unserem Streben, den Schatten zu meiden, verfestigen wir unsere Identität als angsterfülltes, unzureichendes Ich.

Als Laura zu mir in Psychotherapie kam, hatte ihre Art, sich vor dem Schatten zu verstecken, ihre Ehe schon fast zerstört. Sie hatte sich in etwas verwandelt, was ihr Mann Phil als »eine Landmine« bezeichnete, »darauf eingestellt, beim leisesten Fehltritt von mir hochzugehen«. Zu Beginn ihrer Beziehung hatte er sich von ihrer Sensibilität und ihrem Hang zur Dramatik angezogen gefühlt. Laura war Krankenschwester, und wie ihre Patienten liebte auch Phil ihre besänftigende Berührung und ihre Fürsorglichkeit. Laura hatte Spaß mit Phil, freute sich an seiner Intelligenz und Schlagfertigkeit. Aber nach ein paar Monaten Ehe empfand sie seinen scharfen Verstand und beißenden Humor allmählich als eine gegen sie gerichtete Waffe. Wenn Phil Bemerkungen über ihre Fahrweise und ihr Wegräumen des Geschirrs machte, fühlte sie sich verletzt und gedemütigt. In ihr begann alles einzustürzen, und sie bekam immer mehr das Gefühl, völlig inkompetent zu sein. Oft kochte ihr Zorn über diese Art, beurteilt zu werden, hoch und explodierte dann ohne Vorwarnung in einem Wutanfall. Auf ihren Mann loszugehen war ihre vorrangige Strategie, um von ihrem Schatten der Scham davonzurennen.

Nähe und Intimität waren auf beinahe allen Ebenen ihrer Ehe verschwunden – sie redeten kaum noch miteinander. Phil, von Beruf Anwalt, vermochte so gut mit Worten umzugehen, dass er alles wie Lauras Fehler aussehen lassen konnte. Wenn das passierte, schrie sie ihn am Ende an und stürmte davon. Als sie schließlich zu mir kam, um eine Therapie zu machen, war sie bereits zum Schluss gelangt: »Es lohnt sich nicht, auch nur den Versuch zum Reden zu machen. Er ist Herr Rational, und ich verliere immer.«

Tatsächlich hatte es am Abend vor unserer ersten Sitzung eine typische Situation gegeben. Laura hatte an diesem Tag eine hitzige Auseinandersetzung mit ihrer Stationsleiterin im Krankenhaus gehabt und auf der Stelle gekündigt. Als sie Phil beim Abendessen erzählte, was passiert war, wirkte er ungeduldig. Als das Telefon klingelte, ging er an den Apparat und damit in sein Arbeitszimmer. Laura folgte ihm und stand an der Tür, darauf wartend, dass er das Telefonat beendete. Doch er schaltete sofort danach den Fernseher ein. Laura rief ihm sarkastisch zu: »Du scheinst ja an allen Nachrichten interessiert zu sein, nur nicht an *meinen*.« Phil gab irritiert zurück: »Das war Nathan, und er sagte, ich müsse mir unbedingt etwas auf Fox Five anschauen. Warum musst du mein ganzes Verhalten immer als persönliche Beleidigung auffassen? Wenn du das auch mit deiner Stationsleiterin so gemacht hast, dann war sie wahrscheinlich froh, dich gehen zu sehen.« Laura schrie wütend zurück: »Ich weiß, was du denkst ... warum sagst du es nicht einfach, Phil. *Du* wärst froh, mich gehen zu sehen. Stimmt's? So ist es doch, oder?« Sie griff sich ein Gesetzbuch aus den Regalen, schleuderte es in Richtung Fernseher und schrie: »Du willst mich nur loswerden! Vielleicht kriegst du, was du willst!« Das nächste Buch zischte an seinem Kopf vorbei. In dieser Nacht schliefen sie in getrennten Zimmern.

Laura hatte schon früh gelernt, sich vor ihrer instabilen und kritischen Mutter abzuschirmen. Im einen Moment saßen sie glücklich beieinander, im nächsten fiel ihre Mutter über sie her, warf ihr vor, dass sie ihr Zimmer nie aufräumte oder dass sie mit diesem Pony im Gesicht entsetzlich aussähe. Als Laura dann im Teenageralter war, machten es ihr die heftigen hormonellen Umstellungen unmöglich, ihr Verletztsein und ihre Wut weiterhin unter Verschluss zu halten. Wenn ihre Mutter wegen ihrer Kleidung über sie herzog, wegen ihrer schlechten Körperhaltung, oder ihr vorhielt, dass sie sich Verlierer als Freunde aussuchte, dass sie zu dumm sei, um ein anständiges College besuchen zu können, dann schrie Laura zurück, bedachte sie mit Schimpfworten und übernachtete bei einer Freundin. Tatsächlich verbrachte sie so viel Zeit wie möglich anderswo, um dem ständigen Vorwurf ihrer Mutter, dass sie »nichts richtig machen konnte«, zu entgehen. War sie zu Hause und gab es Streit, war Laura selbst von der Heftigkeit ihrer Wut überrascht. Sie hatte das Gefühl, einen Dämon in sich zu beherbergen, der, wenn man ihm die Chance dazu gab, zuschlagen und töten konnte. Als sie schließlich auszog, gehörte es zu ihrem Leben, auf jemanden loszugehen.

Bei unseren ersten Therapiesitzungen erzählte sie mir, dass sie sich in den meisten Beziehungen – zu Freunden, zur Familie, bei der Arbeit – sehr schnell verletzt und in der Defensive fühlte. Irgendwo lief immer gerade ein Drama ab. Wenn sie das Gefühl hatte, dass jemand etwas an ihr auszusetzen hatte, mied sie die betreffende Person oder attackierte sie wütend, was dann die Beziehung auf Eis legte, manchmal für immer. Als die Stationsleiterin sie zu sich rief und ihre einige direkte Fragen stellte, wobei es um Spannungen zwischen Laura und einer anderen Krankenschwester auf der Station ging, verteidigte sich Laura mit offener Feindseligkeit. Als die Stationsvorsteherin ihr nahelegte, sich erst einmal zu beruhigen, damit sie ein wirkliches Gespräch führen konnten, kündigte Laura und verließ den Raum.

Ganz gleich, in welcher Situation sie sich befand, wenn der wunde Punkt berührt und in ihr das Gefühl ausgelöst wurde, nicht »gut genug« zu sein, wurde sie auf ihre Kindheit zurückgeworfen, in der sie machtlos gewesen war und nichts weiter tun konnte, als sich zu verteidigen. Wir alle regredieren leicht in die volle Trance, wenn unser spezieller wunder Punkt oder Ort der Unsicherheit berührt wird. In solchen Momenten scheint es keine andere Wahl zu geben als das, was wir empfinden, denken oder tun. Wir schalten auf »Automatik« und reagieren so, wie wir es gewohnt sind, um uns zu verteidigen, um unser Wundsein und Verletztsein zu kaschieren.

Wie bei jeder Sucht nährt unser Verhalten, das wir zum Fernhalten des Schmerzes einsetzen, unser Leiden. Unsere Fluchtmechanismen verstärken nicht nur das Gefühl, dass mit uns irgendetwas nicht stimmt, sie halten uns auch davon ab, uns genau den heilungsbedürftigen Aspekten zuzuwenden, die unsere Aufmerksamkeit am meisten brauchen. Wie C. G. Jung es formulierte: Die Teile unserer Psyche, die wir nicht sehen, nicht beachten und nicht fühlen, sind die Quelle aller Neurosen und Leiden. Lauras Attacken hielten sie davon ab zu spüren, wie beschämt und verletzt sie sich eigentlich fühlte. Doch dieser »Verteidigungsmechanismus« steigerte nur noch ihre Scham darüber, dass sie so außer Kontrolle geraten war. Sie war in einem Teufelskreis gefangen: Je mehr Scham sie empfand, desto stärker fühlte sie sich getrieben, andere zu attackieren, um sich zu schützen und ihre Scham zu verbergen. Wenn wir lernen, diese von uns gewohnheitsmäßig vermiedene Angst und Scham zu fühlen und uns ihr zu stellen, erwachen wir allmählich aus der Trance. Wir befreien uns, um auf die Umstände so zu reagieren, dass es uns echten inneren Frieden und Glück bringt.

Für das Leben im Augenblick verfügbar werden

Siddhartha Gautama, der künftige Buddha, war der Sohn eines reichen Königs, der über ein schönes Reich in den Ausläufern des Himalaya herrschte. Bei Siddharthas Geburt sagten die Ratgeber des Königs voraus, dass er entweder der irdischen Welt entsagen und ein heiliger Mann oder aber ein großer König und Herrscher werden würde. Siddharthas Vater wollte unbedingt, dass sein Sohn einmal in seine Fußstapfen trat. Im Wissen, dass der Prinz, wenn er den Schmerz der Welt zu sehen bekam, sich spirituellen Bestrebungen zuwenden würde, umgab er ihn mit physischer Schönheit, Reichtum und fortwährenden

Vergnügungen. Nur freundliche und schöne Menschen durften ihn umsorgen.
Natürlich war das Vorhaben des Königs, seinen Sohn vor den Leiden der Welt zu schützen, zum Scheitern verurteilt. Wie herkömmlich erzählt wird, beharrte Siddhartha, als er neunundzwanzig war, darauf, mit seinem Wagenlenker Channa Ausflüge außerhalb der Palastmauern zu unternehmen. Als dem König das Vorhaben seines Sohnes zu Ohren kam, ordnete er an, dass seine Untertanen für diese Ausfahrten Vorbereitungen trafen, die Straßen säuberten und verschönerten und die Armen und Kranken versteckten. Aber die Götter, die dies als Gelegenheit zur Erweckung Siddharthas betrachteten, hatten andere Pläne. Sie erschienen ihm in Gestalt eines Kranken, eines alten Menschen und einer Leiche. Als Siddhartha klarwurde, dass solche Leiden inhärenter Bestandteil des irdischen Daseins sind, zerbrach seine bequeme Sicht vom Leben. Dazu entschlossen, herauszufinden, wie der Mensch angesichts dieses Leidens Glück und Freiheit finden kann, verließ er den luxuriösen Palast, seine Eltern, seine Frau und seinen Sohn. Er machte sich auf in die Dunkelheit der Nacht und begann seine Suche nach der Wahrheit, die sein Herz und seinen Geist befreien würde.

Die meisten von uns verbringen Jahre mit dem Versuch, innerhalb der Palastmauern zu bleiben. Wir jagen dem Vergnügen und der Sicherheit nach, die uns, wie wir hoffen, dauerhaftes Glück verschaffen werden. Ganz gleich, wie glücklich wir sein mögen, das Leben wird uns unausweichlich eine Krise bescheren – Scheidung, Tod einer geliebten Person, eine lebensbedrohliche Krankheit. Im Bestreben, dem Schmerz auszuweichen und unsere Erfahrung unter Kontrolle zu halten, ziehen wir uns von der Heftigkeit unserer Gefühle zurück und ignorieren oder verleugnen dabei oft unsere echten physischen und emotionalen Bedürfnisse.

Siddhartha war vom Vergnügen bezaubert gewesen, und nun nahm sich der Pfad der Entsagung zunächst wie der Weg zur Freiheit aus. Er schloss sich einer Gruppe von Asketen an und begann mit extrem strengen Übungspraktiken, enthielt sich der

Nahrung und des Schlafes und befolgte rigorose yogische Disziplinen. Nach einigen Jahren stellte er fest, dass er ausgezehrt und krank, der ersehnten spirituellen Befreiung aber um nichts nähergekommen war. Er verließ die Asketen und begab sich zu einem Fluss in der Nähe. Am Ufer sank er dem Tode nah nieder und rief aus: »Es muss doch gewiss einen anderen Weg zur Erleuchtung geben!« Als er die Augen schloss, stieg in ihm traumgleich eine Erinnerung hoch.

Es war das alljährliche Fest des Pflügens im Frühling, und seine Kindermädchen hatten ihn am Rande der Felder unter einem rosafarben blühenden Apfelbaum zurückgelassen. Da saß er, das Kind, im kühlen Schatten des Baumes ruhend, und sah den Männern mit ihren schweißüberströmten Gesichtern beim Arbeiten zu; sah, wie die Ochsen sich abmühten, den Pflug zu ziehen. Im geschnittenen Gras und in der frisch umgepflügten Erde konnte er Insekten sterben sehen, ihre Eier lagen überall verstreut. In Siddhartha stieg Kummer über das Leiden auf, das alle Lebewesen erfahren. Er fühlte, wie er sich in der Zärtlichkeit seines Mitgefühls zutiefst öffnete. Er blickte nach oben und war beeindruckt vom strahlenden Blau des Himmels. Die Vögel flogen frei und anmutig auf und nieder. Die Luft war schwer vom süßen Duft der Apfelblüten. Im Fluss und heiligen Mysterium des Lebens war Raum für die Unermesslichkeit von Freude und Leid. Er fühlte sich vollkommen im Frieden.

Die Erinnerung an diese Erfahrung schenkte Siddhartha ein grundlegend anderes Verständnis vom Pfad der Befreiung. Wenn ein ungeübtes Kind in jungen Jahren auf diese mühelose und spontane Weise die Freiheit schmecken konnte, dann musste ein solcher Bewusstseinszustand ein natürlicher Bestandteil der menschlichen Existenz sein. Vielleicht konnte er erwachen, indem er aufhörte zu kämpfen und sich abzumühen, und allem Leben mit zärtlichem und offenem Gegenwärtigsein begegnen, so, wie er es als Kind getan hatte.

Welche Umstände hatten diese Kindheitserfahrung von völligem Gegenwärtigsein ermöglicht? Wenn wir uns unser eigenes Leben anschauen, sehen wir, dass sich solche Momente der Präsenz oft in Zeiten des Stillseins oder der Einsamkeit ereignen. Wir sind aus der üblichen Hektik herausgetreten und in die Offenheit und Klarheit einer »Zeit außerhalb der Zeit« eingetreten. Hätte sich Siddhartha im Umfeld der plaudernden Kindermädchen befunden oder mit anderen Kindern gespielt, wäre er nicht so aufmerksam und offen für seine tiefe Erfahrung gewesen. In den Augenblicken des Pausierens und Ruhens unter dem rosafarben blühenden Apfelbaum ging er weder einem Vergnügen nach, noch schob er das Leiden der Welt von sich. Indem er eine Pause machte, entspannte er sich in eine natürliche Wachsamkeit und innere Freiheit.

Von seiner Erfahrung in der Kindheit inspiriert, begann Siddhartha mit dem endgültigen Teil seiner Suche nach dauerhafter Freiheit. Nachdem er im Fluss gebadet hatte, nahm er den süßen Reis an, der ihm von einem Dorfmädchen angeboten wurde, und legte sich dann zu einem Schlaf mit wundersamen Träumen nieder. Als er erfrischt und gestärkt erwachte, suchte er die Einsamkeit unter einem heiligem Bobaum – nun als Bodhi-Baum bekannt – und beschloss, in dieser Stille zu verbleiben, bis er die volle Erleuchtung erlangt hatte.

Die Gestalt des unter dem Bodhi-Baum sitzenden Buddha ist eines der großen mythischen Symbole für die der Pause innewohnende Kraft. Siddhartha klammerte sich nicht mehr an das Vergnügen und rannte auch nicht mehr von irgendeinem Teil seiner Erfahrung davon. Er stellte sich dem wechselnden Strom des Lebens absolut zur Verfügung. Diese Haltung, nach keiner Erfahrung zu greifen und auch keine Erfahrung von sich wegzuschieben, wurde als der Mittlere Weg bekannt, und sie charakterisiert das engagierte Gegenwärtigsein, das wir im Pausieren erwecken. Im Innehalten machen wir uns, wie Siddhartha, verfügbar für alles, was das Leben uns bringt, die Teile unserer Psyche eingeschlossen, die wir uns nicht ansehen, die wir nicht fühlen.

Als der künftige Buddha beschloss, unter dem Bodhi-Baum zu pausieren, sah er sich voll und ganz der Schattenseite der menschlichen Natur gegenüber, dargestellt als Gott Mara. Der

Sanskrit-Begriff *mara* bedeutet »Täuschung«, die traumgleiche Unwissenheit, die uns in Begehren und Angst verstrickt und unsere erleuchtete Natur verdunkelt. In den herkömmlichen Geschichten wird erzählt, wie Mara in vielerlei Gestalten erschien – in Form von heftigen Stürmen, verführerisch schönen Mädchen, wütend tobenden Dämonen, gewaltigen Armeen. Als die Verführerin erschien, konnte Siddhartha ganz gewiss die enorme Verlockung, die in der Verführung liegt, erkennen; doch er saß unbewegt, griff nicht nach dem Verlangen, das in Körper und Geist aufstieg, und schob es auch nicht weg. Als Mara sich in einen gigantischen Dämon mit Klauen und Reißzähnen verwandelte, der durch die Luft sauste und ihn angreifen wollte, öffnete sich Siddhartha tapfer und achtsam der Angst, die er empfand, ohne zu fliehen oder zu versuchen, sich kämpfend zur Wehr zu setzen. Indem er, statt zu reagieren, Achtsamkeit und Aufmerksamkeit walten ließ, blickte er hinter die Illusion vom abgetrennten Selbst, das uns ins Leiden einkerkert.

Siddhartha wurde im Verlauf der Nacht von Maras Armeen angegriffen und mit Pfeilen der Gier und des Hasses überschüttet. Als er jedem Einzelnen mit zärtlichem Herzen begegnete, wurden diese in Blüten verwandelt, die sanft zu seinen Füßen niederschwebten. Und während die Stunden vergingen, wuchs der Berg zart duftender Blütenblätter, und Siddhartha wurde immer friedvoller und klarer.

Als die Dämmerung nahte, inszenierte Mara seine größte Herausforderung und verlangte von Siddhartha, er solle sein Recht, den Sitz der Freiheit einzunehmen, verteidigen. Als Antwort darauf berührte der künftige Buddha den Boden und rief die Erde auf, seine Tausende von Leben des Mitgefühls zu bezeugen. Die Erde erbebte gewaltig in ihrer Bestätigung, und der Himmel war von Dunkelheit und Donner erfüllt. Mara floh voller Schrecken, und mit ihm verschwanden die letzten Spuren der Täuschung. Und so gewann Siddhartha, als der Morgenstern wie ein funkelnder Diamant am Horizont erschien, seine Freiheit. Er erkannte und verwirklichte seine reine Natur – liebendes, strahlendes Gewahrsein – und wurde der Buddha, der Erwachte.

Die Praxis der Radikalen Akzeptanz beginnt mit unserem eigenen Pausieren unter dem Bodhi-Baum. So, wie sich Buddha bereitwillig einer Begegnung mit Mara öffnete, können auch wir Pause machen und uns dem zur Verfügung stellen, was immer das Leben uns in jedem Moment anbietet. Und in dieser Weise »halten wir unsere Verabredung mit dem Leben ein«, wie es der vietnamesische buddhistische Mönch Thich Nhat Hanh formuliert.

Im Angesicht von Mara pausieren

Bei einer unserer Therapiesitzungen begann Laura ihre Mutter wegen der brennenden und ätzenden Wirkung ihrer Worte als »den Drachen« zu bezeichnen. Nachdem sie bei einem unserer Treffen über ihre Mutter gesprochen hatte, führten wir eine gelenkte Visualisierung durch. Dabei fand sich Laura in ihrer Vorstellung in einen Kampf mit einem wirklichen Drachen verwickelt. Sie sah sich auf dem Boden kriechen, hinter Felsen verstecken, auf Bäume klettern und im Geäst verstecken. Das grimmige Reptil fand sie in jedem Versteck. Laura mied seinen Blick und versuchte ständig, seinem feurigen Atem zu entkommen. Sie sagte, während sie in dieses Drama verstrickt war, dass sie sich durch ihre Fluchtbemühungen schwach und erschöpft fühle und viel zu klein sei, um gegen das Untier zu kämpfen. Ich fragte sie, was sie tun wolle.

»Aufgeben, nicht mehr rennen.«

»Was passiert, wenn du das tust?«

»Ich weiß nicht, vielleicht sterbe ich, es wird zu sehr weh tun.«

»Was wird so sehr weh tun?«

Laura saß ein oder zwei Minuten still da und antwortete dann: »Ich sehe, dass ich keine Mutter mehr habe, es ist wahr – sie ist wirklich ein Drachen. Es gibt niemanden, der mich liebt … ich bin zu schrecklich, um geliebt zu werden.« In der Erkenntnis, dass sie sich an die Hoffnung geklammert hatte, ihre wirkliche Mutter würde an die Stelle des Drachen treten, die Mutter, die sie liebte und sich um sie kümmerte, begann Laura zu schluchzen. Es war besser gewesen zu rennen, statt von der Wahrheit verbrannt zu werden; besser zu rennen, statt das Gefühl zu haben, dass sie schlecht und ungeliebt war. Aber nachdem ihr nun die Hoffnung genommen war, kehrte Laura zu den Gefühlen zurück, vor denen sie sich ihr Leben lang versteckt hatte.

Solange wir in unserer mentalen Geschäftigkeit, in unseren endlosen Aktivitäten nicht innehalten, haben wir keine Möglichkeit, unsere ganz konkrete Erfahrung »in Erfahrung zu bringen«. Wie Laura wissen wir vor allem, wie wir ihr ausweichen können. Aber das Innehalten kann sehr beängstigend sein – unter dem Bodhi-Baum zu sitzen und sich mit Maras Pfeilen konfrontiert zu sehen verlangt Mut und Entschlusskraft. Laura brauchte beides, um aus den Mustern herauszukommern, die ihr Leben ruinierten. Ich beendete die Sitzung mit der Frage, ob sie wisse, wie der Drache denn tatsächlich aussähe. Hatte sie, statt zu kämpfen oder zu fliehen, je in die Augen des Drachen geblickt, wenn sie sich attackiert fühlte?

Bei unserer nächsten Sitzung erklärte ich Laura, dass sie durch die Kunst des Pausierens, wie ich es nenne, lernen könne, sich von einem Ort der inneren Stärke aus dem Drachen zu stellen. Sobald Angst oder Wut in ihr aufwallte, könne sie in allen äußerlichen Aktivitäten innehalten und einfach auf das achten, was sie in ihrem Innern erlebte. Ich sagte ihr, dass sie, wenn sie Pause machen könne, statt bei schmerzlichen Begegnungen zu schreien oder davonzustürmen, mit der Zeit innere Hilfsquellen finden würde, die sie zu klugen Reaktionen anleiteten. Wir begannen in den Therapiesitzungen das Pausieren zu üben.

Ich bat sie, die Augen zu schließen und sich ihre letzte Auseinandersetzung im Krankenhaus wieder ins Gedächtnis zu rufen. Sie sollte sich so lebhaft wie möglich daran erinnern, wie sie sich gefühlt hatte, als die Stationsleiterin ihr indirekt zu verstehen gab, dass die Spannungen Lauras Fehler waren. Als Laura sich auf meinen Vorschlag hin vorstellte, wie es wäre, wenn sie inmitten all dieser heftigen Gefühle Pause machte und nichts tat oder sagte, verspannte sich ihr Mund, und ihr Kinn begann zu zittern.

Als ich sah, wie sich ihr Körper versteifte, flüsterte ich ihr zu, sie könne ruhig ein paar lange tiefe Atemzüge machen. »Was für Gedanken gehen dir durch den Kopf, Laura?« Ohne zu zögern, gab sie zur Antwort: »Sie ist ein Miststück. Warum musste sie annehmen, ich sei diejenige, die das Problem verursacht? Sie wusste ja überhaupt nicht mal, was passiert war!« Dann war sie ein paar Augenblicke lang still und fügte dann bitter hinzu: »Sie gab mir das Gefühl, dass ich alles vermassle, genau wie meine Mutter ... ich machte wieder alles falsch.«

Als ich sie fragte, was sie jetzt in ihrem Körper wahrnahm, sagte sie: »Mein Gesicht brennt ... in meiner Brust entsteht ein gewaltiger Druck, es fühlt sich so an, als würde ich gleich explodieren.« Ich fragte sie, ob sie weiter Pause und die Erfahrung dieser Gefühle machen könne. Plötzlich brach es aus ihr heraus: »Das ist einfach nicht recht. Was soll ich tun ... mich einfach zur Zielscheibe machen und zulassen, dass die Leute mich demütigen?« Laura stiegen die Tränen in die nun geöffneten Augen. »Tara, ich kann nicht damit umgehen, wenn mich jemand kritisiert. Ich verliere die Kontrolle ... ich habe das Gefühl, ich muss mit ihnen kämpfen. Wenn ich Pause mache, habe ich Angst, auseinanderzufallen.« Schluchzend verbarg sie ihr Gesicht in den Händen und sagte: »Ich schäme mich so sehr für mich selbst. Ich bin einfach nicht die Person, die ich sein möchte.«

Wenn wir zum ersten Mal das Pausieren üben, können wir leicht in die rohen, ungefilterten Gefühle hineingeschleudert werden, die so viele Jahre lang unser Verhalten diktierten. Es ist wichtig, dass wir uns allmählich und möglichst mit Hilfe anderer in sie hineinbegeben. Und es ist nützlich, wenn wir uns beim Üben eine Situation vorstellen, die sich kürzlich ereignet hat oder sich sehr gut so ereignen könnte. Geraten wir aber direkt in eine aufgeladene Situation, fangen wir am besten damit an, dass wir uns eine »Auszeit« nehmen, uns einen ruhigen, sicheren Ort suchen und dort das Pausieren üben. Es hilft immer, wenn wir zu Anfang ein paar tiefe Atemzüge machen und ganz bewusst Körper und Geist entspannen.

Laura begann bei unseren Sitzungen mit Pausen von nicht

mehr als einer Minute. Mit der Zeit lernte sie, bewusst bei den heftigen Gefühlswogen zu bleiben, wenn die innere Unsicherheit, der sie jahrelang ausgewichen war, an die Oberfläche stieg. Aber sie brauchte eine ganze Anzahl von Sitzungen, bevor die Pause sich für sie als wirkliche Zuflucht anfühlte – als Ort, an dem sie sich ihres Schmerzes bewusst werden konnte, ohne sich von ihm vereinnahmt oder überwältigt zu fühlen. Schließlich ermöglichte ihr dieses Pausieren, auf intime und ehrliche Weise zu sich selbst heimzukehren.

Beim Stierkampf gibt es eine interessante Parallele zur Pause als Ort der Zuflucht und Erneuerung. Man glaubt, dass der Stier mitten im Kampf in der Arena seinen eigenen speziellen Sicherheitsbereich finden kann, wo er Stärke und Kraft wiedergewinnt. Diesen Ort und diesen Zustand nennt man seine *querencia*. Solange der Stier wütend ist und nur reagiert, hat der Matador die Oberhand. Doch wenn der Stier zur *querencia* findet, versammelt er seine Kräfte und verliert die Angst. Aus der Sicht des Matadors ist der Stier an diesem Punkt wirklich gefährlich, denn er ist an seine Macht und Kraft angeschlossen. Jedes Mal, wenn Laura sich provoziert fühlte und blindwütig den Feind angriff, verlor sie ihr inneres Gleichgewicht noch mehr, verstrickte sie sich noch tiefer in Angst und Scham. Als sie lernte, durch das Pausieren zur *querencia* zu finden, konnte sie auf ausgewogenere und wirkungsvollere Art auf die Umstände reagieren.

Eines Tages kam sie zur Sitzung und erzählte mir, dass sich wirklich etwas verändert hatte. Während eines Geburtstagsessens bei der Familie ihres Bruders war ihre Mutter wieder einmal über sie hergefallen und wollte wissen, wann sie anfangen würde, sich nach einer neuen Stelle als Krankenschwester umzusehen. Noch bevor Laura Gelegenheit zu einer Antwort hatte, beugte sich ihre Mutter vor und zischte mit scharfer, verächtlicher Stimme: »Sag nichts. Ich weiß es. Du wartest einfach darauf, dass sie dir in den Schoß fällt … wie Manna vom Himmel.« Und als bedeutete Lauras Schweigen grünes Licht, verstärkte die Mutter die Attacke: »Du hast also vor, dich dein ganzes Leben lang von Phil unterstützen zu lassen?«

Mit laut klopfendem Herzen machte Laura Pause und holte ein paar Mal tief Atem. Sie fühlte einen brennend heißen Schmerz in der Brust, so als hätte man ihr dort einen Stich versetzt, und alles in ihr wollte vor Wut schreien. Stattdessen sagte sie einfach: »Ich weiß es nicht, Mom«, und lehnte sich in ihrem Stuhl zurück. »Genau«, gab ihre Mutter zurück, vielleicht überrascht, dass sie so wenig Nahrung für ihr Feuer erhielt, und wandte sich dann ab, um mit ihrem Sohn zu reden.

Laura wusste nicht, was als Nächstes passieren würde. Als sie ihre Pause fortsetzte, fühlte sie, wie ihr Körper zitterte und bebte. Ihre Brust fühlte sich an, als würde sie gleich aufplatzen. Sie nahm die wirren Geschichten wahr, die ihr durch den Kopf wirbelten: »Laura, die alles vermasselt«, »Laura, die tobsüchtige Irre«. Inmitten dieses Aufruhrs hörte sie eine innere Stimme flüstern: »Das hier ist ein schreckliches Gefühl … und ich kann es handhaben.« Sie hatte diese Aufgeregtheit viele Male in unseren Therapiesitzungen empfunden und wusste, sie war auszuhalten und hatte ein Ende. Als Laura sich entspannte, fühlte sie, wie Brust und Kehle langsam weit wurden. Das scharfe Brennen der Verletzung löste sich allmählich auf, und an seine Stelle trat tiefer Kummer. Als sie es zuließ, dass diese Empfindungen sich entfalteten, hatte sie ein Gefühl, als würden sie sich sanft der wunden Stellen in ihrem Innern annehmen und sie versorgen.

Und da sie nicht länger in ihrer Trance gefangen saß, konnte sie sich nun auch ein paar Wahlmöglichkeiten vorstellen. Sie konnte für den Rest des Abends dableiben oder nach Hause gehen. Sie konnte ihrer Mutter entgegentreten und ihr sagen, warum sie noch keinen Job gefunden hatte, oder sie konnte den Vorfall übergehen. Wie auch immer sie auf ihre Mutter reagieren würde, es würde nun aus einer neuen Art von Reaktion auf ihr eigenes Selbst hervorgehen. Das Pausieren hatte Laura befähigt, alles zu akzeptieren, was sie fühlte, und in ihr blieb eine überraschende Wärme und Freundlichkeit zurück. Als sie zu ihrer Mutter hinüberblickte, fühlte sie ein Aufwallen von Zärtlichkeit. Sie sah eine in ihrer eigenen Unsicherheit gefangene Frau, die Hände zu Fäusten geballt, aus der Worte unkontrolliert herauskullerten. Als sie sich später am Abend verabschiedeten, konnte sie ihrer Mutter tatsächlich in die Augen sehen, ihren Arm berühren und lächeln.

Laura hatte sich dem Drachen gestellt, sowohl dem in ihrer Mutter wie auch dem in sich selbst. Hinter dem grimmigen Äußeren ihrer Mutter hatte sie eine verwundete Person entdeckt. Und ganz ähnlich hatte Lauras Drache ihre eigene Verletzlichkeit bewacht, ihre Angst, schlecht zu sein, ihre Scham. Der Dichter Rainer Maria Rilke bringt ein tiefes Verstehen der Drachen zum Ausdruck, denen sich alle von uns gegenübersehen: »Wie sollten wir jene alten Mythen vergessen können, die am Anfange aller Völker stehen, die Mythen von den Drachen, die sich im äußersten Augenblick in Prinzessinnen verwandeln, die nur darauf warten, uns einmal schön und mutig zu sehen. Vielleicht ist alles Schreckliche im tiefsten Grunde das Hilflose, das von uns Hilfe will.«

Die geheiligte Pause – fruchtbarer Boden für kluges Handeln

Nachdem Laura Pause zu machen gelernt hatte, war sie bereit zu erkunden, wie sie das nutzen konnte, um ihre Ehe zu heilen. Wohl wissend, dass sie eine Weile brauchen würde, um ihre Gewohnheiten zu durchbrechen, erforschten wir in den Sitzungen verschiedene Szenarien, die sich ergeben konnten, wenn sie sich von Phil kritisiert fühlte. So konnte sie, wenn sie gleich zu explodieren meinte, Pause machen, ihm sagen, dass sie eine Auszeit brauchte, und ihm vorschlagen, sich später darüber zu unterhalten. Dann konnte sie in ein anderes Zimmer gehen und feststellen, in welcher Geschichte sie sich verfangen hatte und wie sie sich fühlte. Wenn sie zu streiten anfingen und sie sofort reagierte, konnte sie die Wahl treffen, die Auseinandersetzung durch eine Pause zu unterbrechen, und dann nach ein paar Augenblicken versuchen, Phil zu schildern, was sich in ihrem Innern abspielte. Sie konnte auch fragen, was er fühlte. Wir konnten uns sogar vorstellen, dass sie sich nach dem Pausieren gut genug fühlen würde, um seine Hand in die ihre zu nehmen und einfach ein paar Augenblicke still zu sein.

Als sie zum ersten Mal den Versuch unternahm, nach einer solchen Pause Phil zu sagen, was sie fühlte, war er nicht darauf gefasst. Daran gewöhnt, dass ihre Mitteilungen in heftige Tiraden ausuferten, unterbrach er sie mitten im Satz: »Laura, ich bin deine ewigen Dramen leid. Müssen wir das alles wieder durchkauen?« Ohne eine Antwort abzuwarten, griff er sich die Zeitung und verließ den Raum. In dieser Woche fragte Laura mich: »Tara, wie soll das funktionieren, wenn ich die Einzige bin, die das macht?« Natürlich lag ein Verändern der Muster nicht allein bei Laura, aber sie konnte den Anfang machen.

Auch wenn in einer Beziehung nur eine Person übt, zu pausieren und sich in Radikaler Akzeptanz zu öffnen, kann das beide aus einer schmerzlichen Sackgasse befreien. Das Pausemachen unterbricht tief eingefahrene Interaktionsmuster. Wird die sich abwärts drehende Spirale der Verurteilung und des Missverständnisses – wenn auch nur für kurze Zeit – angehalten, lassen sich Glaubensvorstellungen, Überzeugungen und Gefühle erkennen, die sich hinter dem Problem verbergen. Solche Einsichten führen ganz natürlich dazu, dass man klügere Entscheidungen trifft. Beschließt ein Partner, sich verletzender Bemerkungen zu enthalten oder achtsamer zuzuhören, entspannt sich der oder die andere vielleicht ein bisschen mehr und muss sich nicht mehr so stark verteidigen. Das Pausieren mag zwar eine beschädigte Beziehung nicht unbedingt retten, es hilft aber doch unfehlbar, sie in Richtung einer Lösung des Problems zu dirigieren.

Was Laura anging, so öffnete es die Tür zu einer wirklichen Verständigung mit ihrem Mann. Der Wendepunkt trat eines Abends ein, als Phil ihr mitteilte, dass er sich keine ganze Woche für ihren gemeinsamen Urlaub freinehmen konnte. Sie verfielen sofort in eine ihrer typischen Streitereien. Dann erinnerte sich Laura mitten in der Auseinandersetzung an das Pausieren. Ganz langsam und ruhig sagte sie: »Ich habe wieder die gleiche Angst –

dass du eigentlich nicht bei mir sein möchtest. Wenn ich dieses Gefühl habe, brauche ich einfach irgendein Zeichen, dass dir wirklich etwas an mir liegt.«

Zunächst war Phil verärgert: »Weißt du, Laura, ich habe das Gefühl, wenn ich mich nicht überschlage, um auf dein zerbrechliches Ich Rücksicht zu nehmen, explodierst du. Ich will nicht immer von deiner Wut und deinem Zorn in Geiselhaft genommen werden.« Seine Worte hingen im Raum, und als Laura nicht in die Luft ging und sich wie wild verteidigte, schien sich auch etwas in Phil zu verändern. Mit sanfterer Stimme setzte er nach ein paar Augenblicken hinzu: »Es fällt mir schwer, auf Verlangen Zuneigung zu zeigen. Wenn du von mir unbedingt bestätigt werden willst, wenn du von mir willst, dass ich eine kritische Bemerkung zurücknehme ... dann fühle ich mich manipuliert. Aber bei Gott, Laura, ich hasse mich dann dafür, dass ich so gemein zu dir bin.« Dieser letzte Teil seiner Bemerkung kam für sie absolut unerwartet. Sie brachte es fertig, ihm zu sagen, wie gedemütigt sie sich fühlte, wenn sie ihm gegenüber explodierte. Und nach langem Schweigen setzte sie hinzu: »Phil, ich kann nicht glauben, wie hart das alles war ... so weit voneinander entfernt zu sein.« Am Ende des Abends waren sie gemeinsam zur Überzeugung gelangt, dass es vielleicht hilfreich wäre, einen Eheberater aufzusuchen.

Mit der Zeit konnten die beiden wieder eine warmherzige und spielerische Zuneigung zueinander entwickeln. Von den Fesseln ihrer Wut auf Phil befreit, spürte Laura ihre Sinnlichkeit wieder erwachen, und sie führten nun auch wieder ein temperamentvolles Intimleben. Laura schrieb die Erneuerung ihrer Ehe der Kraft zu, die dem Pausieren innewohnt. Es hat etwas Einladendes – auch Phil nahm sich in seinen Reaktionen nun etwas zurück, und auch er bemerkte und akzeptierte allmählich, was er wirklich fühlte. Für beide entstand aus den Worten und Handlungen, die aus der mit dem Pausieren verbundenen Offenheit hervorgingen, eine wachsende Zärtlichkeit und zunehmendes Vertrauen.

Wir erlernen Radikale Akzeptanz, indem wir das Pausemachen immer und immer wieder üben. In dem Moment, in dem wir drauf und dran sind, jemanden voll Wut verbal zu attackieren, lassen wir es bleiben. Sind wir in Sorge, setzen wir uns still hin und fühlen unser Unbehagen oder unsere Ruhelosigkeit, statt den Fernseher einzuschalten oder jemanden anzurufen oder uns zwanghaft mit unserer Sorge zu beschäftigen. In dieser Pause lassen wir das Denken und Tun los und machen uns vertraut mit dem, was in Körper, Herz und Geist geschieht.

Als Technik mag sich das Pausieren ungewohnt anfühlen, es wird vielleicht als unangenehm, schwierig oder als mit unserer üblichen Lebensweise unvereinbar empfunden. Aber eigentlich gibt es sehr viele Augenblicke – beim Duschen, Spazierengehen, Autofahren –, in denen wir uns von unseren vorrangigen Beschäftigungen lösen, einfach gewahr sind und das Leben Leben sein lassen. Wir machen vielleicht beim Betrachten des frischen Grüns im Frühling Pause oder beim Blick in das junge unschuldige Gesicht eines kleinen Kindes im Supermarkt. Auch der Seufzer, den wir ausstoßen, nachdem wir endlich die Lösung für ein schwieriges Problem gefunden haben, kann unsere Pause sein, während Körper und Geist sich entspannen. Und am Ende eines langen Tages erleben wir vielleicht ein ganz natürliches Pausieren, wenn wir uns ins Bett legen und alles loslassen.

Wir können auch im Rahmen unserer alltäglichen Aktivitäten ganz bewusst Pause machen. Ich mache sie oft, bevor ich aus dem Auto steige, und erfühle einfach, was in meinem Innern vorgeht. Zuweilen sitze ich auch, nachdem ich den Telefonhörer aufgelegt habe, an meinem Schreibtisch, atme, höre und tue nicht, was als Nächstes anliegt. Oder ich halte beim Hausputz für einen Moment inne und lausche der Musik, die ich mir zu meiner Gesellschaft aufgelegt habe. Wir können beschließen, auf einem Berggipfel Pause zu machen oder in der U-Bahn; während wie uns in der Gegenwart anderer befinden oder wenn wir allein meditieren.

Ajahn Buddhadasa bezeichnet diese Zwischenspiele eines ganz natürlichen oder absichtlichen Pausierens als »zeitweiliges Nirwana«. Wir kommen mit der Freiheit in Berührung, die in jedem Moment möglich ist, wenn wir nicht nach unserer Erfahrung greifen und uns ihr auch nicht widersetzen. Er schreibt, dass ohne solche Momente des Pausemachens »... Lebewesen entweder sterben oder verrückt werden würden. Stattdessen überleben wir, weil es natürliche Phasen des Gelassenseins, der Ganzheit und Entspannung gibt. Tatsächlich sind diese von längerer Dauer als die Feuer unseres Greifens und unserer Angst. Das ist es, was uns erhält.«

Die Pausen in unserem Leben machen unsere Erfahrung vollständig und bedeutungsvoll. Der bekannte Pianist Arthur Rubinstein wurde einmal gefragt: »Wie kommt es, das Sie mit den Noten derart gut umgehen können?« Seine Antwort erfolgte prompt und voller Leidenschaft: »Ich gehe mit den Noten nicht besser um als viele andere, aber die Pausen – ah! Darin liegt die Kunst.« Wie beim Pausezeichen in einer Partitur bildet die reine Stille den Hintergrund, die den Vordergrund in Klarheit und Frische Gestalt annehmen lässt. Der aus der Pause hervorgehende Augenblick kann wie ein klarer volltönender Klang die Echtheit, die Ganzheit, die Wahrheit von dem, wer und was wir wirklich sind, widerspiegeln.

Das Pausemachen ist das Tor zur Radikalen Akzeptanz. In einer Pause geben wir dem uns stets durchströmenden Leben Raum und Aufmerksamkeit, jenem Leben, das gewohnheitsmäßig übersehen wird. In dieser unserer Rast unter dem Bodhi-Baum gelangen wir zur Erkenntnis und Einsicht in die natürliche Freiheit unseres Herzens und Gewahrseins. Statt wegzurennen brauchen wir uns nur, so wie der Buddha, in rückhaltlosem Gegenwärtigsein dem Ankommen im Hier und Jetzt zu widmen.

GELENKTE REFLEXION
Die geheiligte Pause

Die geheiligte Pause hilft uns, uns wieder mit dem gegenwärtigen Augenblick zu verbinden. Vor allem dann, wenn wir im Streben und Mühen verfangen sind, im zwanghaften Denken und Vorbeugen in die Zukunft, ermöglicht sie es uns, wieder in das Mysterium und in die Vitalität einzutreten, die nur im Hier und Jetzt zu finden sind.

* * *

Suchen Sie sich eine Zeit aus, in der Sie mit einer zielorientierten Aktivität beschäftigt sind – Lesen, Arbeit am Computer, Putzen, Essen –, und erforschen Sie für ein oder zwei Momente das Pausemachen. Als Erstes unterbrechen Sie, was immer Sie gerade tun, setzen sich bequem hin und schließen die Augen. Machen Sie ein paar tiefe Atemzüge und lassen Sie mit jedem Ausatmen alle Sorgen oder Gedanken an das, was Sie als Nächstes tun werden, los; entlassen Sie alle Verspannungen aus Ihrem Körper. Während Sie nun in der Pause verweilen, achten Sie auf das, was Sie erleben und wahrnehmen. Welche Empfindungen haben Sie in Ihrem Körper? Fühlen Sie sich besorgt oder unruhig, während Sie aus Ihren mentalen Geschichten herauszutreten versuchen? Fühlen Sie sich dazu getrieben, Ihre Aktivität wieder aufzunehmen? Können Sie das, was für den Moment in Ihrem Innern geschieht, ganz einfach zulassen?

* * *

Sie können die geheiligte Pause in Ihr Alltagsleben einbauen, indem Sie jede Stunde ein paar Augenblicke pausieren oder jeweils zu Beginn und nach der Beendigung von Aktivitäten. Sie können dies im Sitzen, Stehen oder Liegen tun. Auch wenn Sie in Bewegung sind – spazieren gehen oder fahren –, können Sie innerlich Pause machen, mit offenen Augen und wachen Sinnen. Wenn Sie merken, dass Sie festsitzen oder den Faden oder Kontakt verloren haben, können Sie immer von neuem beginnen, indem Sie Pause machen, sich entspannen und auf Ihr unmittelbares inneres Erfahren und Erleben achten.

Unternehmen Sie ein Experiment. Suchen Sie sich etwas aus, das Sie täglich machen, und pausieren Sie dann eine Woche lang jedes Mal, bevor Sie mit dieser Aktivität beginnen. Das kann das Zähneputzen sein, das Telefonieren, aus dem Auto aussteigen, einen Schluck Tee trinken, den Computer anstellen. Nehmen Sie sich jedes Mal ein paar Augenblicke Zeit, um eine Pause zu machen, sich zu entspannen und das Gewahrsein auf das Geschehen im Innern zu richten. Achten Sie nach dem Ende der Pause darauf, ob sich irgendetwas verändert hat, wenn Sie Ihre Aktivität wieder aufnehmen.

4

Bedingungslose Freundlichkeit

Der Geist Radikaler Akzeptanz

Dieses menschliche Dasein ist ein Gästehaus.
Jeder Morgen eine neue Ankunft.

Eine Freude, eine Depression, eine Gemeinheit,
ein momentanes Gewahrsein
kommen als unerwartete Besucher.

Heiße sie alle willkommen und unterhalte sie! …

Den dunklen Gedanken, die Scham, die Böswilligkeit,
begrüße sie lachend an der Tür
und bitte sie herein.

Sei dankbar für wer auch immer kommt,
denn ein jeder wurde als ein Führer
aus dem Jenseits geschickt.
Rumi

Jacob war fast siebzig Jahre alt, und er befand sich in einem mittleren Stadium der Alzheimer-Krankheit. Da er von Beruf klinischer Psychologe war und seit über zwanzig Jahren Meditation praktizierte, war ihm sehr wohl bewusst, dass es mit seinen geistigen Fähigkeiten bergabging. Gelegentlich setzte in seinem Gehirn völlige Leere ein; für ein paar Minuten hatte er dann keinerlei Zugang zu Worten und war völlig desorientiert. Er vergaß oft, was er tat, und brauchte gewöhnlich Hilfe bei so grundlegenden Dingen wie Essen klein schneiden, ankleiden, baden.

Mit Unterstützung seiner Frau nahm er an einem von mir geleiteten zehntägigen Meditationsretreat teil, und nach ein paar Tagen hatte er seine erste Unterredung mit mir. Solche regelmäßigen Treffen von Schüler und Lehrer bieten die Möglichkeit, die Meditationspraxis zu überprüfen und persönliche Anleitungen zu erhalten. Wir sprachen bei dieser Begegnung darüber, wie es ihm im Retreat und zu Hause erging. Seiner Krankheit stand er mit Interesse, Traurigkeit, Dankbarkeit und sogar guter Laune gegenüber. Ich war von seiner Energie und seinem Durchhaltevermögen fasziniert und fragte ihn, was es ihm ermöglichte, diese Krankheit so anzunehmen. Er erwiderte: »*Es fühlt sich nicht so an, als ob irgendetwas nicht stimmte.* Ich empfinde Trauer und Kummer über all das und habe auch etwas Angst davor, aber es fühlt sich wie das wirkliche Leben an.« Dann erzählte er mir von einem Erlebnis in einem früheren Stadium seiner Krankheit.

Jacob hatte gelegentlich Vorträge über den Buddhismus gehalten, und so hatte er auch eine Einladung angenommen, vor einer Versammlung von über hundert Meditationsschülern zu sprechen. Er kam wach und munter am Ort des Geschehens an und freute sich darauf, die von ihm geliebten Lehren zu vermitteln. Er nahm vorne Platz, blickte in all die erwartungsvollen Gesichter ... und wusste plötzlich nicht mehr, was er sagen oder tun sollte. Er wusste nicht, wo er war und warum er da war. Er wusste nur, dass sein Herz wie wild klopfte und in seinem Kopf sich alles in Verwirrung drehte. Da legte er die Hände vor dem Herzen zusammen und begann laut zu benennen, was sich in seinem Innern abspielte: »Angst, geniert, verwirrt, das Gefühl zu versagen, ohnmächtig, zitternd, Gefühl von Sterben, verloren.« So saß er noch einige Minuten länger mit leicht gesenktem Kopf da und setzte die Benennung seiner Gefühle und Wahrnehmungen fort. Als sich sein Körper allmählich entspannte und er innerlich ruhiger wurde, registrierte er auch das laut. Als er schließlich den Kopf hob, sah er sich langsam in der Runde der Versammelten um und entschuldigte sich.

Viele Schüler und Schülerinnen hatten Tränen in den Augen. Einer formulierte es so: »Keiner hat uns jemals so belehrt. Ihre Gegenwart war die tiefste Belehrung.« Statt zu versuchen, seine Erfahrung wegzuschieben und damit seine Aufregung zu vermehren, hatte Jacob den Mut und auch die Übung, das, was er wahrnahm, einfach zu benennen und am wichtigsten: sich seiner Erfahrung zu beugen. Auf eine ganz grundlegende Weise machte er aus seinen Gefühlen der Angst und Verwirrung keinen Feind. *Er machte nichts zu etwas Falschem, er machte nichts zu irgendetwas, das nicht stimmte.*

Wir praktizieren Radikale Akzeptanz, indem wir Pause machen und dann dem Geschehen in unserem Innern, was es auch sei, mit dieser Art von bedingungsloser Freundlichkeit begegnen. Statt unsere Gefühle von Eifersucht oder Wut zum Feind zu machen, lassen wir in einer Weise Achtsamkeit und Aufmerksamkeit walten, die uns erlaubt, jegliche Erfahrung zu erkennen und mit freundlicher Zuneigung zu berühren. Nichts ist falsch – was immer geschieht, ist einfach nur »wirkliches Leben«. Diese Art von bedingungsloser Freundlichkeit ist der Geist Radikaler Akzeptanz.

Eine meiner Lieblingsgeschichten über Buddha zeigt die Kraft eines wachen und freundlichen Herzens. Es scheint, dass Mara nach seinem ungeordneten Rückzug am Morgen von Buddhas Erleuchtung nur vorübergehend entmutigt war. Denn er hatte auch, als der Buddha schon in ganz Indien zutiefst verehrt wurde, weiterhin seine unerwarteten Auftritte. Buddhas getreuer Schüler und Betreuer Ananda, der immer ein waches Auge auf jegliches Ungemach hatte, das seinem Lehrer zustoßen konnte, berichtete dann bestürzt, dass »Der Böse« wieder da sei. Statt Mara zu ignorieren oder zu verscheuchen, nahm der Buddha seine Gegenwart ruhig und gelassen zur Kenntnis. »Ich sehe dich, Mara«, sagte er dann. Anschließend lud er ihn zum Tee ein und bediente ihn als geehrten Gast. Er bot ihm ein Kissen an, damit Mara bequem saß, füllte zwei Tonschalen mit Tee, stellte sie auf das niedrige Tischchen zwischen ihnen beiden nieder und nahm erst dann seinen eigenen Platz ein. Mara blieb ein Weilchen, bevor er wieder ging, und der Buddha blieb unterdessen gelassen und ungezwungen.

Wenn uns Mara in Form von beunruhigenden Gefühlen oder schreckenerregenden Geschichten einen Besuch abstattet, können auch wir sagen: »Ich sehe dich, Mara.« Und wir können ganz klar die Realität des Begehrens und der Angst erkennen, die in jedem menschlichen Herzen wohnt. Indem wir diese Erfahrungen mit der Herzenswärme des Mitgefühls akzeptieren, bieten wir Mara Tee an, statt ihn voller Schrecken und Angst davonzujagen. Wir sehen, was wahr ist, und ertragen und billigen das Gesehene mit Freundlichkeit. Das ist die bedingungslose Freundlichkeit, die Jacob so tapfer anbot, als er sich seiner Verwirrung beugte. Und wir bringen diese Wachsamkeit des Herzens jedes Mal zum Ausdruck, wenn wir unsere Verletzungen, Wunden und Ängste anerkennen und liebevoll annehmen.

Unsere Gewohnheit, uns selbst ein Schönwetterfreund zu sein – möglichst alles Dunkle wegzudrängen oder zu ignorieren –, ist tief in uns verwurzelt. Doch wir können lernen, die gleichen Qualitäten von Verständnis und Mitgefühl, die eine Beziehung zu einem guten Freund oder einer guten Freundin auszeichnen, auch in unser Innenleben einzubringen. Pema Chödrön, eine amerikanische Nonne und hochgeachtete Lehrerin des tibetischen Buddhismus, sagt, dass wir durch die spirituelle Praxis »lernen, auf der tiefstmöglichen Ebene mit uns selbst, mit unserem Leben, Freundschaft zu schließen«. Wir befreunden uns mit uns selbst, wenn wir, statt uns unserer Erfahrung zu widersetzen, unser Herz öffnen und Mara bereitwillig zum Tee einladen.

»Ich sehe dich, Mara« – die Praxis des Nachforschens und Benennens

Carl, ein guter Freund von mir, hatte nach dem Scheitern seines Unternehmens acht Monate lang unerfreuliche Begegnungen mit Mara. Er, Absolvent einer Eliteuniversität, hatte viele Jahre hart gearbeitet und eine erfolgreiche Computersoftwarefirma aufgebaut. Als ihm zwei langjährige Kollegen die Gelegenheit boten, in eine vielversprechende lukrative Nische in der sich explosiv entwickelnden Online-Welt einzusteigen, wandelte Carl sein Geschäftsvermögen und seine Aktien um und wagte den Sprung. In den ersten drei Jahren ihrer Einzelhandels-Website machten die Partner 20 Millionen Dollar Reingewinn. Im vierten Jahr stürzte der Aktienmarkt ab, und das Unternehmen brach zusammen. Carl, nunmehr fünfundvierzig, verheiratet, zwei kleine Kinder und mit einer größeren Hypothek belastet, musste Konkurs anmelden.

Obwohl er sich der Tatsache bewusst war, dass auch viele andere in dieser Branche gescheitert waren, fühlte er sich für den katastrophalen Verlust persönlich verantwortlich. Andere hatten erkannt, dass es zu einem Crash kommen würde und dass die sogenannten »Dot-com-Unternehmen« ein riskantes Geschäft waren. Warum hatte er es nicht gesehen? Hatte die Gier ihm die Sicht versperrt? Wie konnte ihn jetzt noch irgendjemand respektieren? In seinen dunkelsten Momenten konnte er sich sogar kaum mehr vorstellen, dass ihn seine Frau und seine Freunde noch liebten.

Wenn unser sorgsam aufgebautes Leben zerfällt, beschimpfen und quälen wir uns mit Geschichten über uns als Versager, wie wir es hätten besser machen können und wie wir allen egal sind. Mit dieser Reaktion vergraben wir uns natürlich nur noch tiefer in der Trance. Von unseren Urteilen und Verurteilungen abgelenkt, können wir noch nicht einmal erkennen, wie empfindlich unsere Gefühle uns schmerzen. Um den Prozess des Aufwachens in Gang zu setzen, müssen wir unsere Aufmerksamkeit vertiefen und mit unserer wirklichen Erfahrung in Berührung kommen. Ein Werkzeug der Achtsamkeit, das die betäubende Trance zu durchdringen vermag, ist das Nachforschen. Wenn wir uns Fragen zu unserer Erfahrung stellen, richten wir unsere ganze Aufmerksamkeit darauf. Wir beginnen vielleicht damit, dass wir unseren Körper scannen, feststellen, was wir, vor allem in den Bereichen von Hals, Brust, Magen und Unterleib, fühlen, und dann fragen: »Was geschieht?« Wir können auch fragen: »Was verlangt im Moment meine Aufmerksamkeit?« Oder: »Was erfordert Akzeptanz?« Dann nehmen wir uns dessen mit echtem Interesse und liebevoll an und hören auf unser Herz, unseren Körper und unseren Geist.

Das Nachforschen ist keine Art analytisches Graben und Buddeln – wir versuchen nicht herauszufinden, *warum* wir diese Traurigkeit empfinden. Das würde nur noch mehr Gedankenstaub aufwirbeln. Im Gegensatz zur westlichen Psychologie, bei der wir in immer weitere Geschichten eintauchen, um zu verstehen, was unsere gegenwärtige Situation verursacht hat, wollen wir durch diese Art des Nachforschens für unsere Erfahrung in diesem gegenwärtigen Moment wach werden. Ein solches Nachfragen mag zwar Urteile und Gedanken über das, was unserer Meinung nach nicht in Ordnung ist, zutage fördern, es konzentriert sich aber auf unsere unmittelbaren Empfindungen.

So habe ich vielleicht das Gefühl, eine schlechte Mutter zu sein, weil ich Narayan heftig geschimpft habe, weil er mich immer wieder in meiner Arbeit unterbrochen hat. Wenn ich Pause mache und mich frage, was in mir akzeptiert werden möchte, gelange ich unterhalb der Ebene der Selbstverurteilung zu Müdigkeit und Sorge. Ich spüre, wie sich mein Magen zusammenzieht, mein Gesicht verspannt. Es ist ein vertrautes Gefühl – Angst. Während ich dieses Gefühl aussitze, wird mir bewusst, dass ich fürchte, nicht genug Energie zu haben, um alles zu bewältigen, dass ich Angst habe zu versagen. Diese Angst hat mein Herz verhärtet, und sie ist es, die jetzt meine Aufmerksamkeit braucht. In dem Moment, in dem ich Mara erkenne, lässt die Kraft dieser Angst ein wenig nach und damit auch die der Selbstverurteilung. Ich bin nicht mehr so sehr darin gefangen, mich als gestresste, kämpfende und potenziell unzureichende Person zu sehen. Meine Sorgen werden vielleicht nicht verschwinden, wenn Narayan es wagen sollte, wieder aufzutauchen, doch sehr wahrscheinlich würde ich ihm nun mit Zuneigung und nicht mit Gereiztheit begegnen.

Es ist wichtig, mit echter bedingungsloser Freundlichkeit an das Nachfragen heranzugehen. Wenn ich mich auch nur mit dem geringsten Anflug von Widerwillen fragen würde, was meiner Aufmerksamkeit bedarf, würde ich mein Selbstverurteilen nur verstärken. Zu lernen, wie wir uns selbst mit der gleichen Freundlichkeit und Zuneigung befragen, die wir einem Freund oder einer Freundin entgegenbringen würden, erfordert einige Übung.

Eines Tages besuchte ich Carl, um zu sehen, wie es ihm ging. Er saß zusammengesunken in einem Sessel und sprach mit müdem Zynismus. Ich hörte ihm eine Weile zu, und als ich sah, wie sehr er in seiner Bitterkeit über die Vergangenheit und Angst vor der Zukunft gefangen war, fragte ich ihn sanft: »Carl, was geht in diesem Moment in dir vor? Was in deinem Innern braucht am meisten Aufmerksamkeit?« Er blickte ein bisschen überrascht zu mir auf und antwortete dann ganz einfach und klar: »Ich fühle mich als absoluter Versager.« Dann beschrieb er die Sorge und Angst, die seinen Körper und sein geistiges Bewusstsein beherrschten – die rasenden Gedanken, kalten Schweißausbrüche, der plötzliche Klammergriff um sein Herz. »Es lässt nicht nach, Tara. Es lässt mich jede Nacht aufwachen. Ich bin innerlich völlig verknotet … mein Bauch ist auch jetzt völlig verkrampft.« Nachdem er ein paar Minuten so geredet hatte, dankte er mir für mein Interesse. »Es hilft, es einfach laut auszusprechen.«

Das Benennen oder Zur-Kenntnis-Nehmen ist ein weiteres Werkzeug traditioneller Achtsamkeitsübung. Wir können uns dessen bedienen, wenn wir uns verloren fühlen, so wie Carl. Das mentale Zur-Kenntnis-Nehmen hilft uns wie das Nachforschen, sanft und teilnehmend Einsicht in den vorüberziehenden Strom von Gedanken und Gefühlen zu nehmen. Wenn ich mich zum

Beispiel vor einem Vortrag ängstlich, nervös und nicht bei mir selbst fühle, mache ich oft Pause und frage mich, was in mir vorgeht oder meine Aufmerksamkeit braucht. Und dann benenne ich mit leiser innerer Stimme, was ich wahrnehme: »Angst, Angst, verspannt, verspannt.« Wenn ich merke, dass ich befürchte, dass mein Vortrag langweilig ist und nicht ankommen wird, fahre ich ganz einfach in meinem Benennen fort: »Geschichte darüber, es zu vermasseln, Angst vor Ablehnung« und »urteilend, urteilend«. Wenn ich diesen unterschwelligen Strom der Angst nicht zur Kenntnis nehmen, sondern ignorieren würde, würde ich ihn in meinen Vortrag mit hineinnehmen und schließlich unnatürlich und unaufrichtig reden. Der einfache Akt des Benennens der Angst und Sorge, die sich vor dem Vortrag aufgebaut haben, öffnet mich für mein Gewahrsein und meine Bewusstheit. Die Angst und Besorgnis mögen immer noch vorhanden sein, aber die Fürsorge und Wachheit, die ich durch dieses Zur-Kenntnis-Nehmen kultiviere, lassen mich stärker in mir ruhen.

Wie die Nachforschung bietet uns das Zur-Kenntnis-Nehmen die Gelegenheit, bedingungslose Freundlichkeit an unser Innenleben zu übermitteln. Wenn die Angst aufsteigt und wir uns sofort auf sie stürzen: »Angst! Hab ich dich erwischt!«, erzeugen wir nur noch mehr Spannung. Eine Erfahrung zu benennen bedeutet nicht, dass wir versuchen, eine unangenehme Erfahrung festzunageln oder zu verscheuchen. Es ist vielmehr eine weiche und sanfte Art zu sagen: »Ich sehe dich, Mara.« Diese Einstellung der Radikalen Akzeptanz verschafft unseren angsterfüllten und verletzlichen Wesensaspekten Sicherheit, und damit können sie sich zu erkennen geben oder sich erkennen lassen.

Das Benennen spielt in den Traditionen der Stammeskulturen eine bedeutsame Rolle beim Heilungsprozess. Man glaubt, dass die Geister, die die Krankheit verursachen, unterworfen und unter Kontrolle gebracht sind, wenn der Schamane oder die Schamanin sie benennen kann, ganz gleich, wie mächtig sie auch sein mögen. Sie können ihr Opfer nicht länger beherrschen, und so findet eine Heilung statt. In gleicher Weise vertritt die westliche

Psychologie die These, dass die Aspekte unserer Psyche, die unerkannt bleiben und nicht bewusst benannt werden, Kontrolle über unser Leben ausüben. Dadurch, dass wir die Kräfte Maras, wenn sie sich erheben, benennen, werden wir nicht länger von ihnen besessen oder getrieben. Allein schon der Akt, sich freundlich und nicht voller Angst auf sie zu beziehen, mindert ihre Macht.

Das Nachforschen und das Zur-Kenntnis-Nehmen sind eigentlich Methoden zur Erweckung unseres Bewusstseins für die Tatsache, dass wir leiden. Wenn wir in unseren Geschichten verfangen sind, können wir die Wahrheit unserer Erfahrung wirkungsvoll leugnen. Ich bin manchmal tagelang mir selbst gegenüber ungeduldig und abfällig kritisch, bevor ich innehalte und meine Aufmerksamkeit den Gefühlen und Überzeugungen zuwende, die meinen Kontakt zu meinem Herzen unterbrochen haben. Wenn ich pausiere und mir anschaue, was passiert, merke ich, dass ich mich im Leiden der Angst, der Sorge und des Selbstzweifels verfangen habe.

Ich habe mit vielen Menschen gearbeitet, die zu einem entscheidenden Tor gelangen, wenn sie schließlich registrieren, wie groß der Schmerz, unter dem sie leiden, tatsächlich ist. Dieser Moment unterscheidet sich gewaltig von irgendwelchen Gefühlen des Selbstmitleids oder dem Gejammer über unser Leben. Auch bedeutet er nicht, dass wir uns auf unsere vielen Probleme konzentrieren. Vielmehr ist es so, dass wir mit unserem Herzen wieder verbunden werden, wenn wir das Ausmaß des Leidens, mit dem wir leben, sehen und fühlen.

Ich konnte dies am Tag meines Besuchs bei Carl mit eigenen Augen beobachten. Nachdem er den eisernen Klammergriff seiner Ängste und Sorgen beschrieben hatte, ließ ich ihn wissen, was ich sah: »Carl, der von dir erlebte Schmerz wäre für mich sehr hart – für jeden. Sorge und Angst halten deinen Körper umklammert. Du bist dermaßen vom Gefühl des Versagens und von Scham erfüllt, dass du noch nicht einmal bei deiner Familie Trost finden kannst. Dieser Schmerz ist gewaltig ... ich kann sehen, wie weh das tut.« Seine Augen füllten sich mit Tränen, als er sich schließlich die Tiefe seines Schmerzes einzugestehen erlaubte. »Das stimmt«, sagte er still. »Es tut weh. Sehr weh.« Und dann gestattete sich Carl seit Monaten zum ersten Mal zu weinen.

Die Erkenntnis und das Eingeständnis, dass wir leiden, sind befreiend – das Selbstverurteilen fällt von uns ab, und wir können mit Freundlichkeit und Güte auf uns blicken. Als Carl zu weinen aufhörte, war sein Gesicht weich, sein Körper entspannt. Alle Bitterkeit war aus seiner Stimme gewichen. »Ich war so wütend über dieses Scheitern … ich habe völlig ignoriert, wie viel es für mich bedeutet, erfolgreich zu sein, und wie schwer es ist, zu verlieren.«

Wenn wir uns selbst mit der gleichen bedingungslosen Freundlichkeit anschauen, die wir einem Freund oder einer Freundin entgegenbringen, dann hören wir auf, unser Leiden abzustreiten und zu verleugnen. Wenn wir uns bildlich gesprochen neben uns niederlassen und nachforschen, wenn wir auf unsere Erfahrung hören und sie benennen, dann sehen wir Mara ganz deutlich und öffnen zärtlich unser Herz für das Leiden, das sich vor uns zeigt.

Mara zum Tee einladen – die Praxis, ja zu sagen

Vor einigen Jahren befand ich mich mitten in einem einwöchigen Vipassana-Retreat, als ich in der Negativität versackte. Ich reagierte auf alles um mich herum mit Aversion. Die Lehrer redeten zu viel, das kalte graue Wetter war eine Enttäuschung; meine Meditationsgenossen niesten rücksichtslos in meine Richtung, und ich hatte doch schon eine unangenehme Infektion der Nasennebenhöhlen. Nichts lief richtig, am wenigsten ich selbst. Dann hatte ich diese ständige Aversion leid und beschloss, nunmehr zu allem ja zu sagen, statt mich ständig allem zu widersetzen. Alles, was sich in meinem Gewahrsein zeigte, begrüßte ich jetzt mit einem still geflüsterten »Ja«. Ich sagte ja zum Schmerz in meinem Bein, ja zu den schuldzuweisenden Gedanken, ja zu dem Geniese und der Verärgerung und dem düster grauen Himmel.

Zunächst war dieses Ja eine rein mechanische, widerwillige und unehrliche Angelegenheit, und doch konnte ich fühlen, wie sich mit jedem Mal, da ich es sagte, etwas in mir entspannte. Es dauerte nicht lange, und ich begann damit herumzuspielen. In der Überlegung, dass ich wie Buddha Mara zum Tee einlud, wollte ich nun nicht nur akzeptieren, was ich fühlte, sondern es aktiv willkommen heißen. Ich begann mein Ja in weicherem, freundlicherem Ton auszusprechen. Ich lächelte sogar ab und zu – mein ganzes Drama schien mir allmählich albern. Mein Körper und mein Geist wurden immer leichter, lichter und offener. Selbst der Druck in meinen Nasennebenhöhlen ließ nach. An die Stelle der dunklen Wolke des »Nein« trat der weite Himmel eines »Ja«, der für schlechte Laune und Verärgerung endlos Raum hatte. In meinem Innern stiegen weiterhin kritische Kommentare auf, die mit einem »Ja« versehen vorüberzogen. Als mein Verstand mir einflüsterte, dass ich mich eines Tricks bediente, der nicht lange funktionieren würde, löste ein Ja zu dieser Geschichte den Gedanken auf. Ich widersetzte mich nichts und hielt auch an nichts fest. Stimmungen, Empfindungen und Gedanken zogen an dem freundlichen Himmel Radikaler Akzeptanz vorüber. Ich fühlte die innere Freiheit, die entsteht, wenn man dem Leben bedingungslos zustimmt. Ich lud Mara zum Tee ein.

Wir erwecken den Geist Radikaler Akzptanz zum Leben, wenn wir ja zu unserer Erfahrung sagen können, statt dem emotionalen Schmerz Widerstand entgegenzusetzen. Pat Rodegast (die die Lehren von Emmanuel übermittelt) schreibt:

»Also geh mit deiner schweren Last und sag ja. Ja zur Traurigkeit, ja zum geflüsterten Sehnen und Verlangen. Ja zur Angst. Liebe heißt Mauern und Zäune beiseiteschieben, Türen aufschließen und ja sagen … man kann im Paradies sein, indem man einfach nur ja zum Augenblick sagt.« In dem Augenblick, in dem wir einwilligen, Angst oder Verletzlichkeit, Gier oder Erregung zu fühlen, sind wir mit bedingungslos freundlichem Herzen mit unserem Leben einverstanden.

Wenn ich Schüler und Schülerinnen in diese Praxis des Bejahens einführe, kommt es oft zu Einwänden oder zur Verwirrung.

Handelt es sich hier nicht einfach um eine weitere seichte Version des »positiven Denkens«, um eine Art, die zuweilen sehr harte Realität des Lebens zu übertünchen? Wir können doch ganz gewiss nicht zu allem, was wir erleben und erfahren, ja sagen, lautet einer der Einwände. Was, wenn wir jemandem weh tun möchten? Oder was, wenn wir eine tiefe Depression haben? Würde ein Ja zu diesen Zuständen sie nicht noch unterstützen und nähren?

Ja zu sagen bedeutet nicht, dass man zornige Gedanken oder das Versacken in irgendeinem unserer Gefühlszustände billigt. Zum Ausagieren unseres Impulses, jemanden verletzen oder schädigen zu wollen, sagen wir nicht ja. Und wir sagen auch nicht ja zu irgendwelchen äußeren Umständen, die für uns Leid oder Schädigung bedeuten. Wenn uns jemand schlecht behandelt, müssen wir ganz sicher nein sagen und auf intelligente Weise Grenzen ziehen, die uns in Zukunft schützen. Doch selbst in solchen Fällen können wir ja zur Erfahrung der in uns aufsteigenden Angst, Wut oder Gekränktheit sagen. Das hier gemeinte Ja ist eine innere Akzeptanzübung, bei der wir bereitwillig unsere Gedanken und Gefühle auf natürliche Weise entstehen und vergehen lassen.

Von den Schülern werde ich manchmal gefragt: »Würden denn, wenn wir voller Selbsthass sind, unsere Bemühungen um freundliche Akzeptanz nicht einfach das verdecken, was wir wirklich fühlen?« Das ist eine gute Frage. Wie wir aus eigener Erfahrung wissen, können wir nach außen hin freundlich sein, während wir jemanden im Grunde schrecklich verurteilen und verabscheuen. Die Frage in solchen Fällen ist, ob wir unseren unfreundlichen Gefühlen freundliche Aufmerksamkeit entgegenbringen können. Können wir klar sehen, was wir in uns erleben, und zur gewaltigen Kraft des Neins ja sagen? Sollten wir das nicht schaffen, dann können wir uns zumindest *vornehmen*, freundlich zu sein. Man könnte dieses Praktizieren des Ja auch leicht als Technik missverstehen, unangenehme Gefühle beiseitezuschieben und sich besser zu fühlen. Doch dieses Jasagen ist nicht dazu gedacht, unsere Erfahrung zu manipulieren, sondern eine Hilfe, um sich für das Leben, so, wie es ist, zu öffnen. Es kann passieren, dass wir, so wie ich im Retreat, ja sagen und uns dann leichter und glücklicher fühlen; so muss es aber nicht kommen. Es kann zum Beispiel auch sein, dass wir zu einem Gefühl der Traurigkeit ja sagen und es dann zu einem ausgewachsenen Trauern anschwillt. Aber ganz gleich, wie sich unsere Erfahrung entfaltet, wenn wir mit dem, was da ist, einverstanden sind, geben wir ihm Raum, so dass es sich zum Ausdruck bringen und uns durchfließen kann.

Trotzdem mahne ich meine Schüler und Schülerinnen zur Vorsicht und sage ihnen, dass es nicht immer klug ist, zu einer inneren Erfahrung ja zu sagen. Wenn wir in der Vergangenheit traumatisiert wurden, könnten alte Gefühle von Schrecken und Entsetzen ausgelöst werden. Vielleicht besitzen wir in diesem Moment nicht die Ausgeglichenheit oder die Stärke, um unserer Erfahrung mit bedingungsloser Freundlichkeit begegnen zu können. Dann könnten unsere Bemühungen um ein Ja damit enden, dass wir von Angst überschwemmt werden. In solchen Fällen wäre es besser, einen Weg zu finden, die Angst zu verringern, vielleicht Trost bei einer Freundin oder einem Freund zu suchen, sich körperlich auszutoben oder ein verschriebenes Medikament einzunehmen. Für diesen Moment ist es dann die für uns selbst beste Reaktion, zu dem, was sich als zu viel und zu überwältigend anfühlt, nein zu sagen und ja zu dem, was uns erwiesenermaßen im Gleichgewicht hält.

Es gibt viele Möglichkeiten, die Botschaft des Ja an unser Innenleben zu übermitteln. Wir können als Reaktion auf ein schmerzliches Gefühl ein »Es ist okay« innerlich flüstern oder leise aussprechen oder die Botschaft mit einem »Hallo« willkommen heißen. Das Ja kann auch ein Bild oder eine Geste sein. Eine Freundin von mir visualisiert im Geist, dass sie die Hände zusammenlegt und sich vor dem, was in Erscheinung tritt, verbeugt. Wenn sie den Klammergriff der Angst, der Wut oder des Schuldgefühls in sich spürt, stellt sie sich vor, wie sie sich mit echtem Respekt davor verneigt. Ich lege manchmal sacht die Hand auf mein Herz und schicke eine Botschaft der Akzeptanz und Zuneigung zu dem, was auch immer in mir aufsteigt.

Thich Nhat Hanh nennt sein Praktizieren des Ja »Yoga des Lächelns«. Er schlägt vor, viele Male am Tag auf unseren Lippen ein leichtes, echtes Lächeln entstehen zu lassen, ob nun beim Meditieren oder Anhalten vor der roten Ampel. »Eine winzige Knospe des Lächelns auf deinen Lippen«, so schreibt er, »nährt die Achtsamkeit und beruhigt dich auf wundersame Weise ... dein Lächeln wird dich und alle in deinem Umfeld glücklich sein lassen.« Dass ein Lächeln die Kraft hat, uns zu öffnen und zu entspannen, wird durch die moderne Wissenschaft bestätigt. Die für das Lächeln eingesetzten Muskeln senden eine biochemische Botschaft an unser Nervensystem, dass wir von unserem Flucht-, Kampf- oder Erstarrungsreflex Abstand nehmen und uns entspannen können. Ein Lächeln ist das Ja bedingungsloser Freundlichkeit, das die Erfahrung angstfrei willkommen heißt.

Als Thich Nhat Hanh dem San Francisco Zen Center einen Besuch abstattete, fand er die Schüler und Schülerinnen sehr ernsthaft einer rigorosen spirituellen Disziplin hingegeben. Am Ende seines Aufenthalts versammelten sie sich um ihn und baten um Anleitung zu ihrer Praxis. Er sagte mit leichtem Lächeln: »Ihr solltet morgens ein bisschen später aufstehen ... und ihr solltet mehr lächeln.«

Ja zu unserem Leben sagen

Die Praxis des Jasagens ist nicht auf unsere unmittelbaren Erfahrungen beschränkt. Wir können zu unserem ganzen Leben ja sagen. Ja zu unseren Freundschaften, zu unserem Elterndasein, zu unserer körperlichen Erscheinung, zu unserer Persönlichkeit, zu unserer Arbeit, zu unserem spirituellen Weg. Doch weil wir gewöhnlich auf Perfektion abzielen, haben wir, wenn wir einen Schritt zurücktreten und uns anschauen, »wie wir uns machen«, oft das Gefühl, dass in unserem Leben nicht alles zum Besten steht. Mara tritt auf und wirft einen Schatten auf das, was an unserer Art zu leben gut und wertvoll ist.

Der Zen-Lehrer Ed Brown ist ein glänzender Koch und Begründer des Green Restaurants in San Francisco, das für seine vegetarische Küche berühmt ist. Doch in seinen frühen Tagen als Koch im Tassajara Mountain Retreat Center hatte Ed ein Problem. Ganz egal, was für Rezepte oder Variationen an Zutaten er ausprobierte, er schaffte es nicht, dass seine Kekse »richtig« wurden. Seine unerreichbar hohe Messlatte war, wie er entdeckte, schon vor Jahren gesteckt geworden – er hatte, als er aufwuchs, Pillsbury Kekse »gebacken« und geliebt.

> *Schließlich fiel eines Tages alles an seinen Platz, fand ein Erwachen statt: Nicht »richtig« im Vergleich zu was? Ach du meine Güte, ich hatte versucht, in Dosen verpackte Pillsbury-Kekse zu machen! Dann kam der exquisite Moment, in dem ich bewusst von meinen Keksen kostete, ohne sie an irgendeinem (mir vorher verborgenen) Standard zu messen. Sie waren weizenkörnig, flockig, butterig ... Sie waren unvergleichlich lebendig, gegenwärtig, kraftvoll – in der Tat weitaus zufriedenstellender als irgendeine Erinnerung.*
>
> *Solche Begebenheiten können so phantastisch, so umwerfend, so befreiend sein, diese Augenblicke, in denen dir klarwird, dass dein Leben in Ordnung ist, so, wie es ist, vielen Dank. Nur der heimtückische Vergleich mit einem wunderbar zubereiteten, wunderschön verpackten Produkt ließ es unzureichend erscheinen. Der Versuch, einen Keks – ein Leben – herzustellen, ohne schmutzige Schüsseln, ohne wirre Gefühle, ohne Depression, ohne Wut und Zorn, war so frustrierend. Und dann den gegenwärtigen Moment der Erfahrung tatsächlich zu genießen, zu schmecken – um wie vieles komplexer und vielschichtiger. Wie unergründlich ...*

Es hat etwas wundervoll Kühnes und Befreiendes, wenn wir zu unserem ganzen unvollkommenen und unordentlichen Leben ja sagen. Erhaschen wir auch nur einen Schimmer von dieser Möglichkeit, strömt Freude in uns. Doch wenn wir uns unser ganzes bisheriges Leben bemüht haben, »Pillsbury Kekse« herzustellen, dann lockern die Gewohnheiten des Perfektionismus nicht so ohne Weiteres ihren Griff. Wenn sich Misstrauen und Skepsis einschleichen, könnten wir versucht sein, von einer bedingungslosen Umarmung unseres Lebens Abstand zu nehmen. Wir brauchen Übung, bis wir gelernt haben, jedes Mal wieder nach oben zu kommen, wenn wir runtergezogen werden von dem, was falsch und nicht stimmig zu sein scheint. Aber wie Ed uns zeigt, können die »Kekse von heute«, das Leben, das wir im Moment leben, voll und ganz gekostet und erkundet, geachtet und wertgeschätzt werden, wenn wir aufhören, uns an irgendeinem angenommenen Perfektionsstandard zu messen. Wenn wir von den Vorstellungen Abstand nehmen, wie das Leben sein sollte, sind wir frei, aus ganzem Herzen zu unserem Leben, so, wie es ist, ja zu sagen.

GELENKTE MEDITATION
Die Kraft des Ja

* * *

Setzen Sie sich still hin, schließen Sie die Augen und atmen Sie ein paar Mal tief durch. Vergegenwärtigen Sie sich eine aktuelle Situation, die in Ihnen Wut, Angst oder Kummer hervorruft.

Das kann der Bruch mit dem Partner sein, der Verlust einer geliebten Person, ein Machtkampf mit Ihrem Kind, eine chronische Krankheit, ein verletzendes Benehmen, das Sie jetzt bedauern. Je umfassender und intensiver Sie mit der aufgeladenen Essenz der Geschichte in Berührung kommen, desto leichter gewinnen Sie Zugang zu den Gefühlen in Ihrem Herzen und den Empfindungen in Ihrem Körper. Was an dieser Geschichte provoziert die stärksten Gefühle und Empfindungen? Sie sehen vielleicht eine bestimmte Situation vor Ihrem geistigen Auge, hören Worte, die gesprochen wurden, erkennen eine Glaubensvorstellung darüber, in welcher Weise diese Situation Sie widerspiegelt oder was sie für Ihre Zukunft bedeutet. Achten Sie vor allem auf Ihre Empfindungen in Magen, Brust und Hals.

Um unmittelbar zu erleben, was passiert, wenn Sie einer Erfahrung Widerstand entgegensetzen, fangen Sie nun an, mit dem Neinsagen zu experimentieren. Verbinden Sie sich mit dem Schmerz, den Sie in der von Ihnen gewählten Situation fühlen, und richten Sie geistig einen Strom von Nein auf diese Gefühle. Nein zum Unangenehmen der Angst, der Wut, der Scham oder des Kummers. Lassen Sie das Wort die Nein-Energie transportieren – das, was Sie erfahren, fühlen, empfinden, ablehnen, wegdrängen. Nehmen Sie dabei zur Kenntnis, wie sich dieser Widerstand in Ihrem Körper anfühlt. Spüren Sie Verspannung, Druck? Was geschieht mit den schmerzlichen Gefühlen, wenn Sie nein sagen? Was geschieht mit Ihrem Herzen? Stellen Sie sich vor, wie Ihr Leben aussähe, wenn Sie sich in den nächsten Stunden, Wochen und Monaten mit diesen Gedanken und Gefühlen des Neins durch die Welt bewegten.

Machen Sie ein paar tiefe Atemzüge und lassen Sie los, indem Sie den ganzen Körper entspannen, die Augen aufmachen oder Ihre Körperhaltung ein wenig verändern. Nehmen Sie sich nun ein paar Augenblicke Zeit, um sich die schmerzliche Situation ein weiteres Mal zu vergegenwärtigen, erinnern Sie sich der Bilder, Worte, Glaubensvorstellungen und Gefühle, die sich damit verbinden. Doch dieses Mal sind Sie der Buddha unter dem Bodhi-Baum, der Buddha, der Mara zum Tee einlädt. Richten Sie einen Strom des Wortes Ja auf Ihre Erfahrung. Stimmen Sie der Erfahrung mit einem Ja zu. Lassen Sie die Gefühle im Umfeld des Ja frei fließen und schweben. Wenn sich Wogen des Neins erheben sollten – Angst oder Wut, die in Verbindung mit der schmerzlichen Situation oder sogar durch diese Übung selbst aufkommen –, dann ist das okay. Nehmen Sie diese natürlichen Reaktionen im umfassenderen Feld des Ja auf. Ja zum Schmerz. Ja zu den Teilen oder Aspekten in uns, die wollen, dass der Schmerz verschwindet.

Ja zu allem, was immer an Gedanken oder Gefühlen aufkommt. Achten Sie auf Ihre Erfahrung, während Sie ja sagen. Spüren Sie, wie in Ihrem Körper etwas weicher wird, sich öffnet, sich bewegt? Entstehen nun mehr Raum und Offenheit in Ihrem geistigen Bewusstsein? Was geschieht mit den Empfindungen des Unangenehmen, wenn Sie ja sagen? Werden sie intensiver? Werden sie diffuser? Was geschieht mit

Ihrem Herzen, wenn Sie ja sagen? Wie sähe Ihr Erleben aus, wenn Sie in den kommenden Stunden, Wochen und Monaten den Geist des Ja in die unvermeidlichen Herausforderungen und Kümmernisse des Lebens einfließen lassen könnten?

Bleiben Sie weiter sitzen, entlassen Sie nun alle Gedanken und ruhen Sie in einem wachen, entspannten Gewahrsein. Verbleiben Sie in der Absicht, zu allen Empfindungen, Gefühlen, Klängen oder Bildern, die in Ihrem Gewahrsein aufsteigen mögen, sanft JA zu sagen.

GELENKTE MEDITATION
Sich der Schwierigkeit stellen und benennen, was wahr ist

Das geistige Zur-Kenntnis-Nehmen vertieft unsere Aufmerksamkeit. So können wir den schmerzlichen Gefühlen und intensiven Empfindungen besser mit wachem und heilendem Gegenwärtigsein begegnen.

* * *

Setzen Sie sich bequem hin, schließen Sie die Augen und atmen Sie ein paar Mal tief durch. Konzentrieren Sie sich auf eine Situation oder Problematik in Ihrem Leben, mit der Sie zurechtzukommen versuchen. Das kann ein zwischenmenschlicher Konflikt, finanzieller Druck oder Arbeitsstress sein. Fragen Sie sich: »Wie fühle ich mich in diesem Zusammenhang?«, und seien Sie sich Ihres Körpers gewahr. Achten Sie ganz besonders auf den Hals-, Brust- und Magenbereich. Fühlen Sie Verspanntheit, Druck, Hitze? Gibt es ein Wort, das Ihr inneres Erleben beschreibt – traurig, rastlos, zittrig, angsterfüllt? Sie müssen sich nicht anstrengen, nicht im Geiste einen ganzen Thesaurus durchgehen, um das »richtige« Wort zu finden. Nehmen Sie einfach zur Kenntnis, welches Wort in Ihrem Bewusstsein aufsteigt, und wiederholen Sie es sanft im Geiste. Manchmal gibt es keine passende Bezeichnung für das erlebte Gefühlsgemisch. In diesem Fall können Sie eines der darin enthaltenen dominanteren Elemente benennen. Es geht nicht darum, dass Sie etwas durch die genau richtige Bezeichnung festnageln, sondern dass Sie Ihre Aufmerksamkeit kontinuierlich auf das gerichtet halten, was Sie in diesem speziellen Augenblick real fühlen und empfinden.

Wenn Sie Ihre Erfahrung benannt haben, fragen Sie sich sanft, während Sie sehr genau auf die Empfindungen in Ihrem Körper achten: »Stimmt das? Beschreibt dieses Wort, was ich jetzt fühle? Wenn nicht, gibt es ein anderes Wort?« Setzen Sie das fort – nehmen Sie in dieser Weise geistig zur Kenntnis, wie sich Ihre Erfahrung entfaltet, und überprüfen Sie ständig Ihren Körper, um festzustellen, was in diesem Augenblick am wahrsten, am stimmigsten ist.

Es kann sein, dass Sie sich eine Weile in Gedanken verlieren. Wenn Sie das merken, dann notieren Sie innerlich sacht, »planend, zwanghaft, phantasierend« und wenden Ihre Aufmerksamkeit wieder Ihrem Körper zu. Erspüren und benennen Sie wieder alle starken Empfindungen, derer Sie sich bewusst werden.

* * *

Denken Sie daran, dass das Benennen immer im Hintergrund (5 Prozent) bleibt, während der Großteil Ihres Gewahrseins (95 Prozent) auf Ihre konkrete gegenwärtige Erfahrung gerichtet ist. Wenn Sie diese Übung des Zur-Kenntnis-Nehmens leicht und sacht durchführen, kann sie eine sanfte empfängliche Stimmung schaffen.

GELENKTE MEDITATION
Das Leben mit einem Lächeln umarmen

Man sieht den mitfühlenden Buddha als Statue oder auf Bildern oft mit leichtem Lächeln dargestellt, während er die zehntausend Freuden und Leiden zu seiner eigenen Sache macht. Wenn wir im Geiste eines Lächelns meditieren, erwecken wir unsere natürliche Fähigkeit zur bedingungslosen Freundlichkeit.

* * *

Setzen Sie sich bequem hin, schließen Sie die Augen und entspannen Sie sich mit Hilfe des natürlichen Rhythmus Ihres Atmens. Nehmen Sie sich etwas Zeit, um verhärtete und verspannte Partien zu entkrampfen. Lauschen Sie nun auf Töne und Klänge, werden Sie sich des Raums bewusst, der Sie umgibt, und lassen Sie vor Ihrem geistigen Auge das Bild eines sanft geschwungenen Lächelns entstehen. Achten Sie darauf, wie sich gemeinsam mit dieser Vorstellung Sanftheit, Freundlichkeit, Offenheit und Lockerheit entfalten. Spüren Sie, wie dieses entspannte Lächeln Ihr Bewusstsein erfüllt und sich nach außen in den Raum erstreckt.

Stellen Sie sich nun ein Lächeln in Ihren Augenwinkeln vor und spüren Sie die dort entstehenden Empfindungen. Ihre Stirn ist geglättet, die Augenpartie weich und entspannt. Sie haben vielleicht ein Gefühl, als ob Ihre Augen in einem Teich von warmem Wasser sanft dahintreiben. Entspannen Sie weiterhin den ganzen Bereich um die Augen, lassen Sie ihn ganz weich werden. Können Sie dort eine entspannte Helle wahrnehmen?

Lassen Sie nun ein kleines, aber wirkliches Lächeln auf Ihren Lippen entstehen – das angedeutete Lächeln des Buddha – und geben Sie sich dem Gefühl der Entspannung Ihrer Gesichtsmuskeln hin. Lassen Sie den Kiefer entspannt und locker, die Zungenspitze berührt leicht den Gaumen. Spüren Sie jetzt, wie die Augen lächeln … der Mund lächelt … Verlagern Sie nun die Vorstellung eines Lächelns in den Bereich der Kehle und achten Sie darauf, was passiert. Vielleicht spüren Sie, wie sich die Kehle entspannt und öffnet. Wenn Sie dort eine Verspannung wahrnehmen, hüllen Sie sie in das Gefühl des Lächelns ein. Spüren Sie wieder Ihre Augenwinkel lächeln, Ihren Mund lächeln, Ihre Kehle lächeln.

Lassen Sie das Lächeln in die Brustpartie wandern. Stellen Sie sich vor, wie sich die Form und das Gefühl eines Lächelns im ganzen Brustbereich ausbreiten. Welche Empfindungen Sie dort auch vorfinden mögen, lassen Sie sie in der Offenheit und Freundlichkeit eines Lächelns dahintreiben. Entspannen Sie sich weiterhin, spüren Sie, wie das Lächeln in Ihrem Herzen kleine Wellen der Leichtigkeit und Entspanntheit durch Ihren Körper schickt – durch die Schultern, die Arme entlang, den Körper hinunter, die Beine hinab. Können Sie die Offenheit und Lebendigkeit eines Lächelns im Nabel, in den Genitalien, im Steißbein spüren?

Lassen Sie sich im weiträumigen und freundlichen Gewahrsein ruhen, das von einem Lächeln erzeugt wird. Spüren Sie, wie Gedanken und Empfindungen mit bedingungsloser Freundlichkeit aufgenommen werden? Wenn Ihr Geist wandert oder Sie merken, dass Sie sich verspannen, kehren Sie wieder sanft zur Entfaltung des Lächelns in Ihrem Bewusstsein, in den Augen, auf den Lippen und im Herzen zurück.

* * *

Nach einiger Übung werden Sie feststellen, dass das Lächeln eine einfache und kraftvolle Methode ist, um in jedem Augenblick des Tages das Herz wiederzuerwecken. Statt wie in der oben beschriebenen Übung das Lächeln durch den ganzen Körper zu schicken, können Sie auch einfach die Auswirkungen des feinen Lächelns eines Buddha erkunden, wann immer Ihnen dieser Gedanke kommt.

5

Heimkehr zu unserem Körper

Die Basis Radikaler Akzeptanz

Es gibt eines, das, wenn es kultiviert und regelmäßig geübt wird, zu tiefer spiritueller Absicht, Frieden, Achtsamkeit und klarem Verstehen, zur Sicht und zum Wissen, zu einem glücklichen Leben hier und jetzt und zum Gipfelpunkt der Weisheit und des Erwachens führt. Und was ist dieses Eine? Es ist die auf den Körper zentrierte Achtsamkeit.

Aus Buddhas Lehrrede
von den Grundlagen der Achtsamkeit

Als Narayan im achten Schuljahr war, hatten wir große Probleme miteinander. Er sackte in seinen Noten ab, und wir fochten täglich Kämpfe aus, wobei es um Spielen am Computer, Hausaufgaben, Telefonieren und Zubettgehzeit ging. Je mehr ich ihn überwachte, ermahnte und schalt, desto tauber wurden seine Ohren, oder er ging in die Defensive und wurde sauer. Als ich mich zurücknahm und die Leine ein bisschen lockerließ, nutzte er das sofort aus. Sein Zimmer verwandelte sich in eine Videobude und zum permanenten Freundestreff. Wenigstens machte ich mir keine Sorgen, dass seine Kumpel einen schlechten Einfluss auf ihn hätten – ich mochte sie, und die meisten von ihnen waren ausgezeichnete Schüler. Aber das verstärkte nur noch meine Frustration, was Narayan anging.

Mein Ärger und meine Wut sickerten in alle Ritzen und Nischen unseres Alltagslebens. Ließ Narayan mich ein paar Minuten warten, wenn ich ihn von irgendeinem seiner Freunde abholte, saß ich innerlich kochend im Auto. Vergaß er, den Hund zu füttern oder die Katzenstreu auszuwechseln, ging ich auf ihn los und warf ihm Verantwortungslosigkeit vor. Bat er mich, eine Pizza zu bestellen, reagierte ich rachsüchtig: »Du hast dein Zimmer nicht aufgeräumt, also warum sollte ich?«

In dieser Geschichte von Recht und Unrecht und Richtig und Falsch komplett verstrickt, stürmte ich jedes Mal wütend in sein Zimmer, wenn er gegen eine meiner Regeln verstoßen hatte. All meine Forderungen und Drohungen führten nur dazu, dass wir uns einander immer mehr entfremdeten. Meine Methode funktionierte ganz eindeutig nicht.

Als ich eines Nachts wach im Bett lag, begann ich darüber nachzudenken, wie schnell die Jahre vergingen und wie bald mein Sohn von zu Hause fortgehen würde. Ich stellte mir vor, wie ich später auf seine Teenagerjahre zurückblicken würde, und sah, wie unsere gemeinsame Zeit von Missverständnissen, Wut und Groll aufgefressen wurde. Diese Vorstellung tat weh, und der Schmerz versetzte mir einen Schock. Ich musste es anders versuchen. Normalerweise nutzte ich regelmäßig das Pausieren, doch in den letzten paar Wochen hatte ich mich derart in meinen Reaktionen verfangen, dass ich ganz vergessen hatte, es anzuwenden. Ich beschloss, vor meiner nächsten Auseinandersetzung mit Narayan das Pausemachen zu praktizieren, und hoffte, es würde mir helfen, präsenter und aufgeschlossener zu sein, wenn wir beieinander waren.

Am nächsten Abend stand ich eine halbe Stunde nach dem vereinbarten Zeitpunkt zum Hausaufgabenmachen vor seinem Zimmer. Durch die geschlossene Tür konnte ich die gedämpften Töne von »Everquest« hören, seinem Lieblingscomputerspiel. Die Wut begann in mir hochzukochen, als ich mir vorstellte, wie er gebannt vor dem Bildschirm saß und seine Finger sich flink über die Tasten bewegten. Mir war klar, dass er schon seit Stunden damit beschäftigt war und sich über unsere Vereinbarungen wieder einmal hinweggesetzt hatte. Ich stellte mir vor, wie ich einen riesigen Felsblock in den Monitor schleuderte, eine Phantasie, der ich mich schon häufig hingegeben hatte.

Dann aber wartete ich ab und begann mich in meinem Innehalten meinen Körperempfindungen zuzuwenden. Die Wut fühlte sich an wie ein Druck in Brust und Hals, der immer stärker wurde. Schultern und Hände waren verspannt, der Kiefer war verkrampft. Ich spürte mein Herz heftig klopfen, und mein Gesicht war heiß. Es war ein schrecklich unangenehmes Gefühl, und es wäre sehr viel leichter gewesen, meinen Zorn auszuagieren und in sein Zimmer zu platzen.

Alle unsere Strategien, mit denen wir versuchen, durch Schuldzuweisungen oder Rückzug die Kontrolle über unser Leben zu bewahren, zielen darauf ab, die rohe, ungeschminkte Erfahrung genau solcher Momente von uns fernzuhalten. Beim Pausieren nehmen wir unmittelbar wahr, was sich in unserem Körper abspielt, statt uns in den Gedanken und Handlungen unserer Reaktion zu verlieren. In diesen Momenten beginnen wir zu erkennen, in was für einem Ausmaß Körper und Geist miteinander verbunden sind. Bei Ärger und Wut verspannt sich der Körper, füllt sich die Brust mit explosivem Druckgefühl. Bei Angst spüren wir vielleicht so etwas wie einen Knoten im Magen, ein Zusammengeschnürtsein in Brust und Kehle. Wenn Scham in uns aufsteigt, rötet sich das Gesicht und wird heiß, sacken die Schultern ein, verspüren wir den körperlichen Drang, uns zu verstecken. Die Empfindungen im Körper sind der *Ground Zero,* der Ort, wo wir das ganze Spiel des Lebens unmittelbar wahrnehmen.

Als ich an jenem Abend vor Narayans Tür stand, spürte und zuließ, was sich in mir abspielte, es einfach »sein ließ«, begannen sich die Empfindungen nach und nach zu verändern. Der Druck in meiner Brust machte leise einem tiefen Schmerz im Innern Platz, so als umklammerte eine Faust mein Herz. »Ich fürchte mich vor etwas«, merkte ich. Sofort kamen mir die Worte in den Sinn: »Ich habe Angst, Narayan wird im Leben scheitern, er wird unerfüllt sein, er wird unglücklich enden. Es ist meine Schuld, dass er nach Fernsehen und Videos und Computer so süchtig ist. Ich habe ihn im Stich gelassen, ihn nicht zu einer gesunden Lebensweise angeleitet oder inspiriert.«

Ich konnte spüren, wie die alte vertraute Geschichte, als Mutter zu versagen, allmählich übernahm. Zu einem anderen Zeitpunkt hätte ich mich leicht in dieser Trance verlieren können, aber dieses Mal war ich entschlossen, in meinem Körper wach zu bleiben. Noch bevor ich meine Aufmerksamkeit auf den Stich der Scham in meiner Brust richten konnte, trat ein anderer Teil der Geschichte in den Vordergrund: »Ich habe versucht, Grenzen zu ziehen, ihn anzuleiten ... aber er will ja nicht hören. Es ist seine Schuld, dass ich mich jetzt so fühle.« Hitze- und Druckwellen brausten wie Wasserwogen meine Arme hinab, und ich wäre beinahe in Narayans Zimmer gestürmt, schaffte es aber, meine Aufmerksamkeit wieder auf den Tumult in meinem Körper zu lenken.

Ich spürte ein bedrückendes Gefühl, einen schweren Schmerz, der auf mein Herz drückte. Der Schmerz nahm zu, und meine Augen wurden feucht von Tränen. Bei der Geschichte ging es nun nicht mehr darum, was mit ihm oder mir nicht stimmte. Ich bemerkte jetzt, was zwischen uns passiert war. Meine Abneigung gegen sein testosteronbedingtes Angezogensein von gewalttätigen Videos und Filmen hatte eine Kluft zwischen uns geschaffen. Als ich mich dem rasch anschwellenden Kummer öffnete, merkte ich, dass die Geschichten von Schuldzuweisung und Versagen auf dem Rückzug waren. An ihre Stelle trat eine zunehmende Zärtlichkeit in mein Herz und mein Bewusstsein und das Verstehen, dass ihn zu lieben das war, was vor allen anderen Dingen zählte. Ich wusste nicht, was passieren würde, wenn ich die Tür zu seinem Zimmer öffnete, aber ich wollte dieses Gewahrsein, dieses offene und zärtliche Präsentsein in meine Begegnung mit Narayan einbringen. Ich wollte ihm mit einem akzeptierenden Herzen gegenübertreten.

Nachdem ich geklopft und ihn »komm rein« murmeln gehört hatte, betrat ich ohne Hast sein Zimmer. Seine Aufmerksamkeit war noch immer auf den Bildschirm gerichtet, aber als er merkte, dass ich einfach nur dastand und zusah, blickte er mit schuldbewusster Miene auf. »Ich wollte gerade Schluss machen, Mom. Wie spät ist es denn überhaupt?« Ich sagte es ihm und nahm zur

Kenntnis, dass er seine Armbanduhr nicht umhatte und sie auf der Kommode lag. Dann wieder Schweigen. Nun war sein Blick fragend. »Bist du wütend? Es tut mir leid … Ich hab die Zeit vergessen. Aber ich mach meine Hausaufgaben, ehrlich. Es ist nicht viel.«

Ich zog einen Stuhl heran und setzte mich dicht neben ihn. »Es ist okay, Schatz, aber wir müssen miteinander reden.« Was ich ihm nun sagte – über seine Lerngewohnheiten, das Einhalten unserer Vereinbarungen –, war nichts Neues. Aber *ich* fühlte mich anders. Ich war mir meines Atmens bewusst, meiner Körperhaltung, wo meine Hände ruhten. Ich merkte, wie sich mein Gesicht verspannte, wenn er mit seiner Aufmerksamkeit abzuschweifen schien. Als er dann sprach, hörte ich zu. Ich hörte, wie viel es ihm bedeutete, das Spiel, das er spielte, zu meistern. Ich konnte es ihm nachfühlen, wie sehr es ihn ärgerte, »Licht aus« zu hören, wenn er noch nicht im Geringsten müde war. Mein Verweilen im Körper machte es mir möglich, präsent und Narayan gegenüber respektvoll zu sein. Als ich ihm einen Kuss auf den Scheitel gab und das Zimmer verließ, war ein gutes warmes Gefühl zwischen uns.

Das Einbringen von Radikaler Akzeptanz in unser Leben beginnt auf dieser grundlegendsten Ebene – sich der Empfindungen gewahr zu werden, die sich ständig in unserem körperlichen Dasein ereignen. Henry David Thoreau schrieb: »Bleib so nahe wie möglich am Kanal, in dem dein Leben fließt.« Indem ich mit meinem ganzen Gewahrsein in meinem Körper war, entdeckte ich die Wurzeln meiner Reaktionen. Ich hatte die unangenehmen Empfindungen, aus denen sich Angst und Leid zusammensetzen, gemieden. Indem ich mich achtsam für das Spiel der Empfindungen öffnete, lockerte sich der Griff meiner Wut und meiner Geschichten auf ganz natürliche Art.

Und so erweckt es uns aus einer Trance, wenn wir im Körper präsent sind: Wir befreien uns auf einer fundamentalen Ebene vom Reaktionsmuster, das unser Leiden aufrechterhält und fortbestehen lässt. Wenn wir aufsteigenden Empfindungen mit Radikaler Akzeptanz begegnen, statt uns im Greifen und Widersetzen zu verlieren, leiten wir unseren Befreiungsprozess von den Geschichten ein, die uns von anderen trennen. Wir kosten von der Freude, vollkommen gegenwärtig, lebendig und mit allem Leben verbunden zu sein. Das war das Versprechen des Buddha: Achtsamkeit und Gewahrsein des Körpers führen zum Glücklichsein in diesem Leben und zum vollkommenen spirituellen Erwachen.

Unseren Körper bewohnen lernen

Wir erfahren unser Leben durch unseren Körper, ob wir uns nun dessen bewusst sind oder nicht. Gewöhnlich sind wir aber durch unsere Gedanken und Vorstellungen von der Welt derart fasziniert, dass uns viel von unseren unmittelbaren Sinneserfahrungen entgeht. Selbst wenn uns bewusst ist, dass wir eine starke Brise auf der Haut fühlen, den Klang des Regens auf dem Dach hören, einen Duft in der Luft riechen, bleiben wir selten lange genug bei dieser Wahrnehmung, um diese Erfahrung voll und ganz auszuloten. Die meisten Momente werden von einem inneren Dialog überlagert, mit Kommentaren zum gegenwärtigen Geschehen und Plänen, was wir als Nächstes tun werden. Da begrüßen wir vielleicht eine Freundin mit einer Umarmung, aber unsere Augenblicke des physischen Kontakts verwischen sich durch die Überlegung, wie lange die Umarmung dauern soll und was wir sagen werden, wenn wir damit fertig sind. Wir hasten durch die Umarmung, ohne völlig präsent zu sein.

Ein älterer Herr, der an einem meiner Wochenendworkshops teilnahm, sagte von sich, dass »er vom Hals aufwärts« lebe. Viele Menschen sind es so sehr gewohnt, mit ihrem Körper nicht in Kontakt zu sein, dass sie ganz und gar in einer mentalen Welt leben. Es mag ihnen sogar schwerfallen zu glauben, dass Körper und Geist miteinander verbunden sind. Bei einem Seminar, das ich in einer Frauenhaftanstalt leitete, sagte mir eine Insassin, dass sie sich ihres Körpers nur dann bewusst sei, wenn sie Schmerzen habe oder wütend sei. Es mag zuweilen den Anschein haben, dass sich körperliche Empfindungen nur schwer definieren oder erkennen lassen, wenn es sich nicht gerade um sehr schmerzhafte oder, wie beim Sex, außerordentlich angenehme oder intensive Gefühle handelt. Das ist ein Grundmerkmal der Trance – wenn wir uns darin befinden, sind wir für unsere Augenblickserfahrung nur teilweise präsent.

A-Hameed Ali, Autor und spiritueller Lehrer, erinnert uns daran, dass wir nicht voll und ganz lebendig sind, wenn wir nicht in Achtsamkeit und Gewahrsein in unserem Körper leben:

> *Es ist nur wichtig, aufrichtig für euch selbst zu erforschen, ob ihr hier seid oder nicht. Seid ihr in eurem Körper oder geistesabwesend, oder seid ihr seiner nur teilweise gewahr? Wenn ich sage: »Seid ihr in eurem Körper?«, dann meine ich: »Füllt ihr euren Körper vollkommen aus?« Ich möchte wissen, ob ihr in euren Füßen seid oder nur Füße habt. Lebt ihr in ihnen, oder sind sie einfach Dinge, die ihr gebraucht, wenn ihr geht? Seid ihr in eurem Bauch, oder wisst ihr nur ganz vage, dass ihr einen Bauch habt? Oder ist er einfach nur für das Essen da? Seid ihr wirklich in euren Händen, oder bewegt ihr sie aus der Ferne? Seid ihr in euren Zellen anwesend, und bewohnt ihr euren Körper und füllt ihn aus? Wenn ihr nicht in eurem Körper seid, welche Bedeutung hat dann in diesem Moment eure Erfahrung? Bereitet ihr euch vor, so dass ihr in der Zukunft hier sein könnt? Stellt ihr Bedingungen, indem ihr euch sagt: »Wenn dies und jenes geschieht, dann habe ich Zeit, dann werde ich hier sein«? Wenn ihr nicht hier seid, wofür spart ihr euch dann auf?*

Bei einer Yoga-Einführungsstunde, an der ich im zweiten Studienjahr teilnahm, entdeckte ich zum ersten Mal, dass in meinem Körper ein ganzer Kosmos an Empfindungen existiert. Gegen Ende der Stunde bat uns die Lehrerin, still im Lotossitz auf dem Boden zu sitzen und unsere Hände locker und bequem im Schoß oder auf den Oberschenkeln ruhen zu lassen. Sie wies uns an, ein paar Mal tief durchzuatmen, und erklärte, dass uns das Atmen einen ganz natürlichen Weg aus dem Verstand und in den Körper hinein anbietet.

Dann leitete sie uns beim Erforschen der Lebendigkeit unseres Körpers an. »Verlagert euer ganzes Bewusstsein in eure Hände«, sagte sie. »Entspannt sie und lasst sie weich werden, spürt und fühlt eure Hände *von innen heraus.*« Dann führte sie uns langsam dahin, ganz achtsam jeden einzelnen Finger, die Handflächen, die Handrücken und die Handgelenke von innen heraus zu fühlen. Ich nahm zuerst ein Prickeln wahr, dann pulsierende Bereiche von Druck und Hitze. Als ich mich dem Spüren der Empfindungen in meinen Händen ganz entspannt hingab, merkte ich, dass es keine Grenzen, kein Empfinden einer bestimmten Form meiner Hand gab. Ich konnte nur ein sich veränderndes Energiefeld wahrnehmen, das sich wie bewegliche Lichtpunkte an einem Nachthimmel anfühlte. Plötzlich kam mir der Gedanke, dass sich dieses leuchtende Lebendigsein fortwährend ereignet, ohne dass es mir bewusst ist. Ich hatte in meinem Leben eine Menge verpasst.

Unsere Lehrerin forderte uns dann auf, dieser Präsenz und Lebendigkeit in unserem ganzen Körper nachzugehen. Ich bemerkte die Verspannungen in meinen Schultern, und sie entspannten sich binnen weniger Augenblicke einfach in Reaktion auf meine Aufmerksamkeit. Ich fühlte, wie eine prickelnde Wärme meine Arme hinabfloss und sich in ihnen ausbreitete. Ich richtete mein Gewahrsein auf die Verhärtung und Verspannung in meinem Magen, und auch dieser Bereich wurde weicher und lockerer. Ich spürte, wie Energie nach oben durch meine Brust und hinab durch meine Beine floss. Mein ganzer Körper war ein lebendiges, atmendes Energiefeld. Ich empfand eine Woge der Dankbarkeit – in nur wenigen Augenblicken war meine Welt erheblich größer und strahlend lebendig geworden. Ich wusste es zwar zu diesem Zeitpunkt noch nicht, aber meine Lehrerin hatte mich in die Meditation eingeführt.

In allen Traditionen werden bei Meditationspraktiken typische Körperhaltungen genutzt, wie der Lotossitz in unserem Yoga-Unterricht, um den Körper ruhig und stabil zu halten.

Wenn wir still sind, können wir unseren sich wandelnden Strom von Erfahrungen besser wahrnehmen: Schwingungen, Pulsieren, Druck, Hitze, Licht, Geschmäcker, Bilder und Klänge. Doch wenn wir die Augen schließen, um zu meditieren, wird diese innere Welt häufig von Wogen der Emotion, Erregung oder Angst, Ruhelosigkeit oder Wut und einem endlosen Strom an Bemerkungen, Urteilen, Erinnerungen, die Zukunft betreffenden Geschichten, Sorgen und Plänen überdeckt.

Der Buddha nannte unser ständiges emotionales und mentales inneres Reagieren den »Wasserfall«, weil wir durch seine zwingende Kraft von der Erfahrung des gegenwärtigen Augenblicks so leicht abgezogen und davongetragen werden. Die buddhistische wie auch die westliche Psychologie erklären uns, wie das geschieht: Der Geist beurteilt alles, was wir erfahren und wahrnehmen, sofort und uns unbewusst als angenehm, unangenehm oder neutral. Ein anregender Gedanke oder ein prickelndes Empfinden – angenehm. Ein schlechter Geruch oder ein plötzliches lautes Geräusch – unangenehm. Das Wahrnehmen unseres Atems – gewöhnlich neutral. Wenn angenehme Empfindungen auftreten, haben wir den Reflex, danach zu greifen und zu versuchen, an ihnen festzuhalten. Das machen wir oft durch das Planen und mit unseren emotionalen Energien der Erregung und des Ersehnens. Wenn wir unangenehme Empfindungen erleben, ziehen wir uns zusammen und versuchen, sie zu meiden. Der Prozess ist wiederum der gleiche – wir machen uns Sorgen und entwerfen Strategien, wir haben Angst, wir sind gereizt. Neutrale Empfindungen sind für uns das Signal, uns zu lösen und unsere Aufmerksamkeit auf etwas anderes zu richten, was gewöhnlich eine Erfahrung von intensiverer Natur meint.

Alle unsere Reaktionen auf Menschen, Situationen und innere Gedanken sind im Grunde Reaktionen auf *die Art von Empfindungen, die in unserem Körper entstehen*. Wenn uns jemand durch seine Ungeschicktheit aufhält und wir vor Ungeduld fast platzen, reagieren wir auf unsere eigenen unangenehmen Empfindungen; wenn wir uns von jemandem angezogen fühlen und von Sehnsucht und Phantasievorstellungen erfüllt sind, reagieren wir auf unsere angenehmen Empfindungen. Unser ganzer Strudel von Reaktionen – Gedanken, Gefühle und Verhaltensweisen – entspringt diesem Reagieren auf Empfindungen. Bleiben diese Empfindungen unerkannt, verliert sich unser Leben in einem Wasserfall des Reagierens – wir lösen uns von der lebendigen Gegenwart, vom vollen und umfassenden Gewahrsein, von unserem Herzen.

Der Buddha empfahl uns »auf den Körper zentrierte Achtsamkeit« als Mittel, aus dieser Trance aufzuwachen. Tatsächlich bezeichnete er die Körperempfindungen als die erste Grundlage der Achtsamkeit, weil sie den Gefühlen und Gedanken inhärent sind und die Basis für den eigentlichen Bewusstseinsprozess bilden. Weil unsere angenehmen und unangenehmen Körperempfindungen so rasch eine Kettenreaktion der Gefühle und mentalen Ausschmückungen hervorrufen, besteht ein zentraler Bestandteil unseres Trainings darin, das Entstehen der Gedanken zu erkennen und immer und immer wieder zu unseren unmittelbaren Sinneswahrnehmungen zurückzukehren. Wir nehmen vielleicht ein unangenehmes Gefühl im unteren Rückenbereich wahr und hören eine besorgte innere Stimme fragen: »Wie lange wird das anhalten? Kann ich es zum Verschwinden bringen?« Oder wir empfinden ein angenehmes Prickeln, eine entspannte Weite in unserer Brust und fragen uns begierig: »Was habe ich gemacht, um in diesen Zustand zu gelangen ... ich hoffe, ich bringe das wieder fertig.« Wir üben, indem wir die Geschichten wahrnehmen, sie ziehen lassen und in die lebendigen Empfindungen unseres Körpers hinabtauchen.

Wenn wir nicht auf unsere Empfindungen achten, können wir unsere Kettenreaktionen nicht durchbrechen. S. N. Goenka, ein Vipassana-Meditationslehrer, macht darauf aufmerksam, dass »tief in uns ein Teil des Geistes weiterhin reagiert«, wenn wir beispielsweise nur auf vorüberziehende Gedanken achten. *»Denn mit dem Gedanken geht auch eine Empfindung einher. Du darfst diese Wurzel nicht übersehen.«*

Die grundlegenden Meditationsanweisungen des Buddha besagen, dass wir auf den sich wandelnden Strom von Empfindungen achten sollen, ohne zu versuchen, an irgendeiner von ihnen festzuhalten, sie zu verändern oder sich ihr zu widersetzen. Er stellt klar, dass diese auf die Empfindungen gerichtete Achtsamkeit nicht bedeutet, dass wir daneben stehen und sie quasi wie ein unbeteiligter Zeuge beobachten. Vielmehr erleben wir das Geschehen in unserem Körper ganz direkt. Statt zum Beispiel unsere Hand als äußeren Gegenstand wahrzunehmen, spüren wir sehr genau in die Energie hinein, die unsere Hand in jedem gegebenen Moment ist. *Wir üben uns darin, den Körper von innen heraus zu erleben und wahrzunehmen.*

Statt diese Empfindungen direkt und unmittelbar zu erleben, haben wir vielleicht die Vorstellung, dass da »ein Schmerz in meinem Rücken« ist. Vielleicht haben wir eine geistige Landkarte von unserem Körper, auf der ein bestimmter Bereich als Rücken verzeichnet ist. Aber was ist »Rücken«? Was geschieht, wenn wir von unserem Bild Abstand nehmen und uns mit unserem Gewahrsein direkt in diesen Teil des Körpers begeben? Und was passiert mit dem Schmerz, wenn wir ihn nicht als solchen etikettieren?

Mit Achtsamkeit und Aufmerksamkeit können wir erforschen und entdecken, wie unsere sich von Moment zu Moment ergebende Erfahrung von Schmerz beschaffen ist. Vielleicht lokalisieren wir einen scheinbar auf einen kleinen Bereich beschränkten Druck und Schmerz. Vertiefen wir unsere darauf gerichtete Aufmerksamkeit, nehmen wir vielleicht Hitze oder Verspanntheit wahr. Vielleicht spüren wir ein Klopfen oder plötzliches Stechen oder Ziehen oder Verkrampfen. Vielleicht bleiben die Empfindungen auch nicht länger auf eine Stelle konzentriert, sondern beginnen sich auszubreiten und aufzulockern. Wenn wir in unserer Aufmerksamkeit nicht nachlassen, werden wir uns vielleicht bewusst, dass unsere Empfindungen zu fließen beginnen, dass sie ineinander übergehen und sich vermischen, verschwinden und andernorts in Erscheinung treten.

Das Wahrnehmen dieses fließenden Moments unserer Erfahrungen ist eine der tiefgründigsten und nachhaltigsten Erkenntnisse, zu denen wir gelangen, wenn wir auf die Empfindungen achten. Uns wird klar, dass es an unseren Erfahrungen absolut nichts Festes oder Statisches gibt. Vielmehr verändert und wandelt sich das Reich der Empfindungen endlos – Empfindungen tauchen auf und verschwinden, verändern ihre Intensität, ihre Beschaffenheit, ihren Ort. Wenn wir sehr genau auf unsere körperlichen Erfahrungen achten, merken wir, dass sie auch nicht für einen Augenblick stillhalten. Das kann anfangs unangenehm sein, ja sogar Angst machen.

Jedes Mal, wenn wir unsere Geschichte loslassen, merken wir, dass da kein Boden mehr ist, auf dem wir stehen, keine Ausrichtung, an der wir uns orientieren, keine Möglichkeit, uns zu verstecken oder dem, was entsteht, zu entgehen. Wie mir eine Schülerin in einem Meditationsretreat erzählte: »Wenn ich länger als ein paar Sekunden auf meine Empfindungen achte, werde ich ängstlich. Ich habe das Gefühl, ich müsse mich vorsehen, über meine Schulter schauen. Ich habe das Gefühl, dass es wichtige Dinge gibt, die ich übersehe und über die ich nachdenken sollte.« Wir haben sehr leicht das Gefühl, dass etwas Schlimmes passieren wird, wenn wir nicht durch Denken, Urteilen und Planen unsere gewohnte Wachsamkeit walten lassen. Doch genau diese Gewohnheit hält uns in unserem Widerstand gegenüber dem Leben gefangen. Nur wenn uns klar ist, dass wir uns an nichts festklammern können, können wir allmählich von unseren Bemühungen, die Kontrolle über unsere Erfahrungen zu behalten, ablassen.

Empfindungen sind immer in Bewegung und verändern sich fortwährend. Wenn wir sie in ihrem natürlichen Entfaltungs- und Transformationsprozess gewohnheitsmäßig unterbrechen und einengen, indem wir ihnen Widerstand entgegensetzen oder versuchen, an ihnen festzuhalten, ist das so, als würden wir den Lauf eines Flusses eindämmen oder umleiten. Sind die Empfindungen angenehm, ist es leicht, den Fluss fließen zu lassen. Sind sie es aber nicht, haben wir auf emotionaler oder körperlicher Ebene Schmerzen, dann ziehen wir uns zusammen, drängen wir weg davon. Dies zu erkennen und zu lernen, dem Schmerz mit Radikaler Akzeptanz zu begegnen, ist eine der Übungspraktiken, die uns am meisten herausfordert und befreit.

»Irgendetwas stimmt nicht« – auf Schmerz mit Angst reagieren

Als ich schwanger war, beschlossen mein Mann und ich, dass wir eine Hausgeburt machen würden, ohne Betäubungsmittel und mit Hilfe einer Hebamme. Wir sahen die Geburt als natürlichen Vorgang an, und da ich keine »Risikopatientin« war, wollte ich mein Kind in der warmen und vertrauten Umgebung meines Zuhauses und nicht in einem Krankenhaus zur Welt bringen. Ich hoffte, während der Geburt so wach und gegenwärtig wie nur möglich sein zu können. Zwar wusste ich, dass die Schmerzen heftig sein würden, vertraute aber darauf, dass meine Meditations- und Yogapraxis mir helfen würden, »im Fluss zu bleiben«. Als die Wehen einsetzten, war ich ausgeruht und bereit. Im Wissen, dass der Schmerz der Kontraktionen nur noch heftiger werden würde, wenn ich mich ihnen widersetzte, entspannte ich mich, atmete in sie hinein, gab hemmungslos Laute von mir, ließ los und die Weisheit meines Körpers übernehmen. Wie ein Tier tauchte ich, ohne zu denken, in das Geschehen ein, reagierte instinktiv und ging mit dem Schmerz als natürlichem Bestandteil des Prozesses mit.

Dann änderte sich plötzlich etwas. Als der Scheitel meines Sohnes sichtbar wurde, schoss der Schmerzlevel nach oben. In diesen Schmerz konnte ich nicht mehr hineinatmen und ihn als Woge durch mich hindurchlaufen lassen. Ein so gewaltiger Schmerz musste bedeuten, dass irgendetwas schiefging, dachte ich. Mein ganzer Körper verspannte sich, und aus meinen tiefen, langsamen Atemzügen wurde ein flaches, rasches Atmen der Panik. Meine ganze Zuversicht war verflogen, mein Entschluss, mich in die Schmerzwellen hineinzuentspannen, vergessen.

Wie jeder Aspekt unseres evolutionären Entwurfs sind auch die unangenehmen Empfindungen, die wir Schmerz nennen, ein intelligenter Bestandteil unserer Überlebensausrüstung: Schmerz ist der Ruf unseres Körpers, aufmerksam zu sein, auf uns zu achten und uns unserer selbst anzunehmen. Dr. Jon Kabat-Zinn ist weltweit bekannt für seine Stress Reduction Clinic an der Universität von Massachusetts, wo er unter chronischen und akuten Schmerzen leidenden Patienten Achtsamkeitsübungen beibringt. Er schreibt:

> *Krankheits- oder Leidenssymptome plus ihrer diesbezüglichen Gefühle können als Boten angesehen werden, die kommen, um Ihnen etwas Wichtiges über Ihren Körper oder Ihre geistige Verfassung mitzuteilen. In alten Zeiten ließ ein König, wenn ihm die überbrachte Botschaft missfiel, den Boten zuweilen töten. Wenn Sie Ihre Symptome oder Gefühle unterdrücken, weil sie unerwünscht sind, kommt das einem solchen Vorgehen gleich. Den Boten zu töten und die Botschaft zu negieren oder gegen sie anzuwüten sind keine intelligenten Herangehensweisen an das Heilen. Wir wollen auf keinen Fall die essenziellen Verbindungen ignorieren oder kappen, welche relevante Feedbackschleifen vervollständigen und die Selbstregulierung und Balance wiederherstellen können. Haben wir Symptome, dann besteht unsere wahre Herausforderung darin, zu schauen, ob wir auf ihre Botschaften lauschen, sie wirklich hören und sie uns zu Herzen nehmen, das heißt, eine vollständige Verbindung herstellen können.*

Manchmal erfordern die Botschaften, die wir erhalten, sofortiges Handeln. Brennende Hitze – wir ziehen unsere Hand vom Feuer zurück. Schwächegefühl und Kopfschmerzen – wir essen etwas. Akute Schmerzen in der Brust und Atemnot – wir rufen den Notarzt. In anderen Fällen verlangt der Schmerz, dass wir uns vor weiteren Verletzungen schützen, indem wir ruhen und uns still verhalten. Bei einer Geburt hält uns der Schmerz absolut fokussiert, wir nehmen ganz instinktiv an dem Prozess der Wehen teil. Und wenn wir im Sterben liegen, kann uns der Schmerz anleiten – nicht anders als bei einem die Einsamkeit suchenden Tier –, eine innere Zufluchtsstätte der Ruhe und des Friedens zu finden. Wenn wir den Schmerz ohne die Konfusion der Angst anzunehmen vermögen, können wir auf seine Botschaft lauschen und mit Klarheit darauf reagieren.

Doch wie ich bei Narayans Geburt erlebte, löst ein intensiver Schmerz Alarm aus, auch wenn er Bestandteil eines augenscheinlich normalen Gebärprozesses ist. Als ich mit Angst reagierte, fügte ich den unangenehmen Empfindungen das Gefühl und die Überzeugung hinzu, dass irgendetwas nicht in Ordnung war. Statt Radikale Akzeptanz zu praktizieren, reagierten mein Körper und Geist mit Widerstand und Ankämpfen gegen den Schmerz.

Die Angst vor dem Schmerz ist eine ganz natürliche menschliche Reaktion, doch in unserer Gesellschaft, in der wir den Schmerz als etwas Schlechtes oder Falsches ansehen, ist sie ganz besonders dominant. Wir misstrauen unserem Körper und versuchen ihn zu beherrschen und unter Kontrolle zu halten, so, wie wir auch mit der Natur verfahren. Wir nehmen Schmerzmittel und gehen davon aus, dass alles, was uns vom Schmerz befreit, gut für uns ist. Das schließt alle Schmerzen mit ein – die Schmerzen des Gebärens und der Menstruation, der gewöhnlichen Erkältung und der Krankheit, des Alterns und des Todes. In der kollektiven kulturellen Trance unserer Gesellschaft wird der Schmerz als der Feind statt als natürliches Phänomen betrachtet. Er ist der Bote, den wir zu töten versuchen, und nichts, was wir zulassen und annehmen.

In dieser intensiven Phase des Geburtsvorgangs befand ich mich im absoluten Krieg gegen den Schmerz. Meine Hebamme, daran gewöhnt, dass jemand mit Angst und Widerstand auf den Schmerz reagierte, versicherte mir sofort: »Alles in Ordnung, Liebes … das ist alles ganz natürlich, es tut einfach nur sehr weh.« Sie musste es ein paar Mal sagen, bevor es bei mir ankam und ich mich inmitten des brennenden Schmerzes, explosiven Drucks, des Reißens und der Erschöpfung wieder daran erinnern konnte, tief zu atmen und mich zu entspannen. *Es war einfach nur Schmerz und nichts, was nicht in Ordnung war,* und so konnte ich mich öffnen und den Schmerz annehmen.

Lebendigsein schließt das Empfinden von Schmerz ein, zuweilen von heftigem Schmerz. Und wie wir wissen, endet dieser

Schmerz nicht unbedingt in der Freude über ein gesundes Neugeborenes. Manchmal endet er überhaupt nicht. Wenn er ein Zeichen für eine Verletzung ist, kann diese zum Verlust unserer körperlichen Bewegungsfreiheit führen. Sie kann zum Tod führen. Angesichts der sehr realen Verbindung von Schmerz und Verlust ist es kein Wunder, wenn wir davon überzeugt sind, Schmerz bedeute, dass »etwas nicht in Ordnung ist«. Kein Wunder, dass wir mit Angst und dem zwanghaften Versuch reagieren, unseren Schmerz in den Griff zu kriegen oder zu beseitigen.

Aber wie ich bei diesem Geburtsvorgang erfuhr, muss Schmerz nicht unbedingt zu Leiden führen. Der Buddha lehrte, dass wir leiden, wenn wir uns an eine Erfahrung klammern oder uns ihr widersetzen, wenn wir wollen, dass das Leben anders ist, als es ist. *»Der Schmerz ist unvermeidlich, aber das Leiden steht uns frei«,* wie es so schön heißt. Wenn schmerzvolle Empfindungen auftreten und wir ihnen mit Klarheit und Präsenz begegnen, können wir erkennen, dass Schmerz bloß Schmerz ist. Wenn wir den Schmerz bewusst wahrnehmen und nicht nur reagieren, erleben wir uns nicht als zum Opfer gewordenes, leidendes Ich. Reagieren wir auf Empfindungen mit Angst und nehmen sie als »falsch« wahr (als unbedingtes Zeichen dafür, dass etwas nicht stimmt), leitet das die Trance ein. Wie der Buddha lehrte, setzen wir einen Wasserfall an Reaktionen in Gang, wenn wir nach dieser grundlegenden Ebene unserer Erfahrung greifen oder uns ihr widersetzen. Angst, die ja selbst aus unerfreulichen Empfindungen besteht, verschlimmert den Schmerz – jetzt wollen wir nicht nur vom ursprünglichen Schmerz, sondern auch vom Schmerz der Angst wegkommen. Tatsächlich ist die Angst vor dem Schmerz oft der unangenehmste Teil einer schmerzhaften Erfahrung. »Wenn du die Empfindungen, die du erlebst, ganz schlicht und einfach als Empfindungen ansiehst und wahrnimmst, erkennst du vielleicht, dass dir diese Gedanken über die Empfindungen *in diesem Moment* nichts nützen und sie die Dinge in der Tat noch schlimmer machen, als sie sein müssten«, schreibt Jon Kabat-Zinn. Wenn wir körperliche Empfindungen als etwas einschätzen, vor dem man Angst haben muss, dann ist Schmerz nicht einfach nur Schmerz. Dann ist er etwas Verkehrtes und Schlimmes, von dem wir wegkommen müssen.

Unsere Angst weitet sich oft zu einem ganzen Netz von Geschichten aus. Vier Jahre lang kämpfte ich mit einer chronischen Krankheit. Mit das Härteste daran war, dass mein Kranksein zu einem Kommentar über mich selbst und meine Unfähigkeit, mich »richtig« um mich selbst zu kümmern, wurde. Bei jedem Erschöpfungsanfall und bei jeder Magenverstimmung machte sich in mir eine ganze Flut von Geschichten und Interpretationen breit. »Irgendetwas ist hier ganz und gar nicht in Ordnung ... vielleicht bin ich ernstlich krank.« Ich brütete dann über der Frage, wodurch ich dieses Problem verursacht haben konnte. »Mein Immunsystem funktioniert nicht mehr. Ich habe mich übernommen und hatte zu wenig Schlaf ... Ich habe zu viel schwarzen Tee getrunken, das ist mir auf den Magen geschlagen.« Im Verein mit einer Woge der Müdigkeit oder von Magenkrämpfen erhob sich das Gefühl von persönlicher Schwäche, von Scham. Schmerz war schlecht; es war mein Schmerz, und er signalisierte irgendeine Art von Charakterfehler.

Wenn wir gewohnheitsmäßig in unseren Geschichten über den Schmerz versacken, hindern wir uns daran, ihn als den veränderlichen Strom an Empfindungen zu erleben, der er ist. Stattdessen verkrampfen sich die Muskeln rings um ihn herum, machen ihn unsere Geschichten als den Feind aus und verfestigt er sich zu einer sich selbst aufrechterhaltenden, unbeweglichen Masse. Unser Widerstand kann sogar dazu führen, dass sich neue Schichten von Symptomen und Leiden bilden. Vielleicht haben die Beurteilungen und Sorgen, die meine Muskeln dazu brachten, sich in Abwehr gegen den Schmerz zu verkrampfen, meine Erschöpfung verstärkt. Wenn wir uns aus unserem Körper herausziehen, um uns den Geschichten über den Schmerz hinzugeben, sperren wir den Schmerz in unseren Körper ein.

In Momenten des akuten heftigen Schmerzes verstärkt sich unsere Angst, und das Gefühl, dass »irgendetwas nicht stimmt«, führt einen dringlichen, unmittelbaren Kampf gegen diesen Schmerz.

Ein Freund von mir hatte einen Bandscheibenvorfall und litt unter fürchterlichen Schmerzen: »Es fühlte sich so an, als hätte jemand mein linkes Bein mit Benzin überschüttet und angezündet.« Der Schmerz war erbarmungslos und alles beherrschend, und er versuchte alles ihm Mögliche, um seiner Heftigkeit zu entkommen. Schließlich nahm er zwei starke Narkotika – Steroide und einen Entzündungshemmer – und zwei starke Sedativa zur Muskelentspannung. Dieser Medikamentencocktail legte ihn für eine Weile flach, aber als er aufwachte, setzte die Qual wieder ein bis zur nächsten Dosis. »Der Schmerz hat eine einmalige Eigenschaft«, schrieb er mir. »Je stärker er ist, desto weniger bist du dir der restlichen Welt gewahr. Wenn er heftig genug ist, gibt es am Ende nur noch dich und den Schmerz, eng umschlungen in einem heiklen Duell.«

Besteht unsere anfängliche Reaktion auf körperlichen Schmerz nicht in Radikaler Akzeptanz, sondern in Angst und Widerstand, kann die daraus folgende Kettenreaktion vernichtend sein. In dem Augenblick, in dem wir glauben, dass irgendetwas nicht stimmt, schrumpft unsere Welt zusammen, und wir verlieren uns im Bemühen, unseren Schmerz zu bekriegen. Das Gleiche passiert, wenn es sich um emotionale Schmerzen handelt – wir widersetzen uns den unangenehmen Gefühlen von Einsamkeit, Kummer und Wut. Wir reagieren auf körperlichen oder emotionalen Schmerz mit Angst, ziehen uns aus einem körperlichen Gegenwärtigsein zurück und begeben uns in das Leiden der Trance.

Wenn der Schmerz traumatisch ist, kann es zu einer voll ausgewachsenen und anhaltenden Trance kommen. Das Opfer zieht sich vom Schmerz im Körper mit so angsterfüllter Heftigkeit zurück, dass die bewusste Verbindung von Körper und Geist reißt. Das nennt man Dissoziation. Wir spalten uns alle bis zu einem gewissen Grad von unserem Körper ab, aber wenn wir eingesperrt leben in der Angst vor einer wahrgenommenen, stets gegenwärtigen Gefahr, kann das Zurückfinden zu einem langen und heiklen Prozess werden.

Rosalie war als Kind von ihrem Vater massiv missbraucht und misshandelt worden. Wenn er betrunken war, versuchte er, in ihr Höschen zu fassen oder nachts in ihr Bett zu klettern und seinen Körper so lange an ihrem zu reiben, bis er zum Orgasmus kam. Wenn sie sich wehrte, schlug er sie und drohte ihr noch Schlimmeres an. Versuchte sie wegzulaufen und sich zu verstecken, bekam er einen Wutanfall, jagte hinter ihr her und verprügelte sie erbarmungslos. Im Jahr vor der Scheidung ihrer Eltern hatte ihr Vater sie zweimal zum Geschlechtsverkehr mit ihm gezwungen. Ein solches Trauma hat psychische und physische Auswirkungen, die ein ganzes Leben lang anhalten können. Als Rosalie mich aufsuchte, war sie fünfunddreißig, alleinstehend und magersüchtig. Sie hatte schon verschiedene Therapien gemacht, hatte aber nach wie vor immer wieder Phasen, in denen sie hungerte, und sie litt regelmäßig unter Angstattacken. Ihr Körper war dünn, starr und verspannt; und sie war voll Misstrauen gegenüber allen Menschen, die sie kannte.

Rosalie nahm an, dass jeder Mensch, der sie zu mögen schien, sie im Grunde nur ausnutzen wollte. Sie erzählte mir, dass eine Frau, mit der sie häufig unterwegs war, sich ihrer Meinung nach nur deshalb mit ihr angefreundet hatte, weil sie nicht gern allein zu Partys ging. Eine andere Frau, attraktiv und bei Männern beliebt, gab sich wohl nur deshalb mit ihr ab, weil es »ihrem Ego schmeichelte«. Rosalie hatte an sich keine Probleme, einen Freund zu finden, aber die intime Beziehung hielt nie lange an. Da sie Angst hatte vor der Demütigung, fallengelassen zu werden, brach sie im Allgemeinen beim ersten Anzeichen, dass die Dinge bergabgingen, die Beziehung ab. Und auch gegenüber Leuten, die sie schon lange kannte, wahrte sie Distanz. Wenn sie einen ihrer regelmäßigen Angstanfälle hatte, tat sie entweder so, als sei alles in Ordnung, oder sie verschwand für eine Weile.

Oft konnte sie die Gesellschaft anderer Menschen nur ertragen, wenn sie high war. Marihuana ließ für den Moment alles okay erscheinen. Doch inzwischen, so erzählte sie mir, musste sie jeden Abend vor dem Zubettgehen einen Joint rauchen, um durchschlafen zu können. Wenn sie das nicht tat oder keine Schlaftabletten nahm, wachte sie mitten in der Nacht in Panik auf. Der Traum war immer der gleiche – sie versteckte sich an einem dunklen engen Ort, und irgendjemand, der ekelhaft, gemein und verrückt war, würde sie gleich finden.

Durch die Neuropsychologie wissen wir, dass traumatische Missbrauchserlebnisse anhaltende Veränderungen in uns verursachen, indem sie sich auf unsere Physiologie, das Nervensystem und die Chemie des Gehirns auswirken. Beim normalen Vorgang der Erinnerungsbildung beurteilen wir jede neue Situation anhand einer in sich geschlossenen Sicht von der Welt, die wir für uns formuliert haben. Bei einem Trauma kommt es bei diesem kognitiven Prozess durch einen von der schmerzlichen und heftigen Stimulation bewirkten Spannungsanstieg zum Kurzschluss. Statt »die Erfahrung zu verarbeiten«, indem wir sie in unser Verständnis von der Funktionsweise der Welt einpassen und so daraus lernen, fallen wir – über körperliche Empfindungen und bildhafte Wahrnehmungen – auf eine primitivere Form der Entschlüsselung zurück. Das unverdaute und in unserem Körper eingeschlossene Trauma bricht willkürlich ins Bewusstsein durch. Ein traumatisierter Mensch kann, noch Jahre nachdem die konkrete Gefahr vorüber ist, ein Ereignis immer wieder so durchleben, als würde es sich in der Gegenwart ereignen.

Unverarbeiteter Schmerz hält unser Selbsterhaltungssystem in permanenter Alarmbereitschaft. Zusätzlich zu den plötzlich hereinbrechenden Erinnerungen kann eine immense Vielfalt von Situationen, von denen viele gar nicht bedrohlich sind, den in unserem Körper gespeicherten, alarmierend hohen Angst- und Schmerzlevel aktivieren. Da erhebt vielleicht unser Partner verärgert die Stimme, und schon können unsere Wunden aus der Vergangenheit – all der Terror oder die Wut oder das Verletztsein, die in unserem Körper leben – mit voller Wucht aufbrechen und sich entladen. Ob nun gegenwärtig irgendeine Gefahr besteht oder nicht, wir fühlen uns absolut gefährdet und gezwungen, einen Weg zu finden, um von diesem Schmerz wegzukommen.

Um diesen heftigen Schmerz zu überstehen, spalten sich Traumaopfer von ihrem Körper ab und betäuben ihre Sensibilität gegenüber körperlichen Empfindungen. Manche Menschen haben das Gefühl, »unwirklich« zu sein, so als hätten sie ihren Körper verlassen und erlebten das Leben aus großer Ferne. Sie tun, was immer sie können, um nicht die nackte Angst und den Schmerz in ihrem Körper fühlen zu müssen. Sie schlagen vielleicht aggressiv um sich oder erstarren in Depression oder Verwirrung. Sie haben möglicherweise Selbstmordgedanken oder betrinken sich bis zur Besinnungslosigkeit. Sie essen zu viel, nehmen Drogen oder verlieren sich in Zwangsvorstellungen. Doch die Angst und der Schmerz verschwinden nicht. Sie lauern vielmehr im Hintergrund und übernehmen dann plötzlich von Zeit zu Zeit.

Die Dissoziation, die Abspaltung, bedeutet zwar einen Schutz, erzeugt aber auch Leiden. Wenn wir unseren Körper verlassen, verlassen wir unser Zuhause. Wenn wir den Schmerz zurückweisen und uns von unserem Daseinsgrund absetzen, erfahren wir das Leiden der Trennung – Einsamkeit, Angst und Scham. Von Alice Miller hören wir, dass es keine Möglichkeit gibt, dem auszuweichen, was im Körper ist. Wir schenken ihm entweder unsere Aufmerksamkeit oder haben die Konsequenzen zu tragen:

> *Die Wahrheit über unsere Kindheit ist in unserem Körper gespeichert, und wir können sie unterdrücken, aber niemals ändern. Unser Intellekt kann getäuscht, unsere Gefühle können manipuliert, unsere Vorstellungen und Konzepte durcheinandergewirbelt, und unser Körper kann mit Medikamenten überlistet werden. Aber eines Tages wird der Körper die Rechnung präsentieren, denn er ist so wenig korrumpierbar wie ein Kind, das, in seiner Seele noch immer heil und ganz, keine Kompromisse und keine Ausreden akzeptieren und nicht aufhören wird, uns zu quälen, bis wir der Wahrheit nicht mehr ausweichen.*

Als Rosalie und ich miteinander zu arbeiten begannen, war klar, dass in diesem Punkt ihre Zeit gekommen war – ihr Körper präsentierte die Rechnung. In den ersten paar Sitzungen rückte sie mit ihrer Lebensgeschichte heraus. Sie war sehr intelligent und konnte ihre Probleme und deren Ursachen mühelos artikulieren, aber es war, als spräche sie über das Leben einer anderen Person. Sie sagte mir, dass sie sich während unserer Gespräche keiner Gefühle in ihrem Körper gewahr sei, sie aber außerhalb der Therapiestunden zuweilen von Panik oder gewaltigen Wutanfällen überwältigt wurde. Dann tobten die Empfindungen in ihrem Körper so heftig, dass sie sterben wollte.

Ich schlug vor, gemeinsam daran zu arbeiten, dass sie sich allmählich in ihrem Körper sicherer fühlen konnte, und ließ sie wissen, dass dies auf eine Weise etwas bewirken und verändern konnte, wie es ihre vorangegangenen Therapien nicht vermocht hatten. Sie stimmte bereitwillig zu, und in den nächsten paar Wochen leisteten wir die nötige Vorarbeit. Ich wollte Rosalie so tiefgehend wie möglich verstehen, und sie musste sich mit mir wohl und sicher fühlen. Als sie schließlich so weit war, schlug ich ihr eine innere Reise unter meiner Führung vor, um dabei Teile ihres Innenlebens zu erkunden, die sich möglicherweise außerhalb ihres Bewusstseinsbereichs befanden.

Am Tag der Reise forderte ich sie auf, sich bequem hinzusetzen und die Augen zu schließen. Ich leitete sie an, sich vorzustellen, wie sie langsam eine lange Wendeltreppe hinabstieg, an deren Ende sich eine verschlossene Tür befand. Mit jedem Schritt ließ sie ablenkende Gedanken hinter sich, und sie wurde immer entspannter und neugieriger. Als sie schließlich unten an der Treppe angekommen war, war Rosalies Körper sehr still, ihre Augenlider zuckten, und ihr Gesicht war leicht gerötet. Sie nickte, als ich sie fragte, ob sie die Tür sah. Ich sagte, dass sie hinter dieser Tür etwas entdecken würde, das für ihre Heilung sehr wichtig sei, ein Geschenk von ihrem Unbewussten. Ich erinnerte sie daran, dass sie, ganz egal, was sie erlebte, in Sicherheit war. Wir waren gemeinsam hier, und sie konnte zurückkommen, wann immer sie wollte. Dann sagte ich, dass sie die Tür öffnen könne, wann immer sie dazu bereit war.

Rosalie versteifte sich. »Was siehst du?«, fragte ich sanft. Ihre Stimme war kaum ein Flüstern. »Ein kleines Mädchen. Es ist in einem Schrank … es versteckt sich.«

Als ich sie fragte, wovor es sich versteckte, schüttelte sie nur leicht den Kopf. Nach einigen Momenten fragte ich, wie alt das Mädchen sei. »Es ist sieben«, erwiderte sie und setzte dann schnell hinzu: »Es ist ihr Dad. Er wird sie finden und ihr weh tun.« Ich versicherte ihr, dass das kleine Mädchen für den Moment in Sicherheit war. Ich sagte, dass sie eine Möglichkeit entdecken würde, wie dem Mädchen geholfen werden konnte, wenn sie sich entspannte und einfach beobachtete, was als Nächstes geschah. Als ich sah, dass sie unverkrampfter atmete, fragte ich sie, was das kleine Mädchen jetzt machte. »Es betet. Es sagt, es tut so weh, dass es nicht mehr auszuhalten ist.«

Ich wartete ein paar Augenblicke und fragte dann sacht: »Rosalie, was könnte helfen, damit das kleine Mädchen mit all dem Schmerz umgehen kann?«

Sie runzelte die Stirn. »Es ist ganz allein … niemand ist da.« Dann kamen langsam die Worte: »Es braucht jemanden, der sich um es kümmert.«

»Wer könnte das am besten tun?«, fragte ich. Wieder machte sie eine Pause, sehr aufmerksam und konzentriert. Plötzlich zeigte sich auf ihrem Gesicht ein Ausdruck der Überraschung und Amüsiertheit: »Eine gute Fee! Ich kann sie bei dem kleinen Mädchen sehen … Sie ist bei ihm in diesem Schrank.« Rosalie wartete einen Moment ab und berichtete dann: »Die Fee ist von einem blauen Lichtschimmer umgeben und schwingt einen goldenen Stab.«

»Rosalie, hat die Fee eine Botschaft für das kleine Mädchen, etwas, das sie sagen möchte?«

Sie nickte: »Sie sagt, dass sie etwas tun kann, um ihm zu helfen. Sie kann etwas tun, wodurch es die schrecklichen Dinge, die passieren, für eine Weile vergisst, so dass es aufwachsen und, wenn es dann stärker geworden ist, damit umgehen kann.«

Ich machte eine kleine Pause und fragte dann sanft, wie die Fee das machen würde. Rosalie sprach mit ruhiger und bedachter Stimme: »Sie sagt, sie wird das Mädchen mit ihrem Zauberstab an verschiedenen Körperstellen berühren, und die werden sich dann verändern und all die schrecklichen Gefühle aufbewahren.« Sie machte eine Pause, hörte in sich hinein und fuhr dann fort: »Die gute Fee sagt, dass es sehr hart ist, so eingeschränkt zu sein, aber dass das seine Art sein würde, zu überleben; still zu sein und das Geschehen in seinem Innern zu kontrollieren.«

Nach langem Schweigen fragte ich Rosalie, was geschehen war. »Nun, die Fee hat die Wut und die Angst des kleinen Mädchens in seinen Bauch gesteckt und so umwickelt, dass sie dort bleiben können. Und dann hat sie sein Becken und seine Vagina mit einem magischen Verschluss versehen, so dass es seine sexuellen Gefühle nicht mehr in Schwierigkeiten bringen können.« Rosalie machte ein paar zittrige Atemzüge, und ich fragte sacht: »Was noch?«

Tränen begannen ihr über die Wangen zu rinnen, als sie antwortete: »Sie sagte, sie müsse seinen Brustkorb zusammenziehen, damit es nicht den Schmerz seines brechenden Herzens spüren würde.« Rosalie verstummte, und als sie dann wieder sprach, war ihre Stimme ein wenig kräftiger. »Sie sagt, sein Hals würde eine Festung sein mit sehr dicken runden Mauern, damit es nicht um Hilfe rufen oder vor Wut schreien würde.« Wieder verstummte sie, und ich saß schweigend bei ihr.

»Du machst das wunderbar«, sagte ich schließlich und setzte sanft hinzu: »Gibt es noch etwas, das dich die Fee wissen lassen möchte?« Rosalie nickte. »Sie sagt, dass das kleine Mädchen eines Tages alle diese Dinge nicht mehr in seinem Innern bewahren können wird, sein Körper wird anfangen, die Geheimnisse preiszugeben. Es wird alles loslassen, was es so lange in sich bewahrt hat … und es wird es deshalb tun, weil es in *seinem tiefsten Innern ganz und heil und wirklich es selbst sein möchte.*« Rosalie weinte leise, ihre Schultern bebten. »Sie sagte dem kleinen Mädchen eben, es solle sich keine Sorgen machen. Es würde Leute finden, die sich um es kümmern und es halten würden, wenn es wieder zu sich findet.«

Rosalie sank in ihren Sessel zurück, und ich fragte, was nun passierte. »Die gute Fee legt ihre Arme um das kleine Mädchen und bringt es zu Bett.« Nach einigen Augenblicken fuhr sie im Flüsterton fort: »Sie sagt ihm, wenn es wieder aufwacht, wird es vergessen haben, was passiert ist, aber es wird sich wieder daran erinnern, wenn es dazu bereit ist.« Rosalie verstummte, und als sie dann weitersprach, war ein zärtlicher Ton in ihrer Stimme: »Die gute Fee sagte gerade: ›Ich liebe dich, bis dahin und auf ewig.‹«

Als hätte sie gerade die letzte Seite eines geliebten Buches zu Ende gelesen, langte Rosalie nach dem großen Schal, den ich auf meiner Couch liegen habe, wickelte sich darin ein, legte sich hin und kuschelte sich in die Kissen. »Ist das okay?«, flüsterte sie. »Ich möchte mich nur ein paar Minuten ausruhen.« Ihr Gesicht zeigte einen heiter gelassenen Ausdruck, als wären dies die ersten wirklichen Momente der Entspanntheit, die sie seit sehr, sehr langer Zeit erlebte.

In den folgenden Wochen kam Rosalie langsam aus sich heraus, als ob sie aus einem Kokon schlüpfte. Sogar ihre körperlichen Bewegungen waren leichter, fließender. Ich fragte sie, ob sie etwas dagegenhätte, dass ich ihre »Feengeschichte« in einem meiner Meditationskurse erzählte. Der Gedanke machte sie glücklich – sie wünschte jedem die neue innere Freiheit, die sie empfand. Und als ich diese Geschichte erzählte, weinte eine ganze Reihe von Leuten, weil ihnen klargeworden war, dass auch sie sich von ihrem Körper zurückgezogen, ihre Energien eingeschlossen hatten und nicht voll und ganz lebendig waren. Die Geschichte eröffnete ihnen die Möglichkeit, sich zu verzeihen, dass sie sich nicht ihren eigenen tiefen Wunden gestellt hatten, und half ihnen zu verstehen, dass es ganz natürlich ist, angesichts unerträglicher Schmerzen nach Erleichterung und Linderung zu suchen. Es mag Zeiten in unserem Leben geben, in denen wir gar nicht anders können, als uns durch ein Zusammenziehen und Abkapseln vor unerträglichem physischem oder emotionalem Schmerz zu schützen. Die Heilung aber erfolgt dadurch, dass wir mit den Körperstellen, in denen der Schmerz gespeichert ist, wieder eine Verbindung herstellen. Für Rosalie wie für uns alle erfordert die Bewegung hin zur Freiheit, dass wir dem in Angst weggeschlossenen Schmerz mit Radikaler Akzeptanz begegnen. Ganz gleich, wie tief wir verwundet wurden, wenn wir auf die innere Stimme hören, die uns zu unserem Körper, zur Ganzheit zurückruft, beginnen wir unsere Reise.

Unsere Wunden heilen – zu unserem Körper heimkehren

Rosalies innere Reise hatte ihr einen Weg eröffnet, zu verstehen, was ihr widerfahren war – und wie sie sich davon befreien konnte. In vielen unserer nachfolgenden Sitzungen ging es darum, Techniken zu finden, die ihr helfen konnten, sich in ihrem Körper mehr zu Hause zu fühlen.

Als Erstes machte ich sie mit einer Meditationsmethode bekannt, bei der ich sie anleitete, ihre Aufmerksamkeit langsam durch ihren Körper hinauf- und hinabwandern zu lassen – Füße und Beine, Rumpf, Schultern, Arme, Hände, Hals, Kopf. Ich forderte sie auf, sich vorzustellen, dass sie dabei in die jeweilige Körperpartie Energie und Licht hineinatmete und beim Ausatmen alles losließ und entspannte. Und wenn sich dann ihre auf den jeweiligen Bereich gerichtete Aufmerksamkeit vertiefte, schlug ich vor, die dort wahrgenommenen Empfindungen einfach nur zur Kenntnis zu nehmen und genau so zu akzeptieren, wie sie waren.

Als Rosalie mir sagte, dass es ihr schwerfiel, Empfindungen in ihrem Magen- und Beckenbereich wahrzunehmen, fragte ich sie, welche Farbe ihrem Gefühl nach für sie Heilkraft hätte. Sie erinnerte sich sofort an das schimmernde Blau, das die Fee umgeben hatte. Ich schlug vor, sich vorzustellen, wie sie sich mit jedem Atemzug von dieser Farbe durchströmen ließ. Nach ein paar Augenblicken berichtete Rosalie nervös: »Ich spüre da eine Bewegung, ein Kitzeln oder Prickeln«, und dann: »Das ist jetzt genug für den Moment.« Auch wenn sie die Aufmerksamkeit nicht sehr lange auf diesen wieder erwachenden Körperbereich gerichtet halten konnte, war sie doch stolz auf ihre Bemühungen. Es hatte Mut gebraucht, sich wieder an diese Orte zu begeben, die sich für sie so gefährlich anfühlten.

Als Rosalie zu unserer nächsten Sitzung kam, war sie in großer Aufregung über einen neuen Mann in ihrem Leben, dem sie inzwischen begegnet war. In der folgenden Woche schlug diese jedoch in Besorgnis um, und ihr Körper wirkte starr vor Angst. Sie mochte diesen Typ *wirklich* und wollte nicht davonrennen: »Wenn ich mit dieser Angst nicht Frieden schließen kann, Tara, dann werde ich das nicht durchhalten.« Rosalie wusste, dass sie ihrer Körpererfahrung mit Radikaler Akzeptanz begegnen musste.

Ich schlug vor, dass sie Pause machte, sich in ihren Körper einfühlte und erspürte, was am stärksten nach ihrer Aufmerksamkeit und Akzeptanz verlangte. Das war etwas Neues für sie. Bis dahin hatte sie nur im relativ entspannten Zustand geübt, achtsam im Körper gegenwärtig zu sein, was gefahrlos gewesen war. Nun aber die nackte Angst zu spüren war mit vielen schmerzlichen Assoziationen verbunden. Sie schloss die Augen, wurde ruhig und still. Nach ein paar Minuten legte sie die Hand auf den Magen. »Hier drin habe ich wirklich schreckliche Angst … mir ist, als müsste ich mich übergeben«, sagte sie. Ich ermunterte sie, mit Hilfe der Wärme ihrer Hand, ihrer eigenen sanften Berührung, ihr volles Gewahrsein auf die unangenehmen Empfindungen zu richten. Ich fragte sie, ob sie diesen Bereich von innen her wahrnehmen und einfach nur zur Kenntnis nehmen konnte, was passierte.

Rosalie atmete ein paar Mal voll durch und sank zurück auf die Couch. In den folgenden Minuten benannte sie, was sie erlebte: Wundsein, drückende Verspanntheit und Verkrampfung in der Bauchmitte, das Gefühl, wie sich ihre Brust im Verein mit ein paar tiefen Atemzügen hob und senkte, wie sich der harte Knoten in ihrem Magen lockerte und löste, ein Erbeben und Zucken, das sich im Magenbereich ausbreitete, der Gedanke: »Vielleicht ist er der Richtige«, stechende Angst, starkes Zittern, das

Bild eines kleinen Kindes allein im Schrank, der Gedanke: »Ich kann das nicht aushalten«, Hitze, die in Brust und Kehle aufstieg, ein würgendes Gefühl in der Kehle, ein Aufbranden von Traurigkeit. Als sie schließlich hochsah, waren ihre Augen feucht: »All das passiert in mir, und ich halte das kleine Mädchen einfach nur in meinen Armen.« Nach ein paar Augenblicken fuhr sie fort: »Ich fühle mich, als könnte ich diesen Schmerz annehmen, als könnte ich mit allem umgehen, was auch immer ich fühle.«

Dieser Prozess des Erlebens und Akzeptierens eines sich wandelnden Stroms von Empfindungen ist sowohl in der buddhistischen Psychologie wie auch in der westlichen empirischen Therapie für die Alchemie der Transformation von zentraler Bedeutung. Vielfältige Emotionen, eine Kombination aus körperlichen Empfindungen und Geschichten, die wir uns selbst erzählen, schaffen so lange Leiden, bis wir auf der Erfahrungsebene entdecken, wo im Körper sie leben. Wenn wir der unmittelbaren körperlichen Erfahrung einer Emotion stetige Aufmerksamkeit entgegenbringen, kommen vormals damit verknüpfte, in Körper und Geist eingeschlossene Empfindungen und Geschichten zum Vorschein. Es kann sein, dass ganze Schichten von Verletzungen, Ängsten und Wut, die sich in der Vergangenheit angesammelt haben, sich im Licht des Gewahrseins auszuagieren beginnen. Wie Rosalie werden auch wir, wenn wir diesen bisher in unserem Körper gespeicherten Schmerz fühlen und erlösen, immer freier, um unseren gegenwärtigen Gefühlen mit wachem und gütigem Herzen begegnen zu können. Wir entdecken, wie Rumi schrieb, dass das Heilmittel für den Schmerz der Schmerz ist.

Rosalie musste ein gewisses Maß an Sicherheit verspüren, um auf eine Art durch ihren Schmerz hindurchgehen zu können, die zur Heilung führte. Seit ihrer inneren Reise besaß sie ein fundamentales Gefühl des Vertrauens. Unsere Beziehung war ihr eine Zuflucht – sie baute darauf, dass sie mir wirklich am Herzen lag, und sie verließ sich auf meine Unterstützung, wenn sie sich in ihr Körperinneres begab. Ihr Erlebnis mit der Fee hatte ihre eigene innere Weisheit enthüllt, ihren Drang, sich zu schützen, und ihre Sehnsucht, wach und ganz und heil zu sein. Dieses Vertrauen erhielt nun seine tiefsten Wurzeln dadurch, dass sie ganz konkret das Risiko einging, sich den Empfindungen bewusst und achtsam zu öffnen. Jedes Mal, wenn sie ihren Körper von innen her erspüren und die auftretenden Empfindungen, auch die erschreckendsten, akzeptieren konnte, fühlte sie sich in ihrem Vertrauen auf ihre Fähigkeit, dort zu Hause sein zu können, gestärkt. Was immer auch hochkam, sie *konnte* es handhaben. Sie konnte das Heilmittel finden, indem sie dem Schmerz nicht auswich, sondern bei ihm blieb.

Zu lernen, unseren physischen Erfahrungen mit Radikaler Akzeptanz zu begegnen, ist im Allgemeinen ein allmählicher Prozess. Wenn wir ein sehr großes Reservoir an Angst in unserem Körper verschlossen haben, beginnen wir wie Rosalie damit, zunächst nur »die Zehen in den Fluss zu stecken«, die Empfindungen zu fühlen und uns, wenn nötig, zurückzuziehen. In manchen Fällen treffen wir vielleicht auf gar keinen Schmerz, in anderen kann er sehr heftig sein. Um sich in seinem Körper zu Hause zu fühlen, ist es nicht erforderlich, sich über lange Phasen hinweg auf einen überwältigenden physischen oder emotionalen Schmerz zu konzentrieren. Vor allem wenn wir uns ausgelaugt fühlen, ist es klug, Pausen einzulegen, sich auszuruhen und die Aufmerksamkeit auf etwas anderes zu lenken. Wenn wir meditieren, können wir gütige Liebe auf den Schmerz oder die Angst richten (siehe Kapitel 10) oder unsere Aufmerksamkeit im Atem ruhen lassen und unseren Körper so umfassend wie möglich entspannen. Wenn tagsüber überwältigende Empfindungen aufkommen, können wir Musik hören, mit einer Freundin oder einem Freund reden oder einen Roman lesen. Wenn wir in besonders stürmische Gewässer geraten, brauchen wir vielleicht die Hilfe einer Meditationslehrerin, eines Heilers oder einer Therapeutin, um mit Präsenz und Aufmerksamkeit bei unserer Erfahrung bleiben und sie akzeptieren zu können. Mit der Zeit kann die Heimkehr in unseren Körper zu unserem Initiationsritus werden, so, wie die gute Fee es versprochen hat. Wenn wir dem Grund unserer Empfindungen sanfte Aufmerksamkeit entgegenbringen, befreien wir uns von den reaktiven Geschichten und Emotionen, die uns in Angst gefangen hielten. Wenn wir unseren Körper in Gewahrsein bewohnen, gewinnen wir unser Leben und unsere Lebensgeister wieder zurück.

Das Leben durch uns leben lassen

Vor ein paar Jahren während meiner langen chronischen Krankheit nahm ich an einem sechswöchigen Vipassana-Retreat teil. Ich hatte schon eine ganze Reihe von ausgedehnten Retreats hinter mir und liebte die langen, von Schweigen erfüllten Tage. Dieses Retreat fand in einem herrlichen New-England-Herbst statt, und ich war entzückt über die Gelegenheit, inmitten solcher Schönheit zu meditieren. Angesichts meiner Kämpfe mit der Krankheit freute ich mich auf diese Zeit, die ganz der Sitz- und Gehmeditation gewidmet sein würde; ich brauchte die Inspiration, die ich, wie ich schon wusste, in den Gesprächen mit den Lehrerinnen und ihren Anweisungen finden würde. Dieses Retreat würde mir eine kostbare Gelegenheit bieten, in Körper und Geist präsenter zu sein und mehr Akzeptanz zu üben.

Die ersten paar Tage verliefen glatt – mein Geist begann ruhig zu werden, und ich stellte mich rasch auf den Rhythmus ein. Gegen Ende der Woche bekam ich Magenschmerzen, und ich war so erschöpft, dass ich mich kaum aufraffen konnte, zur Meditationshalle hinüberzugehen. Ich war an diese Symptome gewöhnt – nach ausgiebigen Untersuchungen hatte die medizinische Welt sie mit dem allumfassenden Etikett *chronischer Erschöpfungszustand* versehen und mir mitgeteilt, ich hätte einen Reizdarm. Zu diesem Zeitpunkt ging es darum, mit den Unannehmlichkeiten Frieden zu schließen. »Okay«, sagte ich mir ein bisschen unwillig, »ich bin hier, um mit … unangenehmen Empfindungen zu arbeiten.«

In den nächsten vierundzwanzig Stunden beobachtete ich die Hitze und Krämpfe in meinem Magen, das bleierne Gefühl in meinen Gliedmaßen, und bemühte mich mit einigem Erfolg, sie mit akzeptierender Aufmerksamkeit wahrzunehmen. Aber die Symptome verschwanden nicht, und ich fand mich in den folgenden Tagen wieder in den gewohnten Geschichten verfangen und versackte in einem Tief der Angst, Scham und Depression. »Irgendetwas stimmt mit mir nicht … mit der Art, wie ich mein Leben lebe. Mir wird es nie wieder bessergehen.« Und darunter die tiefe Angst: »Ich werde nie glücklich sein.« Die vertraute Trance drohte zu übernehmen, und ich verstand das als Signal, meine Aufmerksamkeit zu vertiefen.

Zu Beginn der zweiten Retreat-Woche machte ich mich an einem Nachmittag, es war klar und frisch, in die Wälder auf und ging dahin, bis ich ein sonniges Fleckchen fand. Ich wickelte mich in eine mitgebrachte Decke, setzte mich hin und lehnte mich gegen einen Baumstamm. Der mit Blättern übersäte Boden bot mir ein stabiles, weiches Kissen. Es fühlte sich gut an, so in der Natur zu sitzen; ich fühlte mich in der Einfachheit der Erde, der Bäume, des Windes, des Himmels daheim. Ich war entschlossen, mich meiner eigenen Natur zuzuwenden – dem Strom wechselnder Empfindungen, der sich durch meinen Körper zu lebendigem Ausdruck brachte.

Nachdem ich ein paar Augenblicke darauf verwandt hatte, möglichst alles an offensichtlicher Verspannung zu lösen, unterzog ich meinen Körper einem raschen Scan. Ich nahm die Schmerzen und das Wundsein, das drückende Gefühl der Müdigkeit wahr. Und flugs begab ich mich aus meinem Körper hinaus und hinein in meinen Verstand: »Oje … ich fühle mich wirklich krank.« Und wieder beobachtete ich, wie sich mein geistiges Bewusstsein bei der Vorstellung zusammenzog, dass irgendetwas ganz und gar nicht in Ordnung war. Angst. Sie fühlte sich wie dicke, harte Seile an, die sich um meine Kehle und Brust legten und zusammenzogen. Ich atmete tief durch, ließ alle Gedanken an Krankheit fahren und fühlte nur diese Angst. Ich beschloss, allem mit der Einstellung von »auch das« zu begegnen, ganz gleich, welche Erfahrung hier entstand. Ich würde alles akzeptieren.

Als die Minuten verstrichen, stellte ich fest, dass ich Empfindungen wahrnahm, ohne sie mir fortzuwünschen. Ich spürte einfach das Gewicht auf Kehle und Brust drücken, fühlte den Schmerz der Verkrampfung in meinem Magen. Mein Unbehagen verschwand nicht, aber etwas begann sich allmählich zu verändern. Mein Geist fühlte sich nicht länger angespannt oder dumpf, sondern klarer, fokussierter und absolut offen an. Und mit zunehmender Vertiefung meiner Aufmerksamkeit begann ich die in meinem ganzen Körper verteilten Empfindungen als bewegliche Energie wahrzunehmen – als Prickeln, Pulsieren, Schwingung. Ob angenehm oder nicht, es war alles dieselbe Energie, die sich durch mich ausagierte.

Als ich beobachtete, wie die Gefühle und Gedanken auftauchten und verschwanden, wurde mir zunehmend klarer, dass sie aus eigenen Stücken kamen und gingen. Empfindungen traten aus dem Nichts in Erscheinung und verschwanden wieder in der Leere. Ich hatte kein Gefühl von einem Selbst, zu dem sie gehörten. Kein »Ich«, das Gedanken hervorbrachte oder zu meditieren versuchte. Das Leben ereignete sich einfach, eine magische Entfaltung von Erscheinungen. Und als jede flüchtige Erfahrung mit der Offenheit von »auch das« akzeptiert wurde, löste sich jedes Gefühl von Begrenzung oder Festigkeit oder Stabilität in Körper und Geist auf. Empfindungen und Gedanken bewegten sich wie Wetterphänomene am offenen leeren Himmel des Gewahrseins.

Als ich die Augen öffnete, war ich überwältigt von der Schönheit des Herbstes von New England, den aus der Erde hoch aufragenden Bäumen, mit den Gelb- und Rottönen, die sich gegen den strahlend blauen Himmel absetzten. Die Farben fühlten sich wie ein pulsierender sensationeller Teil des Lebens an, der sich durch meinen Körper ausdrückte. Die Klänge des Windes erhoben sich und verschwanden, Blätter wehten zu Boden, ein Vogel flog von einem nahen Ast auf und davon. Die ganze Welt war in Bewegung – wie das Leben in mir, nichts war unveränderlich, fest, begrenzt. Ich wusste ohne Zweifel, dass ich Teil der Welt war.

Als ich dann wieder einen Krampf in meinem Magen spürte, konnte ich ihn als weiteren Bestandteil der Natur erkennen. Und als ich weiterhin bei meinem achtsamen Gewahrsein blieb, konnte ich fühlen, dass die entstehenden und vergehenden Schmerz- und Druckgefühle in meinem Innern sich von der Festigkeit der Erde und den fallenden Blättern nicht unterschieden. Da war einfach Schmerz … und es war der Schmerz der Erde.

Wenn wir von geistigen Konzepten frei und unsere Sinne wach sind, verbinden uns die von uns wahrgenommenen Klänge, Gerüche, Bilder und Schwingungen mit allem Leben allerorten. Es ist nicht mein Schmerz, es ist der Erde Schmerz. Es ist nicht meine Lebendigkeit, sondern einfach Leben – sich entfaltend und intensiv, rätselhaft und wunderschön. Wenn wir dem Tanz wechselnder Empfindungen mit Radikaler Akzeptanz begegnen, entdecken wir unser inhärentes Zugehörigsein zu dieser Welt. Wir sind »nicht etwas« – nicht auf irgendeine vorübergehende Erfahrung beschränkt – und »alles«, dem Ganzen zugehörig.

In Roger Keyes' Gedicht »Hokusai sagt« erinnern uns die Belehrungen eines weisen japanischen Malers daran, dass wir dem Leben zugehörig sind und die Fähigkeit besitzen, uns für seine ganze Fülle zu öffnen.

Hokusai sagt, schau achtsam hin.
Er sagt, sei aufmerksam, nimm wahr.
Er sagt, schau immer weiter hin, bleib neugierig.
Er sagt, das Sehen hat kein Ende …

Er sagt, alles ist lebendig –
Muscheln, Bauten, Menschen, Fische,
Berge, Bäume. Holz ist lebendig.
Wasser ist lebendig.

Alles hat sein eigenes Leben.
Alles lebt in unserm Innern.
Er sagt, lebe mit der Welt in deinem Innern …

Es ist wichtig, dass du Anteil nimmst.
Es ist wichtig, dass du fühlst.
Es ist wichtig, dass du wahrnimmst.
Es ist wichtig, dass das Leben durch dich lebt …

Schau, fühle, lass dich vom Leben an die Hand nehmen.
Lass das Leben durch dich leben.

Wenn wir aufhören, unseren physischen Erfahrungen zu widerstehen, und dazu übergehen, dem Leben, das durch uns lebt, Radikale Akzeptanz entgegenzubringen, erwachen wir aus der Trance. Wir öffnen uns der Fülle und dem Mysterium unseres Lebens. Jeden Augenblick, den wir in Wachsamkeit »sein lassen«, sind wir daheim. Wie Hakuin Zenji, der große Zen-Meister des achtzehnten Jahrhunderts, schrieb: »Genau dieser Ort ist das Lotos-Land, eben dieser Körper der Buddha.« Das Lotos-Land ist der geliebte und geschätzte Ort des Erwachens, der immer im Hier und Jetzt gegenwärtig ist. Wenn wir dem Leben durch unseren Körper mit Radikaler Akzeptanz begegnen, sind wir der Buddha – der/die Erwachte –, den Strom wechselnder Gefühle und Gedanken schauend. Alles ist lebendig, die ganze Welt lebt in unserem Innern. Wenn wir das Leben durch uns leben lassen, erleben und erfahren wir die grenzenlose Offenheit unserer wahren Natur.

GELENKTE MEDITATION
Entfaltung körperlicher Präsenz

Ein achtsam durchgeführter Körper-Scan ist ein wertvoller Weg zu körperlicher Präsenz.

* * *

Setzen Sie sich bequem hin, schließen Sie die Augen und machen Sie ein paar lange tiefe Atemzüge. Ruhen Sie dann im natürlichen Fluss Ihres Atems und lassen Sie Körper und Geist allmählich zur Ruhe kommen.

Beginnen Sie nun mit entspanntem, offenem Gewahrsein nach und nach Ihren ganzen Körper gründlich zu scannen. Lenken Sie Ihre Aufmerksamkeit auf Ihren Scheitel und nehmen Sie ohne spezielle Erwartungen Ihre dortigen Empfindungen wahr. Wandern Sie mit Ihrem Gewahrsein weiter nach unten, fühlen Sie die Empfindungen im Hinterkopf, zu beiden Seiten des Kopfes, im Ohrenbereich. Nehmen Sie die Empfindungen im Bereich der Stirn, Augen, Nase, Wangen, des Kiefers und des Mundes wahr. Gehen Sie dabei so langsam und gründlich vor, wie Sie mögen.

Im weiteren Verlauf des Scans achten Sie darauf, dass Sie nicht die Augen zum Lenken Ihrer Aufmerksamkeit einsetzen. (Das würde nur Spannung erzeugen.) Verbinden Sie sich vielmehr direkt mit Ihren Empfindungen, indem Sie den Körper von innen her erspüren und abtasten. Es ist durchaus üblich, in bestimmten Körperbereichen Taubheit zu empfinden oder keine merklichen Empfindungen zu haben. Lassen Sie Ihre Aufmerksamkeit locker und entspannt ein paar Augenblicke lang in diesen Bereichen verweilen. Sie werden vielleicht feststellen, dass Sie, wenn Sie mit zunehmend vertiefter Aufmerksamkeit diese Partien wieder aufsuchen, immer mehr Empfindungen wahrnehmen.

Es werden ganz natürlich Bilder und Gedanken aufsteigen. Nehmen Sie sie in ihrem Vorüberziehen zur Kenntnis und lenken Sie dann Ihre Aufmerksamkeit wieder sacht auf die Empfindungen. Ihre Absicht sollte sein, alle Gedanken und Vorstellungen fahrenzulassen und Ihr körperliches Lebendigsein genau so zu erleben und wahrzunehmen, wie es ist.

Wandern Sie mit Ihrer Aufmerksamkeit nun in den Hals- und Nackenbereich, zur Kehle, und nehmen Sie ohne jede Wertung oder Beurteilung wahr, was Sie dort fühlen. Seien Sie sich von innen her Ihrer Schultern gewahr. Wandern Sie dann langsam die Arme hinab, fühlen Sie die Empfindungen und die Lebendigkeit dort. Begeben Sie sich mit Ihrem Gewahrsein in die Hände, versichern Sie sich, dass sie leicht und unverkrampft ruhen. Erspüren Sie jeden Finger von innen, die Handflächen, die Handrücken – beobachten Sie Prickeln oder Kitzeln, Pulsieren, Druck, Wärme oder Kälte. Kommen Sie im Leben Ihres Körper an.

Verlagern Sie Ihr Gewahrsein nun in die Brust, erkunden Sie die Empfindungen in diesem gesamten Bereich. Lassen Sie Ihr Gewahrsein langsam in den Magen hinabsinken. Nehmen Sie sich mit weicher Empfänglichkeit ein paar Augenblicke zum Erspüren der Empfindungen im Unterleib.

Lenken Sie Ihre Aufmerksamkeit auf den oberen Rückenbereich, fühlen Sie die Empfindungen in der Partie um Ihre Schulterblätter.

Wandern Sie in Ihrem Gewahrsein weiter nach unten durch den mittleren und unteren Rückenbereich und dann das ganze Rückgrat entlang. Setzen Sie Ihr Scannen fort, fühlen Sie die Empfindungen, die im Hüftbereich, im Gesäß, in den Genitalien entstehen. Was sind das konkret für Empfindungen? Bewegen Sie sich dann langsam die Beine hinab, erspüren Sie sie von innen. Erkunden Sie die Empfindungen in Ihren Füßen und Zehen. Fühlen Sie an den Stellen, wo Ihr Körper den Stuhl, das Kissen oder den Boden berührt, die Empfindungen von Kontakt, Druck und Temperatur.

Erweitern Sie nun Ihren Aufmerksamkeitsbereich, um Ihren Körper auf umfassende Weise wahrzunehmen als ein Feld sich wandelnder Empfindungen. Können Sie das feine Energiefeld spüren, das jeder Zelle und jedem Organ in Ihrem Körper Leben gibt und sie mit Lebenskraft erfüllt? Gibt es in diesem Erfahrungsbereich von Empfindungen oder in diesem Wahrnehmungsfeld irgendetwas Festes, Unbewegliches? Irgendein Zentrum oder eine Grenze?

Können Sie irgendein festgefügtes Selbst oder Ich ausmachen, dem diese Empfindungen zu eigen sind? Wer oder was ist sich dieser Empfindungen und Erfahrungen bewusst? Wenn Sie nun in diesem Gewahrsein von Ihrem ganzen Körper ruhen und irgendwelche speziellen Empfindungen Ihre Aufmerksamkeit auf sich ziehen, dann bringen Sie ihnen eine weiche akzeptierende Achtsamkeit entgegen. Managen oder manipulieren Sie Ihre Erfahrung nicht, greifen Sie nach nichts und schieben Sie nichts weg. Öffnen Sie sich für den Tanz wechselnder Empfindungen und erfühlen und erspüren Sie Ihr Leben von innen her. Wenn keine speziellen Empfindungen Ihre Aufmerksamkeit auf sich ziehen, bleiben Sie einfach offen und erfühlen weiterhin die Energien in allen Bereichen Ihres Körpers zugleich.

Wenn Gedanken Sie von Ihrer Aufmerksamkeit ablenken, dann nehmen Sie sacht zur Kenntnis: »denken, denken« und verbinden sich wieder mit dem energetischen Feld des Lebendigseins. Ruhen Sie in diesem Gewahrsein von Ihrem lebendigen Sein und lassen Sie das Leben durch Sie leben.

* * *

Dieser Körper-Scan von Kopf bis Fuß oder Fuß bis Kopf kann im Verlauf einer einzigen Meditationssitzung immer wieder wiederholt werden. Sie können einen vollständigen Scan durchführen, dann ein paar Minuten im Gewahrsein vom ganzen Körper ruhen und wieder scannen. Sie können einen ersten Scan sehr langsam und die nachfolgenden Scans rascher durchführen. Sie können auch beschließen, einen Scan durchzuführen und dann weiter zu üben, indem Sie sich den vorherrschenden Empfindungen und, wann immer möglich, dem Gesamtfeld körperlicher Empfindungen zuwenden. Experimentieren Sie und finden Sie heraus, was Ihnen am meisten hilft, eine entspannte und wache Präsenz in Ihrem Körper aufrechtzuerhalten.

Kehren Sie im Alltagsleben so oft wie möglich zu dieser Art von Körpererfahrung zurück. Sie können sehr schnell in Ihrem Körper ankommen, wenn Sie sich im gesamten Bereich von Schultern, Händen und Bauch entspannen und dort weich und locker werden. Beobachten Sie im Verlauf der wechselnden Umstände Ihres Tages, welche Empfindungen in Ihrem Körper entstehen. Was passiert, wenn Sie wütend sind? Wenn Sie gestresst und in Zeitnot sind? Wenn Sie von jemandem kritisiert oder beleidigt werden? Wenn Sie aufgeregt oder glücklich sind? Achten Sie ganz besonders auf den Unterschied, der besteht, wenn Sie in Ihrer Gedankenwelt versunken sind und wenn Sie wieder für die unmittelbare Erfahrung und Wahrnehmung von Empfindungen wach werden.

GELENKTE MEDITATION
Radikale Akzeptanz von Schmerz

Wir kultivieren die Radikale Akzeptanz von Schmerz, indem wir unseren Widerstand gegen unangenehme Empfindungen lockern und aufgeben und ihnen mit reaktionslosem Gewahrsein begegnen. Diese Übung ist besonders hilfreich, wenn Sie von physischen Schmerzen geplagt werden.

* * *

Setzen oder legen Sie sich bequem hin. Nehmen Sie sich ein paar Augenblicke, um still zu werden, und entspannen Sie sich mit dem natürlichen Atemrhythmus. Gehen Sie sanft Ihren Körper durch, entspannen Sie Stirn, Augenbrauen und Kiefer, lassen Sie Ihre Schultern sacken und Ihre Hände weich werden. Versuchen Sie, keine unnötige Verspannung in Ihrem Körper zu erzeugen.

In welchem Bereich des Körpers empfinden Sie starkes Unbehagen oder Schmerz? Richten Sie eine empfängliche Achtsamkeit direkt auf die unangenehmen Empfindungen. Beobachten Sie, was passiert, wenn Sie nun anfangen, bei dem Schmerz zu sein. Gibt es den wenn auch noch so subtilen Versuch, den Schmerz wegzudrängen? Ihn auszuschalten, ihn zu blockieren, ihm zu entfliehen? Ist da Angst? Sie nehmen vielleicht wahr, dass sich Körper und Geist im Versuch, sich dem Schmerz zu widersetzen, wie zu einer Faust verkrampfen. Nehmen Sie sich vor, präsent zu bleiben und die unangenehmen Empfindungen so sein zu lassen, wie sie sind. Mildern Sie jegliche gegen den Schmerz gerichtete Reaktion, lassen Sie die Faust des Widerstands sich entkrampfen und öffnen. Je mehr Sie sich mit dem offenen und raumgleichen Gewahrsein verbinden können, desto besser werden Sie imstande sein, bei den Empfindungen zu bleiben und sie sich ganz natürlich entfalten zu lassen. Nehmen Sie Ihr Gewahrsein als den weichen Raum wahr, der den Schmerz umhüllt, und lassen Sie die unangenehmen Empfindungen in diesem Gewahrsein schweben.

Ruhen Sie in dieser Offenheit und bringen Sie nun den wechselnden Empfindungen im Bereich des Schmerzes eine präzisere Aufmerksamkeit entgegen. Wie ist die Erfahrung und Wahrnehmung konkret beschaffen? Spüren Sie ein Brennen, Ziehen, Krampfen, Pochen, Reißen, Stechen? Fühlt sich der Schmerz wie ein Knoten, wie ein einschnürendes Band an? Fühlt sich der Bereich an, als würde er von einem großen Gewicht niedergedrückt oder zerschmettert? Sind die unangenehmen Empfindungen diffus oder in ihrer Intensität sehr konzentriert? Wie verändern sie sich unter Ihrer Beobachtung? Erforschen Sie das alles mit weicher, nicht reagierender Aufmerksamkeit. Lassen Sie die Empfindungen, die Sie vielleicht als einen massiven Block von Schmerz wahrnehmen, sich entfalten und in ihrem natürlichen Tanz des Wandels bewegen.

Wenn Widerstand aufkommt, dann entspannen Sie sich und stellen wieder eine Gefühl von Offenheit her. Seien Sie sich Ihres gesamten

Körpers gewahr, auch der schmerzfreien Bereiche. Lassen Sie den Körper zum offenen Raum werden, in dem reichlich Platz für unangenehme Empfindungen ist, die entstehen und sich auflösen, schwinden und sich intensivieren, sich bewegen und verändern. Kein Halten, keine Spannung. Bewohnen Sie das Meer des Gewahrseins und lassen Sie jegliche schmerzliche Empfindungen in einem annehmenden Offensein treiben.

* * *

Versuchen Sie, sich nicht zu verurteilen, wenn Sie reagieren, weil der Schmerz »einfach zu viel« wird. Nehmen Sie sich Ihrer selbst in jeder erdenklichen Weise an, die Sie entspannt und Ihnen Wohlbehagen verschafft. Auch wenn Sie sich jeweils nur ein paar Augenblicke darin üben, achtsam beim Schmerz zu verweilen, wird Ihr Gleichmut mit der Zeit zunehmen. Sie werden den Widerstand rascher aufgeben und für die unangenehmen Empfindungen offen sein können.

6

Radikale Akzeptanz des Verlangens

Für die Quelle der Sehnsucht wach werden

Die Menschen sind nicht frei, wenn sie nur einfach tun,
was sie möchten. Sie sind nur dann frei, wenn sie tun, was
ihr Selbst in seinem tiefsten Grund möchte.
Und man kann dorthin gelangen!
Man muss nur ein wenig tauchen.
D. H. Lawrence

Von der Dringlichkeit, mit der Liebende einander wollen,
bis hin zu des Suchers Suche nach der Wahrheit
geht alle Bewegung vom Beweger aus.
Jede Anziehung zieht uns zum Ozean.
Rumi

Als ich in der Highschool zum ersten Mal mit dem Buddhismus bekannt gemacht wurde, tat ich ihn sofort ab. Er schien mir für mein Leben unwesentlich – grimmig in seinem Anliegen der Nicht-Anhaftung und augenscheinlich vergnügungsfeindlich. Kann schon sein, dass wir alle leiden, aber warum darauf herumreiten? Es waren die späten sechziger Jahre und der Hedonismus für viele hingebungsvolle Praxis. Wir waren Lust-Junkies. Der Buddhismus schien mir zu predigen, ich solle aufhören, romantischen Liebesbeziehungen nachzujagen, ich solle mich nicht mehr mit Freunden vergnügen, die Haschisch-Highs meiden und meine Abenteuer in der Natur aufgeben. Meiner Meinung nach nahm das Freisein von Verlangen und Begehren dem Leben allen Spaß.

Jahre später wurde mir klar, dass der Buddha nie beabsichtigte, das Verlangen an sich zum Problem zu machen. Als er sagte, dass das Begehren Leiden schafft, bezog er sich nicht auf unsere natürliche Neigung, als Lebewesen Wünsche und Bedürfnisse zu haben, sondern auf unsere Gewohnheit, sich an Erfahrungen zu klammern, die von Natur aus vergänglich sind. Auf meinem Weg zu dieser Einsicht geriet ich immer wieder ins Stolpern, fiel hin und fand mich wiederholte Male getäuscht und verstrickt. Das Begehren und Verlangen hat mich manchmal wie ein Tyrann usurpiert; und in anderen Fällen habe ich verbissen dagegen angekämpft und mich gegen seine Stärke gestählt. Schließlich fand ich heraus, dass der kluge und weise Umgang mit der machtvollen und alles beherrschenden Energie des Begehrens, Verlangens und Ersehnens ein Weg ist, der zum bedingungslosen Lieben führen kann.

Wie nicht anders zu erwarten, erhielt ich einen ersten Einblick in diese Möglichkeit an jener Brutstätte des Verlangens – der romantischen Liebesbeziehung. Ein paar Jahre nach unserem Auszug aus unserer spirituellen Gemeinschaft hatten mein Mann und ich uns scheiden lassen. Unsere Ehe hatte sich auf eine Lebensweise gegründet, die den yogischen Disziplinen den Vorrang gab und nicht zu großer Konzentration auf persönliche Beziehungen ermunterte. Wir waren gute Freunde, passten aber in einer intimen partnerschaftlichen Beziehung nicht besonders gut zusammen. Nicht lange nach unserer endgültigen Scheidung traf ich einen Mann, der genau das zu sein schien, wonach ich suchte. Während unserer wenigen beiläufigen Begegnungen hatte es klick gemacht, und ich war für ihn entflammt.

Inmitten dieses anfänglichen Gefühlsansturms machte ich mich zu einem einwöchigen Meditationsretreat auf. Es war Winter. Im Verlauf der sechs Jahre, die ich nun buddhistische Meditation praktizierte, hatte ich an einer Reihe solcher Retreats teilgenommen und den Bewusstseinszustand der Klarheit und Präsenz, mit dem ich dabei in Berührung kam, immer geliebt. Doch diesmal war es anders. Statt auch nur annähernd zu einem achtsamen Gegenwärtigsein zu gelangen, wurde ich sofort und geradezu zwanghaft vom Vergnügen des Phantasierens angezogen. Ich steckte mitten in einer ausgewachsenen »Vipassana-Romanze«, wie man solche Phantastereien inzwischen nennt. Der Geist vermag im Schweigen und in der Askese des Retreats eine ganze erotische Welt um eine Person aufzubauen, die wir kaum kennen. Oft ist der Gegenstand einer solchen Vipassana-Romanze ein anderer Meditierender, der oder die unsere Aufmerksamkeit auf sich gezogen hat. Da können wir in wenigen Tagen eine ganze Beziehung geistig durchleben – das Umwerben, die Hochzeit, die Familiengründung und das Familienleben. Ich hatte meine Phantasieperson von zu Hause mitgebracht, und diese geistig überaus produktive Vipassana-Romanze widerstand all meinen Strategien, loszulassen und wieder zum Hier und Jetzt zurückzukehren.

Ich versuchte mich zu entspannen, meine Aufmerksamkeit auf den Atem zu richten und zu beobachten, was sich in meinem Körper und Geist abspielte. Aber kaum hatte ich auch nur zwei Runden achtsames Atmen vollendet, kehrte mein Geist schon wieder zu seinem Lieblingsthema zurück. Ich verlor mich in Bildern und Vorstellungen, wie wir uns die gewaltige Anziehungskraft zwischen uns beiden eingestanden und zu einem gemeinsamen Wochenende in die Blue Ridge Mountains aufmachten. Ich sah uns gemeinsam meditieren und dann leidenschaftlich lieben. Ich stellte mir vor, wie wir zum Gipfel des Old Rag Mountain aufstiegen, in den ersten Anzeichen des Frühlings schwelgten und in der Möglichkeit, dass wir tatsächlich Seelenpartner waren.

Dann erinnerte ich mich mit einem Anflug von Schuldgefühl wieder daran, wo ich war. Manchmal sah ich mich dann um und nahm die stille Heiterkeit und Würde der Meditationshalle in mich auf. Ich brachte mir wieder in Erinnerung, welche Freiheit und Freude es bedeutet, präsent zu bleiben, und welches Leiden daraus entsteht, dass man in Geschichten und Illusionen lebt. Das machte keinen großen Eindruck – die Phantasien setzten fast sofort wieder ein. In der Hoffnung, sie aus dem Kopf zu kriegen, versuchte ich es mit längeren Gehmeditationen auf den schneebedeckten Pfaden, die um das Retreat-Zentrum führten.

Doch mein Geist quirlte erbarmungslos weiter, und ich fand mich selbstnachgiebig und schämte mich für meinen Disziplinmangel. Vor allem aber war ich frustriert, weil ich kostbare Zeit vergeudete. Dieses Retreat bot mir die Möglichkeit, meine spirituelle Praxis zu vertiefen, und da war ich nun und verfing mich in Wünschen und Verlangen und versetzte mich in die Zukunft.

Die Qual des intensiven Begehrens und Ersehnens trat im Retreat deutlicher zutage, doch an sich war ich mit den Auswirkungen eines solchen Verlangens in meinem Alltagsleben nur allzu vertraut. Ich wusste, wie es war, am Anfang einer neuen Beziehung zu stehen und die Tage mit Warten und Hoffen auf einen Telefonanruf zu verbringen. Ich wusste, wie es war, wenn ich jemanden – einen Studenten, Freund, Lehrer – mit meiner Intelligenz oder Spiritualität beeindrucken wollte und mich dann nach unserer Zusammenkunft genierte und unauthentisch fühlte.

Ich wusste, wie es war, die Zeit zum Spielen mit meinem Sohn immer wieder zu verschieben, weil ich mit meiner Dissertation beschäftigt war. Wie viele Stunden meines Lebens hatte ich damit verbracht, mich in die Zukunft hineinzubeugen – mit dem Bemühen um meine Zulassung als Therapeutin, mit der Sehnsucht, den richtigen Partner zu finden, mit dem Kampf um das Abschließen eines Buchexposés? Nicht, dass ich solche Bestrebungen nicht hätte haben dürfen, aber meinen Blick stets auf die Zukunft zu richten war eine unbehagliche, unausgewogene Daseinsweise. Wenn ich mich in solchen Phasen befand, war ich zu angespannt, um die mich umgebende Schönheit wertzuschätzen, war ich zu beschäftigt, um nach innen zu hören oder mich der Menschen zu erfreuen, die ich liebe. Und nun hier im Retreat, wo ich jede Möglichkeit hatte, mir der Klänge und Gefühle des gegenwärtigen Augenblicks gewahr zu sein, kam mir mein zwanghaft begehrendes, lechzendes Ich immer noch in die Quere.

Nach einigen Tagen hatte ich ein entscheidendes Gespräch mit meiner Lehrerin. Als ich ihr schilderte, wie ich immer wieder derart überwältigt wurde, fragte sie: »Wie beziehst du dich auf die Gegenwart des Verlangens?« Da begann ich zu verstehen. Das Verlangen und Begehren war für mich zum Feind geworden, und ich verlor den Kampf. Ihre Frage verwies mich wieder auf den Kern der Achtsamkeitspraxis. *Es spielt keine Rolle, was passiert. Wichtig ist, wie wir uns auf unsere Erfahrung beziehen.* Sie riet mir, nicht mehr gegen meine Erfahrung anzukämpfen und stattdessen die Natur des begehrenden und dürstenden Geistes zu erforschen. Sie brachte mir wieder in Erinnerung, dass ich das Geschehen akzeptieren konnte, ohne mich darin zu verlieren.

Verlangen und Begehren sind zwar oft unbequem, aber nichts Schlechtes – sie sind etwas Natürliches. Dieser Trieb ist Teil unserer Überlebensausrüstung. Er sorgt dafür, dass wir essen, Sex haben, zur Arbeit gehen, tun, was wir zu unserem Gedeihen brauchen. Das Verlangen motiviert uns auch dazu, Bücher zu lesen, Vorträge anzuhören und spirituelle Übungspraktiken zu erkunden, die uns helfen, liebevolles Gewahrsein zu entfalten und darin zu verweilen. Die Lebensenergie, die zum Leiden führt, liefert uns auch den Treibstoff für das nachhaltige Erwachen. Das Verlangen und Begehren wird nur dann zum Problem, wenn es unser Gespür von dem, wer und was wir sind, überwältigt und beherrscht.

Mit seiner Lehre des Mittleren Weges leitete uns der Buddha an, uns auf das Begehren und Verlangen zu beziehen, *ohne von ihm besessen und vereinnahmt zu werden und ohne uns ihm zu widersetzen.* Er sprach über jegliche Ebene des Verlangens – nach Nahrung und Sex, nach Liebe und Freiheit. Er sprach über alle Grade des Begehrens, angefangen bei den kleinen Vorlieben bis hin zu den zwanghaftesten Gelüsten. Wir begegnen dem Verlangen mit Achtsamkeit, wenn wir es körperlich bewusst wahrnehmen und erfahren, die Empfindungen und Gedanken des Dürstens und Lechzens und Gierens als entstehende und vergehende Phänomene erkennen. Das ist nicht leicht. Doch wenn wir das klare Sehen und das Mitgefühl der Radikalen Akzeptanz kultivieren, entdecken wir, dass wir uns für diese natürliche Kraft voll und ganz öffnen und mittendrin doch frei bleiben können.

Der Dalai Lama leitet viele seiner Vorträge mit dem Verweis darauf ein, dass jeder glücklich sein und niemand leiden möchte. Unser Verlangen nach Glück ist in seinem Grund das Verlangen, zu existieren. Dieser Trieb drückt sich in der Art und Weise aus, wie alle Dinge in der Natur Form und Gestalt annehmen. Die gleiche universelle Anziehungskraft, die Atome zu Molekülen versammelt, die Sonnensysteme zusammenhält und in Galaxien kreisen lässt, verbindet auch die Samenzelle mit dem Ei und bringt Menschen in Gemeinschaften zusammen. Der buddhistische Mönch und Gelehrte Walpola Rahula spricht von diesem Urverlangen als von »einer gewaltigen Kraft, die ganze Leben … ja sogar die ganze Welt bewegt. Sie ist die größte Kraft, die stärkste Energie in der Welt.«

Bei uns Menschen konzentriert sich unser Verlangen nach Glück auf die Erfüllung unserer Bedürfnisse. Dem Psychologen Abraham Maslow zufolge sind diese hierarchisch gestaffelt, angefangen bei den fundamentalen biologischen Trieben bis hin zu den spirituellen Sehnsüchten. Wir brauchen Sicherheit, Nahrung und Sex; Anerkennung und Bindungen auf der Gefühlsebene; geistiges und psychisches Engagement und kreative Aktivität; Zwiesprache, Verbundenheit und Selbstverwirklichung. Die Erfüllung dieser Bedürfnisse von Körper, Seele und Geist bereitet uns Befriedigung und Vergnügen. Negieren wir sie oder wird uns ihre Erfüllung verweigert, fühlen wir uns benachteiligt, frustriert und unvollständig. Wir suchen Erfahrungen, die es uns ermöglichen zu überleben, aufzublühen, zu gedeihen und erfüllt zu sein.

Der Haken an der Sache ist, dass, ganz gleich, wie befriedigend eine Erfahrung auch sein mag, sie der Veränderung unterworfen ist. Der Buddha brachte dies in seiner ersten Edlen Wahrheit zum Ausdruck: Die Existenz ist von Natur aus unbefriedigend. Als ich in der Highschool diese Lehre zum ersten Mal vernahm, und zwar in ihrer am meisten verbreiteten Übersetzungsversion von »das Leben ist Leiden«, dachte ich natürlich, dies bedeute, dass das ganze Leben nur Qual und Elend ist. Doch Buddhas Verständnis vom Leiden war subtiler und tiefgründiger. Uns ist unbehaglich, weil sich alles im Leben fortwährend verändert – unsere Stimmungen, unser Körper, unsere Arbeit, die Menschen, die wir lieben, die Welt, in der wir leben. Wir können an nichts festhalten – an einem schönen Sonnenuntergang, einem süßen Geschmack, einem intimen Augenblick mit dem oder der Geliebten, an unserer Existenz als der Verbund von Körper und Geist, den wir das Selbst oder Ich nennen –, weil alle Dinge kommen und gehen. Und weil uns jegliche dauerhafte Befriedigung fehlt, brauchen wir ständig eine weitere Dosis Stimulation, Bestätigung von unseren Lieben, Medizin, Fitnesstraining und Meditation. Wir sind fortwährend getrieben, nach mehr zu streben, mehr zu werden, etwas anderes zu erleben, zu erfahren, wahrzunehmen.

Wenn unsere Wünsche und Triebe einfacher Natur sind und vorübergehend befriedigt werden können, reagieren wir geradlinig auf sie. Wenn wir durstig sind, trinken wir. Wenn wir müde sind, schlafen wir. Wenn wir einsam sind, reden wir mit einem Freund. Doch wie wir wissen, ist die Sache selten so unkompliziert. In den meisten Fällen lassen sich unsere Wünsche und Begierden nicht so einfach befriedigen. In unserem Gefangensein in der Trance des mangelnden oder geringen Selbstwertgefühls fixieren sich unsere Wünsche und Begierden auf ein endgültiges Beruhigen unserer Unvollkommenheitsängste. Wir versuchen, all die losen Enden miteinander zu verknüpfen und Fehler zu vermeiden, auch wenn wir wissen, dass beides unmöglich ist. Wir wollen uns bei unserer Arbeit, in unserem Elterndasein, in unseren Beziehungen, hinsichtlich unserer Gesundheit, unseres Erscheinungsbildes und im Leben immer »gut genug« fühlen. Wir wollen, dass andere so sind, wie wir sie haben wollen – immer glücklich, gesund und uns gegenüber lieb und respektvoll. Aber weil diese Dinge nicht passieren, werden wir vom Gefühl umgetrieben, dass irgendetwas fehlt oder nicht stimmt. Unsere nagenden alltäglichen Wünsche und Bedürfnisse hindern uns daran, dass wir uns entspannen und uns unserer tieferen Sehnsüchte bewusst werden. Ständig beugen wir uns vor in den nächsten Moment und hoffen, dass er uns die Befriedigung bringt, die uns der gegenwärtige Augenblick nicht gewährt.

Das englische Wort *desire* (deutsch: Wunsch, Begehren, Verlangen, Sehnsucht, Lust, Begierde, Trieb) leitet sich vom lateinischen *desidus* her, was bedeutet »weg von einem Stern«. Ich interpretiere das gern so, dass die Sterne die energetischen Quellen allen Lebens und ein Ausdruck reinen, lauteren Gewahrseins und Bewusstseins sind. Diese Lebendigkeit und Wachheit sind es, wonach wir uns am meisten sehnen – wir sehnen uns danach, unserem Stern zuzugehören, unsere eigene wahre Natur zu verwirklichen. Doch weil sich unsere Wünsche und unser Begehren gewohnheitsmäßig auf das von Natur aus Vergängliche fixieren, fühlen wir uns »weg von unserem Stern«, weg vom Leben, Gewahrsein, Bewusstsein und von der Liebe, der Essenz dessen, was wir sind. Weil wir uns von der Quelle unseres Seinswesens getrennt oder abgeschnitten fühlen, identifizieren wir uns mit unseren Wünschen und Begierden und mit der Art und Weise, in der wir diese zu befriedigen suchen.

Das Aufkommen eines bedürftigen Ichs

Chris, einer meiner Klienten, wuchs in einer Familie auf, in der er niemals gelobt wurde, niemand sagte auch nur einmal zu ihm: »Gut gemacht!« Seine Eltern schienen sich an seiner Intelligenz und seinem Humor nicht zu freuen. Sie nahmen kaum Notiz von seiner musikalischen Begabung – er konnte fast jedes Instrument spielen, das er in die Hand nahm. Chris erinnert sich gut an einen besonders schmerzlichen Vorfall, der sich ereignete, als er fünf Jahre alt war. Seine Eltern saßen ziemlich lange im Wohnzimmer und unterhielten sich. Er fühlte sich ausgeschlossen, und in der Hoffnung, ein wenig Aufmerksamkeit auf sich zu ziehen, holte er sein neues Akkordeon aus seiner Spielkiste und begann für sie zu spielen. Die Eltern waren über die Unterbrechung ihres Gesprächs verärgert und wiesen ihn an, in seinem Zimmer zu spielen. Doch er rührte sich nicht von der Stelle. Da gingen sie in ihr Schlafzimmer und schlossen die Tür hinter sich. Er blieb vor dieser verschlossenen Tür stehen und spielte und spielte. Mag sein, sie wollten ihm nur eine Lektion erteilen, aber er fühlte sich gedemütigt und verlassen. Schließlich rollte er sich auf dem Fußboden zusammen und schlief ein.

Als Chris seine Arbeit mit mir aufnahm, hatte er schon bei verschiedenen spirituellen Lehrern studiert. Wie er sagte, war er teilweise deshalb von einem zum anderen gewandert, weil er »sich im Grunde nie von einem von ihnen wirklich wahrgenommen fühlte«. Wenn er sich bei seinem aktuellen Lehrer, einem Rabbi, aufhielt, fühlte er sich sehr jung und unsicher. Er versuchte sich bei ihm lieb Kind zu machen, indem er bei den gesellschaftlichen Zusammenkünften im Tempel Gitarre spielte und sein Wissen im Kabbala-Unterricht zur Schau stellte. Wann immer möglich, fing er eine Unterhaltung mit dem Rabbi an, der durchaus freundlich reagierte. Dennoch hatte Chris nicht das Gefühl, dass er wichtig war, dass es dem Rabbi auch nur auffiel, wenn er nicht auftauchte.

Chris glaubte, wertlos zu sein, wenn er sich nicht als besonderer Mensch hervortat. Sein Bedürfnis, die Nummer eins zu sein, erstreckte sich auf seine Beziehungen zum anderen Geschlecht, seine Freundschaften und seine Arbeit. Wenn er nicht im Mittelpunkt der Aufmerksamkeit stand, fühlte er sich nicht zur Kenntnis genommen oder abgelehnt. Das in unseren Therapiesitzungen einzugestehen war ihm peinlich – er hatte das Gefühl, dass mit ihm irgendetwas nicht stimmte, weil er von äußerer Anerkennung so abhängig war. Er hatte Angst, dass ihn seine Bedürftigkeit und Unsicherheit daran hinderten, jemals Liebe in seinem Leben zu finden. »Es vertreibt die Frauen. Sobald sie es spüren, sind sie abgetörnt.« Es schien nichts zu nützen, dass er gelernt hatte, sich zurückzuhalten, keine direkten Forderungen zu stellen oder nicht um Bestätigung zu bitten. »Es sind meine ›Vibes‹«, sagte er. Die Heftigkeit seiner unerfüllten Wünsche und seines Begehrens gab ihm das Gefühl, unattraktiv zu sein und die Ablehnung zu verdienen.

Unser Selbstgefühl entwickelt sich aus der fundamentalen Ebene aller unserer Erfahrungen heraus – unserem automatischen Reagieren auf stark angenehme oder unangenehme Empfindungen. Wenn wir, wie Chris, liebevolle Aufmerksamkeit und Zuwendung wollen, nehmen wir bestimmte Empfindungen in unserem Körper wahr – vielleicht ein schmerzliches Sehnen im Herzbereich oder auch Erregung und Offenheit. Wenn dann auf unser Bedürfnis und Verlangen mit einem Nein reagiert wird, überkommen uns heftige Empfindungen von Kontraktion, wir ziehen uns förmlich zusammen. Wir empfinden Scham – den Wunsch, uns zu verstecken – sowie Angst und Furcht. Wenn wir es immer wieder erleben, dass unser Wünschen und Habenwollen zurückgewiesen wird, bildet sich in uns eine dauerhafte Assoziation heraus: *Unser Wünschen und Habenwollen führt zu Angst und Scham.* Diese heftige Zusammenballung von reaktiven Gefühlen, die im Körper eingeschlossen sind, formt den Kern eines bedürftigen und dürstenden Ichs.

Wir identifizieren uns mit diesen anhaltenden Gefühlen durch unser »Ich-en« und »Mein-en«, von dem Ajahn Buddhadasa spricht. Die Spannung und Erregung von Bedürfen, Wünschen, Habenwollen kommen auf, und wir erfahren sie als *meine* Sehnsucht nach Intimität, *mein* Verlangen nach Berührung und Aufmerksamkeit. Und ebenso sind es *meine* Angst und Scham, wenn ich abgelehnt und zurückgewiesen werde. Wir verfestigen unser Gefühl von einem bedürftigen Ich oder Selbst, indem wir uns Geschichten über das Geschehen erzählen: »Irgendetwas stimmt mit mir nicht, da ich immer so viel brauche und will. Warum habe ich noch nicht, was ich haben will? Die Welt hat mich auf dem Kieker, und ich kriege nie etwas.«

Wenn wir es nicht gerade mit erheblichen Bedrohungen unseres physischen Überlebens zu tun haben, ist das bedürftige Ich in erster Linie auf das emotionale Überleben und Wohlbefinden konzentriert. Wir haben alle bis zu einem gewissen Grad Angst und Scham erlebt, wenn unser Grundbedürfnis, geliebt und verstanden zu werden, nicht erfüllt wird. Wenn, wie bei Chris, unser Bedürfnis nach Kontakt und Verbundenheit ständig ignoriert oder missverstanden wird, nimmt unsere Bedürftigkeit zu, und wir streben noch dringlicher nach der Aufmerksamkeit, nach der uns so sehr verlangt. Wir verbringen unser Leben mit dem Versuch, von unseren schmerzhaften Angst- und Schamgefühlen wegzukommen, spalten uns vom Körper ab und betäuben ihn, verlieren uns in Selbstverurteilung und Zwangsvorstellungen. Aber das steigert unsere Bedürftigkeit und verstärkt unsere Scham nur noch mehr. Dieser Kreislauf wiederholt sich immer und immer wieder, und unsere Identität als bedürftiges – grundsätzlich benachteiligtes, isoliertes und unwürdiges – Ich verstärkt und vertieft sich.

Können wir unsere emotionalen Bedürfnisse nicht direkt erfüllen, entwickelt das bedürftige Ich Strategien zur Ersatzbefriedigung. Wie alle der Trance des geringen Selbstwertgefühls zugrunde liegenden Strategien nehmen auch die, die uns Liebe und Respekt einbringen sollen, unsere Aufmerksamkeit gefangen und nageln sie fest. Wir könnten uns wie Chris gezwungen fühlen, dadurch Aufmerksamkeit zu erlangen, dass wir andere mit unserem Talent und Wissen beeindrucken. Wir könnten uns auch dazu getrieben fühlen, Geld zu scheffeln oder Macht über andere auszuüben. Wir könnten verzweifelt sexuellen Eroberungen nachjagen. Oder wir fühlen uns vielleicht gezwungen, immer hilfsbereit zu sein, eine Person, die von anderen gebraucht wird. Oft versuchen wir unsere emotionalen Bedürfnisse mit unmittelbareren Vergnügungen wie Essen, Alkohol und Drogen zu befriedigen. Wenn diese Strategien »funktionieren«, genießen wir das vorübergehende Aufwallen angenehmer Empfindungen. Sie können auch den nackten, brutalen Schmerz der Scham und Angst betäuben oder überdecken. Aber weil sie unsere Bedürfnisse nicht wirklich ansprechen, ihnen nicht wirklich Rechnung tragen, setzt sich unser Leiden fort und damit unsere Abhängigkeit von dem, was uns Vergnügen oder Erleichterung verschafft, was auch immer es ist.

Die Strategien, die wir am regelmäßigsten einsetzen, um zu bekommen, was wir haben wollen, werden zum bestimmenden

Teil unseres Ich-Gefühls. Das zwanghafte Essen, das Konkurrieren, die extreme Hilfsbereitschaft, fühlt sich wie *ich* an. Und in dem Maße, wie wir uns immer tiefer in der Jagd nach Ersatzmitteln verstricken, entfremden wir uns auch von unseren authentischen Wünschen, unseren tiefsten Sehnsüchten nach Liebe und Zugehörigkeit.

Verloren in der Jagd nach Ersatzmitteln

Schon seit meiner Teenagerzeit ist mein Drang, produktiv zu sein, eine Schlüsselstrategie meines bedürftigen Ichs. Wenn ich mich unsicher fühle, ist Produktivität – ob es sich nun um einen vollendeten Artikel, einen Stapel bezahlter Rechnungen oder eine blitzblanke Küche handelt – das Mittel, das mir am schnellsten ein gutes Gefühl gibt. Dieses Produzieren ist nicht nur einfach ein natürlicher Drang, kreativ zu sein und zur Mixtur des Lebens beizutragen, es wird von Unzulänglichkeitsängsten und dem Bedürfnis, mich zu beweisen, energetisch genährt. Wenn ich mich in dieser Strategie verfangen habe, trinke ich starken Tee, um mir den Schwung zu verleihen, den ich meiner Meinung nach brauche, um den ganzen Tag über und oft auch bis weit in die Nacht hinein produktiv bleiben zu können. Der Preis dafür ist, dass ich ein hohes Tempo vorlege, ungeduldig werde und unzugänglich für die, die ich liebe. Ich verliere den Kontakt mit meinem Körper, während ich mich erbarmungslos vorantreibe, um noch mehr erledigt zu bekommen. Dass ich mir egozentrisch vorkomme und ein schlechtes Gewissen wegen meiner Arbeitssucht habe, führt nicht dazu, dass ich mein Tempo verlangsame. »Noch ein Ding aus dem Weg zu schaufeln« scheint mir die verlässlichste Methode zu sein, um zu bekommen, was ich will: mich besser fühlen.

Bei einer Psychotherapie-Konferenz, an der ich teilnahm, sah ich ein Poster, das genau ins Schwarze traf. Darauf waren zwei Obdachlose auf einer Parkbank zu sehen, und der eine sagte zum anderen: »Ich hatte ein Privatflugzeug, eine Villa in Aspen und war der Chef eines Fortune-500-Unternehmens ... dann stieg ich auf koffeinfreien Kaffee um.« Es lässt sich leicht nachvollziehen, warum unsere Ersatzmittel für uns so attraktiv sind. Auch wenn sie nicht unsere tiefsten Bedürfnisse ansprechen und erfüllen, so stützen sie uns doch ab und liefern uns eine Weile gute Dinge und verschaffen uns angenehme Empfindungen. Unsere Jagd nach Ersatzmitteln nimmt unsere Aufmerksamkeit gefangen und lenkt sie hinreichend ab, um uns eine Zeitlang vor den ungefilterten Empfindungen abzuschirmen, die durch das Gefühl, ungeliebt, nichts wert und unwürdig zu sein, ausgelöst werden. Dass ich Dinge leiste und vollende, blockt tatsächlich mein Unzulänglichkeitsgefühl zeitweilig ab. Doch dahinter treibt mich mein bedürftiges Ich immer weiter an aus Furcht, dass ich, wenn ich nicht produktiv bin, alles verlieren werde, so wie der Firmenchef, der auf koffeinfreien Kaffee umstieg.

Zwar brauchen wir gewöhnlich einen Job, um unsere grundlegenden Überlebensbedürfnisse abdecken zu können, aber das Wo-und-wie-wir-Arbeiten ist auch ein Schlüsselbereich für Ersatzbefriedigung: Die Arbeit wird zum indirekten Mittel für den Versuch, Liebe und Respekt zu gewinnen. Da kann es sein, dass wir unser Tun vollkommen sinnlos finden, unseren Job hassen oder ablehnen, wir aber unser Verlangen nach Anerkennung und Verbundenheit dennoch an unserer guten Leistung festmachen. Wenngleich das vor allem für Männer gelten mag, stützen sich doch die meisten von uns auf die Arbeit, um ein geringes Selbstwertgefühl kompensieren zu helfen. Diese Strategie liefert uns, was sie verspricht – durch Geld oder Macht, durch die Streicheleinheiten, die wir für unseren Eifer und unsere Kompetenz bekommen, durch die Befriedigung, »etwas erledigt zu haben«. Aber wir können uns in diesen Ersatzmitteln verlieren und die Tatsache übersehen, dass sie unsere tiefsten Sehnsüchte nie befriedigen werden.

Auch Tätigkeiten, die wir sinnvoll finden, die für uns in kreativer und spiritueller Hinsicht befriedigend sind, können »vereinnahmt« und dazu benutzt werden, die unerfüllten Bedürfnisse des bedürftigen Ichs zu erfüllen. Mir passiert das am häufigsten dann, wenn ich Vorträge oder Workshops für Meditationsgruppen vorbereite oder Artikel über die buddhistische Praxis schreibe. Wenn ich mir dessen bewusst bleibe, dass mir die buddhistischen Lehren kostbar sind und ich es liebe, sie mit anderen zu teilen, kann ich mich mit enormer Leidenschaft auf mein Tun werfen. Und wenn Ängste oder Frustrationen aufkommen, vermag ich ihnen mit Akzeptanz zu begegnen. Aber manchmal erhebt sich die Stimme der Unsicherheit und des Gefühls von Unwürdigsein, und ich höre auf sie. Plötzlich wird das Schreiben oder Vorbereiten damit verknüpft, Liebe und Respekt zu gewinnen oder zu verlieren, und die ganze Perspektive meiner Arbeit verschiebt sich. Das bedürftige Ich übernimmt die Führung. Ich bin zwar immer bemüht, aus ganzem Herzen mein Bestes zu geben, aber nun ist dieses Bemühen von Furcht umhüllt. Ich bin ängstlich bemüht, »gut genug« zu sein und den Lohn einzuheimsen. Meine Liebe für das, was ich tue, wird getrübt, wenn das Arbeiten zur Strategie wird, um meinen Wert unter Beweis zu stellen.

Wenn das bedürftige Ich am Ruder ist, sind wir nicht imstande, uns frei und voller Freude einer Aktivität zu widmen. Und es wird sich in alle Aktivitäten und Beziehungen einschleichen, solange wir uns nicht der fundamentalen Wünsche, Sehnsüchte und Ängste annehmen, die das bedürftige Ich oder Selbst energetisch nähren.

D. H. Lawrence schrieb: »Die Menschen sind nicht frei, wenn sie nur einfach tun, was sie möchten. Sie sind nur dann frei, wenn sie tun, was ihr Selbst in seinem tiefsten Grund möchte.« Wenn wir im Wunsch nach sofortiger Befriedigung einfach nur tun, was wir möchten, was uns gefällt, werden wir uns fortwährend getrieben fühlen: Kein noch so hohes Maß an Produktivität oder Konsum oder Anerkennung kann die Trance des geringen Selbstwertgefühls durchbrechen und uns mit dem »Selbst in seinem tiefsten Grund« in Kontakt bringen. Wie Lawrence sagt, »muss man nur ein wenig tauchen«, wenn man tun will, was das Selbst in seinem tiefsten Grund möchte. Es bedarf eines engagierten und echten Gegenwärtigseins, um auf die Sehnsucht unseres Herzens zu hören und auf sie zu reagieren. Je vollständiger wir in oberflächlicher Jagd nach Ersatzbefriedigungen gefangen sind, desto schwieriger ist das Tauchen.

Wenn suchthaftes Begehren unser Leben beherrscht

Wie ich bei meiner Vipassana-Romanze entdeckte, ist es mit der Achtsamkeit vorbei, wenn das Verlangen stark wird. Die amerikanische Schriftstellerin Willa Cather schreibt: »Es gibt nur eine einzige große Sache – Verlangen. Und ist es groß, ist alles andere im Vergleich dazu klein.« Wir können das Verlangen als Lebenskraft achten und ehren und trotzdem erkennen, wie es Leiden verursacht, wenn es unser Leben vereinnahmt. Aus dem natürlichen Hunger nach Nahrung kann eine unbeherrschbare Gier nach Essbarem werden – Eiscreme, Süßigkeiten, Kartoffelchips –, Trostnahrung oder Nahrung, um unsere Gefühle zu betäuben. Aus unserer Sehnsucht nach Sex und Zuneigung kann die qualvolle Abhängigkeit von einem anderen Menschen werden, der uns definieren und erfreuen soll. Aus dem Bedürfnis nach Unterkunft und Kleidung kann eine unersättliche Gier werden, die uns zwingt, drei Häuser und Schränke voll ungetragener Schuhe zu besitzen. Unsere fundamentale Sehnsucht nach Zugehörigkeit und danach, sich geliebt zu fühlen, wird zum hartnäckigen Dürsten und Lechzen nach Ersatzmitteln.

Wenn wir sehr frustriert oder benachteiligt worden sind, wird unser fixiertes Verlangen verzweifelt und lässt sich nicht mehr unterdrücken. Wir werden von der Begierde besessen, und unser ganzes Leben wird durch die Gewalt dieser Energie vereinnahmt. Wir fühlen uns in allen Situationen, gegenüber allen Leuten und den ganzen Tag über als bedürftiges Ich. In Indien gibt es den Spruch, dass ein Taschendieb, wenn er einen Heiligen erblickt, nur dessen Taschen sieht. Wenn wir vom Begehren und Gieren beherrscht werden, können wir nur sehen, wie jemand oder etwas unsere Bedürfnisse befriedigen könnte, ganz gleich, wer oder was vor uns steht. Diese Art von Dürsten und Lechzen zieht unseren Körper und unseren Geist zusammen und in eine tiefe Trance hinein. Wir gehen mit einer Art Tunnelblick durch die Welt, der uns daran hindert, uns an dem zu erfreuen, was sich uns darbietet. Die Farben der Herbstblätter oder die Passage eines Gedichtes verstärken nur das Gefühl, dass da ein riesiges Loch in unserem Leben klafft. Das Lächeln eines Kindes erinnert uns nur daran, wie schmerzlich es ist, dass wir kinderlos sind. Wir wenden uns von einfachen Vergnügungen und Freuden ab, weil unser Gieren und Dürsten uns zwingt, nach intensiverer Stimulierung oder aber Betäubung zu trachten.

Das suchthafte Begehren lässt sich, wenn man es nicht ausagiert, extrem schwer aushalten. Wie Oscar Wilde es formulierte: »Ich kann allem widerstehen außer der Verlockung.« Die Verlockung ist ein gefühlsmäßiges Versprechen, dass wir das Vergnügen erleben werden, nach dem wir so sehr gieren. Jeder Mensch, der mit seinem Suchtverhalten in Bezug auf Rauchen, Essen, Drogen oder Beziehungen gekämpft hat, kennt die zwingende Kraft dieser physischen oder mentalen Bedürfnisse. Wir wollen die Zigarette nicht sein lassen und stattdessen einen netten Spaziergang machen, beruhigende Musik hören, tief durchatmen. Wir wollen einfach nur, was wir wollen und wonach uns ist. Uns mag zwar bewusst sein, dass uns das, was wir uns reinziehen, nur eine zeitweilige Ersatzbefriedigung bietet, haben aber trotzdem das Gefühl, dass wir es einfach unbedingt »haben müssen«.

Sarah, eine Meditationsschülerin, die sich schon seit Jahren mit ihrer Esssucht herumschlug, kam zu einem zehntägigen buddhistischen Retreat und war in Panik, weil sie nicht wusste, wie sie mit dem Essen umgehen würde. Würde sie genug zu essen bekommen? Würde ihr das, was es gab, schmecken? Würde sie zu viel essen? Ihr graute davor, schweigend an einem der langen Esstische zu sitzen und ohne den tröstlichen Schleier der Unterhaltung vor aller Augen zu essen. Sie hatte Angst, die anderen könnten sie beobachten und erkennen, dass sie eine Essstörung hatte. Sie stellte sich vor, dass sie unerträgliche Scham empfinden würde.

In den ersten Tagen ihres Retreats stand das Essen im Mittelpunkt ihres Bewusstseins. Wenn der Gong erklang und verkündete, dass Essenszeit war, verließ sie die Meditationshalle und begab sich langsamen Schritts zum Speisesaal. Sie erzählte mir, dass ihr achtsames Gehen vorgetäuscht war: Sie hatte das Gefühl, von einem unwiderstehlichen Magneten angezogen zu werden. Während sie in der Warteschlange stand, wurde sie von Angst und Erregung gebeutelt. Wenn sie dann aß, was sie auf dem Teller hatte, dachte sie schon darüber nach, was sie sich danach noch holen wollte. Sie stellte fest, dass das Essen gut und reichlich war – so reichlich, dass sie sich immer noch einen, manchmal sogar einen zweiten Nachschlag holte. Statt sich wieder auf ihren alten Platz zu setzen, begab sie sich dann in einen anderen Bereich des Raums.

Bei unserem ersten Gespräch sagte sie, dass sie sich von Zwangsvorstellungen und Verlangen »bis ins Mark durchdrungen« fühle. Sie schämte sich schrecklich dafür, eine solche Versagerin und so »unspirituell« zu sein. Das Schlimmste für sie war, dass sie sich nicht davon abhalten konnte, zu viel zu essen, ganz gleich, wie sehr sie ihr Essen unter Kontrolle halten wollte. Diese vergeblichen Versuche, sich zu bezähmen, ließen sie sich mehr als alles andere als Versagerin fühlen.

Wir mögen uns oft nicht besonders, wenn wir uns im unbedingten Brauchen und Habenwollen verfangen haben, aber aus dieser Missbilligung wird häufig eine ausgewachsene Aversion, wenn es außer Kontrolle gerät und unser Leben bestimmt. Wir sehen, wie wir mit unseren Ess- oder Alkoholexzessen unseren Körper und unsere Beziehungen ruinieren. Wir sehen, wie wir mit unserer uferlosen Leistungs- und Karrieresucht unseren Kindern schaden. Wir beobachten, wie wir, wenn wir von Bedürftigkeit und Unsicherheit getrieben werden, unsere Liebesbeziehungen sabotieren. Wie eine Schülerin sagte: »Mein bedürftiges Ich ist mein schlimmster Feind.« Wenn wir uns für dieses Bedürftigsein und Gieren hassen, dann deshalb, weil dieses bedürftige Ich unser ganzes Leben beherrscht und vereinnahmt.

Im verzweifelten Versuch, vom Schmerz des Selbsthasses

loszukommen, schicken wir grausame und unversöhnliche Botschaften an dieses bedürftige Ich. Vielleicht versuchen wir es zu bestrafen, indem wir uns kein Essen, keine Ruhe, keinen Trost durch einen anderen Menschen mehr gönnen. Wir wollen so dringend den Teil unseres Selbst bestrafen, der unser Leben zerstört, dass wir unserem Körper oder Geist rücksichtslos schaden. Wie bei Sarah wird die qualvolle Scham über die Sucht alles beherrschend und hindert uns daran, zu spüren, »was das Selbst in seinem tiefsten Grund möchte«. Wir bleiben ohne Kontakt zu der Sehnsucht nach Liebe, dem primären Antrieb für unsere Sucht.

Das bedürftige Ich ablehnen

In der Geschichte von Adam und Eva schuf Gott den Paradiesgarten und pflanzte den Baum der Erkenntnis mit seinen köstlichen und gefährlichen Früchten mitten hinein. Dann setzte er zwei Menschen in seiner Nähe ab und verbat diesen neugierigen, Früchte liebenden Geschöpfen, davon zu kosten. Es war eine Falle. Natürlich griff Eva danach und wurde dann dafür bestraft und mit Schmach und Schande belegt.

Die gleiche Situation erleben wir täglich in unserer eigenen Psyche. Unsere Gesellschaft ermuntert dazu, es uns behaglich zu machen und gutgehen zu lassen, im Recht zu sein, Dinge zu besitzen, besser zu sein als andere, gut auszusehen und bewundert zu werden. Ebenso wird uns gesagt, dass wir uns unserer Selbstsucht schämen sollten, dass es ein Charakterfehler ist, so egozentrisch zu sein, und dass wir sündigen, wenn wir selbstnachgiebig sind.

Die meisten großen Religionen – Judentum, Christentum, Buddhismus, Hinduismus, Konfuzianismus – lehren, dass unser Habenwollen, unsere Leidenschaft und Gier Leiden verursachen. Das mag wohl wahr sein, doch diese pauschalen Belehrungen über die Gefahren des Begehrens und Verlangens vertiefen und verschärfen oft unseren Selbsthass. Uns wird geraten, die Gelüste unseres physischen und emotionalen Wesens zu transzendieren, zu überwinden oder irgendwie in den Griff zu kriegen. Uns wird beigebracht, der Wildheit und Heftigkeit unserer natürlichen Leidenschaften zu misstrauen und Angst davor zu haben, dass uns die Kontrolle über sie entgleitet. Audre Lorde schreibt: »Wir sind dazu erzogen worden … unsere tiefsten Sehnsüchte und Wünsche zu fürchten. Und die Angst vor ihnen macht sie uns verdächtig, hält uns gefügig und loyal und gehorsam und bringt uns dazu … mit vielen Aspekten unserer eigenen Unterdrückung zufrieden zu sein.«

Das Gleichsetzen von spiritueller Reinheit mit der Eliminierung von Verlangen und Begehren ist ein allgemein verbreitetes Missverständnis, das ich auch bei Schülern beobachte, die den buddhistischen Pfad gehen. Dies ist kein Problem nur unserer Epoche. Das Ringen um das Verstehen der Beziehung zwischen Erwachen und Verlangen im Kontext buddhistischer Lehren gibt es schon seit Buddhas Zeiten. Eine klassische Geschichte aus dem chinesischen Zen wirft ein Licht darauf. Eine alte Frau hatte seit zwanzig Jahren einen Mönch unterstützt und ihn in einer Hütte auf ihrem Land wohnen lassen. Sie meinte, dass er nach all dieser Zeit und als Mann in der Blüte seiner Jahre ein gewisses Maß an Erleuchtung erlangt haben sollte. Und so beschloss sie, ihn zu testen.

Statt ihm selbst seine tägliche Mahlzeit zu bringen, bat sie ein junges schönes Mädchen, dies für sie zu tun. Sie wies es an, den Mönch innig zu umarmen – und ihr danach zu berichten, wie er darauf reagiert habe. Als das Mädchen zurückkam, sagte sie, der Mönch habe stocksteif und wie erstarrt dagestanden. Da machte sich die alte Frau zur Hütte des Mönchs auf. »Wie war es«, fragte sie ihn, »den warmen Körper des Mädchens an dem deinen zu spüren?« Mit einer gewissen Bitterkeit antwortete er: »Wie ein verdorrter Baum auf einem Fels im Winter, absolut ohne Wärme.« Da warf die alte Frau den Mönch wutentbrannt aus der Hütte und brannte sie nieder. »Wie konnte ich nur all die Jahre auf einen solchen Betrüger verschwenden!«, rief sie.

Manchen mag die Reaktion des Mönchs tugendhaft erscheinen. Schließlich hatte er der Versuchung widerstanden, ja, er schien alles Verlangen und Begehren mit der Wurzel ausgerissen zu haben. Dennoch sah ihn die alte Frau als Betrüger an. War seine Art, das junge Mädchen wahrzunehmen – »wie ein verdorrter Baum auf einem Fels im Winter« –, das, worum es bei der spirituellen Praxis geht? Statt die Jugend und den Liebreiz des Mädchens in Wertschätzung wahrzunehmen, statt das Auftreten und Verschwinden einer ganz natürlichen sexuellen Reaktion zur Kenntnis zu nehmen, ohne aktiv zu werden, verschloss er sich, ließ er den Rollladen runter. Das ist nicht Erleuchtung.

Ich habe mit vielen Meditationsschülern und -schülerinnen gearbeitet, die die Botschaft bekommen hatten, das Spüren von Verlangen und Begehren sei ein Zeichen spiritueller Unterentwicklung. Es stimmt zwar, dass die Kraft gewisser Impulse unter Umständen geschwächt wird, wenn man die Aufmerksamkeit von ihnen abzieht, aber deshalb braucht das fortgesetzte Verlangen nach einfachen Freuden – köstliches Essen, Spiel, Unterhaltung oder sexuelle Befriedigung – kein peinlicher Beweis dafür zu sein, dass man niedrigeren Trieben verhaftet ist. Diese Schüler und Schülerinnen nehmen auch an, dass »spirituelle Menschen« nur aus ihren inneren Ressourcen schöpfen sollten und deshalb nur selten Trost oder Hilfe von ihren Freunden und Lehrern erbitten. Ich habe mit einigen gesprochen, die sich schon jahrelang in spirituellen Disziplinen übten, sich aber nie eingestanden hatten, dass sie einsam sind und sich nach Nähe und Intimität sehnen.

Wie der Mönch in der Zen-Geschichte veranschaulicht, schneiden wir uns von unserer Zärtlichkeit ab und verhärten uns gegenüber dem Leben, wenn wir das Verlangen verdrängen und wegschieben. Wir werden wie ein »Fels im Winter«. Lehnen wir das Verlangen ab, lehnen wir die Quelle unserer Liebe und Lebendigkeit ab.

Bei unserem nächsten Gespräch erzählte Sarah, dass sie einige Jahre, bevor sie sich entschloss, es mit einem Vipassana-Retreat zu versuchen, bei den Anonymen Esssüchtigen mit ihrem Zwölf-Schritte-Genesungsprogramm gewesen war. Sie hatte bei den OA (Overeaters Anonymous) bedeutende Fortschritte gemacht. Wenn sie das starke Verlangen zu überwältigen drohte, rief sie nun ihre Sponsorin an, statt direkt auf den Kühlschrank zuzusteuern. Das ist, was ich »betreute Pause« nenne – gemeinsam konnten sie sich anschauen, was sie fühlte, und verschiedene Reaktionsmöglichkeiten ausloten. Trotzdem hatte Sarah immer wieder Anfälle von Esssucht. Und jedes Mal, wenn sie zu einem der Treffen ging und sich dort als Esssüchtige vorstellte, hatte sie das Gefühl, damit ihre Identität als Süchtige weiter zu verfestigen. Sarah war in der Hoffnung zum Retreat gekommen, dass Meditation und Gebet – der elfte der zwölf Schritte – ihr helfen würden, sich aus dem Griff der Sucht zu lösen.

Nun war sie schon einige Tage im Retreat und zweifelte mehr denn je an sich, wie sie mir sagte. Ohne die Ablenkungen des Alltagslebens erschienen ihr die Stärke der Sucht und das Ausmaß ihrer Scham niederdrückender als je zuvor. Wann immer sie versuchte, Pause zu machen und ihre Aufmerksamkeit auf ihre Gier nach Essen zu richten, wurden die Erregung und Nervosität unerträglich. Jede ihrer Körperzellen schien sich aufzublähen, um ein unendlich großes Loch im Innern auszufüllen. Sarah war überzeugt, dass mit ihr etwas so Maßgebliches nicht stimmte, dass es niemals in Ordnung zu bringen war.

Ich bat sie, die Augen zu schließen und sich in den schlimmsten Teil ihrer Empfindungen und Wahrnehmungen hineinzuversetzen, in das, was am stärksten nach ihrer Aufmerksamkeit rief. Sie erwiderte sogleich, dass sie einen guten Eindruck auf mich machen wolle. Ich forderte sie auf, sich zu vergegenwärtigen, wie sich dieses Bedürfnis anfühlte, wie es sich als spürbare Empfindung in ihrem Körper ausdrückte. »Da ist eine Nervosität in meiner Brust«, berichtete sie. Ich schlug vor, sie solle im folgenden Verlauf für jede Emotion, jedes Bild oder Wort, das auf natürliche Weise zum Vorschein kam, offen bleiben. Wenn Gefühle aufwallten, die zu schmerzlich oder zu vereinnahmend waren, um bei ihnen bleiben zu können, dann erinnerte ich sie daran, im Stillen »auch das« zu sagen und sich danach wieder mit sanfter Aufmerksamkeit den Empfindungen in ihrem Körper zuzuwenden.

Als wir nun so beieinandersaßen, benannte Sarah leise den sich entfaltenden Strom ihrer Erfahrungen und Empfindungen: »Nervosität in meinem Magen. Angst: Ich führe diese Übung nicht richtig durch. Wut. Denke: Ich nehme zu viel von deiner Zeit in Anspruch. Noch ein Gedanke. Du musst mich wirklich für einen hoffnungslosen Fall halten. Wundsein, Druck in der Herzgegend. Noch ein Gedanke. So fühle ich mich immer, wenn mir jemand Aufmerksamkeit schenkt oder an mir Anteil nimmt. Sehnsucht. Zittern. Ich möchte geliebt werden. Traurigkeit.« Wir saßen noch etwa weitere fünf Minuten, während Sarah fortfuhr, jeder Welle an Urteil und Kritik und jedem Gefühl respektvoll Aufmerksamkeit zu widmen. Schließlich begann sie mehr Augenblicke der Ruhe und Gelassenheit wahrzunehmen. Bevor wir unser Gespräch beendeten, schlug ich ihr noch vor, diese Praxis weiterhin allein zu üben. Ich räumte ein, dass es unter Umständen sehr schwer sein würde, wenn sich dieses überwältigende Verlangen in ihr meldete. Doch wenn sie es schaffte, auch nur ein paar Minuten bewusst und achtsam zu bleiben, würde sie einen Prozess in Gang setzen, der eine nachhaltige Veränderung herbeiführen konnte. Ich sah einen Hoffnungsschimmer in ihren Augen, als sie sich bei mir bedankte und ging.

Als sie vier Tage später zu unserem nächsten Gespräch erschien, wirkte sie ruhiger. Ihre Augen leuchteten. Sie hatte an einem Nachmittag bis spät meditiert und es geschafft, ihren inneren Strom an Erfahrungen und Wahrnehmungen ziemlich kontinuierlich zu beobachten, so, wie sie es bei unserer letzten Sitzung getan hatte. Sie hatte sich nicht oft in ihren üblichen Gedanken verloren, was für ein schlechter Mensch sie wegen ihrer Gefühle sei. Sie hatte noch nicht einmal den Faden verloren, als ihr beim Duft der Kekse, die für den Nachmittagstee gebacken wurden, das Wasser im Mund zusammenlief und der Magen sich zusammenzog. Sarah hatte begonnen zu erleben, wie auch die schmerzlichsten und heftigsten Gefühle der Begierde schließlich nachließen und sich beruhigten, wenn sie nur still dasaß, benannte, was geschah, und einfach »auch das« sagte, statt sich zu wünschen, es möge verschwinden. »Plötzlich wurde mir klar, dass alle meine Wünsche und Gedanken und Gefühle eine endlose, sich permanent wandelnde Parade sind«, sagte sie. Um dann mit einem Ausdruck der Überraschtheit hinzuzufügen: *»Ich mache gar nicht, dass das passiert.«*

Für Sarah bedeutete diese Erfahrung von einer unkontrollierbaren, sich fortwährend wandelnden Realität einen Durchbruch, der ihre Beziehung zu sich selbst auf dramatische Weise veränderte. Sie hatte das, was in ihrem Innern vorging, gar nicht unter ihrer Kontrolle und nie unter ihrer Kontrolle gehabt. Sie hatte nicht darum gebeten, von Verlangen erfüllt zu sein. Sie konnte das Sperrfeuer an Zwangsvorstellungen gar nicht stoppen. Sie schilderte mir, wie sie während dieser Meditation eine Stimme flüstern hörte: »Es ist nicht meine Schuld. Es war nie meine Schuld.« Es war nicht Sarahs Schuld, dass sie so von Angst, Zwangsvorstellungen und Scham erfüllt war. Es war nicht ihre Schuld, dass sie sich aufs Essen verlegte, wenn ihre Gefühle unerträglich wurden. Als sie mir das sagte, brach sie in heftiges Schluchzen aus und betrauerte all die Momente in ihrem Leben, die sie damit verbracht hatte, sich für ihre Esssucht, für ihre Heimlichkeiten und ihr Vortäuschen, ihre Unsicherheit in der Gegenwart anderer die Schuld anzulasten.

Viele Konditionierungen führen zu dem bedürftigen Ich und den speziellen Formen, die unsere Begierden annehmen. In Sarahs Fall hatte sie die Neigung zu bestimmten Suchtarten geerbt. Sie war von der Trunksucht ihrer Mutter beeinflusst worden, die sie sogar im Mutterleib in Alkohol »gebadet« hatte. Zudem war ihre Mutter zu deprimiert und zu sehr von Selbsthass erfüllt, um ihrer Tochter eine wirkliche Stütze sein zu können, und ihr Vater war ein emotional distanzierter und zu Kritik neigender Mann. Sarah lebte in einer Gesellschaft, die Befriedigung durch Konsum versprach. Und ein wichtiger Punkt ist: Sie war wie alle Lebewesen biologisch darauf ausgerichtet, nach Vergnügen und Erfreuendem zu greifen und Schmerz zu meiden.

Wenn ich meine Schüler auffordere, sich die Ursachenkette anzuschauen, die zu ihrem Leiden geführt haben mag, erheben manche Einwände. Ist das denn nicht einfach nur eine intellektuelle Methode, einem anderen die Schuld zuzuschieben und der eigenen Verantwortung auszuweichen? Meine Eltern haben mich vernachlässigt, und wennschon. Gibt mir das das Recht, meinen Kindern gegenüber ungeduldig, meinem Ehepartner gegenüber egoistisch zu sein? Es ist gewiss ein Leichtes zu sagen, dass wir andere schädigen, kränken und verletzen, weil wir als Kinder schlecht behandelt worden sind. Doch es passiert etwas völlig anderes, wenn wir unserer persönlichen Konditionierung achtsam und genau nachgehen. Beispielsweise bitte ich eine Person, die von ihren Eltern vernachlässigt wurde, Pause zu machen und ganz ehrlich zu erspüren, was das für eine Erfahrung war. Kann sie den enormen Hunger nach Aufmerksamkeit spüren, der sich vielleicht unter diesen Umständen entwickelt hat? Wie sie immer noch das Bedürfnis empfindet, sich sogar dann selbst zu nähren, wenn andere darum bitten, genährt zu werden? Wenn wir mit klarem und vollständigem Gewahrsein oder Bewusstsein unsere Situation erfassen, fangen wir an, unser bedürftiges Ich in Mitgefühl zu akzeptieren. Das macht uns frei, aus alten Mustern auszubrechen und weiterzukommen.

Mit der Einsicht, dass ihre Begierde und ihr zwanghaftes Essen nicht ihre Schuld waren, durchbrach Sarah die schmerzvolle Kette automatischen Reagierens, die ihre Sucht angetrieben hatte. Die bloße Erkenntnis, wie sie sie bei den OA hatte, dass sie sich an das Essen als Ersatzbefriedigung klammerte, reichte nicht aus, das Muster zu sprengen. Dem bedürftigen Ich zu vergeben und sein Vorhandensein zu akzeptieren war der Riesenschritt in Sarahs Transformationsprozess. Sie musste zwar weiterhin ganz bewusst vergeben und loslassen, wenn die Begierde aufkam, doch als sie aufhörte, sich die Schuld anzulasten, wurde ihre Fähigkeit, präsent zu sein, nicht mehr von überwältigender Scham beeinträchtigt.

Aus dem bedürftigen Ich erwachen

In den drei verbleibenden Retreat-Tagen übte Sarah, auch die qualvollsten Begierden und Ängste zu akzeptieren, indem sie es zuließ, sie in ihrem Körper ganz unmittelbar zu empfinden und wahrzunehmen. Wenn sie von der Angst geplagt wurde, dass sie sich nie ändern und es nie besser werden würde, sagte sie »auch das« und spürte, wie Brust und Kehle zusammengedrückt wurden. Wenn sie glaubte, dass niemand jemals so etwas Erbärmliches lieben konnte, akzeptierte sie diese Angst mit »auch das«. Wenn die Verzweiflung darüber, »dass irgendetwas mit mir nicht stimmt«, sie zu überwältigen drohte, ließ sie sich den Kummer und Schmerz in ihrem Herzen spüren. Wenn Begierden und Sehnsüchte hochkamen und sie drängten, sich durch Essen Erleichterung zu verschaffen, blieb sie still sitzen und reagierte auf ihre zwingende Kraft mit einem »auch das«.

Sarah entdeckte in der Meditation, dass sie auch das heftigste und intensivste Verlangen durchleben konnte, ohne es wegzuschieben oder auszuagieren. Statt diese Art von Erfahrung zu hassen oder sich in einem Strudel mentaler Aktivität zu verlieren, sagte sie ja zu den Gefühlen der Dringlichkeit und Spannung und Angst. Statt zu versuchen, ihre Begierde zu befriedigen, ließ sie sie einfach zum Ausdruck kommen und durch sich hindurchfließen.

Sarah unternahm einen mutigen Schritt, als sie die von ihr geübte Akzeptanz und Präsenz in die Arena ihrer größten Kämpfe mitnahm, in den Speisesaal. Sie entdeckte, dass sie ihre Aufmerksamkeit verstärken konnte, wenn sie alles, was sie tat, verlangsamte: gehen, einen Happen auf die Gabel laden, die Gabel zum Mund führen, das Essen kauen. Dieses verlangsamte Tun war eine modifizierte Form von Pausieren. »Es gab Mahlzeiten, in denen mir ein Teller reichte«, erzählte sie mir. »Ich konnte jeden Bissen genießen, weil ich wirklich da war ... so präsent zu sein, gab mir das Gefühl, satt zu sein.«

Wenn sie den Drang verspürte, aufzustehen und sich einen Nachschlag zu holen, blieb sie sitzen, sagte im Stillen »auch das« und spürte in sich deutlich die scharfe Klinge der Spannung, den Druck der Erregung, die Vorfreude, die Angst. Manchmal verschwand der Impuls. Manchmal auch nicht, und das zwanghafte Verlangen, zu essen und den inneren Aufruhr zu betäuben, baute sich immer stärker auf. Wenn sich die Stimme der Verurteilung erhob, flüsterte sie im Stillen: »Es ist nicht meine Schuld, es ist nicht meine Schuld.« Das half ihr, ein bisschen sanfter und offener zu werden, die Heftigkeit ihrer Begierde ein wenig entspannter zu sehen. Wenn sie sich nach dem Pausieren entschloss, sich noch Essen zu holen, konnte sie diese Wahl mit Mitgefühl akzeptieren, statt sich dafür zu verurteilen oder zu genieren, als ob sie versagt hätte. Indem Sarah Pause machte und sich für das Gefühl des Verlangens vergab, hatte sie den Weg zur Radikalen Akzeptanz frei gemacht.

Als das Retreat zu Ende war, hatte sie das Gefühl, der Griff ihrer Sucht habe sich zu lockern begonnen. Die inneren Zwänge waren noch immer da, aber sie hatte für den Umgang mit ihnen eine wirkungsvolle und befreiende Methode gefunden. Nachdem wir uns zum Abschied umarmt hatten, sagte sie zu mir: »Wenn ich mich auch nur einmal in zehn Fällen daran erinnern kann, ›Es ist nicht meine Schuld‹ zu sagen, werde ich ein wesentlich glücklicherer und freierer Mensch sein. Wenn ich mir einfach nur selbst vergeben und präsent sein kann, werde ich okay sein.«

Sarah und ich telefonierten in den nachfolgenden Monaten noch einige Male. Sie wurde als mögliche Leiterin der englischsprachigen Abteilung an der Universität, an der sie lehrte, in Betracht gezogen, eine Position, die sie seit Jahren hatte haben wollen. Als der Termin für die endgültige Entscheidung näher rückte, stieg ihre Anspannung und damit auch ihr Verlangen nach spätabendlichen Snacks. Sie erzählte mir, dass sie sich eines Nachts nach Mitternacht vor dem Kühlschrank wiederfand, um sich Milch für noch eine Schüssel Cornflakes herauszuholen. Aber dieses Mal dachte sie daran, Pause zu machen. Sie nahm die Hand vom Griff, ging ganz langsam und bewusst zum Küchentisch, zog einen Stuhl hervor und setzte sich achtsam nieder. Sie konnte das Rasen in ihrer Brust spüren, saß aber ganz still und schickte sich die Botschaft: »Das Gieren nach Essen und das zwanghafte Denken an den Job sind nicht meine Schuld.«

Als Sarah ihre Aufmerksamkeit auf die wirbelnden Gedanken und Angstgefühle lenkte, merkte sie, dass sie nicht nur diesen beruflichen Erfolg haben wollte, sondern auch fürchtete, von dem Gefühl des Versagens und Scheiterns überwältigt zu werden, wenn sie den Posten nicht bekam. Die Spannung und der Druck in ihrer Brust waren so stark, dass sie kaum atmen konnte. Sie wollte Erleichterung; sie wollte essen. Doch als sie die explosive Rastlosigkeit ihres Verlangens weiterhin aufmerksam beobachtete, begann der massive Druck allmählich nachzulassen. Sie fühlte, wie sich etwas in ihrer Brust auflöste und öffnete, wie zunehmend Raum entstand. Und dieser Raum wurde von einer pulsierenden Zärtlichkeit erfüllt. Sie konnte nun spüren, wie tief sie sich danach sehnte, akzeptiert, wertgeschätzt, geliebt zu werden. Und während sie in mitfühlendem Gegenwärtigsein darauf lauschte, wie sich die Erfahrung von Bedürftigkeit in ihr entfaltete, befreite sie sich aus deren Umklammerung.

Am Ende des Monats wurde Sarah der Posten als Leiterin der Abteilung angeboten. Sie war entzückt, ein Traum ihres Berufslebens hatte sich erfüllt. Aber ihr wahrer Triumph bestand in einer zunehmenden inneren Freiheit. Sie erfuhr, dass sie ihre Wünsche und Begierden akzeptieren konnte, statt vor ihnen zu fliehen oder sie zu überdecken. Sie baute darauf, dass sie nicht mehr reflexartig zum Essen greifen würde, wenn die Ängste und Urteile in Bezug auf ihre Arbeitsleistungen unvermeidlich in ihr hochkamen, sondern sich stattdessen ein versöhnliches und freundliches Gegenwärtigsein anbieten konnte.

Viele Schülerinnen und Schüler fragen mich, ob wir nach Jahren spiritueller Praxis vom Ziehen und Zerren des Begehrens und Habenwollens frei sein werden. Sie wollen wissen, ob wir immer noch eine schmerzliche Anhaftung an bestimmte Leute empfinden, arbeitssüchtig sind, von Schokolade, Liebesromanen oder dem einen Bier zu viel abhängig sind, um einsame Abende zu überstehen. Solche Tendenzen mögen zwar fortbestehen, entwickeln sich aber oft dahin gehend, dass sie Bedürftigkeit und Scham offenbaren, die dann im Licht der Achtsamkeit ihren Griff lockern.

Wenn wir, wie Sarah, auf emotionaler Ebene großen Mangel erlebt haben, werden die Gewohnheiten des Klammerns oder ein ausgewachsenes Suchtverhalten sehr wahrscheinlich äußerst beständig und stark sein. Trotzdem brauchen sie mit der Zeit, auch wenn sie sich immer wieder melden, selbst in ihren zwanghaftesten und hartnäckigsten Ausformungen nicht zum Leiden zu führen. Die Empfindungen von Angst und Begierde mögen unangenehm sein, aber das Leiden kann lediglich eine Option sein, wie wir schon beim Thema Schmerz sahen. Wir leiden, wenn unsere Erfahrung von Begierde unsere Erfahrung von dem, wer und was wir sind, bestimmt und begrenzt. Wenn wir den Empfindungen und Gedanken von Bedürftigkeit und Gieren mit Radikaler Akzeptanz begegnen, lassen wir die Identität eines bedürftigen Ichs allmählich hinter uns und verbinden uns wieder mit der ganzen Fülle unseres Seins.

Die Praxis, dem Verlangen mit Radikaler Akzeptanz zu begegnen, bleibt im Wesentlichen die gleiche, ob wir uns nun in einem Meditationsretreat befinden oder inmitten eines geschäftigen Lebens. Wir machen Pause und setzen unsere physische oder mentale Jagd nach Befriedigung lange genug aus, um erkennen zu können, wie unsere Identität auf die Gefühle und Gedanken eines bedürftigen Ichs zusammengeschnurrt ist. In dieser Pause nehmen wir davon Abstand, uns für das Dasein der Bedürfnisse und Begierden die Schuld zu geben, und lassen sie in aller Freundlichkeit so existieren, wie sie sind. Wir laden sie zum Tee ein, spüren achtsam die Empfindungen in unserem Körper, nehmen die Gefühle und Gedanken wahr, die in unserem Bewusstsein entstehen. Wenn wir in dieser Weise präsent sind – klar, mitfühlend, weder nach etwas greifend noch uns etwas widersetzend –, lösen wir die Muster des automatischen Reagierens auf, die unseren Körper, unser Herz und unseren Geist in Bedürftigkeit gefangen halten. Und damit erweitern wir unsere Wahlfreiheit, wie wir leben möchten.

Was wir wirklich wollen

Der große tibetische Yogi Milarepa verbrachte viele Jahre in der Abgeschiedenheit einer Berghöhle. Als Bestandteil seiner spirituellen Praxis begann er den Inhalt seines Geistes in Form sichtbarer Projektionen zu betrachten. Seine inneren Dämonen der Lust, der Leidenschaft und Aversion erschienen vor ihm als zauberhafte verführerische Frauen und schreckenerregende, wutentbrannte Ungeheuer. Statt sich davon überwältigen zu lassen, sang Milarepa angesichts dieser Versuchungen und Schrecknisse: »Es ist wunderbar, dass ihr heute gekommen seid, ihr solltet morgen wieder kommen … von Zeit zu Zeit sollten wir uns unterhalten.«

Er lernte im Verlauf der Jahre intensiven Trainings, dass das Leiden nur daraus entsteht, dass man sich von den Dämonen verführen lässt oder gegen sie zu kämpfen versucht. Um in ihrer Gegenwart zur Freiheit zu gelangen, muss man sie unmittelbar und ganz wach so erleben, wie sie sind. In einer Geschichte von seinen Taten füllt sich Milarepas Höhle mit Dämonen. Da entdeckt er den hartnäckigsten und dominantesten von ihnen in der Menge und macht einen brillanten Schachzug – er steckt seinen Kopf in dessen Rachen. In diesem Moment vollkommener Ergebung verschwinden alle Dämonen. Es bleibt nur noch das strahlende Licht reinen Gewahrseins. Wie Pema Chödrön es beschreibt: »Wenn aller Widerstand verflogen ist, sind die Dämonen verschwunden.«

Zweifellos hatte ich den begehrlichen Wünschen, die meiner Vipassana-Romanze Nahrung gaben, voll Widerstand geleistet. Sie waren in meinen Augen die Dämonen, die mein spirituelles Leben vereinnahmten. Als ich schließlich erkannte, was für einen Kampf ich da führte, kam mir Milarepas Geschichte in den Sinn. Vielleicht war meine Vipassana-Romanze gar nicht der Feind meiner Meditationspraxis, sondern eine ganz natürliche Erfahrung, die meinem Erwachen dienen konnte. Wie wäre es, wenn ich den Dämon des Begehrens begrüßte und mich mit ihm »unterhielte«, wie Milarepa es gemacht hatte? Ich verlegte mich darauf, meinen Widerstand fallenzulassen, damit ich diese Energie kennenlernen konnte, die mein bedürftiges Ich antrieb.

In den nächsten paar Tagen nahm ich jedes Mal, wenn ich merkte, dass ich mich in einem meiner Höhenflüge romantischer Illusionen verloren hatte, diesen als »erotische Phantasie« zur Kenntnis und beobachtete sehr genau die Körperempfindungen und Gefühle, die damit einhergingen. Und da ich nun meinem unmittelbaren Erleben nicht länger auswich, fand ich mich von Wogen inneren Aufruhrs, sexueller Erregung und Angst erfüllt. Statt diesen als Dämonen betrachteten Gefühlen zu widerstehen, übte ich sie zu akzeptieren und erforschte sie mit einiger Neugier noch intensiver.

Der drückende Schmerz in meiner Brust entwickelte sich zu tiefer Trauer – Trauer über all die verlorenen Augenblicke der Liebe. Augenblicke, die ich verpasst hatte, weil ich von etwas anderem zu sehr in Beschlag genommen war oder zu beschäftigt, um mich ihnen zu öffnen. Ich wechselte hin und her zwischen dem Gefühl erotischer Leidenschaft und tiefem Kummer darüber, wie abgeschnitten ich mich von allem, wonach ich mich wirklich sehnte, fühlte. Wenn die Empfindungen von Begehren oder Leid besonders heftig wurden, verlor ich mich leicht wieder in ihnen, dachte darüber nach, was mir in meinem Leben fehlte, und gab mich Phantasien hin, wie ich meine Sehnsucht nach Liebe erfüllen konnte. Ich verurteilte diese Phantasien nicht als »schlecht«, sah aber, wie sie mich davon abhielten, mit meinen ganz konkreten Erfahrungen und Empfindungen in

Kontakt zu bleiben. Sie hinderten mich am zärtlichen und liebevollen Gegenwärtigsein – der Pforte zu dem, wonach ich mich am tiefsten sehnte.

Zwar versank ich nun nicht mehr so stark in meinen Geschichten, konnte aber erkennen, wie ich noch immer festhielt, noch immer die mich durchströmenden aufgeladenen Energien zu kontrollieren versuchte. Meine gewohnte gezügelte Haltung – der Körper angespannt und verkrampft, mein Tun ständig kommentierend – hielt mich davon ab, mein Wünschen und Wollen in all seiner Intensität und Gewaltigkeit loszulassen. Ich war mir nicht sicher, wie ich mich dahin bringen konnte, ohne irgendwelche Vorstellungen oder Beschränkungen frei und ungehindert zu lieben. Ich wusste nicht genau, was ich liebte, wusste aber, dass ich den Widerstand, der mein Herz zu ersticken drohte, aufgeben musste. Statt diese ganze Sehnsucht auf eine bestimmte Person zu fokussieren, wollte ich erfahren, wie unermesslich sie war.

An einem Abend meditierte ich noch spät allein in meinem Zimmer. Ich drang in meiner »einsgerichteten« Aufmerksamkeit tiefer und tiefer in die Sehnsucht vor, bis ich das Gefühl hatte, ich würde in ihrer herzzerreißenden Dringlichkeit gleich explodieren. Doch gleichzeitig wusste ich, dass ich genau das wollte – *ich wollte im Sehnen und Verlangen, im Verbundensein, in der Liebe selbst vergehen*. In diesem Moment konnte ich endlich meine Sehnsucht all das sein lassen, was sie war. Ich forderte sie sogar dazu auf: »Bitte nur zu. Sei so umfassend, wie du bist.« Ich steckte meinen Kopf in den Rachen des Dämons. Ich sagte ja und ergab mich wach dem Dschungel der Empfindungen, ergab mich in die Umarmung dessen, wonach ich mich sehnte. Wie ein Kind, das endlich von den Armen seiner Mutter umschlungen und gehalten wird, entspannte ich mich so vollständig, dass sich alle Grenzen von Körper und Geist auflösten.

Sofort hatte ich ein Gefühl, als ob Körper und Geist sich in alle Richtungen grenzenlos ausweiteten – ein fließender, sich wandelnder Strom von Schwingungen, pulsierend, kribbelnd. Nichts trennte »mich« von diesem Strom. Ich überließ mich ganz und gar dieser Ekstase, fühlte mich so offen wie das Universum, ungestüm lebendig und strahlend wie die Sonne. In dieser überwältigenden Feier der Lebensenergie war nichts fest und beständig. Und da wusste ich, dies war in seiner Ganzheit und Fülle das Lieben dessen, was ich liebe.

Kabir, der Sufi-Dichter des 15. Jahrhunderts, schreibt: »Das Universum ist in allen Teilen von einer einzigen Art Liebe durchsetzt.« Dies ist die Liebe, nach der wir uns sehnen. Wenn wir dem ungeheuren Ausmaß des Verlangens Radikale Akzeptanz entgegenbringen, es sein lassen, wie es ist, uns ihm weder widersetzen noch nach ihm greifen, löst das Licht unseres Gewahrseins das bedürftige Selbst in seiner Quelle auf. Wir entdecken, dass wir natürlicherweise und ganz und gar in der Liebe sind. Nichts ist von dieser lebendigen Bewusstheit getrennt oder ausgeschlossen.

Im Verlauf der nächsten Tage wurde ich jedes Mal, wenn ich mich für die Kraft der Sehnsucht öffnete, mit erneuerter und bedingungsloser Wertschätzung und Dankbarkeit für alles Leben erfüllt. Nachmittags begab ich mich hinaus in die verschneiten Wälder. Ich empfand ein tiefes Gefühl der Zugehörigkeit zu den riesigen Douglasfichten, den Meisen, die sich auf meinen Händen niederließen und Körner aufpickten, den vielschichtigen Klängen des Flusswassers, wenn es Eis und Felsgestein umfloss. Rumi schreibt:

Eine seltsame Leidenschaft geht um in meinem Kopf.
Mein Herz ist zum Vogel geworden,
der den Himmel absucht.
Ein jeder Teil von mir begibt sich in eine andere Richtung.
Ist es wirklich so,
dass der, den ich liebe, überall ist?

Der, »den ich liebe«, war überall, einschließlich in mir selbst. Wenn wir uns nicht auf einen einzigen, beschränkten Gegenstand der Liebe fixieren, entdecken wir, dass sich das bedürftige Ich oder Selbst in das Bewusstsein auflöst, das sich selbst liebende Liebe ist.

Ein paar Wochen nach meiner Rückkehr aus dem Retreat besuchte ich eine Konferenz und begegnete dem Mann, der das Objekt meiner leidenschaftlichen Phantasien gewesen war. Wir aßen gemeinsam zu Mittag, und ich konnte eine deutliche Anziehung zwischen uns spüren. Doch jetzt, da ich ganz real Zeit mit ihm verbrachte, vermochte ich auch die sehr augenfälligen Gründe zu erkennen, weshalb aus uns kein Liebespaar werden würde. Trotzdem begannen meine Gedanken, als ich an jenem Abend allein zu Hause war, wieder um die Möglichkeiten zu kreisen, wie wir zusammenkommen könnten. Da mir nun diese Art von Verlangen vertraut war, war ich bereit, Pause zu machen. Ich wusste, dass es, wenn es unbeobachtet blieb, mein bedürftiges Ich nur nähren würde. Ich gab dem Geschehen die Bezeichnung »Begehrensgeschichte« und ließ mich auf meinem Meditationskissen nieder.

Sogleich kamen Gedanken an eine mögliche Beziehung auf, und ich konnte spüren, wie ich mich sofort zu einem unvollständigen, bedürftigen Ich zusammenzog. Als ich mich öffnete und aus diesem inneren Film ausstieg, spürte ich wieder die Lebendigkeit, das Pulsieren und Schwingen, die Traurigkeit und das Sehnen, die in diesem Augenblick da waren. Wie schon im Retreat ließ ich mich diese Sehnsucht »bewohnen«. Ich entspannte mich und ließ sie sich durch mich in vollkommener Lebendigkeit entfalten. Sie strahlte leuchtend hell, und darin konnte ich wieder die Strahlkraft meines eigenen Herzens spüren. Es stimmte, ich wollte mich gerne in einer romantischen Liebesbeziehung mit irgendjemand »da draußen« befinden. Doch auf tieferer Ebene war es ebenfalls wahr, dass die Verbundenheit, nach der ich mich sehnte, in ebendiesem Moment verfügbar war. Wenn ich für diese Verbundenheit wach blieb, konnten Wünsche und Sehnsüchte meine Aufmerksamkeit mit Energie aufladen und leiten, doch sie konnten mich nicht für die schon vorhandene Fülle und Schönheit blind machen.

Der Buddha lehrte, dass wir uns davon frei machen, uns mit unserem Verlangen zu identifizieren, indem wir uns seiner bewusst und gewahr sind. Durch Radikale Akzeptanz beginnen wir die Schichten von Scham und Aversion abzustreifen, die wir um das »unzulängliche, bedürftige Ich« aufgebaut haben. Wir durchschauen die von uns fabrizierten Geschichten – Geschichten von einem Ich, das das Opfer von Begehren und Verlangen ist, von einem Ich, das gegen das Begehren ankämpft, von einem Ich, das sich in ungesunde Begierden und Lüste stürzt, von einem Ich, das irgendetwas mehr haben muss, und zwar etwas anderes als das, was im Hier und Jetzt da ist. Die Radikale Akzeptanz löst den Klebstoff auf, der uns an ein kleines Ich bindet, und macht uns frei, aus der prallen, pulsierenden Fülle und Ganzheit unseres Seins heraus zu leben.

Das Sehnen und Begehren trägt uns, wenn es voll und ganz empfunden und gefühlt wird, zur Zugehörigkeit. Je öfter wir diesen Pfad gehen – die Einsamkeit oder das Begehren fühlen und es in seinem ganzen ungeheuren Ausmaß bewohnen –, desto mehr wird die Sehnsucht nach Liebe zu einem Tor hinein in die Liebe selbst. Unsere Sehnsüchte verschwinden damit nicht und auch nicht das Bedürfnis nach anderen. Aber indem wir uns – immer und immer wieder – in den Quell des Verlangens und Begehrens hinein öffnen, kommen wir dahin, der grenzenlosen Liebe zu vertrauen, aus der er sich speist.

GELENKTE REFLEXION
»Nicht tun«, wenn wir uns vom Habenwollen getrieben fühlen

Das Greifen nach dem, wonach uns verlangt, ist zwar Bestandteil unserer Konditionierung, macht uns aber blind für unsere tieferen Sehnsüchte und hält uns im Begehren und Habenwollen gefangen. Die Freiheit beginnt, wenn wir innehalten und unsere Erfahrung, unser Erleben, ganz genau beobachten.

* * *

Denken Sie über einen Bereich in Ihrem Leben nach, in dem Sie sich von Begehren, Zwanghaftigkeit und Gier getrieben fühlen. Das können Zigaretten, Alkohol, Essen, Sex, Kritik, Computerspiele, Arbeit oder das

Kaufen von Dingen sein. Nehmen Sie sich vor, eine Woche lang das Pausieren zu üben, wenn Sie den Drang zum Ausagieren dieses Verhaltens in sich spüren. Kommen Sie, wenn Sie Pause machen, körperlich zur Ruhe, und beobachten Sie ganz genau die Natur des Begehrens. Wie fühlt sich Ihr Körper an, wenn das Begehren stark ist? Wo nehmen Sie die Empfindungen des Bedürfnisses am stärksten und umfassendsten wahr? Spüren Sie sie als Schmetterlinge im Bauch? Als Aufruhr in der Brust? Als Schmerz in den Armen? Haben Sie ein Gefühl, als würden Sie sich nach vorne beugen, in die Zukunft hineinfallen? Ist Ihr geistiges Bewusstsein angespannt und hektisch? Oder träge und dumpf? Achten Sie darauf, ob Sie in der Zeit des Pausierens von etwa einer Minute Veränderungen wahrnehmen. Sie könnten sich vielleicht fragen: »Was fehlt im Moment?«, und mit Ihrem Herzen lauschen. Gehen Sie, wenn Sie im Anschluss an die Pause Ihrem Begehren nachgeben – oder auch nicht –, langsam und achtsam vor. Empfinden Sie Spannung oder Erregung, Angst, oder verurteilen Sie sich selbst? Achten Sie mit klarer und mitfühlender Aufmerksamkeit auf die Empfindungen und Gedanken, die aufkommen.

* * *

Es kann zwar sein, dass wir nach diesem Pausieren immer noch dem nachgehen, was wir haben wollen, aber wir tun es wenigstens im Bewusstsein von einem Teil der Spannung und des Leidens, die diesen Begierden und Wünschen zugrunde liegen. Weil sich alle Erfahrungen fortwährend verändern, können sich mit der Zeit sogar Begierden auflösen, die wir als absolut unwiderstehlich empfanden. Während das Verlangen ganz natürlich wieder aufsteigt, ist die Erkenntnis, dass alles vergeht, befreiend. Das Verlangen zu beobachten, ohne es auszuagieren, erweitert unsere Wahlfreiheit in Bezug darauf, wie wir leben möchten.

GELENKTE REFLEXION
Unsere tiefste Sehnsucht entdecken

Wenn wir unsere ungezählten Bedürfnisse und Wünsche ins Licht des Gewahrseins und der Bewusstheit rücken, finden wir darunter einen tiefen und authentischen Quell spiritueller Sehnsucht. Diese essenziellen Sehnsüchte sind uns Wegweiser auf dem Pfad des Erwachens und der Freiheit.

* * *

Setzen Sie sich bequem hin, so dass Sie gegenwärtig sein und sich wohl fühlen können. Wenn Sie so weit sind, fragen Sie sich: »Wonach sehnt sich mein Herz?« Ihre anfängliche Antwort könnte lauten, dass Sie gesund sein, abnehmen, Geld verdienen, einen Partner finden möchten. Fragen Sie nochmals, lauschen Sie tief, und akzeptieren Sie, was immer spontan hochkommt. Setzen Sie das einige Minuten lang fort: Stellen Sie sich die Frage, halten Sie inne, und lassen Sie eine akzeptierende, nicht agierende Aufmerksamkeit walten. Vielleicht wird Ihre Antwort allmählich tiefer und einfacher werden. Bleiben Sie geduldig und entspannt – mit der Zeit wird, während Sie auf Ihr Herz lauschen, Ihre tiefste Sehnsucht zum Vorschein kommen. Diese kann sich als Sehnsucht nach Liebe, Präsenz, Frieden, Verbundenheit, Harmonie, Schönheit, Wahrheit oder Freiheit ausdrücken.

Wenn Sie erkennen, wonach Sie sich in diesem Moment am tiefsten und wahrhaftigsten sehnen, dann ergeben Sie sich in aller Wachheit dieser Sehnsucht. Sagen Sie ja, lassen Sie die Energie Ihrer tiefsten Sehnsucht Ihren Körper erfüllen, Ihr Herz und Ihr Bewusstsein durchdringen. Wie sieht Ihre Erfahrung aus, wenn Sie Ihre tiefste Sehnsucht ganz und gar bewohnen? Meditieren Sie weiter, erleben Sie das Sehnen mit offener geistiger und körperlicher Präsenz.

Diese schöne Übung kann auch mit zwei Personen durchgeführt werden. Setzen Sie sich einander in bequemer Haltung gegenüber. Beschließen Sie, wer zuerst die Fragen stellt und wer antwortet. Wenn Sie dann nach einer kleinen Weile ruhig und entspannt geworden sind, fragt die eine Person sanft: »Wonach sehnt sich dein Herz?« Und die andere Person spricht laut aus, was ihr als Erstes in den Sinn kommt. Wie auch immer die

Antwort ausfällt, die fragende Person sagt daraufhin einfach: »Danke«, verbeugt sich oder bestätigt auf andere Weise die gegebene Antwort, bevor sie die Frage erneut stellt. Setzen Sie das eine Zeitlang fort, die Dauer sollten Sie vorher vereinbaren. Machen Sie einige Augenblicke in Schweigen Pause, bevor Sie die Rollen tauschen, damit die Person, die die Frage beantwortet hat, in vollem körperlichen und geistigen Gewahrsein die Erfahrung ihrer tiefsten Sehnsucht ausloten kann. Eine solche Pause machen Sie auch, wenn die andere Person ihrerseits die Frage beantwortet hat. Ist die Meditation abgeschlossen, können Sie sich über Ihre jeweiligen Erfahrungen austauschen.

* * *

Wenn Sie sich untertags von Bedürfnissen und Verlangen getrieben fühlen, kann Sie die Frage »Wonach sehnt sich mein Herz wirklich?« jederzeit wieder mit der Reinheit und Lauterkeit spiritueller Sehnsucht in Kontakt bringen. Indem Sie, wann immer Sie möchten, Pause machen und sich fragen: »Was ist wirklich wichtig? Woran liegt mir am meisten?«, erwecken Sie Ihr von Natur aus anteilnehmendes Herz.

7

Das Herz im Angesicht der Angst öffnen

Wir müssen uns dem Schmerz stellen,
vor dem wir weggerannt sind. Tatsache ist,
wir müssen lernen, in ihm zu ruhen und uns
von seiner schonungslos sengenden Kraft
transformieren zu lassen.
Charlotte Joko Beck

Als Barbara zu mir zur Therapie kam, war das Meditieren für sie so unangenehm geworden, dass sie sich fragte, ob sie ihre Praxis fortsetzen konnte. Seit einiger Zeit überfielen sie bei ihren morgendlichen Sitzungen schreckenerregende Szenen aus ihrer Kindheit, sie blieb dann immer zitternd und verzweifelt zurück. Sie war gerade von ihrem ersten zehntägigen Retreat zurückgekehrt, und obwohl sie schon seit über einem Jahr regelmäßig meditierte, hatte sich bis dahin nichts derart Beunruhigendes ereignet. Das Meditieren war ihr eine Zuflucht gewesen. Sie wollte es nicht aufgeben, sondern das, was hochkam, handhaben können.

Sie erzählte mir von einer ganz bestimmten Szene, die in ihren Meditationssitzungen immer wieder aufstieg. Sie und ihre Mutter hatten einige Male über diesen Vorfall gesprochen, und es spielte keine Rolle, ob die Bilder ihrer Erinnerung oder ihrer Einbildungskraft entsprangen. Sie lösten unerträgliche Angst aus. Barbara war ein Kleinkind, und ihre Mutter badete sie in einer kleinen Wanne auf dem Küchentisch. Sie konnte das Wasser platschen und ihre Mutter sanft vor sich hin summen hören. Die beiden waren in ihr Erleben vertieft und glücklich miteinander. Plötzlich stürmte ihr Vater herein, betrunken, wütend, und schrie ihre Mom an: »Kannst du an überhaupt nichts anderes mehr denken ... das Baby hier, das Baby da ... Bist du irgendwann auch mal auf die Idee gekommen, dass ich nach Hause kommen und hungrig sein könnte, wenn ich den ganzen Tag lang hart gearbeitet habe?« Er schubste ihre Mutter beiseite, griff sich Barbara und tauchte ihren Kopf unter Wasser. Sie spürte, wie die großen Hände ihre Schultern und den Kopf nach unten drückten, wie sie Wasser schluckte und von wilder Panik ergriffen wurde.

Barbaras Mutter schrie »Nicht!!« und holte sie mit einem Satz aus der Wanne. Sie wickelte sie in ein Handtuch, drückte sie fest an sich und sagte mit gedämpfter Stimme: »Das Abendessen ist in ein paar Minuten fertig.« Mit heftig zitternden Händen kleidete sie ihre Tochter an. Barbara lag allein in ihrer Welt – wimmernd, fast reglos. Ihr friedlicher Moment war binnen eines Augenblicks zerstört worden.

Gleich, ob sich die Wut ihres Vaters gegen ihre Mutter oder gegen sie richtete, Barbara fühlte sich während ihrer ganzen Kindheit immer wieder von den gleichen Gefühlen wie gelähmt – der würgende Griff der Angst um ihre Kehle, der wilde Aufruhr und das saure Gefühl im Magen. Selbst wenn ihr Vater nicht zu Hause war, war sie ängstlich und nervös.

Kleine Kinder erklären sich Erfahrungen von Gewalt und Missbrauch, indem sie glauben, sie hätten sie verursacht, sie wären in irgendeiner Weise schuld daran. Barbara wuchs in der Annahme auf, sie würde die unvorhersehbaren Ausbrüche ihres Vaters herbeiführen. Wenn er sie plötzlich anschrie, fragte sie sich: »Was habe ich denn jetzt falsch gemacht?« Und dahinter verbarg sich immer die Überzeugung: »Ich bin schlecht. Ich bin so schlecht ... deshalb hasst er mich.« Und noch lange nachdem die Schockwellen des Terrors abgeklungen waren, empfand sie eine Scham, die in ihr den Wunsch erweckte, ins Bett zu krabbeln und sich unter der Decke zusammenzurollen. Als sie zum Teenager herangewachsen war, war ihr beständigstes Gefühl von sich selbst das, eine Außenseiterin zu sein – machtlos, angsterfüllt und absolut allein.

Als Erwachsene schaffte sie es dann ausgezeichnet, ihre Ängste vor den Augen der Welt zu kaschieren. Alle, die sie kannten, hielten sie für eine äußerst fähige, verantwortungsbewusste Person. Selbst ihre Freunde wussten nicht, dass sie in ständiger Angst lebte, sie könne unwissentlich jemanden kränken, einen Fehler machen, etwas tun, das irgendjemanden in Wut versetzt. Sie kannten Barbara nur als wunderbare Zuhörerin und fühlten sich in ihrer Gegenwart angenommen und unterstützt. Sie ermutigten sie, sich diese Eigenschaften beruflich zunutze zu machen, und so beschloss Barbara, den Magister in Erziehungswissenschaften zu machen und Berufsberaterin an der Highschool zu werden. Zwar fühlte sie sich im Umgang mit Teenagern unsicher, hoffte aber, ihnen eine Art von Unterstützung anbieten zu können, die sie in ihrer Jugend hatte entbehren müssen.

Im ersten Semester an der Universität war sie Randy begegnet, der im Hauptfach Betriebswirtschaft studierte. Er betete sie sofort an. Sie war schüchtern und süß und schien der Fürsorge zu bedürfen. Wenn er sie beim Umgang mit ihren Nichten oder mit einer Freundin, die Probleme hatte, beobachtete, wusste er, dass er sein Leben mit ihr verbringen wollte. Für Barbara war Randy der perfekte Ehemann. Er war freundlich und sanft, nicht bedrohlich. Sie zogen noch während des Studiums zusammen und heirateten ein paar Monate nach ihrem Studienabschluss.

Bald darauf wurde Barbara an einer kleinen Vorstadt-Highschool als Berufsberaterin eingestellt. Sie brauchte nicht lange, um zu merken, dass sie nicht so witzig oder locker war wie die anderen Beraterinnen und Berater und dass die Schüler nur selten einfach mal so zum Quatschen bei ihr vorbeischauten. Kamen die ihr zugewiesenen Schüler zu ihr, war sie aus Angst, sie könnte irgendetwas falsch machen, steif und distanziert. Die Begegnungen mit den Eltern waren noch schlimmer für sie. Ihre Ängste ließen sie aus allem, was jene sagten, eine Bemerkung über ihre persönlichen Fähigkeiten heraushören. Ein »Ich weiß nicht, was ich mit ihr machen soll« übersetzte sie in: »Warum waren Sie nicht imstande, uns besser zu beraten und anzuleiten?« Oder ein »Er hat so schreckliche Lerngewohnheiten« bedeutete: »Sie hätten ihm besser beibringen können, wie er an seine Arbeit herangehen kann.« Dann drehte sich ihr der Magen um, und der Kloß in ihrem Hals wurde so groß, dass sie kaum sprechen konnte.

Barbara erzählte mir, dass ihr Versuch, die Ängste im Zaum zu halten, sich anfühlte, als ob sie eine Meute wilder Hunde im Keller eingesperrt hielt. Je länger sie da unten eingeschlossen waren, desto hungriger wurden sie. Irgendwann würden sie unweigerlich durch die Tür brechen und das Haus stürmen. Was ihr nun in der Meditation widerfuhr, war schon seit Jahren sporadisch aufgetreten. Jedes Mal, wenn die Ängste sie überwältigten, fühlte sie sich, als ob die Hunde jeden Raum, jeden Schrank, alle Ecken und Winkel auseinandernähmen und nichts sie davon abhalten konnte.

Manchmal brachen sie kurz vor der Morgendämmerung über sie herein. Dann lag sie im Bett, und der dunkle Umriss des Bildes, das ihr gegenüber an der Wand hing, geriet langsam in ihr Wahrnehmungsfeld. Voller Angst wurde ihr dann klar, dass sie wach war. »Oh, mein Gott … in ein paar Stunden muss ich mich wieder einem Tag stellen.« Wie konnte sie weiterhin so tun, als wisse sie, was sie bei ihrer Arbeit tat? Andere Leute schafften es, einen Ganztagsjob zu machen, die Schwiegereltern zum Abendessen einzuladen oder zu Partys zu gehen, ohne von Ängsten und Befürchtungen überschwemmt zu werden. Aber für Barbara war das alles viel zu viel.

Manchmal brachen die Hunde durch, wenn sie und Randy miteinander geschlafen hatten. Sie lagen beieinander, und es fühlte sich so gut an, wenn er ihr sanft übers Haar strich. Und plötzlich war die Angst da – da war etwas so wunderbar für sie, und nun wurde sie überrumpelt. Die Angst wurde immer stärker, während sich in ihrem Kopf Geschichten abspulten: »Vielleicht kriegt er mich über, hat alle meine Ängste satt. Vielleicht möchte er mich verlassen.« Dann fühlte sie sich völlig verängstigt und allein, rollte sich zusammen und weinte. Und Randy nahm sie in die Arme, versuchte sie zu trösten und wusste nicht, was los war.

Ich habe regelmäßig mit Klienten und Meditationsschülern zu tun, die mit Ängsten zu kämpfen haben. Und wie Barbara fühlen sich manche von ihnen zuweilen überwältigt und gelähmt. Andere sind vielleicht nicht so eklatant traumatisiert worden, merken aber mit zunehmender Bewusstheit, wie stark die Angst ihr Leben beherrscht. Wir alle haben vernachlässigte und hungrige Hunde im Keller. Wenn wir einen Fehler machen, können sie jegliches Gefühl von Kompetenz, über das wir verfügen mögen, zunichtemachen. Wird jemand auf uns wütend, sind plötzlich die Hunde da und drohen, unsere Welt zu demontieren. Fühlen wir uns abgelehnt oder verraten, überzeugen uns die Hunde davon, dass uns nie jemand lieben wird.

Wenn die Angst derart beherrschend wird, sind wir in der Trance der Angst gefangen, wie ich es nenne. Wir verspannen uns in der Furcht vor dem, was schieflaufen könnte, und Herz und Geist ziehen sich zusammen. Wir vergessen, dass es Menschen gibt, die uns mögen, denen an uns gelegen ist, und wir entsinnen uns nicht mehr unserer Fähigkeit, uns weit und offen und großherzig zu fühlen. In der Trance gefangen erleben wir das Leben durch den Filter der Angst.

Jeder körperliche oder emotionale Schmerz ist unangenehm, doch der Schmerz der Angst kann unerträglich sein. Hat die Angst uns im Griff, existiert nichts anderes mehr. Unser ganzes extrem zusammengezogenes und schmerzliches Selbstgefühl hängt fest an den Gefühlen und Geschichten der Angst, an unseren Angstabwehrmechanismen. Doch diese Trance verliert allmählich ihre Macht über uns, wenn wir den nackten, ungefilterten Empfindungen von Angst mit Radikaler Akzeptanz begegnen. Eine solche Akzeptanz ist zutiefst befreiend. Wenn wir lernen, ja zur Angst zu sagen, verbinden wir uns wieder mit der Ganzheit und Fülle des Seins – mit dem Herzen und der Bewusstheit, die von der Angst überschattet wurden.

Was ist Angst?

Wer kennt nicht die Erfahrung, Angst zu haben? Angst heißt, wie Barbara in der Nacht aufzuwachen, voller Schrecken, dass wir nicht mehr weitermachen können. Angst ist das flaue Gefühl im Magen, das Wundsein und der Druck in der Herzgegend, die würgende Enge in der Kehle. Angst ist das laute Pochen unseres Herzens, das Rasen des Pulses. Angst schnürt den Atem ab, macht ihn schnell und flach. Angst sagt uns, dass wir in Gefahr sind, und drängt unseren Geist dazu, sich rasch das Geschehen zu erklären und herauszufinden, was zu tun ist. Angst beherrscht unser Bewusstsein mit Geschichten darüber, was schiefgehen wird. Angst sagt uns, dass wir unseren Körper, unser Bewusstsein, unsere Freunde, unsere Familie, die Erde selbst verlieren werden. *Angst ist die Erwartung von künftigem Schmerz.*

Ihre Grundfunktion ist das Sicherstellen des Überlebens. Auch eine primitivere Lebensform wie etwa das Reptil erlebt Angst. Rein physiologisch gesehen ist Angst eine Kette physischer Reaktionen, die sich in unveränderlicher Abfolge ereignen. Westliche Psychologen nennen diese biologische Reaktion »Affekt«. Sie kann sich in einem Moment blitzartig entladen oder auch ein paar Sekunden anhalten. Wenn der Angstaffekt auftritt, verändern sich Körperchemie und Nervensystem so, dass sie uns verschiedene nachhaltige Reaktionen auf bedrohliche Situationen ermöglichen. Zum Beispiel macht die vermehrte Blutzufuhr in die Extremitäten ihres Körpers die Antilope fluchtbereit. Die Muskelanspannung macht den Panther kampfbereit. Erstarrung und Reglosigkeit ist die Schutzhaltung, die der Gecko meines Sohnes einnimmt, sobald eine menschliche Hand ins Terrarium greift. Wenn unsere Katzen Angst haben, sträubt sich ihr Rückenfell, was sie größer und gefährlicher aussehen lässt. Unser Pudel duckt sich und macht sich klein. Ganz ähnlich mag auch ein Mensch versuchen, sich kleiner zu machen, die verletzlichsten Körperteile zu schützen – indem er den Kopf senkt, die Schultern anhebt, den Rücken krümmt und die Brust einzieht. Bei jedem Tier wird die einsgerichtete Konzentration auf die Selbsterhaltung so lange aufrechterhalten, wie Gefahr besteht.

Nur bei Säugetieren interagieren Wahrnehmung und Gedächtnis mit dem Affekt, um das Gefühl der Angst zu erzeugen. Sie gehört ebenfalls zu unserer Überlebensausrüstung und wird von den angesammelten Erfahrungen unserer persönlichen Biographie geformt. Der in Reaktion auf unsere unmittelbare Erfahrung entstehende Angstaffekt verbindet sich mit Erinnerungen an assoziierte vergangene Ereignisse und die Affekte, die sie auslösten. Deshalb haben manche von uns schreckliche Angst vor Dingen, die bei anderen absolut kein Gefühl von Gefahr wecken. Während der Angstaffekt selbst nur ein paar Sekunden anhält, dauert das Gefühl der Angst so lange an, wie der Affekt weiterhin durch angsterfüllte Gedanken und Erinnerungen stimuliert wird.

Das Angstgefühl macht uns auf die Möglichkeit eines negativen Feedbacks aufmerksam, wenn wir nicht mehr Zeit auf ein Referat für den Unterricht oder einen Arbeitsbericht verwenden. Es lässt uns wissen, dass wir, wenn wir unserer Ehe nicht mehr Aufmerksamkeit schenken, am Ende geschieden und allein dastehen könnten. Diese komplexere Reaktion auf eine Gefahr kommt auch ins Spiel, wenn wir einzuschätzen versuchen, ob wir wegen unserer Schmerzen in der Brust den Arzt aufsuchen sollten oder nicht. Das Angstgefühl kommt mit jeder Bedrohung unseres Wohlbefindens auf, sei es nun physischer, emotionaler, mentaler oder spiritueller Natur. Wie wir alle schon erlebt haben, kann es uns anleiten, auf gesunde Weise zu reagieren, oder es kann uns in die Trance der Angst fallen lassen.

Der wirkliche Grund für unsere Angst ist nicht immer klar ersichtlich. Wenn ich Angst habe, macht sie sich immer am gegenwärtig unmittelbarsten Geschehen in meinem Leben fest. Ich stecke vielleicht in einer langen Warteschlange an der Supermarktkasse fest und fürchte, dass ich es nicht schaffe, alles zu erledigen, weil ich kostbare Zeit vergeude. Ich habe vielleicht die ersten Anzeichen einer Grippe und mache mir Sorgen, dass ich, wenn ich richtig krank werde, Klienten oder meinen wöchentlichen Meditationsunterricht absagen muss. Ich helfe vielleicht meinem Sohn bei einem Unterrichtsprojekt und befürchte, dass er, wenn er die Aufgabe nicht gut genug zu Ende führt, eine schlechte Note bekommt und damit seine Möglichkeiten verringert, auf ein gutes College zu kommen. Ganz gleich, um welche äußeren Umstände es geht, es entsteht innere Anspannung. Und wenn ich Pause mache und mich frage, was mir denn wirklich Sorgen bereitet, merke ich, dass ich in jeder Situation befürchte, einen Verlust zu erleiden – den Verlust von etwas, das ich für mein Leben und Glück unerlässlich halte.

Der größte Verlust – der Verlust, der allen anderen kleineren Verlusten, vor denen ich mich fürchte, zugrunde liegt – ist der Verlust des Lebens selbst. Die Wurzel aller unserer Ängste ist unser Urverlangen nach Existenz und die Abneigung gegen Verfall und Tod. Wir sind in der einen oder anderen Form immer mit dem Tod konfrontiert. Ich weiß, dass meine Eltern älter werden, und eines Tages wird der Anruf kommen, und ich werde hören, dass es zu Ende geht. Mein Sohn, der Mittelpunkt meines Universums, wird den Highschool-Abschluss machen und von zu Hause ausziehen. Menschen in meinem Leben verlieren ihr Gedächtnis und physische Fähigkeiten. Mein eigener Körper altert sichtlich, wird müde und schmerzt. Das Leben ist zerbrechlich, und überall lauert der Verlust. Diese Angst vor der Trennung vom Leben, das ich liebe – die Angst vor dem Tod –, liegt allen anderen Ängsten zugrunde.

Und doch würden wir ohne die Angst nicht am Leben bleiben oder gedeihen können. Das Problem ist: Das Angstgefühl macht oft Überstunden. Auch wenn keine unmittelbare Bedrohung besteht, bleibt unser Körper unter Umständen angespannt und auf der Hut, unser Bewusstsein eingeschränkt in Konzentration auf das, was schiefgehen könnte. In diesem Fall hat die Angst nicht mehr die Funktion, unser Überleben sicherzustellen. Wir sitzen in der Angst-Trance gefangen, und unsere momentane Erfahrung ist an Reaktionsmuster gefesselt. Wir vergeuden unsere Zeit und Energie mit der Verteidigung unseres Lebens, statt es voll und ganz zu leben.

Gefangen in der Angst-Trance

Wir sind in der Angst-Trance gefangen, wenn das Angstgefühl zum Kern unserer Identität wird und uns in der Fähigkeit einengt, unser Leben voll und ganz zu leben. Gewöhnlich nimmt diese Trance ihren Anfang in der Kindheit, wenn wir im Zusammenhang mit den für uns entscheidenden Menschen Angst erfahren. Vielleicht hat unser nächtliches Babygeschrei unsere erschöpfte Mutter verärgert. Wir sahen die gerunzelte Stirn, hörten den schrillen Ton in der Stimme und fühlten uns plötzlich bei der Person, auf die wir uns am meisten verlassen haben, nicht mehr sicher. Unsere Ärmchen und kleinen Fäuste verkrampften sich, unsere Kehle wurde eng, unser Herzschlag raste. Diese körperliche Angstreaktion auf Missbilligung mag sich in unseren frühen Jahren häufig wiederholt haben. Vielleicht haben wir etwas Neues auszuprobieren versucht – haben uns allein, aber verkehrt herum angezogen; haben uns ein Glas Traubensaft eingegossen und etwas davon auf den Wohnzimmerteppich verschüttet. Beim Familienbesuch bei Großmutter haben wir vielleicht in der ersten Nacht ins Bett gemacht. Und immer, wenn sich der missbilligende Blick und verärgerte Ton in der Stimme unserer Mutter gegen uns richtete, spürten wir die gleiche Kettenreaktion der Angst in unserem Körper.

Zwar sind die Körper kleiner Kinder gewöhnlich entspannt und flexibel, aber wenn sie über Jahre hinweg fortwährend Angst erfahren, setzt eine chronische Verspannung ein. Dann sind unsere Schultern vielleicht permanent verkrampft und hochgezogen, unser Kopf vorgestreckt, unser Rücken krumm, unsere Brust eingesunken. Statt einer vorübergehenden Angstreaktion entwickeln wir einen permanenten Panzer. Wir werden »zum unsere Existenz verteidigenden Bündel angespannter Muskeln«, wie Chögyam Trungpa es ausdrückte. Und oft erkennen wir diesen Panzer nicht einmal, weil er sich so sehr als Teil von uns selbst anfühlt. Aber wir können ihn in anderen erkennen. Und wenn wir meditieren, können wir ihn auch in uns selbst spüren – die Verspanntheit, die Bereiche, in denen wir nichts fühlen.

Die Angst-Trance erzeugt nicht nur eine gewohnheitsmäßige Kontraktion in unserem Körper. Auch unser geistiges Bewusstsein verfängt sich in starren Mustern. Die einsgerichtete Konzentration, die uns bei echten Bedrohungen dienlich war, wird zur Zwangsvorstellung. Unser Geist, der Assoziationen mit Erfahrungen aus der Vergangenheit herstellt, fabriziert ohne Ende Geschichten, die uns daran denken lassen, was alles an schlimmen Dingen passieren könnte und wie sie sich vermeiden ließen. Durch das Ich-en und Mein-en steht das Ich im Mittelpunkt dieser Geschichten: Mir wird gleich etwas Schreckliches zustoßen; ich bin machtlos; ich bin allein; ich muss etwas unternehmen, um mich zu retten. Unser Geist ist dringlich bestrebt, die Situation unter Kontrolle zu bringen, indem er die Ursache des Problems ausfindig zu machen sucht. Wir deuten mit dem Finger auf andere oder auf uns selbst. Bei Barbara wurde ihre Angst vor der Wut ihres Vaters noch dadurch verschlimmert, dass sie das Gefühl hatte, ihn durch ihre Schlechtigkeit zu dieser Brutalität zu veranlassen. Wir reden uns vielleicht ein, dass wir uns oder anderen immer alles ruinieren oder dass wir das geborene Opfer sind, dass andere uns immer alles kaputt machen werden. So oder so erzählen uns unsere Geschichten, dass wir kaputt sind und auf der Hut sein müssen.

Gefühle und Geschichten von Wertlosigkeit und Scham sind vielleicht das Element in der Angst-Trance, das am meisten verbindet. *Wenn wir glauben, dass mit uns irgendetwas nicht stimmt, sind wir davon überzeugt, in Gefahr zu sein.* Unsere Scham nährt die bestehende Angst, und die Angst schürt noch mehr Scham. Allein die Tatsache, dass wir Angst haben, scheint schon zu beweisen, dass wir kaputt oder unfähig sind. Sind wir in dieser Trance gefangen, scheint das Angsthaben und Schlechtsein zu bestimmen, wer wir sind. Das Angstempfinden in unserem Körper, die Geschichten, die Art, wie wir Ausflüchte machen, uns zurückziehen oder um uns schlagen – all das wird für uns das Ich, das am realsten ist.

Die Angst-Trance wird aufrechterhalten von unseren Strategien, Angstgefühle zu vermeiden. Möglicherweise lernen wir zu lügen, wenn uns das vor jemandes Wut beschützt; zu attackieren, wenn uns das ein vorübergehendes Macht- und Sicherheitsgefühl beschert. Oder wir bemühen uns ständig, gut zu sein, wenn uns das vor Ablehnung bewahrt. Barbaras vorrangige Strategie war die, sich von für sie unangenehmen gesellschaftlichen Situationen wie zum Beispiel dem Aufenthalt in der Schulkantine fernzuhalten. Wenn sie mit anderen Lehrern und Beratern beisammen war, wurde sie starr, statt beim allgemeinen Scherzen und Geplänkel mitzumachen. Sie war eine Maus – freundlich, still, fast unsichtbar –, um in Sicherheit zu sein.

Dasselbe galt auch außerhalb der Arbeit. Randy forderte sie auf, mit ihm zu Picknicks mit Freunden, zum Tanzen oder in die Kirche zu gehen, doch sie lehnte gewöhnlich ab. Oft blieb er bei ihr zu Hause, aber wenn er gelegentlich doch mal allein wegging, nahm ihre Angst eine andere Form an. Irgendetwas Unvorhergesehenes würde passieren: Er würde sie satthaben und nach Hause kommen und sagen, dass er sie nicht mehr liebte, oder er würde bei einem Unfall ums Leben kommen. Wenn Randy dann getreulich und pünktlich zu Hause ankam und sie umarmen wollte, wurde sie steif, und eine innere Stimme sagte: »Er macht dir nur was vor.« Sie konnte ihm nicht erzählen, wie verletzlich und verängstigt sie war – es war sicherer, wenn sie sich selbst schützte und den Mund hielt.

Wenn wir uns in der Angst-Trance befinden, tritt der Rest der Welt in den Hintergrund. Wie bei einer Kameralinse verengt sich unsere Aufmerksamkeit, um sich ausschließlich auf den Vordergrund unserer angsterfüllten Geschichten und unserer Bemühungen um mehr Sicherheitsgefühl zu fokussieren. Wir essen vielleicht mit einer Freundin zu Mittag oder unterhalten uns mit einem Kollegen bei der Arbeit, aber deren Sorgen und Erfolge befinden sich außerhalb des Bereichs dessen, was für uns wirklich zählt. Vielmehr beziehen wir uns auf sie, je nachdem, wie sie sich auf unseren Angstlevel auswirken. Haben sie uns etwas anzubieten – Bestätigung, Trost, Gesellschaft –, das uns Erleichterung bringen kann? Versetzen sie unserem ohnehin schon schlechten Selbstwertgefühl noch einen Stoß? Merken sie, dass wir Angst haben? Sind wir bei ihnen sicher? Wir leben in unserer eigenen kleinen gefährdeten Welt.

Weil wir auf einen in der Vergangenheit angesammelten Schmerz reagieren, sind unsere Reaktionen auf das Geschehen im Augenblick völlig unverhältnismäßig. Wenn uns jemand kritisiert oder gegen uns ist, wirft uns das zurück in eine Zeit, in der wir keinen Zugang zum erwachsenen, gereiften Verständnisvermögen hatten. Wir fühlen uns, als wären wir ein machtloses Kind, allein, verängstigt und verschreckt. Wir verlieren zum Beispiel unsere Brieftasche oder kommen zu spät zu einer Verabredung und haben das Gefühl, es sei der Weltuntergang. Unsere Überreaktion bedeutet eine weitere Demütigung. Das Letzte, was wir wollen, ist, dass andere wissen, wie sehr unser Leben von den Hunden aus dem Keller beherrscht wird. Wenn andere merken, dass wir Angst haben, dann, so befürchten wir, werden wir in ihren Augen unattraktiv sein – jemand, den sie bemitleiden, aber nicht respektieren oder zum Freund haben wollen. Und während wir so tun, als wären wir okay, versinken wir noch tiefer im Gefühl der Isolation, der Einsamkeit und Bedrohung.

Weil die Angst-Trance aus dem Gefühl entsteht, von Beziehungen abgeschnitten zu sein, fühlen wir uns auf fundamentale Weise unsicher, bis wir im Zusammenhang mit anderen ein bisschen von der Liebe und dem Verständnis zu erfahren beginnen, die wir als Kind brauchten. Der erste Schritt hin zu einem Grundgefühl der Sicherheit besteht darin, unsere Verbundenheit mit anderen zu entdecken. Der Würgegriff der Angst lockert sich, wenn wir der Wirklichkeit dieser Zugehörigkeit zu trauen beginnen.

Die Sicherheit der Zugehörigkeit zu anderen

Barbara erzählte bei einer unserer ersten Sitzungen, dass sie häufig sang, wenn Randy daheim war, und wie gern er das hatte. Bei gemeinsamen Autofahrten stellten sie oft den Classic-Rock-Sender ein und sangen mit. Aber kürzlich hatte sich etwas ereignet, das ihr nun die Kehle zuschnürte. Eines Morgens saß Randy am Frühstückstisch über ihren Steuern, während Barbara die Küche sauber machte.

Sie hatte eine CD eingelegt und sang mit. Vielleicht war sie ein bisschen laut, denn plötzlich hörte sie Randy über die Musik hinweg rufen: »Barbara! Würdest du die Musik etwas leiser stellen, damit ich mich konzentrieren kann?« Ihr war, als sei ihr ein

Messer in die Brust gestoßen worden. Sie stellte den CD-Player aus und verließ den Raum. Randy ging ihr nach und fragte: »Was habe ich denn jetzt falsch gemacht?« Doch sie verzog sich wortlos ins Schlafzimmer und schloss die Tür hinter sich.

Nachdem sie mir dies erzählt hatte, brach sie in Schluchzen aus. Randys Bitte, die Musik leiser zu stellen, hätte sie nicht ängstigen sollen, aber sie hatte ihr Angst gemacht. Es erinnerte sie an einen Vorfall in ihrer Kindheit. Als Geschenk zu ihrem zwölften Geburtstag hatte ihre Mutter sie zum Jazztanzunterricht angemeldet. Das Tanzen machte ihr viel Spaß, und sie legte häufig im Wohnzimmer Musik auf und übte stundenlang. Eines Samstagnachmittags wurde die Musik jäh abgestellt, und die aggressive Stimme ihres Vaters riss sie aus ihren Träumen. Merkte sie denn nicht, dass sie seine Ruhe störte? Sie sollte entweder lernen, auf andere Rücksicht zu nehmen, oder machen, dass sie aus dem Haus kam. Sie stand wie erstarrt da und ging dann in ihr Zimmer. Als sich dieser Vorfall ein zweites Mal wiederholte, gab sie das Tanzen auf. Randy war ganz und gar nicht wie ihr Vater, aber sie fühlte sich auf gleiche Art zum Schweigen gebracht. Vielleicht sollte sie mit dem Singen aufhören, so, wie sie mit dem Tanzen aufgehört hatte?

Ich fragte Barbara, ob sie in ihrem Körper die Angst spüren konnte, die sie an jenem Morgen, durch Randys Bitte ausgelöst, empfunden hatte. Sie berichtete, dass sich ihre Kehle verengt anfühlte und ihr Herz laut klopfte. »Was möchte oder braucht die Angst von dir, Barbara?« Sie schloss die Augen und antwortete nach einem Augenblick: »Meine Angst möchte wissen, ob es für sie okay ist, da zu sein.« Ich fragte sanft: »Und … ist es für dich okay, dass die Angst jetzt in diesem Moment da ist?« Als sie zustimmend nickte, schlug ich vor, sie solle ihrer Angst das mitteilen.

Barbara war einige Augenblicke lang still. Sie machte ein paar langsame, tiefe Atemzüge, und ich sah, dass sich ihre Schultern beim Ausatmen entspannten. »Sobald ich ihr die Botschaft ›Ich akzeptiere dich‹ schickte, ließ die Angst ein bisschen Luft ab … wie ein Luftballon.« – »Okay, bleib dabei. Könntest du die Angst fragen, wovor sie sich fürchtet?« Nach einer kleinen Pause erwiderte Barbara mit flacher Stimme: »Dass ich Randy nicht verdiene. Dass er zu gut für mich ist.« Ich forderte sie auf, dies als Gedanken zur Kenntnis zu nehmen und sich auch daran zu erinnern, dass Gedanken nicht die Wahrheit sind.

Barbara kam schon eine Weile zu mir, und wir waren dabei zu erkunden, wie sie die Meditation am besten als Werkzeug nutzen konnte, um ihrer Angst ins Auge zu blicken, statt sich von ihr überwältigt zu fühlen. Ich fragte sie, ob es ihr gut damit ginge, wenn sie mit meiner Hilfe Achtsamkeitsübungen durchführen würde. Dabei sollte sie auf ihre Erfahrungen und Wahrnehmungen achten und laut aussprechen, was sie wahrnahm und fühlte, und ich würde ihr ab und zu Fragen stellen, um sie zur Vertiefung ihrer Aufmerksamkeit anzuleiten. Barbara nahm den Vorschlag mit Begeisterung auf, und in den nächsten Wochen streuten wir in unsere »Gesprächstherapie« immer wieder diese Achtsamkeitsübung ein.

Von meiner Gegenwart unterstützt, fing sie an, die nackte Angst, die ihr Leben beherrschte, zu beobachten. Wenn sie in ihrem Körper Angst spürte, nahm sie zur Kenntnis, wie ihre Kehle enger und ihre Stimme hoch und dünn wurde. Sie wurde sich der Gedanken bewusst, die ununterbrochen Vorhersagen darüber machten, was schiefgehen könnte. Sie nahm wahr, wie mit diesen Gedanken das Empfinden einer großen Last auf ihrem Körper und das Gefühl von Niederlage und Hoffnungslosigkeit einhergingen. Manchmal kamen so erschreckende Bilder oder Gedanken hoch, dass wir die Achtsamkeitsübung abbrechen mussten und einfach nur redeten. Mir fiel auf, dass Barbara ihren Blick in solchen Momenten auf den Boden heftete. Als ich das erwähnte, gestand sie, dass es ihr schwerfiel, mir in die Augen zu sehen, wenn sie sich so sehr fürchtete.

Nachdem wir einen Monat auf diese Weise gearbeitet hatten, berichtete sie mir, dass sich für sie etwas änderte. »Wenn ich hier bei dir bin, Tara, sind die hungrigen Hunde zwar nicht verschwunden, aber sie scheinen nicht mehr so gefährlich zu sein. Ich nehme an, wenn mir jemand den Rücken stärkt, fühle ich mich sicher genug, um die Tür einen Spalt öffnen und einen

Blick auf die Angst werfen zu können.« Ich gab zur Antwort, dass ich verstand, wie sie sich fühlte – es ist leichter, der blanken, außer Rand und Band geratenen Angst ins Auge zu blicken, wenn wir nicht allein sind. Tatsächlich ist es der schreckliche Schmerz der Isolation, der die Angst fortbestehen lässt. Weil Barbara noch jemanden neben sich hatte, der ihr beim Erkennen der Angst-Trance half, konnte sie achtsam sein und sich der Gefahr der Überwältigung weniger ausgesetzt fühlen.

Wenn wir uns isoliert fühlen und voll Angst und Schrecken sind, können wir den Boden für das Praktizieren von Radikaler Akzeptanz dadurch vorbereiten, dass wir uns als Erstes die Sicherheit einer Beziehung verschaffen. Barbara hatte sich klugerweise Unterstützung geholt, als sie von der Angst überwältigt wurde. Die meisten von uns finden sich immer mal wieder in der Angst festsitzen, und wir können sehr davon profitieren, wenn wir Hilfe in Anspruch nehmen. Befinden wir uns in heftigen Angstzuständen, *müssen wir daran erinnert werden, dass wir Teil von etwas Größerem sind, als unser angsterfülltes Ich es ist.* Im sicheren Hafen des Zugehörigkeitsgefühls zu anderen können wir dann allmählich die Zuflucht des Friedens entdecken, der in unserem Innern wohnt.

»Zuflucht nehmen«: zur inneren Quelle der Sicherheit und Zugehörigkeit finden

Barbara hatte in unseren gemeinsamen Sitzungen Sicherheit und Zuflucht gefunden, aber es war eine von einer äußeren Situation abhängige Sicherheit. Auf dem spirituellen Weg ist zwar unser Verbundensein mit anderen von essenzieller Bedeutung, doch echte Freiheit entsteht erst dann, wenn unsere Erfahrung des Zugehörigseins ihre Wurzeln tief in uns selbst findet. Die buddhistische Praxis der »Zufluchtnahme« erweckt und kultiviert dieses innere Erleben und Wahrnehmen von Sicherheit und Zugehörigkeit.

Die drei grundlegenden Zufluchtsobjekte im Buddhismus sind der Buddha (unsere erwachte eigentliche Natur), der Dharma (der Pfad oder Weg) und der/die Sangha (die spirituelle Gemeinschaft). In diesen Zufluchtsobjekten finden wir echte Sicherheit und wahren Frieden. Wir entdecken einen Ort, wo wir unsere menschliche Verletzlichkeit auf sich beruhen lassen können, und ein Refugium für unser erwachendes Herz und unseren erwachenden Geist. Unter ihrem Schutz können wir uns der Trance der Angst stellen und aus ihr erwachen.

Bei der formellen Praxis des Zufluchtnehmens rezitieren wir dreimal: »Zum Buddha, zum Dharma und zur höchsten Versammlung des Sangha nehme ich bis zur Erleuchtung Zuflucht.« Auch wenn hier eine Formel gesprochen wird, ist es doch kein leeres oder mechanisches Ritual. Mit jeder Wiederholung öffnen wir uns noch mehr der lebendigen Erfahrung, die hinter diesen Worten steckt. Und damit führt uns die Praxis zu einer nachhaltigen Vertiefung unseres Glaubens und Vertrauens: Je umfassender wir uns für jedes Zufluchtsobjekt öffnen und es bewohnen, umso mehr und umso stärker trauen wir unserem eigenen Herzen und Gewahrsein. Indem wir Zuflucht nehmen, lernen wir der Entfaltung unseres Lebens zu vertrauen.

Dem Zufluchtnehmen zum Buddha kann man sich auf verschiedenen Ebenen nähern, und wir können hier den für unser spezielles Naturell sinnvollsten Weg wählen. Wir können zum historischen Buddha Zuflucht nehmen, dem menschlichen Wesen, das vor über zweitausendfünfhundert Jahren unter dem Bodhi-Baum Erleuchtung erlangte. Als der Buddha Mara begegnete, empfand er Angst – die zugeschnürte Kehle, Enge in der Brust, Verkrampfung im Bauch, das Herzrasen, das auch wir empfinden, wenn wir Angst haben. Indem er der Angst bereitwillig seine volle Aufmerksamkeit entgegenbrachte, entdeckte er die Furchtlosigkeit – das offene klare Gewahrsein, welches das Entstehen und Vergehen der Angst erkennt, ohne sich zusammenzuziehen oder sich mit ihr zu identifizieren. Das Zufluchtnehmen zur Wahrheit seines Erwachens kann uns auf unserem Weg zur Furchtlosigkeit eine Inspiration sein.

Wer religiös ist, kann im lebendigen Geist von Buddhas erwachtem Herzen und Bewusstsein Sicherheit und Zuflucht suchen.

Ähnlich wie beim Beten zu Christus oder der Göttlichen Mutter können wir auch zu einem Wesen oder einer Präsenz Zuflucht nehmen, der/die/das an unserem Leiden Anteil nimmt. Für mich ist dies *Die Geliebte*, und so sage ich: »Ich nehme Zuflucht zu Der Geliebten«, und ergebe mich in das, was ich als grenzenloses Mitgefühl erlebe. Wenn ich Angst habe, unterstelle ich sie Der Geliebten. Damit versuche ich nicht, die Angst loszuwerden, sondern lasse sie in eine Zuflucht einfließen, die groß genug ist, meine Angst in Liebe aufzunehmen.

In seinem fundamentalsten Sinn bedeutet das Zufluchtnehmen zum Buddha ein Zufluchtnehmen zum eigenen Befreiungspotenzial. Um uns auf einen spirituellen Weg machen zu können, *brauchen wir den vertrauensvollen Glauben, dass unser Herz und Geist das Potenzial zum Erwachen haben.* Die wahre Kraft von Buddhas Geschichte, die Kraft, die sie über all die Jahrhunderte hinweg lebendig gehalten hat, liegt darin begründet, dass sie zeigt, was uns allen möglich ist. Den Geschichten über unsere Begrenztheit glauben wir so leicht, und wir vergessen, dass unsere eigentliche Natur – unsere Buddha-Natur – Bewusstsein und Liebe ist. Wenn wir zum Buddha Zuflucht nehmen, nehmen wir zum selben Gewahrseins- und Bewusstseinsvermögen Zuflucht, das Siddhartha unter dem Bodhi-Baum erwachen ließ. Auch wir können den Segen der Freiheit verwirklichen. Auch wir können furchtlos werden.

Wenn ich Zuflucht zu Der Geliebten genommen habe, lenke ich meine Aufmerksamkeit nach innen und sage: »Ich nehme Zuflucht zu diesem erwachenden Herzensgeist.« Ich lasse jegliche Vorstellung fallen, dass die Buddha-Natur etwas außerhalb meines Bewusstseins und Gewahrseins ist, ich schaue auf die angeborene Wachheit meines Seinswesens, die zärtliche Offenheit meines Herzens. Minuten davor habe ich vielleicht noch geglaubt, der Ansturm der Gefühle und Gedanken, die mein Bewusstsein durchziehen, das sei ich selbst. Aber indem ich ganz bewusst und vorsätzlich Zuflucht zum Gewahrsein und zur Bewusstheit nehme, löst sich diese kleine Identität auf und damit auch die Trance der Angst. Dadurch, dass wir unsere Aufmerksamkeit auf unsere tiefste Natur richten, die Essenz unseres Seins ehren, wird unsere eigene Buddha-Natur immer mehr zur lebendigen Wirklichkeit für uns. Wir nehmen Zuflucht zur Wahrheit von dem, wer und was wir sind.

Auch das zweite Zufluchtsobjekt, der Dharma, hat eine vielfältige Bedeutungsgeschichte. Das Sanskrit-Wort *dharma* bedeutet »Wahrheit, die Art der Dinge, das Naturgesetz«. Zum Dharma Zuflucht nehmen bedeutet zur Wahrheit Zuflucht nehmen, dass alles in und um uns dem Wandel und der Veränderung unterworfen ist; zur Wahrheit, dass wir die Trance der Angst vertiefen, wenn wir versuchen, an etwas festzuhalten oder uns dem Strom der Erfahrungen zu widersetzen. Dharma bezieht sich auch auf die Gesamtheit der die Wahrheit offenbarenden Lehren und Übungspraktiken. Wir nehmen Zuflucht zu den »geschickten Mitteln«, die unsere Buddha-Natur, unsere naturgegebene Weisheit und unser natürliches Mitgefühl erwecken.

Für Barbara war das Finden zum Dharma zunächst wie das Entdecken eines Floßes in stürmischer See. In der Achtsamkeit des Atmens zu ruhen und ihre Empfindungen wahrzunehmen boten ihr eine verlässliche Methode, sich zu stabilisieren und ein bisschen inneren Frieden zu erlangen.

Aber als die Dharma-Praxis zur Qual und nicht zum Frieden zu führen schien, wusste sie nicht, was sie tun sollte. Wenn sich unsere Praxis vertieft, werden ganz unvermeidlich Schichten vergrabener Ängste aufgedeckt. Wenn das passiert, ist es wichtig, eine Zuflucht zu finden, die uns Sicherheit geben kann. In manchen Fällen ist es klüger, so wie Barbara Hilfe in Anspruch zu nehmen. In anderen ist es am besten, die Vipassana-Praxis auszusetzen und stattdessen gütige Liebe zu uns selbst und anderen zu kultivieren (siehe Kapitel 10). Wie Barbara schließlich verstand, besteht der Dharma nicht aus rigiden Regeln oder Übungspraktiken. Wenn wir Zuflucht zum Dharma nehmen, nehmen wir Zuflucht zu jedweder Methode aufmerksamer und achtsamer Hinwendung, die uns hilft, aus der Trance der Angst zu erwachen und unsere wahre Natur zu erkennen und zu verwirklichen.

Weil der Dharma das Gesetz der Natur ist, ist auch die Zwiesprache mit der Welt der Natur ein Weg, zum Dharma Zuflucht zu nehmen. Wenn ich am Ufer des Potomac sitze und den wirbelnden Strömungen zusehe, wenn ich mich an eine hohe Platane lehne und spüre, wie das Leben über mich hinweg weitergehen wird, erfasse ich intuitiv, dass meine Existenz lebendig, veränderlich und frei von einem festgefügten, unveränderlichen, eigenständigen Selbst ist. Wenn wir unsere Zugehörigkeit zu den natürlichen Rhythmen des Lebens spüren, beginnt sich die Illlusion des Getrennt- und Bedrohtseins aufzulösen.

Das dritte Zufluchtsobjekt ist der (oder auch die) Sangha. Buddha lehrte zu seinen Lebzeiten, dass der Sangha – die Gemeinschaft der Mönche und Nonnen – ein wesentlicher unterstützender Faktor auf dem Pfad des spirituellen Erwachens ist. Sangha meinte traditionellerweise all jene, die den Weg des Dharma gehen, den Pfad spiritueller Freiheit. Auch sie wachten voller Angst und sich allein fühlend mitten in der Nacht auf. Auch sie erlebten die Erschütterung der Angst vor Verlust und die schreckenerregende Gewissheit des Todes. Wenn wir wissen, dass vor uns schon andere die schmerzlichen Muster der Angst durchbrochen haben, stärkt das unseren Glauben und unser Vertrauen, dass auch wir erwachen können. Wenn wir uns in ein Meditationsretreat begeben, sind unsere Mitpraktizierenden und Lehrer und Lehrerinnen der Sangha, der uns Sicherheit und Unterstützung bietet, wenn wir uns der Angst stellen.

Mit der zunehmenden Integration des Buddhismus im Westen hat sich die Bedeutung des Sangha dahin gehend verändert, dass er nun unter Umständen alle Menschen mit einschließt, die bewusst dem Pfad des Erwachens folgen. Wir werden vom Sangha unterstützt, wenn wir persönlich mit einem Therapeuten oder einer Heilerin arbeiten oder wenn uns eine enge Freundin verletzlich und authentisch sein lässt. Zum Sangha Zuflucht zu nehmen erinnert uns daran, dass wir in guter Gesellschaft sind: Wir gehören zu all jenen, die sich nach dem Erwachen sehnen, zu all jenen, die Zuflucht zu den Lehren und Übungspraktiken nehmen, die zu echtem inneren Frieden führen.

Eine in Washington, D.C., lebende Geistliche erzählte mir, dass sie seit den Terroranschlägen vom 11. September 2001 Angst hat, ihre sechsjährige Tochter zu Hause zurückzulassen, wenn sie auf Reisen ist. Sie hat Angst, dass während ihres Getrenntseins eine von ihnen ums Leben kommen könnte. So war sie denn auch kurz vor Aufbruch zu einem einwöchigen Meditationsretreat untröstlich, fand aber dann Zuflucht in einem Sangha, der groß genug war, um ihre Ängste in sich aufnehmen zu können: »Wenn ich mir all die anderen Mütter auf der ganzen Welt vorstelle, die ihre Kinder lieben und jetzt um deren Leben bangen, empfindet mein Herz anders«, schrieb sie mir. »Die Angst ist immer noch da, aber noch tiefer ist das Gefühl gemeinsamen Kummers und … von Mitgefühl. Wir sehen uns gemeinsam der Möglichkeit eines unermesslichen Verlusts gegegenüber.« Ihre ganz persönliche Angst hatte sie isoliert und sich verletzlich fühlen lassen; als diese zu *unserer* Angst wurde, fühlte sie sich nicht mehr allein. Das Mitgefühl, das in ihrem Herzen entstand, war weitaus größer als ihre Angst. Indem sie zum Sangha der Mütter, die ihre Kinder so sehr lieben, Zuflucht nahm, erweckte sie etwas, das die Daoisten »den unbezwingbaren Schild der Hinwendung und Anteilnahme« nennen, die Sicherheit des Verweilens im Herzen.

Ich nehme gern Zuflucht zum Sangha, indem ich mich auf die Menschen, die ich liebe, besinne und meinen Körper, mein Herz und mein Bewusstsein von Wärme und Zärtlichkeit durchfluten lasse. Diese körperlichen Gefühle von Gemeinsamkeit und Zusammensein fließen dann in meine nachfolgenden Reflexionen ein, bei denen ich mir auch jene, denen ich persönlich nicht so nahestehe, und schließlich alle Lebewesen allerorts vergegenwärtige. Wenn ich Angst habe, mich einsam und isoliert oder hartherzig fühle und auf diese Weise zum Sangha Zuflucht nehme, macht es die Kanten weicher und mindert es die Kraft der Trance. Manchmal denke ich sogar auch an meinen Hund, und mein Herz, das sich durch unser Verbundensein getröstet fühlt, öffnet sich nach und nach, um ein Zugehörigkeitsgefühl zu anderen empfinden zu können.

Weil wir uns alle in der Art, wie unsere Ängste und Bedürfnisse Gestalt annehmen, so sehr voneinander unterscheiden, kann es sein, dass uns eines der drei Zufluchtsobjekte zugänglicher ist und uns mehr gibt als die anderen. Wir können mit jenem anfangen, von dem wir uns am meisten angezogen fühlen. Wenn dann ein Gefühl von Sicherheit und Verbindung entsteht, öffnen wir uns problemloser für die anderen. Buddha, Dharma und Sangha sind wechselseitig miteinander verbunden – sie unterstützen sich gegenseitig, und ein jedes beinhaltet die anderen und entfaltet sich in die anderen hinein.

Es kann wie bei jeder spirituellen Praxis eine Zeitlang dauern, bis wir ein echtes Gefühl für das Zufluchtnehmen entwickelt haben. Mit den Jahren nährt es einen tiefen und befreienden Glauben an unser Zugehörigsein. Der Buddha lehrte, dass *unsere Angst groß, die Wahrheit unserer Verbundenheit aber noch größer ist.* Das Zufluchtnehmen transformiert unsere Beziehung zur Angst. Wenn wir die Sicherheit des Zugehörigseins in uns fühlen, können wir anfangen, der Angst mit Radikaler Akzeptanz zu begegnen.

Meditation und Medikation

Ich war zuversichtlich, dass es Barbara gelingen würde, sich mit der Zeit durch ihre psychotherapeutische Arbeit und die Meditation vom schmerzhaften Griff der Angst zu befreien, so verzweifelt sie auch war. Aber manche Menschen brauchen, ganz gleich, wie sehr sie sich bemühen, noch etwas anderes, um sich sicher zu fühlen und ihre Angst auf eine überschaubare Ebene zu bringen. Ob ein massives Trauma oder genetisch bedingte Veranlagung die Ursache ist – die Gehirnchemie und das Nervensystem mancher Menschen bewirken unerträglich hohe Level von Angstzuständen. Für sie kann unter Umständen eine medikamentöse Behandlung von Depression und Angstzuständen eine zusätzliche, vielleicht sogar entscheidende Hilfe sein, damit sie zu der Sicherheit finden können, die es ihnen ermöglicht, anderen Vertrauen zu schenken und sich spirituellen Praktiken zu widmen.

Der Gebrauch von Antidepressiva ist unter Meditierenden ein heiß umstrittenes Thema. Schüler fragen mich: »Habe ich nicht schon so gut wie aufgegeben, wenn ich Antidepressiva nehme? Gestehe ich dann nicht ein, dass das Meditieren nicht funktioniert?« Leute, denen der Arzt riet, eine medikamentöse Behandlung in Betracht zu ziehen, kommen zu mir und haben Angst, davon abhängig zu werden, befürchten, nie wieder ohne diese Mittel funktionieren zu können. Manche fragen sich, ob die Einnahme von Medikamenten nicht ganz direkt den Prozess des spirituellen Erwachens untergräbt: »Betäuben die Medikamente nicht eben die Erfahrung, die wir bedingungslos zu akzeptieren versuchen?« Ein Schüler fragte mich sogar: »Ist die Befreiung denn nicht unmöglich, wenn wir Medikamente einnehmen? Die Vorstellung, dass Buddha zu einem Antidepressivum griff, während er unter dem Bodhi-Baum saß, ist ja wohl undenkbar.«

Es stimmt, dass einige der gebräuchlichsten Antidepressiva ein Gefühl des Abstands von der akuten Angst, ein gewisses Maß an emotionaler Betäubtheit hervorrufen können. Und es ist auch möglich, zumindest psychisch von irgendeinem Stoff abhängig zu werden, der Erleichterung und Linderung verschafft. Aber wenn die Angst zu übermächtig ist, kann ein vorübergehendes medikamentöses Eingreifen die mitfühlendste Antwort darauf sein. Medikationen dirigieren, wie das Insulin bei Diabetikern, eine aus dem Gleichgewicht geratene Chemie wieder in Richtung Normalität. Für manche kann das einen entscheidenden und klugen Schritt auf dem spirituellen Weg bedeuten. Ich habe Schüler und Schülerinnen erlebt, die vor Angst völlig handlungsunfähig waren und ihr erst dann mit Achtsamkeit und gütiger Liebe begegnen konnten, nachdem sie mit der medikamentösen Behandlung angefangen hatten. Wie ein befreundeter

Psychiater sagt: Medikamente machen es manchen Menschen möglich, »endlich nicht mehr voller Angst zu tun und zu machen, sondern ganz einfach nur dazusitzen«.

Medikation und Meditation können Hand in Hand gehen. So, wie die medikamentöse Behandlung die Angsterfahrung auf biologischer Ebene verändern kann, kann das Praktizieren der Achtsamkeit helfen, den Komplex reaktiver Gedanken und Gefühle aufzulösen, der die Trance nährt und aufrechterhält. Seth, einer meiner Meditationsschüler, ist Komponist und Pianist. Er nahm Antidepressiva, nachdem er jahrelang erfolglos gegen seine zermürbende Angst, Scham und Depression angekämpft hatte. Er fürchtete sich vor seinen Auftritten und den damit verbundenen Perfektionserwartungen. Zu mir sagte er: »Zu wissen, wie man Musik komponiert und spielt, ist mein Leben. Wenn ich das Gefühl habe, dass ich es vermassle, ist alles aus. Dann fühle ich mich total wertlos.« Als er mit der Einnahme von Antidepressiva begann, verringerten sich seine Angstzustände erheblich. Zwar kamen die altvertrauten Geschichten und Selbstverurteilungen immer noch hoch, aber weil die Angst weniger heftig war, konnte er erkennen, dass seine Gedanken nichts weiter als Gedanken waren und nicht die Wahrheit darüber, wie die Dinge wirklich sind. Und als er seine Meditationspraxis mit der Zeit vertiefte, machte er sich mit einem neuen und anderen Selbstgefühl vertraut. Statt sich als krank und kaputt abzulehnen, begann er, sich um sich selbst zu kümmern und sich selbst zu trösten.

Nach zwei Jahren beschloss er, die Antidepressiva abzusetzen. Seine Angst hatte zwar abgenommen, doch er hatte auch seine natürliche Sensitivität und sein Einfühlungsvermögen bis zu einem gewissen Grad eingebüßt, und seine Libido war gemindert. Binnen weniger Monate bekam er wieder heftige Angstattacken und zuweilen auch eine lähmende Depression. Doch wenn sich nun die alten Geschichten wieder zu Wort meldeten, konnte er sie achtsam zur Kenntnis nehmen, statt sich in ihnen zu verlieren. Die Einnahme von Medikamenten hatte einen Keil in die Angst-Trance getrieben und sie damit weniger vereinnahmend werden lassen. Seine Gefühlszustände waren nach wie vor heftig, aber seine Angst wurde nicht mehr von überwältigender Selbstverurteilung und Scham genährt. Er hielt sich nicht länger für einen kaputten Typen. Auch wenn er sich vielleicht ab und zu durch Medikamente wieder etwas Erleichterung verschaffte, so waren seine spirituelle Praxis und sein Glaube an sich selbst mittlerweile doch so stark geworden, dass sie ihm das echte Gefühl von innerer Freiheit schenkten.

Es gibt keine perfekten Rezepte für den Erweckungsprozess aus der Angst-Trance. Wenn wir auf unserem Pfad Entscheidungen treffen müssen, dann ist es wichtig, uns zu fragen, ob sie dem Erwachen und der Freiheit dienen werden oder nicht. Die besten Antworten finden wir, wenn wir uns unsere Absichten ehrlich anschauen. Was ist unsere Intention, wenn wir eine Therapie machen, wenn wir Medikamente nehmen, wenn wir eine bestimmte Art von Meditation machen? Benutzen wir die Medikation als Flucht vor schmerzlichen Beziehungen oder ungewollten Verpflichtungen? Haben wir wirklich und wahrhaftig vor, uns der Angst zu stellen und sie zu akzeptieren? Ist das, wozu wir uns entschieden haben, uns eine Hilfe, um uns zu entspannen und freundlicher und gütiger zu werden? Diese Fragen stellen wir uns auf unserer Suche nach Wegen zum Gefühl von Sicherheit. Dann experimentieren wir, um herauszufinden, was funktioniert.

Der Angst Raum geben

Barbara konnte mit Hilfe unserer Sitzungen wieder allein zu Hause meditieren. Sie hatte gelernt, dass sie Zuflucht nehmen oder liebevolle Hinwendung praktizieren konnte, wenn in ihr große Angst aufkam. Und als ihr Sicherheitsgefühl allmählich zunahm, begann sie sich auch direkter für den Entstehungsprozess der Angst zu öffnen. Unterdessen stellten wir uns in den Sitzungen weiterhin gemeinsam ihrer Angst.

Eines Tages kam sie blass und müde in die Praxis. Sie hatte schlecht geschlafen, erzählte sie. Marty, eine der Schülerinnen, mit der sie arbeitete, hatte sich auf Drogen eingelassen und stand nun kurz vor dem Rausschmiss aus der Schule. Barbara hatte begonnen, die zweimal in der Woche stattfindenden Treffen mit ihr zu fürchten. Marty war mürrisch und schwer zugänglich, und Barbara wusste nicht, wie sie ihr helfen konnte, aus dem Loch herauszuklettern. Jedes Treffen ließ sie sich noch unzulänglicher fühlen.

Barbaras Stimme klang angespannt, die Hände hatte sie zu Fäusten geballt. Die Angst hatte ihre Sicht so sehr verengt, dass sie keinen Zugang zu ihrer natürlichen Intuition und Herzenswärme hatte, wodurch sie für Marty offen und gegenwärtig sein könnte. Ich wusste, wenn sie es schaffte, den Fokus ihrer Aufmerksamkeit zu öffnen, würde ihre erweiterte Sicht alles ändern. Dann würde sie imstande sein, ihre Angst *und* Martys Leiden voll Mitgefühl zu akzeptieren.

Ich bat sie, die Augen zu schließen und sich ihr nächstes Treffen mit der Schülerin vorzustellen. Sie verkrampfte sich sofort. »Versuch dir vorzustellen, wie du auf einer Parkbank sitzt«, schlug ich mit leiser Stimme vor. »Benenne einfach, was du erfährst und wahrnimmst, sag freundlich hallo und lade es ein, sich neben dir niederzulassen.« Barbara nickte zustimmend: »Da ist ein starker Druck in meiner Brust. Mein Magen fühlt sich völlig verknotet an … Okay, sie sitzen neben mir.« Und nach einer Pause: »Eine Stimme sagt mir: ›Du wirst es vermasseln … du bist hoffnungslos.‹« – »Sag einfach hallo auch dazu und lade sie ein, sich hinzusetzen«, erinnerte ich sie nochmals.

Nachdem eine Weile Stille geherrscht hatte, fragte ich sie, was passierte. Sie erwiderte mit einem kleinen Lachen: »Die Angst sitzt neben mir auf der Bank, aber wenigstens nicht mehr auf mir. Ich habe Raum zu atmen!« Ich forderte sie auf, weiterzumachen und tiefer durchzuatmen, ihre Hände zu entspannen und auch andere Verspannungen zu lösen. »Kannst du, während du nun so auf der Parkbank sitzt, deine Aufmerksamkeit so weit ausdehnen, dass du die Geräusche in deinem Umfeld mit aufnehmen kannst? Sieh den unendlich weiten Himmel, der sich in alle Richtungen erstreckt, höre auf Töne und Klänge, die in diesem Raum entstehen und vergehen. Kann dein Geist, während die Angst neben dir sitzt, mit der großen Weite des Himmels eins werden?«

Barbaras Gesicht wurde weicher, und sie atmete tief durch. Dann sagte sie mit einem langsamen Nicken: »Die Angst ist immer noch da, aber jetzt scheint sie sehr viel kleiner zu sein.« Ich forderte sie auf, sich in diesen weichen, wachen Raum fallen zu lassen und ihre Angst anzunehmen. *»Lass die Angst einfach im Gewahrsein schweben.«* Am Ende unserer Sitzung konnte sich Barbara vorstellen, wie sie mit Marty sprach, wie ihr dabei die Angst in der Brust hochstieg und wie sie diese durch achtsames Wahrnehmen entwirrte und allmählich auflöste.

Sich der Angst achtsam gewahr zu sein verlangt, dass man offen und wach ist. Wie Barbara erlebte, konnte sie präsent sein und bleiben, indem sie sich geistig öffnete. Durch *das Wachsein* konnte sie alles, was entstand oder hochkam, erkennen und voll und ganz erfahren. Diese beiden Aspekte der Achtsamkeit sind für die Erweiterung unseres Fokus unabdingbar. Wenn wir nicht wach bleiben, kann das Verweilen in der Weite des Raums dazu führen, dass wir abheben. Wir können diese Offenheit als Fluchtmechanismus vor der Angst anstreben statt als Methode, ihr in Achtsamkeit zu begegnen.

Wenn wir eine Beziehung *zur* Angst herstellen, statt *von* ihr auszugehen, beginnt sich unser Gefühl von uns selbst zu verändern. Statt ein angespanntes und kämpfendes Ich zu sein, verbinden wir uns wieder mit unserem von Natur aus weiten und offenen Gewahrsein. Statt in unsere Erfahrungen eingekerkert zu sein und von ihnen bestimmt zu werden, erkennen wir sie als veränderlichen Strom der Gedanken und Gefühle. Weil unser geistiges Bewusstsein gewohnheitsmäßig verengt ist, erfordert das Erweitern des Fokus regelmäßige Übung. Wenn wir durch die Achtsamkeitsmeditation dieses wache Offensein kultivieren, können wir dieses Werkzeug zur Erweiterung des Fokus auch mitten in sehr problematischen und herausfordernden Situationen einsetzen, wie Barbara entdeckte.

Marty kam zu ihrer nächsten Beratungsstunde zu spät, setzte sich und verkündete: »Das ist Zeitverschwendung. Ich bin sowieso allen egal, hier oder sonst wo.« Auf der verzweifelten Suche nach irgendetwas »Richtigem«, das sie sagen konnte, sah Barbara Marty einfach nur an und war sich dabei der Panik bewusst, die sich in ihrem Körper breitmachte. Dann merkte sie plötzlich, dass sie in ihrem Innern »Panik« notiert, hallo zu ihr gesagt und sie auf der Parkbank neben sich gesetzt hatte. Nun stellte sie sich ganz spontan auch Marty auf dieser Parkbank vor. Sie atmete tief durch, blickte durchs Fenster, das sich hinter dem Mädchen befand, und erinnerte sich beim Anblick des Himmels an den weiten Raum des Gewahrseins und der Bewusstheit. Er trug ihre Angst, das Ticken der Uhr und den Farbenwirbel des Van-Gogh-Posters an der Wand ihres Büros. Er konnte auch Marty tragen. In diesen wenigen Augenblicken war Barbaras Geist aus dem Klammergriff der Angst vor dem Versagen befreit worden. Als sie ihre Aufmerksamkeit nun wieder Marty zuwandte, sah sie einen verwirrten und leidenden Menschen vor sich. Ihr Herz wurde von Zärtlichkeit erfüllt. Mit einer Offenheit, die beide überraschte, bat sie: »Marty, bitte sag mir, was ist los?«

Diese begann zu weinen und stieß unter Schluchzern hervor: »Es tut mir leid. Es tut mir so leid. Ich mache einfach alles kaputt … für jeden.« Barbara rückte näher heran und legte ihre Hand sanft auf die Schulter des Mädchens, auch wenn sie sich dabei ein bisschen unbeholfen vorkam. »Es ist okay, Schatz«, murmelte sie tröstend. »*Du bist* okay. Das kommt alles in Ordnung.«

Indem sie den Fokus des Gewahrseins weit genug öffnete, um eine Beziehung zu ihrer eigenen Angst herstellen zu können, hatte Barbara auch Raum für Martys Angst geschaffen. Beim Kultivieren der Radikalen Akzeptanz erleben wir immer und immer wieder, wie die Flügel der Achtsamkeit und des Mitgefühls miteinander verbunden und aufeinander bezogen sind. Indem sie ihren Fokus erweiterte und ein achtsames Gegenwärtigsein herstellte, entfaltete Barbara ihre natürliche Fürsorglichkeit und Anteilnahme.

Das Erweitern des Fokus ermöglicht ein vollkommenes und akzeptierendes Gegenwärtigsein. Stellen Sie sich eine Herde wilder Hengste vor, die in einen engen Korral eingesperrt ist, und dann stellen Sie sich diese Tiere vor, wie sie frei über die weite, offene Steppe dahingaloppieren. So ist der Unterschied zwischen unserer Sicht auf das Leben mit engem Fokus und der weiträumigeren Sicht durch einen erweiterten Fokus. Wenn unser Gewahrseins- oder Bewusstheitsfeld offen und unendlich weit ist, ist mehr als genug Platz für die Hengste der Angst, wenn sie bei ihrem Durchrasen Staub aufwirbeln.

Wenn ich meditiere und den Klammergriff der Angst spüre, nehme ich mir oft ein paar Minuten, um den Fokus zu weiten. Aber wenn ich dann ein bisschen physischen und mentalen Raum geschaffen habe, kann ich das rückhaltlose Gegenwärtigsein nur dann vertiefen, wenn ich die Angst direkt fühle. Andernfalls könnte mich die Tröstlichkeit meines Empfindens von Weite und Offenheit dazu verleiten, den unangenehmen Gefühlen meiner unmittelbaren Erfahrung auszuweichen. *Inmitten der Angst wirklich und wahrhaftig wach zu sein verlangt die Bereitschaft, aktiv mit den Empfindungen der Angst in Kontakt zu treten.* Diese Methode, sich bewusst und vorsätzlich auf die Angst einzulassen, nenne ich das »Hineinlehnen in die Angst«.

Hineinlehnen in die Angst

In einer beliebten Lehrgeschichte springt ein Mann auf der Flucht vor einem Tiger von einem Felsvorsprung. Glücklicherweise hält ein Baum seinen Fall auf. Da hängt er nun und klammert sich an einen Ast, während über ihm der Tiger auf und ab wandert und hundert Meter unter ihm spitzes Felsgestein aufragt. Verzweifelt ruft er: »Hilfe! Hilft mir jemand!?« Eine Stimme antwortet: »Ja?« Der Mann schreit: »Gott, Gott, bist du das?« – »Ja«, kommt die Antwort. Völlig verängstigt sagt der Mann: »Gott, ich tu alles, was du willst, aber bitte, bitte, hilf mir.« Gott antwortet: »Okay, dann lass los.« Der Mann hält einen Augenblick inne, dann ruft er: »Ist sonst noch jemand da?«

Angesichts der Angst das loszulassen, was uns unsere Rettungsleine zu sein scheint, ist das Letzte, was wir wollen. Wir versuchen dem Rachen des Tigers und den weit unten aufragenden Felsspitzen zu entgehen, indem wir Besitztümer anhäufen, uns in den Geschichten verlieren, die wir uns ständig erzählen, drei Gläser Wein am Abend trinken. Um uns von der Trance der Angst zu befreien, müssen wir aber den Ast loslassen und in die Angst fallen, uns für die Empfindungen und das wilde Spiel der Gefühle in unserem Körper öffnen. Wir müssen einwilligen, das zu spüren und zu fühlen, was nach Aussage unseres Bewusstseins »zu viel« ist. Wir müssen in den Schmerz des Sterbens, in den unvermeidlichen Verlust all dessen, was uns lieb ist, einwilligen.

Wir handeln scheinbar gegen unseren Instinkt, wenn wir uns in die Angst fallen lassen, sie akzeptieren. Aber weil sie inhärenter Bestandteil des Am-Leben-Seins ist, bedeutet Widerstand gegen die Angst Widerstand gegen das Leben. Die Gewohnheit des Vermeidens und Umgehens sickert in jeden Aspekt unseres Daseins ein. Sie hält uns davon ab, gut zu lieben, die Schönheit in uns und um uns herum zu schätzen, im Augenblick gegenwärtig zu sein. Deshalb steht die Radikale Akzeptanz der Angst mitten im Zentrum unseres spirituellen Erwachens.

Ungefähr nach der Hälfte eines von mir geleiteten zehntägigen Retreats begegnete Eric, einer meiner Schüler, einer Angst, der er nicht ausweichen konnte. Er erzählte mir, dass er während einer Meditation am Tag zuvor eine Erfahrung gemacht hatte, die sein Leben veränderte. Sie begann mit ziemlich starker nervöser Erregung und Angst, die er wegen seiner Mutter und seiner Frau Julie verspürte. Seine Mutter hatte kürzlich einen Schlaganfall erlitten und würde vielleicht nie wieder gehen oder reden können. Julie kämpfte mit einer chronischen Depression. Eric sah sich außerstande zu helfen und fühlte sich gegenüber der aufsteigenden Woge von Angst, die ihn zu überfluten drohte, machtlos. Eingedenk der Belehrung über den Umgang mit der Angst, die ich am Abend zuvor gegeben hatte, beschloss er dem nachzugehen, was er fühlte. Er blieb sich der mit der Angst verbundenen Empfindungen in seinem Körper gewahr und stellte sich die Frage: »Was in mir bittet wirklich um Aufmerksamkeit?« Plötzlich stieg vor seinem geistigen Auge eine traumatische Szene aus seiner Kindheit auf. Eric war etwa sechs Jahre alt, und er und sein Bruder, der noch im Babyalter war, spielten auf einem Steg am See, wo sie ihr Sommerhaus hatten. Sein Bruder geriet zu nahe an den Stegrand und fiel ins Wasser. Eric schrie um Hilfe und wusste nicht, was er tun sollte. Aber die Hilfe kam zu spät. Er hatte sein ganzes Leben lang geglaubt, dass sein Bruder ertrunken war, weil er ihn nicht hatte retten können. Jetzt stiegen in der Meditation all diese Emotionen und Empfindungen an die Oberfläche, und Eric hatte das Gefühl, gleich zu explodieren. Seine Gedanken rasten mit einer Million Stundenkilometer dahin: Er dachte an seine Schuldgefühle, seine Ängste wegen seiner Frau, wie alles noch schlimmer werden konnte. Er wollte dringend etwas unternehmen, wusste aber nicht, was. Plötzlich wurde sein Körper taub.

Dieses Taubheitsgefühl war ihm vertraut. Er fand sich häufig distanziert und unbeteiligt, wenn Julie ihm erzählte, dass sie sich auf nichts freuen konnte, nichts hatte, was ihr irgendwie Hoffnung machte. Es war ihm nicht gleichgültig, aber »ich konnte einfach nicht neben ihr im Schützengraben stehen, ich konnte keinen echten Bezug herstellen«, sagte er. Und wenn sich sein Körper dann leblos und sein Herz verhärtet anfühlte, rang sein Verstand um irgendeine Eingebung, wie er die Lage verbessern konnte. Jetzt in dieser Meditation wusste Eric, dass sich hinter dieser Taubheit eine riesige Quelle des Schmerzes verbarg. Und er hatte Angst, er würde ertrinken, wenn er ihr nahe kam. Aber er hatte gefragt, was nach seiner Aufmerksamkeit verlangte, und das war die Antwort darauf. Er war bereit, der Angst zu begegnen, die er so lange weggeschoben und verdrängt hatte.

Das Hineinlehnen in die Angst bedeutet nicht, dass wir aus dem Gleichgewicht geraten und uns in der Angst verlieren. Weil wir uns gewöhnlich von der Angst weg in die Gegenrichtung neigen, dient es einer Korrektur, wenn wir uns umdrehen, uns ihr zuwenden und direkt ins Auge blicken. Wenn wir uns in sie hineinlehnen, laden wir ein, bewegen wir uns auf das zu, wogegen wir uns normalerweise wehren. Das Hineinlehnen ermöglicht uns, dieses Schaudern, Zittern, diese starke Beklemmung direkt zu berühren.

Ob es sich um ein vertrautes vages Angstgefühl oder eine starke Angstattacke handelt, das Hineinlehnen in die Angst kann uns helfen, inmitten unserer Erfahrung bewusst und frei zu werden. Wir wachen vielleicht nach einem verstörenden Traum auf, haben einen Anruf aus der Arztpraxis wegen einer verdächtigen Mammographie bekommen, hören Gerüchte über Rationalisierungsmaßnahmen in unserer Firma, haben eine neue Warnung vor einem möglichen terroristischen Anschlag gelesen. In allen derartigen Situationen ist es gut, den Prozess dadurch einzuleiten, dass wir erst einmal Pause machen und uns fragen: »Was geschieht in diesem Moment?« Wie Eric können wir fragen: »Was bittet um meine Aufmerksamkeit?« Oder auch: »Was verlangt nach Akzeptanz?« Vor allem ist es in diesem Zusammenhang wichtig, den Empfindungen im Bereich von Kehle, Herz und Magen nachzugehen. In diesen Körperbereichen drückt sich die Angst am deutlichsten aus.

Wenn wir uns durch das Konzentrieren auf unsere Empfindungen der Angst zu stellen beginnen, fabriziert der Geist häufig sofort eine Geschichte. Vielleicht verlieren wir uns in unseren Plänen, wie wir auf eine angsterregende Situation reagieren sollen. Oder wir fixieren uns auf angsterfüllte Überzeugungen und Annahmen: »Ich fürchte, ich bin ein Versager«, »Ich habe Angst, dass ich nie Liebe und Nähe finde« oder: »Ich fürchte, Soundso wird merken, wie dumm und uninteressant ich bin, und mich abschieben.« Wir erinnern uns an eine kürzliche Unterhaltung, bei der unsere Unsicherheit auf peinliche Weise offensichtlich wurde. Oder wir tauchen wie Eric in die Erinnerung an einen Vorfall in der Vergangenheit ein, bei dem wir mit dem Gefühl der Machtlosigkeit ganz direkt konfrontiert wurden.

Der Schlüssel zum Erwachen aus der Knechtschaft der Angst liegt darin, dass wir uns von unseren mentalen Geschichten entfernen und unmittelbaren Kontakt zu den Empfindungen der Angst aufnehmen – dem drückenden, pressenden, brennenden, zitternden, bebenden, rappeligen Leben in unserem Körper. Tatsächlich kann die Geschichte – sofern wir wach bleiben und uns nicht in ihr verfangen – zu einem nützlichen Tor zur nackten Angst werden. Während der Geist weiterhin Geschichten produziert über das, was wir fürchten, können wir die Gedanken als das erkennen, was sie sind, und immer wieder unter ihnen durch- und hinabtauchen, um uns mit unseren Körperempfindungen zu verbinden.

Die Geschichten, die Erics Angst und Ohnmachtsgefühle genährt hatten, hatten ihn zu einer tieferen Ebene der Angst geführt, die er in all den Jahren zu betäuben und auszublenden versucht hatte. Jetzt öffnete er sich der Angst und fragte: »Wie groß bist du?« Sofort wurden seine Beklommenheit und Furcht intensiver, und die Angst drohte seine Brust zu sprengen. Diese Angst und dieser Schrecken fühlten sich an, als könnten sie den ganzen Meditationsraum ausfüllen. Statt davor zurückzuschrecken, sagte Eric im Stillen ja. Sein Herz klopfte laut, er hatte Magenkrämpfe, und ihm war übel. Eine furchtbare Spannung baute sich in seiner Brust auf, so als versuchte eine Muskelwand die Angst zurückzudrängen, einzudämmen und einzuschließen. Wieder stellte er die Frage: »Wie groß bist du?« Wie durch diese Frage freigelassen, durchbrach das Gefühl des Schreckens und der Angst nun alle Dämme; es hätte das Universum ausfüllen können. Diese Angst, dem absoluten Entsetzen gleich, das uns ergreift, wenn unser Kind auf eine vielbefahrene Straße rennt, schien Eric nie aus ihrem Würgegriff entlassen zu wollen. »Wenn ich mich für das öffne«, dachte Eric, »werde ich vernichtet. Diese Angst bringt mich um.«

Eric sagte ja und kämpfte doch zugleich, ein Kampf, der die Intensität des Geschehens noch verschärfte. Die Angst fegte ihm durchs Herz. Ihm wurde augenblicklich klar, dass sie ihn töten würde, wenn er sie nicht in vollkommenem Umfang existieren ließ. Irgendetwas tief in seinem Innern wusste, er musste loslassen. Wie Eric es formulierte: »Schließlich wollte ich mich in etwas ergeben, das größer als die Angst ist. Ich wollte den Versuch aufgeben, das, was in mir vorging, zu kontrollieren.« Dieses Grundverlangen gewann schließlich die Oberhand, und Eric ließ in die Angst hinein los. »Ich hatte das Gefühl, dass mein Körper und Geist auseinanderbrachen, dass ich in einem Sturm brennender Winde verloren war und dass meine Asche in alle Richtungen verstreut wurde.«

Das Hineinlehnen in die Angst kann so schreckenerregend sein, wie Eric es erfuhr. Doch auch weniger heftig ist der Prozess nie angenehm. Das Loslassen hinein in die Angst kann sich so anfühlen wie »das Niederlegen auf einer eisigen Couch«, um es mit den Worten Charlotte Joko Becks auszudrücken. Sich in einer solchen Situation zu entspannen kann außerordentlich schwierig werden. Wir wollen es nicht, weil wir das Gefühl haben, wir könnten vor Schmerz sterben. Dennoch, wenn wir zulassen können, dass die harten Klingen der Angst in uns eindringen, ihr scharfer Dolch auf uns einsticht, ihre Wucht uns zerreißt, passiert etwas Erstaunliches. Eric erzählte mir: »Als das Choas sich legte, war mein Geist absolut still. Es war, als ob ein Gekreische, eine donnernde Kakophonie von Geräuschen plötzlich abbräche und ich in tiefer Stille ruhte. Sie war unermesslich weit und vollkommen leer … doch sie fühlte sich unbeschreiblich liebevoll und zärtlich an.«

Wie Eric es erlebte, fällt unser Panzer ab, wenn wir nicht länger die Angst unter Kontrolle zu halten und uns ans Leben zu klammern versuchen, und wir erfahren tiefe und reine Freiheit. Die Kehrseite des Widerstands gegen die Angst ist die Freiheit. *Wenn wir aufhören, uns krampfhaft gegen das Leben zu stellen, öffnen wir uns einem Gewahrsein oder einer Bewusstheit, die unermesslich groß und von Liebe durchdrungen ist.*

Ein paar Wochen später kam Eric in meine allwöchentliche Meditationsgruppe. Er sah völlig verändert aus. Seine Schultern hingen nicht mehr, er hielt sich gerade, der Brustbereich schien offener. Er erzählte mir, dass er bei seiner Rückkehr vom Retreat seine Frau in einem Anfall von Depression und Hoffnungslosigkeit versunken vorfand. Er spürte, wie die Angst in ihm hochstieg, und verspannte sich automatisch. Aber statt sich gegen die Angst zu panzern und abzuschotten, fühlte er, wie sich sein

Herz öffnete. »Es traf mich, wie traurig es mich macht, Julie in diesem elenden Zustand zu sehen, und ich merkte, wie viel sie mir bedeutet. Und das ließ ich sie wissen und hielt sie in den Armen ... eine Weile.« Mit einem leicht verlegenen Lächeln setzte er hinzu: »Weißt du, Tara, ich habe lange gebraucht, um zu erkennen, dass ich sie auch einfach in den Armen halten kann, ohne zu versuchen, sie in Ordnung zu bringen.« Statt sich wie gewohnt zurückzuziehen, hatte Eric seine Fähigkeit entdeckt, im Angesicht der Angst akzeptierend und freundlich zu bleiben.

Wenn sich die Trance der Angst einstellt, können wir uns, statt uns in Besorgnis zu verstricken oder nach Essbarem zu suchen, statt geschäftig zu werden und zu versuchen, die Dinge in Ordnung zu bringen, dafür entscheiden, uns in die Angst hineinzulehnen. Natürlich gibt es auch Fälle, in denen die Angst zu stark ist und wir uns nicht sicher genug fühlen, um uns auf sie einzulassen. Fühlen wir uns klein und zusammengezogen, müssen wir möglicherweise erst den Fokus des Gewahrseins erweitern, bevor wir unsere ganze Aufmerksamkeit der Angst zuwenden können. Aber in diesen Momenten, in denen wir es schaffen, uns mutig auf die eisige Couch der Angst niederzulegen und uns ihren scharfen Klingen auszusetzen, werden wir in die Liebe, das Gewahrsein und die Bewusstheit getragen, die sich außerhalb der Reichweite der Angst befinden.

Das Geschenk der Angst

Barbara kam strahlend lächelnd zu einer unserer letzten Sitzungen und konnte es kaum erwarten, mir zu erzählen, was gerade passiert war. Sie hatte an diesem Morgen zu Hause meditiert, und die schreckliche Erinnerung daran, wie sie von ihrem betrunkenen Vater unter Wasser gedrückt worden war, war in ihr hochgestiegen. Als die Angst sich steigerte, dachte sie daran, Pause zu machen und tief durchzuatmen. Sie hatte sich ihren Ängsten in den letzten Monaten viele Male gestellt, sowohl in der Therapie wie auch in der Meditation. Mit dieser Angst hier konnte sie nun umgehen. Als es ihr die Kehle zuschnüren wollte, rief sie das furchtlose Herz des Buddha an und stellte sich vor, wie die Angst von seiner mitfühlenden Gegenwart gehalten und getragen wurde. Als die Bilder aus der Kindheit sie mit sich fortzureißen drohten, versetzte sie sich voll und ganz in die Gegenwart, lauschte auf das Gezirpe der Grillen und Vögel draußen vor ihrem Fenster und hatte das Gefühl, dass auch die Natur ihr half, die Angst auszuhalten. Als sie spürte, dass ihr Geist nun weit und offen genug war, lehnte sie sich hinein in den scharfen, klauenbewehrten Schmerz in ihrer Brust. Am Ende der Sitzung fühlte sie tatsächlich die »Ruhe nach dem Sturm«. Sie konnte immer noch die Bilder vor sich sehen, aber sie schienen nicht mehr diese Empfindungen in ihrem Körper auszulösen. »Kann sein, dass die Erinnerung zurückkommt, aber irgendwie glaube ich nicht, dass der damit verbundene Schmerz mich jemals wieder überwältigen wird.«

Ich wollte gerade schon ihren Durchbruch feiern, als sie fortfuhr zu erzählen. »Als ich hierherfuhr, kam ich an der Kirche in meiner Nachbarschaft vorbei. An der elektronischen Anzeigetafel findet sich immer eine Botschaft. Heute lautet sie: *Was geschieht unter Wasser? Der Heilige Geist tritt ein.*« Wir saßen beide einige Momente still da und ließen die Kraft dieser Botschaft voll auf uns wirken. Dann sagte Barbara: »Weißt du, ich kann jetzt erkennen, dass mein Vater der Erste war, der mich taufte. So merkwürdig es auch klingen mag, er war derjenige, der meine ganze spirituelle Entwicklung in Gang setzte.« Ich sagte, dass dies gar nicht merkwürdig klänge: »Der Schmerz jener Erfahrung und all die Male, die er dich verletzte und dir weh tat – das *waren* alles Taufen. Sie weckten in dir eine tiefe Sehnsucht nach Frieden, Liebe ... eine Sehnsucht, die dir auf dem spirituellen Weg eine kraftvolle Führung war.« Sie nickte bedächtig, ihr Blick war weich, und ihre Augen schimmerten feucht. »Es stimmt. Vielleicht ist dieses Verlangen die Stimme des Heiligen Geistes ... und ich lerne endlich, achtsamer zuzuhören.«

Bevor Barbara ging, ließ ich sie wissen, wie sehr ich ihre Hingabe an die spirituelle Praxis achtete. »Es braucht Mut, tief in sich hineinzuhören … und das hast du getan. Statt das Meditieren aufzugeben – oder das Leben –, warst du bereit, aufmerksam zu bleiben.« Als wir dann ein paar Augenblicke ruhig dasaßen, wurde mir klar, was mich für Barbara am meisten freute. »Indem du dich der Angst gestellt hast, hast du dich einer Liebe geöffnet, die groß genug ist, um auch die in dir, die sich fürchtet, beherbergen und akzeptieren zu können«, sagte ich zu ihr.

Wenn wir der Angst und dem Schmerz in unserer Psyche von Angesicht zu Angesicht gegenüberstehen, stehen wir am Tor zu einer gewaltigen Erneuerung und Freiheit. Unsere tiefste Natur ist Gewahrsein, ist Bewusstheit, und wenn wir sie voll und ganz bewohnen, lieben wir frei und ungehindert und sind heil und ganz. Das ist die Kraft der Radikalen Akzeptanz. Wenn wir aufhören, gegen die Energie zu kämpfen, die in der Angst gebunden war, setzt sie sich ganz natürlich im grenzenlosen Meer des Gewahrseins und der Bewusstheit frei. Je mehr wir erwachen und uns dem Griff der Angst entziehen, desto strahlender und freier wird unser Herz.

Einige Monate nach der Beendigung ihrer Therapie sah ich Barbara bei einem eintägigen Meditationsworkshop, den ich abhielt. Während der Mittagspause kam sie zu mir herüber, um mir etwas zu zeigen. Es war eine Broschüre von *The Dance Place*. Sie hatte sich für einen zehnwöchigen Kurs im Jazztanz eingeschrieben, und sie und Randy hatten bereits begonnen, gemeinsam Tanzstunden im Swing zu nehmen. Am vorigen Wochenende hatten sie bei einem Besuch bei ihren Eltern »viel Spaß« gehabt, berichtete sie. Ich wusste, dass Barbara ihrem Vater wieder nähergekommen war, seit er bei den Anonymen Alkoholikern war, und ihre Mutter war »ein ganz neuer Mensch« geworden. Außerdem ließ sie Randys Gegenwart sich immer sicher fühlen. Aber dieses Mal hatte sich ein »echter Durchbruch« ereignet. Nach dem Essen ging Barbara ins Wohnzimmer und legte eine Musikkassette aus ihrem Tanzunterricht ein. Von einer lauten, fröhlichen Band begleitet führten sie und Randy vergnügt die Tanzschritte vor, die sie gerade gelernt hatten. Ihre Eltern klatschten Beifall und bestanden darauf, sie selbst auszuprobieren! Und dabei wandte sich ihr Vater an sie und sagte: »Barb, du hast doch getanzt, als du klein warst. Du warst gut. Warum hast du aufgehört?« Sie gab keine Antwort und lächelte nur. Sie fühlte einen Stich der Traurigkeit im Innern, den Schmerz, nicht erkannt worden zu sein. Aber ihre alten Ängste konnten sie nun nicht mehr vom Tanzen abhalten, und das erfüllte sie mit dem Licht der Hoffnung. »Es ist nicht nur das Tanzen, Tara«, sagte sie, »es ist alles. Ich fühle mich, als läge mein ganzes Leben vor mir, und ich bin frei, es zu leben.«

Unsere letzte Zuflucht

Solange wir am Leben sind, empfinden wir Angst. Sie ist inhärenter Bestandteil unserer ganzen Veranlagung, so natürlich wie ein bitterkalter Wintertag oder die Winde, die die Zweige von den Bäumen reißen. Wenn wir uns ihr widersetzen oder sie verdrängen, verpassen wir eine machtvolle Gelegenheit, zu erwachen. Rilke schreibt:

… Oh wie werdet ihr dann, Nächte, mir lieb sein,
gehärmte. Dass ich euch knieender nicht, untröstliche Schwestern,
hinnahm, nicht in euer gelöstes
Haar mich gelöster ergab. Wir, Vergeuder der Schmerzen.
Wie wir sie absehn voraus, in die traurige Dauer,
ob sie nicht enden vielleicht. Sie aber sind ja
unser winterwähriges Laub, unser dunkeles Sinngrün …

Wenn wir nur darauf warten, dass unsere Angst ein Ende hat, werden wir nicht die reine und liebende Präsenz entdecken, die sich entfaltet, wenn wir uns in die dunkelste aller Nächte hinein ergeben. Nur wenn wir loslassen und uns in den Strom des Lebens, des Verlusts und des Todes begeben, gelangen wir zu dieser Freiheit.

Der Angst ins Auge zu blicken und sich ihr zu stellen, das ist ein lebenslanges Training im Loslassen von allem, woran wir uns klammern – ein Training darin, wie man stirbt. Wir üben uns darin, wenn wir uns den vielen täglichen Ängsten stellen – der Angst, gute Leistung abzuliefern, den Sorgen um unsere Kinder, um unsere Finanzen, der Angst, die Menschen im Stich zu lassen, die wir lieben. Mit zunehmender Übung wächst unsere Fähigkeit, den ständigen Verlusten im Leben mit Radikaler Akzeptanz zu begegnen. Mit der Zeit stellen wir dann fest, dass wir mit der Angst tatsächlich umgehen können, auch mit dieser tiefsten Angst, unser Leben zu verlieren.

Unsere Bereitschaft, uns unserer Angst zu stellen, befreit uns von der Trance und schenkt uns die Segnungen des Gewahrseins und der Bewusstheit. Wir geben die tieferen und subtileren Ebenen des Widerstands auf, bis nichts mehr da ist, wogegen man noch Widerstand leisten kann – da ist nur noch waches und offenes Gewahrsein. Das ist die Zuflucht, die Raum hat für das Leben und das Sterben. In dieser strahlenden und unveränderlichen Bewusstheit ist uns möglich, was Rilke so formuliert: »Aber dies: den Tod, den ganzen Tod, noch *vor* dem Leben so sanft zu enthalten und nicht bös zu sein ist unbeschreiblich.« Die Radikale Akzeptanz der Angst trägt uns zu dieser Quelle aller Freiheit, zur letzten Zuflucht, die unser wahres Zuhause ist.

GELENKTE MEDITATION
Unserer Angst mit offener Präsenz begegnen

Von der Kultivierung einer offenen Präsenz, wie sie in dieser Übung beschrieben wird, profitieren Sie dann, wenn Ihre Angstgefühle nicht gerade mit einem Trauma verbunden sind. Wenn sich Ihre Angst auf ein Trauma bezieht oder von Ihnen als überwältigend empfunden wird, könnte diese Übung zu einer emotionalen Überflutung führen und ist daher nicht angebracht. In solchen Fällen ist es wichtig, dass Sie sich dieser Angst nicht ganz allein stellen. Lassen Sie sich von vertrauenswürdigen

Freunden unterstützen, holen Sie sich Anleitung von einer Meditationslehrerin, oder suchen Sie Hilfe bei einem erfahrenen Therapeuten.

* * *

Suchen Sie sich einen bequemen Platz zum Sitzen, von dem aus Sie aus dem Fenster sehen können oder auf eine leere Wand oder einen unverstellten Raum in Ihrer Wohnung. Ihre Sicht sollte durch nichts abgelenkt oder eingeschränkt werden. Lassen Sie die Augen offen, richten Sie den Blick auf einen Punkt, der etwas über Augenhöhe liegt. Lassen Sie den Blick unfokussiert, so dass Sie auch Eindrücke vom Rande Ihres Sehfeldes wahrnehmen können. Entspannen Sie die Augenpartie, lassen Sie die Augäpfel sanft in den Augenhöhlen schwimmen. Nehmen Sie sich etwas Zeit für einen Körper-Scan, befreien Sie sich von allen Verspannungen, vor allem in den Schultern, Händen und im Bauch.

Nehmen Sie nun in empfänglichem Gewahrsein die entstehenden und vergehenden Laute und Klänge in Ihrem Umfeld wahr. Hören Sie ein oder zwei Minuten einfach nur zu. Seien Sie sich der Geräusche in der unmittelbaren Nähe gewahr, ihrem Anfang und ihrem Ende. Nehmen Sie den Raum zwischen den Klängen wahr. Werden Sie sich der weiter entfernten Laute bewusst, öffnen Sie sich dann für die allerfernsten Geräusche, die Sie noch wahrnehmen können. Entspannen und öffnen Sie sich in das Gewahrsein hinein, das auch noch die fernsten für Sie hörbaren Laute einschließt. Nehmen Sie nun wahr, wie alles – Anblicke, Laute und Klänge, Geschmäcker, Empfindungen, Stimmungen – innerhalb dieses grenzenlosen Gewahrseins entsteht und vergeht.

Setzen Sie das fort und richten Sie die offenen Augen nun nach unten. Wenn Sie mögen, können Sie sie auch schließen. Halten Sie Ihre Aufmerksamkeit sacht auf das Ausatmen gerichtet, lassen Sie mit jedem Ausatmen los in den Raum hinein. Folgen Sie mit Ihrem ganzen Körper und mit Ihrem Geist jedem Ausatmen, während es sich nach außen in den offenen Raum hinein auflöst. Spüren Sie, wie sich Ihr Gewahrsein mit dem unendlichen Raum vermischt, absolut offen, grenzenlos. Beim Einatmen ruhen Sie einfach in der Offenheit, lauschend und wach, gar nichts tuend. Dann lassen Sie wieder mit dem Ausatmen nach außen hin los. Ruhen Sie beim Einatmen im empfänglichen weiträumigen Gewahrsein. Entspannen Sie sich beim Ausatmen in die Offenheit hinein. Im Einklang mit dem Atem können Sie so lange meditieren, wie Sie wollen. Wenn Sie nun in dieser natürlichen Offenheit ruhen, stellen Sie sich eine Situation vor, die in Ihnen Angst auslöst. Fragen Sie sich: »Was ist das Schlimmste an dieser Situation? Wovor fürchte ich mich wirklich?« Ihr Nachfragen mag zum Produzieren einer Geschichte führen, aber wenn Sie dabei für Ihre Körperempfindungen wach bleiben, könnte sie zum Tor werden, das Ihnen einen umfassenden Zugang zu Ihren Gefühlen gewährt.

Achten Sie ganz besonders auf den Bereich von Kehle, Brust und Magen, erkunden und entdecken Sie, wie die Angst sich in Ihnen zum Ausdruck bringt. Sie könnten die Angst freundlich einladen: »Sei so stark und groß, wie du wirklich bist.«

Lassen Sie nun, wenn Sie einatmen, den Atem direkt die Stelle berühren, wo Sie am meisten Schmerz und Verletzlichkeit spüren. Richten Sie Ihre ganze Aufmerksamkeit auf die Empfindungen der Angst. Spüren Sie beim Ausatmen die Offenheit des Raums, die Ihre Erfahrung trägt und hält. Fühlen Sie die Angst gleichsam schweben und sich in dieser Offenheit selbst entwirren.

Wie fühlt sich die Angst konkret an? Wo spüren Sie sie im Körper am stärksten? Verändern sich die Empfindungen, oder wandern sie in andere Körperbereiche? Was für eine Form haben sie? Welche Farbe, wenn überhaupt? Wie erleben Sie die Furcht in Ihrem geistigen Bewusstsein? Fühlt es sich zusammengezogen an? Rasen Ihre Gedanken oder sind sie wirr? Fühlen Sie bei jedem Einatmen Ihre Bereitschaft, sich sanft mit den Wogen des Lebens zu verbinden, die unangenehm, beunruhigend oder verstörend sind. Lassen Sie beim Ausatmen los und fühlen Sie, wie die Wogen der Angst einer größeren Welt, einem Ozean an Offenheit zugehören. Beim Einatmen kontaktieren Sie die unmittelbaren Empfindungen mit freundlicher und klarer Aufmerksamkeit. Beim Ausatmen erkennen Sie Ihr Zugehörigsein zum grenzenlosen Gewahrsein, das für alle Ängste des Lebens Raum hat.

Wenn Sie sich taub fühlen oder eine Abwehrhaltung einnehmen, konzentrieren Sie sich auf Ihre körperlichen Empfindungen und kontaktieren diese mit dem Einatmen. Wenn Sie das Gefühl haben, die Angst sei »zu viel«, dann legen Sie die Betonung auf das Ausatmen – lassen Sie los in die Offenheit und Sicherheit hinein. Es kann helfen, wenn Sie sich wieder auf die Geräusche konzentrieren oder die Augen öffnen. Sie könnten sich auf die unendliche Geräumigkeit der Welt besinnen oder in Mitgefühl an all jene denken, die in diesem Augenblick ebenfalls Angst empfinden. Sie könnten sich auch eine Person, eine spirituelle Gestalt oder einen Ort in der Natur vor Augen führen, die Ihnen ein Sicherheitsgefühl vermitteln. Wenn Sie dann das Gefühl haben, einer größeren Welt zuzugehören, richten Sie Ihre Aufmerksamkeit wieder auf die Art und Weise, in der die Angst durch Ihren Körper und Geist zum Ausdruck kommt. Mit der Zeit werden Sie entdecken, wie Sie zwischen dem Berühren der Angst und dem Besinnen auf die Offenheit geschickt balancieren können.

* * *

Sie können diese Übung jederzeit untertags machen, wann immer es sich ergibt. Nutzen Sie den Atem, berühren Sie mit dem Einatmen die Empfindungen der Angst, lassen Sie beim Ausatmen los in die Offenheit hinein. Auf diese Weise wird die Energie nicht begraben und beginnt nicht zu schwären. Statt ein angsterfülltes Ich zu stärken, das vor dem Leben davonläuft, gewinnen Sie zunehmend an Selbstvertrauen und fühlen sich immer lebendiger.

8

Mitgefühl für uns selbst erwecken

Zur Person werden, die hält und gehalten wird

Alles, was du brauchst, ist schon in dir, du musst
dich ihm nur mit Ehrfurcht und Liebe nähern. Selbst-
verurteilung und Selbstmisstrauen sind schwerwiegende
Irrtümer … ich bitte dich um nichts weiter als dies:
Mach die Liebe zu deinem Selbst vollkommen.
Sri Nisargadatta

Gott schuf das Kind, das heißt, dein Verlangen,
So dass es lauthals schreien kann, damit die Milch fließt.

Schrei laut! Sei deinem Schmerz gegenüber
Nicht stumpf und still. Klage! Und lass die Milch
Des Liebens in dich einströmen.
Rumi

Es waren drei Tage eines einwöchigen Meditationsretreats vergangen, als Daniel mich für ein erstes Gespräch aufsuchte. Er ließ sich in den Sessel mir gegenüber fallen und verkündete sogleich, dass er die selbstkritischste Person der Welt sei. »Ganz gleich, was ich beim Meditieren denke oder fühle … am Ende habe ich immer etwas daran auszusetzen. Bei der Gehmeditation oder beim Essen denke ich, ich sollte es besser machen, achtsamer. In der Meditation liebender Zuwendung fühlt sich mein Herz wie kalter Stein an.« Wenn der Rücken beim Sitzen schmerzte oder er in seiner Aufmerksamkeit abschweifte und er sich in Gedanken verlor, beschimpfte er sich, weil er ein so hoffnungsloser Fall beim Meditieren war. Er gestand, dass es ihm sogar aus Angst, meine Zeit zu vergeuden, peinlich war, mich zu einem Gespräch aufzusuchen. Zwar waren andere Menschen von seinen Feindseligkeiten nicht ausgenommen, aber zum größten Teil richtete sie sich doch gegen seine eigene Person. »Ich weiß, dass sich die buddhistischen Lehren auf das Mitfühlendsein gründen«, sagte er mit Bitterkeit, »aber ich kann mir nur schwer vorstellen, dass sie jemals auf mich abfärben werden.«

Eine solche Härte sich selbst gegenüber, wie Daniel sie an den Tag legte, ist vielen von uns vertraut. Oft distanzieren wir uns vom emotionalen Schmerz – unserer Verletzlichkeit, Wut, Eifersucht, Angst –, indem wir ihn mit Selbstkritik und Selbstverurteilung überlagern. Wenn wir Teile oder Aspekte von uns wegschieben, schaufeln wir uns nur noch tiefer in die Trance des geringen Selbstwertgefühls. Wir mögen unsere Fehler und Schwächen und die der anderen klar wahrnehmen, wir mögen erkennen, dass wir werten und urteilen, wir mögen uns eingestehen, dass wir in Wut oder Begierde oder Angst feststecken. Und wir sagen vielleicht sogar, dass wir akzeptieren, was wir sehen, aber die Radikale Akzeptanz hat zwei Flügel – Mitgefühl und Achtsamkeit. Wir können unserem Erleben nicht mit Akzeptanz begegnen, wenn sich unser Herz in Angst und Schuldzuweisung verhärtet hat.

In den beiden vorangegangenen Kapiteln haben wir gesehen, wie ein gewisses Maß an Mitgefühl Menschen half, die Werkzeuge der Achtsamkeit in der Konfrontation mit dem Verlangen oder der Angst geschickt einzusetzen. Als Sarah, die mit ihrer Esssucht rang, sich an »Es ist nicht meine Schuld« erinnerte und sich vergab, öffnete sich ihr Herz und wurde auf eine Art weich, die ihr ein achtsames Gegenwärtigsein ermöglichte. Barbara konnte sich erst dann ihrer Angst stellen, als sie zu unserer therapeutischen Beziehung Zuflucht genommen und gelernt hatte, für sich selbst einen Sicherheitsbereich und eine Zufluchtsstätte zu finden. Bisher lag für unsere Befreiung vom Leiden der Schwerpunkt auf dem Einsatz des Flügels der Achtsamkeit. In diesem und in den beiden folgenden Kapiteln werden wir uns auf die Möglichkeiten konzentrieren, den Flügel des Mitgefühls zu erwecken.

Wenn wir, wie Daniel, in der Falle der Selbstverurteilung sitzen, besteht unser erster und klügster Schritt zur Freiheit der Radikalen Akzeptanz darin, dass wir Mitgefühl für uns selbst entwickeln. Wenn wir jemanden verletzt haben und nun in Schuldgefühlen und Selbstvorwürfen verheddert sind, lässt uns das Mitgefühl für uns selbst einen klugen und heilsamen Weg finden, die Sache wiedergutzumachen. Wenn wir in Kummer und Trauer zu versinken drohen, hilft uns das Erwecken und Entfalten von Mitgefühl, uns auf die Liebe und Verbundenheit in unserem Dasein zu besinnen. Indem wir uns mit der bedingungslosen Zärtlichkeit des Mitgefühls unserer schmerzenden Stellen annehmen, statt sie wegzuschieben, befreien wir uns.

Mitgefühl bedeutet, bei jemandem oder etwas zu sein, mit jemandem oder etwas zu fühlen, mit jemandem oder etwas zu leiden. Die klassischen buddhistischen Texte beschreiben es als das Zittern, das Beben des Herzens, als eine tief empfundene Zärtlichkeit im Angesicht des Leidens. Im Buddhismus nennt man einen Menschen, der das Mitgefühl vollkommen verwirklicht hat und aus dem Mitgefühl heraus lebt, einen oder eine *Bodhisattva*. Der Weg und die Lehre der Bodhisattva beinhalten, dass sich unser ganz natürliches Mitgefühl entfaltet, sobald wir unser Herz vom Leiden – unserem eigenen oder dem anderer – berühren lassen. Das Bestreben der Bodhisattva ist einfach und eindrücklich: »Mögen alle Umstände dem Erwecken des Mitgefühls dienen.« Wenn wir eine Scheidung durchmachen, um unser Kind fürchten, mit einer Krankheit oder dem Tod konfrontiert sind, was immer auch passiert – es kann ein Tor zum klaren und grenzenlosen Mitgefühl sein, das die Essenz der Radikalen Akzeptanz ist.

Ich verstehe den Bodhisattva-Weg so, dass wir alle erwachende Wesen sind, dass jede und jeder von uns lernt, sich dem Leiden zu stellen, dass jede und jeder von uns das Mitgefühl entdeckt, das Ausdruck unserer tiefsten wahren Natur ist. Wenn wir dem Leiden als Tor zum Mitgefühl vertrauen lernen, lösen wir unsere tief verwurzelte Konditionierung, vor dem Schmerz davonzurennen, auf. Statt gegen das Leben anzukämpfen, können wir in ganzheitlicher und zärtlicher Präsenz unsere eigene Erfahrung und alle Wesen liebevoll annehmen.

Um die Zärtlichkeit des Mitgefühls zu kultivieren, hören wir nicht nur auf, vor dem Leiden wegzulaufen, sondern wenden ihm ganz bewusst unsere Aufmerksamkeit zu. Die buddhistischen Übungspraktiken zur Erweckung und Entfaltung des Mitgefühls beginnen gewöhnlich damit, dass wir uns unseren eigenen Schmerz bewusst machen; denn ist unser Herz erst einmal für unser eigenes Leiden offen, können wir das Mitgefühl müheloser auf andere ausdehnen. Manchmal fällt uns dieser Kontakt zur Zärtlichkeit auch leichter, wenn wir unsere Aufmerksamkeit erst auf das Leiden anderer richten und uns dann dem eigenen zuwenden. In welcher Reihenfolge auch immer – wir erwecken die Essenz des Mitgefühls, wenn wir das Leiden fühlen und uns mit Anteilnahme statt mit Widerstand darauf beziehen. Wenn wir uns darin üben, mit Freundlichkeit und Güte auf unser Leiden zu reagieren, kann unser Herz so weit und groß werden wie die Welt, so die buddhistische Lehrerin Sharon Salzberg.

Uns mit Mitgefühl umarmen und halten

Ich fragte Daniel, wie lange er schon sich selbst gegenüber so hart sei. Nach kurzem Nachdenken erwiderte er, schon solange er denken könne. Seit seiner frühesten Kindheit hatte seine Mutter ihn unablässig und erbarmungslos kritisiert. Er hatte sich ihr darin angeschlossen und gelernt, seine Verletztheit und den Schmerz in seinem Herzen zu ignorieren. Als Erwachsener war er mit seinem Gemüt und Körper ungeduldig, gereizt und ärgerlich umgegangen. Sogar angesichts einer qualvollen Scheidung und langen Phase chronischer Rückenschmerzen hatte er sich nicht eingestehen können, wie real und heftig sein Leiden tatsächlich war. Stattdessen kritisierte er sich dafür, die Ehe vermasselt und auch nicht den Verstand gehabt zu haben, sich ordentlich um sich selbst zu kümmern.

Ich fragte Daniel, ob er mir sagen könne, was in seinem Körper vorging, wenn er sich selbst verurteilte. Er deutete auf seine Brust und erklärte, es fühle sich an, als sei sein Herz von Metallbändern fest umwickelt. Meine nächste Frage war, ob er das in diesem Moment spüren könne. Zu seiner eigenen Überraschung hörte er sich antworten: »Wissen Sie, es tut wirklich weh.« Nun fragte ich mit sanfter Stimme, wie er sich wegen dieses Schmerzes in seinem Herzen fühle. »Traurig«, erwiderte er leise, und in seinen Augen standen Tränen. »Es ist kaum zu glauben, dass ich schon so lange so viel Schmerz mit mir herumtrage.«

Ich schlug vor, die Hand auf die Herzgegend zu legen, da, wo er am meisten Schmerz empfand, und fragte, ob er vielleicht eine Botschaft an den Schmerz schicken wolle. »Wie würdest du dich fühlen, wenn du sagtest: ›Ich nehme Anteil an diesem Leiden?‹« Daniel schielte kurz zu mir herüber und senkte dann den Blick. »Merkwürdig, denke ich.« Ich ermunterte ihn, es zu versuchen, einfach nur leise die Worte zu flüstern. Er tat es, und als er dann den Satz noch zweimal wiederholt hatte, begannen seine Schultern zu beben, und er schluchzte leise.

Wir haben alle schon erlebt, dass die Kraft der Anteilnahme einer anderen Person unseren Panzer zum Schmelzen brachte. Wenn wir sehr aufgeregt, durcheinander oder traurig sind, können wir oft erst dann weich werden und weinen, wenn jemand die Anteilnahme aufbringt, uns zuzuhören oder mal in den Arm zu nehmen. Wenn jemand zu uns sagt, wie Thich Nhat Hanh es vorschlägt: »Liebes, ich nehme Anteil an deinem Leiden«, setzt auf tiefer Ebene eine Heilung ein.

Möglicherweise bieten wir anderen Menschen eine solche anteilnehmende Zuwendung bereitwillig an; aber wir können lernen, auch uns selbst eine solche sanfte Aufmerksamkeit zukommen zu lassen. Mit der gleichen Zärtlichkeit, mit der wir vielleicht einem schlafenden Kind über die Wange streichen, können wir die Hand auf unsere eigene Wange oder unser Herz legen. Wir können uns mit gütigen und verständnisvollen Worten selbst Trost zusprechen.

Es kommt uns, wie Daniel, anfangs vielleicht komisch und unvertraut vor, wenn wir uns so selbst Anteilnahme und Mitgefühl entgegenbringen, ja es mag uns geradezu peinlich sein. Vielleicht schämen wir uns, dass wir so bedürftig und unwürdig, dass wir so selbstnachgiebig sind. Aber dieser revolutionäre Akt des zärtlichen Umgangs mit sich selbst kann der Beginn dafür sein, lebenslange Botschaften der Abneigung aufzulösen.

In den nächsten Tagen überprüfte Daniel immer, wenn ihm bewusst wurde, dass er sich oder andere verurteilte, seinen Körper, um festzustellen, wo er Schmerz spürte. Gewöhnlich merkte er dann, dass Kehle, Herz und Magen in Angst zusammengeschnürt waren und dass seine Brust sich schwer und wund anfühlte. Dann legte er ganz sanft die Hand auf das Herz und sagte: »Ich nehme Anteil an diesem Leiden.« Weil er im Meditationsraum vorne saß, konnte ich sehen, dass seine Hand fast ständig auf dem Herzen ruhte.

Eines Nachmittags kam er, um mir zu berichten, was sich an diesem Tag beim Meditieren ereignet hatte. Vor seinem geistigen Auge hatte sich eine Szene entfaltet, bei der er sich im Haus seiner Mutter befand und einen wütenden Wortwechsel mit ihr führte. Als er zu erklären versuchte, warum es nicht unverantwortlich von ihm war, sich eine Woche für ein Meditationsretreat freizunehmen, hörte er ihre verächtliche Erwiderung: »Du fauler Kerl, warum fängst du nichts Besseres mit dir an?« Es war die gleiche Art herabsetzende Botschaft, die ihn in seiner Jugend immer dazu gebracht hatte, ganz klein werden und sich in Luft auflösen zu wollen. Er spürte, wie sich in seiner Brust die Hitze und der Druck von Wut ausbreiteten. Innerlich hörte er sich sie anschreien: »Du elendes Miststück, du verstehst überhaupt nichts! Du hast noch nie was verstanden. Kannst du nicht mal für eine Minute deine Klappe halten und sehen, wer ich bin!!«

Daniel konnte spüren, wie der Schmerz seiner Wut und Frustration wie ein Messer auf sein Herz einstach. Er war schon drauf und dran, sich vehement dafür zu beschimpfen, dass er so ein

Schlappschwanz war und sich nicht gegen sie zur Wehr gesetzt hatte, und auch dafür, dass er, ein Meditierender, so voller Hass war. Stattdessen aber legte er beide Hände auf sein Herz und flüsterte immer wieder: »Ich nehme Anteil an diesem Leiden. Möge ich frei von Leiden sein.« Nach ein paar Minuten legte sich der stechende Schmerz der Wut, und er fühlte, wie sich Wärme in seiner Brust ausbreitete und rings um sein Herz etwas weich und offen wurde. Im Gefühl, dass der verletzliche Teil seiner selbst zuhörte, sagte er tröstend: »Ich verlasse dich nicht. Ich bin hier und kümmere mich.«

Auf diese Weise praktizierte er für den Rest des Retreats, und langsam begannen sich ein paar der schmerzhaften Knoten, der Wunden seines jungen, gequälten Ichs aufzulösen.

Als er zu unserem letzten Gespräch zu mir kam, hatte sich seine ganze Haltung verwandelt. Er war weicher geworden, sein Körper war entspannt, seine Augen strahlten. Und im Gegensatz zu dem Unbehagen und der Zögerlichkeit, die er anfangs mir gegenüber empfunden hatte, schien er nun glücklich zu sein, dass er da war. Er erzählte, dass sich die Selbstkritik und das Selbstverurteilen fortgesetzt hätten, aber nicht mehr mit dieser erbarmungslosen Grausamkeit. Da er nicht mehr in das ständige Gefühl eingesperrt war, dass mit ihm irgendetwas nicht stimmte, fing er nun auch an, die Welt auf neue Art wahrzunehmen – die anderen Schüler schienen freundlicher zu sein; die Wälder waren einladend, ein magischer Zufluchtsort; die Dharma-Belehrungen erweckten in ihm eine kindliche Faszination und ein Staunen darüber, »wie alles ist«. Er fühlte sich voll Energie und war etwas verdattert angesichts dieses neuen Gefühls von Möglichkeiten in seinem Leben. Indem er sich mit mitfühlender Gegenwärtigkeit seiner selbst annahm, war er nun frei, umfassender an seiner Welt teilzunehmen.

Weil wir, wie Daniel, so süchtig danach werden, uns selbst zu verurteilen und zu misstrauen, bewirkt jede aufrichtige Geste der Zuwendung und Anteilnahme gegenüber den verwundeten Stellen eine radikale Transformation. Unser Leiden wird ein Tor zum Mitgefühl, das unser Herz befreit. Wenn wir uns unseres eigenen Kummers und unseres eigenen Leids mitfühlend annehmen, erhalten unsere alten Rollen als Richter, Feind oder Opfer keine Nahrung mehr. An ihrer Stelle finden wir keine neue Rolle, sondern ein mutiges Offensein und die Fähigkeit zu echter Zärtlichkeit, nicht nur für uns selbst, sondern auch für andere.

Das Mitgefühl heranholen

Bei einem von mir geleiteten Wochenendworkshop zum Thema Radikale Akzeptanz erzählte Marian, eine Teilnehmerin, ihre Geschichte von der Scham und dem Schuldgefühl, die sie gequält hatten. Marians Tochter Christy war Alkoholikerin und befand sich in Therapie. Sie hatte ihre Mutter gebeten, zu den Stunden mitzukommen, und im Verlauf der Sitzungen enthüllte Christy, dass sie als Teenager von ihrem Stiefvater, Marians zweitem Ehemann, sexuell missbraucht worden war. Wenn Marian schlief oder nicht zu Hause war, kam er in Christys Schlafzimmer und verschloss die Tür, damit sie nicht von ihrer jüngeren Schwester überrascht werden konnten. Fast jede Woche kam er betrunken herein, verlangte von ihr oralen Sex und ließ sie dann schwören, Schweigen zu bewahren. Er sagte, wenn sie je ein Wort davon verlauten ließe, würde er sie so verprügeln, dass sie wünschte, nie geboren worden zu sein. Er drohte auch, das Gleiche mit Christys kleiner Schwester zu machen. Manchmal weinte er und sagte, wenn Christys Mutter je davon erführe, würde sie das völlig fertigmachen. Wahrscheinlich würde sie sich umbringen.

Marian fühlte, wie ihre Seele mit jeder neuen Enthüllung ihrer Tochter tiefer und tiefer in einem bodenlosen schwarzen Abgrund versank. Die Tage wurden ihr zum Alptraum. Immer wieder spulte sie vor ihrem inneren Auge erbarmungslos den Film ab, wie ihr Mann sich in Christys Zimmer schlich und das Mädchen sexuell nötigte. Sie wurde von unbändiger Wut überwältigt und dachte sich gewalttätige Racheakte gegen diesen Mann aus, der ihre Tochter so verletzt und geschädigt hatte. Nur ganz langsam dämmerte ihr, wie sehr auch sie selbst daran Schuld trug.

Sie hielt sich immer wieder vor Augen, wie sie ahnungslos, vielleicht nach zu viel Wein, unten schlief, und fühlte sich von Selbsthass zerrissen. Ihr Geist nährte ihr Elend mit endlosen Attacken von »Wenn ich es nur gewusst hätte!« und »Wie konnte ich nur so blind sein!«. Mitgefühl für sich selbst war nicht nur unmöglich, es wäre ihrer Überzeugung nach auch nicht richtig gewesen. Sie war die Mutter. Es war ihre Schuld, dass Christy das widerfahren war. Sie verdiente es, zu leiden.

Dann passierte bei einer Sitzung das, was Marian schon die ganze Zeit befürchtet hatte. Christy griff sie verbal an. »Du hast während meiner ganzen Jugend einfach nur geschlafen«, schrie sie. »Ich wurde missbraucht und konnte mich an niemanden wenden. Es war keiner da, der sich um mich gekümmert hat.« Christys Gesicht war rot, die Hände waren zu Fäusten geballt. »So, jetzt hab ich's gemacht. Ich hab dir die Wahrheit erzählt, und *jetzt wirst du wieder verschwinden*. Ich hatte damals Angst, es dir zu sagen, und jetzt weiß ich, warum. Du kannst mit der Wahrheit nicht umgehen. Du kannst mit mir nicht umgehen. Das konntest du nie. Ich hasse dich«, schrie sie. »Ich hasse dich. Ich hasse dich.«

Marian fühlte, wie die Worte ihr Herz durchbohrten. Als sie zusah, wie sich Christy in einem gewaltigen Schluchzen auflöste, wusste sie, dass das, was sie da gehört hatte, die Wahrheit war. Sie hatte sich tatsächlich durch Schlafen vor Christys Schmerz versteckt. Sie konnte nicht damit umgehen, dass sich ihre Tochter auf Drogen einließ, dass sie immer wieder Zusammenstöße mit den Lehrern hatte, dass sie die Schule schwänzte und immer wieder vom Unterricht suspendiert wurde, weil sie selbst in ihrem Leben auch nichts auf die Reihe kriegen konnte. Ähnlich wie schon bei ihrer ersten Ehe war auch die Beziehung mit dem zweiten Ehemann rasch in die Brüche gegangen, nachdem er eine Affäre gehabt hatte. Ihre Art, mit der Depression umzugehen, war die, mit ihren Freunden zu trinken und übermäßig viel zu schlafen. Als sie dann eine Therapie begann und sich endlich scheiden ließ, hatten beide Mädchen schon das Elternhaus verlassen. Nun erfuhr sie, dass sie bei Christy und ihrer Schwester auf tragische Weise versagt hatte, so, wie sie in allem Wichtigem versagt hatte. Es gab keinen Grund, weiterzuleben.

Wir alle haben schon einmal anderen Schaden zugefügt, sie verletzt und das Gefühl gehabt, wegen unserer Handlungen ein schlechter Mensch zu sein. Für Marian war es eine unausweichliche Wahrheit, dass sie einen großen Anteil an Christys Leiden gehabt hatte. Und wenn wir so wie sie mit der Wahrheit konfrontiert werden, dass wir anderen, mitunter sehr massiv, geschadet haben, können wir von Schuldgefühlen zerrissen werden. Selbst wenn der angerichtete Schaden nicht so groß sein sollte, glauben manche von uns, kein Mitgefühl oder keine Vergebung zu verdienen. In solchen Fällen können wir nur dann zum Mitgefühl für uns selbst finden, wenn wir uns nach etwas Größerem strecken als dem Ich, das sich so klein und elend fühlt. Wir können Zuflucht nehmen, indem wir uns an Die Geliebte, an Buddha oder die Göttliche Mutter, an Gott oder Jesus, den Großen Geist, Shiva oder Allah wenden. Wir streben nach dem liebevollen Gewahrsein, das groß genug ist, unserem gebrochenen Wesen Trost und Sicherheit bieten zu können.

Als Katholikin hatte Marian beim Beten Augenblicke des tiefen Friedens und der innigen Zwiesprache mit einem liebenden Gott erfahren. Aber jetzt fühlte sie sich in ihrer Verzweiflung allein im Universum. Sicher, Gott existierte, aber sie fühlte sich zu sündig und schlecht, um sich an ihn zu wenden. Thomas Merton schreibt: »Echte Liebe und wahres Gebet werden in der Stunde erlernt, in der das Gebet unmöglich geworden und das Herz versteinert ist.« Marians Stunde war gekommen.

Da sie fürchtete, sie könne sich etwas antun, suchte sie bei einem älteren Jesuitenpater Rat, der einer ihrer Collegelehrer gewesen war. Schluchzend brach sie im Sessel zusammen, den er ihr angeboten hatte. »Bitte, bitte, helfen Sie mir«, flehte sie. Er hörte sich ihre Geschichte an und saß dann still bei ihr, während sie weinte. Als sie sich ein wenig beruhigt hatte, nahm er sanft ihre Hand und zeichnete in die Mitte der Handfläche einen Kreis.

»Das hier ist, wo du lebst«, sagte er. »Es ist schmerzvoll – ein Ort der Auflehnung und des Schreiens und des tiefen, tiefen Schmerzes. Du kannst diesem Ort nicht ausweichen, also lass ihn zu.«

Dann bedeckte er ihre Hand mit der seinen. »Aber«, fuhr er fort, »wenn du kannst, versuch dich auch daran zu erinnern. Da ist eine Größe, eine Ganzheit im Reich Gottes, und in *diesem* gnadenvollen Raum kann sich dein unmittelbares Leben entfalten. Dieser Schmerz«, und er berührte wieder die Mitte ihrer Handfläche, »wird immer in Gottes Liebe ruhen. Und wenn du beides kennst, den Schmerz und die Liebe, werden deine Wunden heilen.«

Marian hatte das Gefühl, dass eine große Woge des Mitgefühls durch die Hände des Geistlichen strömte, sie sanft umhüllte und einlud, sich in ihre warmherzige Umarmung zu ergeben. Als sie dem Mitgefühl ihre Verzweiflung übergab, wusste sie, dass sie sich der Gnade Gottes überantwortete. Je mehr sie losließ, desto stärker fühlte sie sich gehalten. Ja, sie war blind und ignorant gewesen, sie hatte irreparablen Schaden angerichtet, aber sie war nicht wertlos, sie war nicht böse. Und aufgehoben im unendlichen Mitgefühl Gottes konnte sie den Weg zu ihrem eigenen Herzen finden.

Die Tatsache, dass wir Mitgefühl für uns selbst empfinden, enthebt uns in keiner Weise der Verantwortung für unser Tun. Doch es befreit uns vom Selbsthass, der uns daran hindert, klar und ausgewogen auf unser Leben zu reagieren. Der Geistliche hatte Marian nicht geraten, ihren Schmerz zu ignorieren oder zu bestreiten, dass sie ihre Tochter im Stich gelassen hatte; vielmehr hatte er ihr empfohlen, ihr Herz für die Liebe zu öffnen, die die Heilung in Gang setzen konnte.

Jetzt, da sie nicht mehr im Innern ihrer qualvollen Gedanken eingesperrt war, konnte sich Marian auf die Möglichkeit des Mitgefühls besinnen. Wenn gnadenlose Schuldgefühle oder Selbsthass in ihr aufstiegen, sagte sie im Stillen: »Bitte, halte diesen Schmerz.« Wenn sie das Gefühl hatte, dass ihre Qual bei Gott aufgehoben war, konnte sie sich ihr stellen, ohne zerrissen zu werden oder den Wunsch nach Selbstzerstörung zu haben.

Als ihr Geist sich zu beruhigen und klar zu werden begann, war sie imstande darüber nachdenken, was sie tun konnte, wie sie Christy helfen könnte.

Als sie zwei Wochen später wieder in einer Therapiesitzung aufeinandertrafen, war Christy reserviert und kalt. Marian ließ sich still neben ihr auf der Couch nieder. Und als die Tochter nicht von ihr abrückte, rückte Marian ein bisschen näher an sie heran. Sie sagte ihr, dass sie wisse, wie schrecklich sie versagt habe. »Ich hätte da sein müssen, um dich zu schützen und zu trösten … und stattdessen habe ich dich im Stich gelassen. Ich war so sehr in meinem eigenen Schmerz versunken, dass ich den deinen nicht bemerkte.« Sie hielt inne und sah Christy in aller Aufrichtigkeit in die Augen. »Ich kann dir gar nicht sagen, wie leid es mir tut. Ich weiß, ich kann deinen Schmerz nicht wegzaubern, aber ich möchte bei dir sein, während du zu dir selbst findest. Ich werde *nicht* wieder verschwinden.«

Sie nahm sanft die Hand ihrer Tochter und erzählte, was bei dem Geistlichen passiert war. Sie zeichnete leicht einen Kreis in die Mitte der Handfläche und flüsterte seine Worte: »Du kannst diesem Ort nicht ausweichen. Lass ihn zu.« Dann bedeckte sie Christys Hand mit ihrer eigenen und fuhr fort: »Aber in diesem gnadenvollen Raum, der das Reich Gottes ist, kann sich dein Leben entfalten.« Da umarmten sich beide und weinten. Marian hielt ihr schluchzendes Kind in den Armen und fühlte sich von zärtlichem Mitgefühl erfüllt – für sie beide. Christy ließ sich in den Armen halten, ergab sich in die unerwartete Stärke und Gewissheit der Liebe ihrer Mutter. Keine von beiden konnte am Schmerz der noch ungeheilten Wunden vorbei, doch nun konnten sie gemeinsam heilen. Indem sie sich an Gott wandte und sich von Gottes Gnade gehalten und getragen fühlte, hatte Marian zu dem Mitgefühl gefunden, das sie beide halten und tragen konnte.

Marians Geschichte rührte bei den Workshopteilnehmern tiefe Gefühle auf. Viele erzählten von ihrer »Stunde, in der das Gebet unmöglich geworden war«, von Zeiten, in denen sie sich zu wertlos fühlten, um geliebt zu werden. Wir erforschten als Gruppe ein paar Möglichkeiten, wie wir in solchen Momenten zu einer

Quelle des Mitgefühls finden und durch sie lernen können, uns selbst zu umarmen. Wir erkundeten, wie das weise Mitgefühl, die Essenz Radikaler Akzeptanz, damit anfängt, dass wir unser eigenes Wesen mit bedingungsloser Anteilnahme anschauen.

Wenn wir uns isoliert und allein fühlen, sehnen wir uns danach, wie ein Kind im mitfühlenden Herzen einer liebenden Mutter, eines barmherzigen und akzeptierenden Vaters aufgehoben zu sein. In solchen Momenten können wir die Hand ausstrecken und unser Gebrochensein dieser heilenden Umarmung darbieten. Wie Rilke es ausdrückt:

Jetzt bin ich wieder aufgebaut
aus allen Stücken meiner Schande
und sehne mich nach einem Bande,
nach einem einigen Verstande,
der mich wie ein Ding überschaut –
nach deines Herzens großen Händen –
(oh kämen sie doch auf mich zu)
ich zähle mich, mein Gott, und du,
du hast das Recht, mich zu verschwenden.

Wenn wir uns von einer mitfühlenden Präsenz gehalten fühlen, von etwas Größerem als unserem geängstigten Ich, finden wir allmählich für die Bruchstücke unseres Lebens und für die Leben anderer Raum in unserem Herzen. Das Leiden, das uns vielleicht als »zu viel« erschien, kann uns für die Innigkeit des Mitgefühls erwecken.

Achtsames Gebet: »Möge dieses Leiden Mitgefühl erwecken«

Wir können Marians fromme Art des Betens für eine Besonderheit des Christentums und anderer theistischer Religionen halten, aber ganz gleich, was und woran wir glauben, als Menschen neigen wir alle dazu, in Augenblicken der Verzweiflung nach etwas zu greifen. Da flehen wir vielleicht um Erlösung von einer Migräne, bitten darum, einen bestimmten Job zu bekommen, beten um die Weisheit, unser Kind durch eine schwierige Zeit geleiten zu können. Vielleicht flüstern wir »oh bitte, oh bitte« und haben das Gefühl, »das Universum« um Hilfe zu bitten. Wenn wir uns isoliert fühlen und Angst haben, sehnen wir uns nach dem Trost und Frieden, die daraus entstehen, dass wir etwas Größerem und Mächtigerem zugehören.

Schüler, die sich in der buddhistischen Praxis üben, fragen sich oft, ob diese Art von Gebet uns nicht in unserer Vorstellung von einem vereinzelten und begehrenden Ich bestärkt. Wir scheinen jemanden oder etwas Größeres als unser kleines, verängstigtes Ich zu belagern. Und zu wem genau beten wir? Ich wuchs als Unitarierin auf und entsinne mich, dass wir Witze darüber machten, dass wir unsere Gebete an »alle, die es angeht« richteten. Wenn wir dem Pfad des Buddha folgen, stellt sich uns vielleicht die gleiche Frage. Während das Gebet auf einen Dualismus von einem Ich und einem anderen hinzuweisen scheint, kann es doch ein direkter Weg zur nichtdualistischen Erfahrung eines vollständigen Zugehörigseins sein.

Obwohl dieser Punkt im Westen nicht immer hervorgehoben wird, sind Gebete und Hingabe eine lebendige Strömung im Buddhismus. Die aufrichtigen Wünsche, die in der Praxis von gütiger Liebe und Mitgefühl Ausdruck finden – möge ich glücklich sein, möge ich frei von Schmerz und Leiden sein –, sind Formen des Gebets. Unsere Wunschgebete und unsere Sehnsucht nach Befreiung vom Leiden müssen nicht an jemanden oder etwas gerichtet sein. Aber wir können sie auch an den Buddha oder an einen der anderen großen Lehrer oder Bodhisattvas richten, die wir als Verkörperungen des erwachten Herzens und erwachten Geistes betrachten. Diese Art von hingebungsvollem Gebet kann, wenn es in aller Achtsamkeit und Aufrichtigkeit geäußert wird, zu einem Weg werden, um unser Herz und unseren Geist zu erwecken.

Wenn wir leiden und uns dem Gebet zuwenden, ist der wesentliche Grund immer derselbe, ganz gleich, was die augenscheinliche Ursache unseres Schmerzes ist: Wir fühlen uns getrennt, allein. Wir ersuchen um Hilfe, um von diesem Schmerz der Isolation erlöst zu werden. Der keltische Dichter und Gelehrte John O'Donohue schreibt in seinem Buch *Echo der Seele:* »Das Gebet ist die Stimme der Sehnsucht; sie wendet sich nach außen und nach innen, um unsere uralte Zugehörigkeit zutage zu fördern.« Das ist eine wunderschöne Beschreibung des achtsamen Gebets, wie ich es nenne. Wir wenden uns nicht nur nach außen, um unsere Zugehörigkeit in Erfahrung zu bringen, sondern *wir wenden uns beim achtsamen Gebet auch nach innen und lauschen auf das Leiden, das uns zum Gebet gerufen hat.* Wenn wir bereit sind, den Schmerz des Getrenntseins zu berühren, trägt uns unsere Sehnsucht zu der zärtlichen und mitfühlenden Präsenz, die unsere erwachte Natur ist.

Ich erfuhr die verwandelnde Kraft des achtsamen Gebets vor einigen Jahren, als ich an gebrochenem Herzen litt. Ich hatte mich in einen Mann verliebt, der zweitausend Meilen weit weg auf der anderen Seite des Kontinents lebte. Weil unsere Wünsche in Bezug auf Familienleben und Wohnort sehr verschieden waren, konnten wir unsere Leben nicht miteinander verknüpfen, und die Beziehung ging zu Ende. Der Verlust war niederschmetternd – viele Wochen lang versank ich in meinem Kummer, ich dachte unaufhörlich an ihn und weinte ständig. Ich hörte kein Radio mehr, weil mich die klassische Rockmusik oft zum Weinen brachte. Und ich mied Liebesfilme. Ich sprach mit meinen Freunden kaum über ihn, weil jedes Mal, wenn ich auch nur seinen Namen erwähnte, die Wunde wieder aufriss.

Etwa einen Monat lang akzeptierte ich meinen Trauerprozess, aber als es immer so weiterging, begann ich mich allmählich dafür zu schämen, dass meine Verzweiflung so gewaltig und allbeherrschend war. Und dazu hatte ich das Gefühl, dass mit mir irgendetwas nicht stimmen konnte, weil ich so ein emotionales Wrack war. Der Mann lebte sein Leben weiter, ging mit anderen Personen aus. Warum konnte ich das nicht auch machen? Ich versuchte aufzuwachen und mich aus den Geschichten herauszubefördern, ich versuchte, den Schmerz achtsam durch mich hindurchzulassen, aber ich blieb vom Gefühl des Verlusts und der Sehnsucht besessen. Ich fühlte mich qualvoller einsam und allein als jemals zuvor in meinem Leben.

In dem Raum, in dem ich meditiere, hängt eine tibetische Thang-ka, der Bodhisattva des Mitgefühls. In Tibet als Tara und in China als Kuan Yin bekannt, ist sie die Verkörperung von Heilung und Mitgefühl. Es heißt, Kuan Yin hört das Weinen und die Rufe dieser leidenden Welt und antwortet mit dem Erbeben ihres Herzens. Etwa einen Monat nach meinem GAU saß ich eines Morgens weinend vor dieser Thang-ka und fand mich zu Kuan Yin beten. Wie Marian empfand ich mir selbst gegenüber keinerlei Mitgefühl. Ich war völlig am Boden zerstört und fühlte mich wertlos. Ich wollte in Kuan Yins mitfühlender Umarmung geborgen sein. Ich hatte in all den Jahren meiner buddhistischen Praxis immer mal wieder zu Kuan Yin gebetet und mich in erster Linie als Symbol des Mitgefühls auf sie bezogen, das mir helfen konnte, mein eigenes Herz zu erwecken. Ich hatte aber nie wirklich so zu ihr gebetet, wie Marian gebetet hatte; ich hatte mich nicht an sie als spirituelle Präsenz gewandt, an ein Wesen, das größer ist als mein kleines Ich. Jetzt in meiner Verzweiflung war das anders. Kuan Yin war nicht mehr nur ein Symbol der Inspiration, sie war Die Geliebte – eine grenzenlose und liebende Präsenz, die, wie ich hoffte, helfen konnte, mich von meinem Leiden zu erlösen.

Ein paar Tage lang fand ich einen gewissen Trost in dieser Art von Hinwendung. Aber eines Morgens rannte ich gegen eine Wand. Was machte ich da eigentlich? Mein fortwährendes Ritual des schmerzlichen Sehnens und Betens und Weinens und Hassens meines Leidens brachte mich der Heilung nicht näher. Kuan Yin erschien mir plötzlich wie eine bloße Vorstellung, die ich heraufbeschworen hatte, um mir Linderung zu verschaffen. Doch wenn ich sie nicht als Zuflucht hatte, dann konnte ich mich absolut nirgendwohin wenden, hatte ich nichts, an dem ich mich festhalten konnte, gab es keinen Weg aus dem tiefen Loch des Schmerzes. Und am qualvollsten empfand ich, dass das Leiden kein Ende zu haben und vollkommen nutzlos schien.

Und obwohl es sich nur um ein weiteres Konzept zu handeln schien – ich entsann mich, dass das Leiden für angehende Bodhisattvas das erprobte Tor zur Erweckung des Herzens ist. Ich erinnerte mich, dass sich in der Vergangenheit tatsächlich immer etwas verändert hatte, wenn ich wach und präsent beim Schmerz geblieben war. Plötzlich merkte ich, dass es in dieser Situation vielleicht *wirklich* darum ging, dem Leiden als einem Tor zu vertrauen. Vielleicht war das der springende Punkt – ich musste aufhören, gegen meinen Kummer und mein Einsamkeitsgefühl anzukämpfen, ganz gleich, wie schrecklich ich mich fühlte und wie lange es dauerte.

Ich besann mich auf das Bestreben einer Bodhisattva und begann still im Innern zu flüstern: »Möge dieses Leiden der Erweckung des Mitgefühls dienen.« Und als ich dieses Gebet immer und immer wieder wiederholte, konnte ich spüren, wie meine innere Stimme allmählich weniger verzweifelt und immer aufrichtiger wurde.

Ich wusste, es stimmte – ich konnte mich zu der Liebe erwecken, nach der ich mich sehnte, indem ich dieses Leiden in seiner Umfassendheit direkt berührte. In dem Moment, in dem ich mich dieser Wahrheit überließ, setzte der Wandel ein.

Hafiz, der persische Dichter des 14. Jahrhunderts, schrieb:

Verzichte auf deine Einsamkeit
Nicht so rasch.
Lass sie tiefer schneiden.
Lass sie dich gären und ausreifen
Wie nur wenige Menschen
Oder auch göttliche Zutaten es vermögen.

Etwas, das heute Nacht in meinem Herzen fehlt
Hat meinen Blick so weich gemacht
Meine Stimme
So zärtlich.

Mein Bedürfnis nach Gott
Absolut
Klar.

Als ich an diesem Tag in meinem Meditationsraum die Einsamkeit tiefer schneiden ließ, konnte ich den sengenden Schmerz der Trennung kaum ertragen. Ich sehnte mich nicht nach einer speziellen Person, sondern nach der Liebe selbst. Ich sehnte mich danach, etwas zugehörig zu sein, das größer war als mein einsames Ich. Dieses »Etwas, das in meinem Herzen fehlt« fühlte sich wie ein schmerzendes, klaffendes Loch an. Und je umfassender ich mich dieser nagenden Leere in meinem Innern zuwandte, statt mich ihr zu widersetzen oder gegen sie anzukämpfen, desto tiefer öffnete ich mich meinem Sehnen nach Der Geliebten. Meine Sehnucht nach inniger Gemeinschaft und Zwiesprache war wie Hafiz' Bedürfnis nach Gott absolut klar.

Als ich mich in dieses Sehnen fügte, entfaltete sich die süße Präsenz des Mitgefühls. Ich spürte Kuan Yin ganz klar als lichtes, strahlendes Feld des Mitgefühls, das mich umgab und mein wehes, verletzliches Wesen liebkoste. Und als ich mich in ihre Präsenz ergab, begann sich mein Körper mit Licht zu füllen. Ich pulsierte in einer Schwingung der Liebe, die die gesamte lebendige Welt umarmte – sie umarmte meinen Atem in seiner Bewegung, das Singen der Vögel, die Nässe der Tränen und den Himmel in seiner Unendlichkeit. Als ich mich in dieser warmen und schimmernden grenzenlosen Weite auflöste, spürte ich keinen Unterschied mehr zwischen meinem Herzen und dem Herzen Kuan Yins. Es blieb allein eine gewaltige mit Traurigkeit gefärbte Zärtlichkeit. Die mitfühlende Geliebte, an die ich mich »da draußen« gewandt hatte, war mein eigenes erwachtes Wesen.

Wir können unser Gebet damit beginnen, dass wir uns nach außen wenden und uns auf diese Art an die Wärme und Sicherheit der Verbundenheit erinnern. Doch wir erden es, indem wir uns nach innen wenden, hin zur nackten und ungeschminkten Einsamkeit und Angst. Das achtsame Gebet senkt wie ein großer Baum seine Wurzeln in die dunklen Tiefen hinab, um ganz hinauf ans Licht zu reichen. Ist der Schmerz tief, dann befreien wir uns umso umfassender in die grenzenlose, mitfühlende Präsenz hinein, je umfassender wir ihn berühren.

Viele meiner Klienten und Schüler haben festgestellt, dass das achtsame Gebet die Landschaft ihres Alltagslebens auf dramatische Weise verändert. Manchmal pausieren sie im Angesicht von Unzufriedenheit und Leiden viele Male am Tag, um nach innen zu lauschen, den Schmerz zu berühren und sich hinzuwenden zu Liebe und Mitgefühl. Obwohl so etwas für viele fromme Menschen ganz natürlich ist, habe ich doch festgestellt, dass Menschen, die sich selbst nicht gerade als »fromm« betrachten, oft überrascht sind, wie sehr das achtsame Gebet ihr Leben verwandelt. Statt im Leiden der Verurteilung und Angst festzusitzen, finden sie ihr wahres Zuhause in der Zärtlichkeit ihres Herzens.

Wir können uns auch dann dem achtsamen Gebet zuwenden, wenn wir uns in unseren kleineren Ängsten im Alltag verheddern. Vielleicht wurde uns mitgeteilt, dass unser Flug wegen technischer Probleme gestrichen wurde, oder wir sind gekränkt, weil wir nicht zu einem gesellschaftlichen Ereignis eingeladen wurden, oder wir stecken in der Klemme, weil sich die Babysitterin gerade krankgemeldet hat. Wenn wir uns in solchen Augenblicken darauf besinnen, dass derartige Umstände der Erweckung von Mitgefühl dienen können, verändert sich unsere Erfahrung. Indem wir achtsam unserem Unbehagen nachspüren und Mitgefühl aufrufen, wird unser Herz ganz natürlich weiter und entspannter. Unser Leiden wird zum Weg zur inneren Freiheit, statt nutzlos oder ein Hindernis zu sein.

Wie jede Form von Meditation wird auch das achtsame Gebet mit der Übung zunehmend kraftvoller und dynamischer. Wenn wir uns immer und immer wieder darauf besinnen, wie sehr wir uns danach sehnen, zärtlich, freundlich und gütig zu sein, und wenn wir uns dieser Sehnsucht ganz und gar hingeben, erwacht das Mitgefühl ganz natürlich. Wie Hafiz schrieb:

Bitte den Freund um Liebe.
Bitte ihn nochmals.

Denn ich habe erfahren, dass jedes Herz bekommt
Worum es am meisten
Betet.

Wann immer wir uns verschlossen, gekränkt oder unversöhnlich fühlen, können wir anfangen, unser Leiden in Mitgefühl zu verwandeln, indem wir ganz einfach einatmen und sanft unser Wundsein und unseren Schmerz berühren. Wenn wir den Blick auf die bandagierte Stelle gerichtet halten, lässt dies dort das Licht eindringen, wie Rumi sagt. Beim Ausatmen können wir unsere Sehnsucht nach Verbindung spüren und in die Unendlichkeit des Lichts hinein loslassen. Wir können uns in die strahlende Liebe, nach der uns verlangt, hinein ergeben. Einatmend und ausatmend halten wir unseren Schmerz und lassen ihn halten von einem grenzenlosen Herz des Mitgefühls.

Wir halten und werden zugleich selbst gehalten

Wenn unser Herz das Leiden in Mitgefühl verwandelt, machen wir die Erfahrung, sowohl die Person zu sein, die unsere Betrübnis und unseren Kummer hält, wie auch das verletzliche Wesen, das gehalten wird. Daniel entdeckte, dass er seine Wunden in seinem eigenen heilenden Gewahrsein aushalten und tragen konnte. Als Marian ihre Verzweiflung in das grenzenlose Erbarmen Gottes entließ, fand sie das Mitgefühl, das nicht nur ihr Leiden, sondern auch das ihrer Tochter in sich bergen konnte. Ich habe durch das achtsame Gebet entdeckt, wie das Halten und Gehaltenwerden sich in ein Mitgefühl hinein entfalten, das alles Empfinden von Getrenntsein und Isolation transzendiert. Sowohl der oder die Haltende wie auch der oder die Gehaltene lösen sich in liebendem Gewahrsein auf.

Wenn wir unseren Schmerz als ein Tor zum Mitgefühl verstehen, erwachen wir allmählich aus der Geschichte von einem leidenden Ich, die uns einkerkert. So durchschneiden wir zum Beispiel in den Augenblicken, in denen wir unsere Wut und unseren Zorn zärtlich halten, unsere Identität als wütendes, zorniges Ich. Die Wut fühlt sich nicht länger wie ein persönlicher Charakterfehler oder eine niederdrückende Last an. Wir beginnen ihre allgemeine Natur zu sehen – es ist nicht *unsere* Wut, es ist nicht *unser* Schmerz. Jedermann lebt mit der Wut, mit der Angst, mit dem Kummer.

Eine wunderschöne Sufi-Belehrung zeigt uns, dass unser Schmerz nicht etwas Persönliches ist, er ist inhärenter Bestandteil des Am-Leben-Seins.

Überwinde alle Bitterkeit, die dich befallen haben mag,
Weil du der Größe des Schmerzes, der dir überantwortet wurde,
Nicht gewachsen warst.
Wie Die Mutter der Welt,
Die den Schmerz der Welt in ihrem Herzen trägt.
Jeder und jede von uns ist Teil ihres Herzens
Und deshalb ausgestattet
Mit einem gewissen Maß an kosmischem Schmerz.

Das Verstehen, dass der Schmerz in unserem Leben ein Ausdruck universalen Leidens ist, öffnet uns für die gesamte Fülle Radikaler Akzeptanz. Statt ein Problem zu sein, werden uns unsere Depression, unsere Angst und unsere Wut »überantwortet« und können unserem Erwachen gewidmet werden. Wenn wir unserem Schmerz mit der Freundlichkeit und Güte der Akzeptanz begegnen, statt mit der Bitterkeit des Widerstands, wird unser Herz zu einem uferlosen Meer des Mitgefühls. Wir werden, wie Die Mutter der Welt, die mitfühlende Präsenz, die in aller Zärtlichkeit die sich erhebenden und vergehenden Wogen des Leidens halten und tragen kann.

GELENKTE MEDITATION
Zur Haltenden und Tragenden des Leidens werden

Mitgefühl beginnt mit der Fähigkeit, das eigene Leben mit liebevollem Herzen zu billigen. Wenn Sie sich Anteilnahme und Zuwendung gewähren, sobald Ihnen bewusst wird, dass Sie leiden, wird das Mitgefühl ganz natürlich erwachen. Diese Meditation ist besonders bei emotionalen Schmerzen nützlich. Sollten Sie nicht sofort Mitgefühl für sich empfinden können, kann Sie schon allein die Bereitschaft dazu wieder mit Ihrem liebenden Herzen in Kontakt bringen. Da das Mitgefühl unserer Wesensnatur inhärent ist, entfaltet es sich unausweichlich.

* * *

Nehmen Sie eine bequeme Körperhaltung ein, atmen Sie ein paar Augenblicke ganz natürlich und entspannen Sie sich. Richten Sie Ihre Aufmerksamkeit auf den Schmerz oder den Kummer, die Scham oder die Angst, die Sie eventuell empfinden. Sie können Ihren Atem einsetzen, um Ihre Aufmerksamkeit zu vertiefen. Berühren Sie beim Einatmen Ihr Gefühl von Verletzlichkeit ganz direkt, spüren Sie beim Ausatmen den Raum des Gewahrseins, der Ihre Erfahrung hält und trägt. Laden Sie die schmerzlichen Gefühle ein, sich in ihrer ganzen Fülle auszudrücken, lassen Sie sie in Körper und Geist anschwellen und intensiver werden.

Fangen Sie nun an, fürsorgliche und teilnahmsvolle Worte an die Stelle zu richten, die sich am verletzlichsten anfühlt. Sie könnten im Stillen sprechen: »Möge ich von Leiden frei sein.« Oder, wie Thich Nhat Hanh vorschlägt: »Liebes, ich nehme Anteil an diesem Leiden.« Ihr Gebet kann auch etwas spezifischer sein: »Möge ich frei von Angst sein.« Oder: »Möge ich mich sicher fühlen und im inneren Frieden sein.« Setzen Sie Ihre Gebete der Anteilnahme fort. Sie können dabei Ihre Hand an die Wange oder aufs Herz legen und mit der Zärtlichkeit Ihrer Berührung Mitgefühl zum Ausdruck bringen.

Achten Sie darauf, wie sich Ihr Herz fühlt, wenn Sie für Ihr Leiden Anteilnahme bezeugen. Haben Sie das Gefühl, aufrichtig zu sein, empfinden Sie sich als offen oder zärtlich? Oder haben Sie das Gefühl, nur mechanisch zu agieren, fühlen Sie sich blockiert oder benommen oder stumpf? Wenn Sie sich distanziert oder nicht in Kontakt fühlen, bekräftigen Sie urteilslos ganz einfach Ihre Absicht, präsent und freundlich und liebevoll zu sein, und fahren Sie mit Ihren Gesten der Anteilnahme fort. Wenn Ihr Vorsatz, mitfühlend zu sein, echt ist, wird Ihr Herz mit der Zeit weicher und offener werden. Achten Sie darauf, in welcher Weise sich Ihre Empfindungen von emotionalem Schmerz verändern. Werden sie intensiver? Werden sie schwächer? Verwandelt sich Ihr zuerst empfundenes Gefühl in ein anderes? Sie stellen vielleicht fest, dass diese gütige Umarmung Ihrer selbst tiefe Traurigkeit auslöst. Was immer Sie auch fühlen und empfinden, halten und tragen Sie Ihren Schmerz mit der gleichen Gegenwärtigkeit und Zärtlichkeit, die Sie einem geliebten und verängstigten Kind entgegenbringen würden.

* * *

Fühlen Sie sich frei, mit allem zu experimentieren, was echte Fürsorge und Anteilnahme an Ihrem inneren Leben vermittelt. Sie könnten Ihre Worte leise flüstern oder laut aussprechen. Sie können sich körperlich selbst umarmen oder sich vorstellen, sie wiegten sich selbst wie ein Kind in den Armen. Nehmen Sie sich Zeit, um nach innen zu hören, und erspüren Sie, welche speziellen Wortgebilde oder Gesten am heilsamsten sind. Das Ganze kann so einfach sein wie zum Beispiel ein zärtliches und teilnahmsvolles Eingeständnis, dass Sie Schmerzen haben. Nach einiger Übung werden Sie feststellen, dass Sie allmählich mit spontanem und sanftem Mitgefühl reagieren, wenn Angst oder Schmerz aufkommt.

GELENKTE MEDITATION
Die Präsenz Der Geliebten anrufen

Es gibt Zeiten, in denen wir uns allein fühlen und Angst haben und uns wünschen, wir könnten uns im Schoß Buddhas oder irgendeiner anderen Manifestation von Liebe und Weisheit zusammenrollen. Wenn Sie Sehnsucht nach dieser Art von Geborgenheit haben, dann gestatten Sie sich, wieder zur Verbindung mit Ihrem erwachten Herzen zu gelangen, indem Sie sich zunächst an das wenden, was immer Sie als Der/Die/Das Geliebte, die Verkörperung von Mitgefühl, wahrnehmen und erfahren.

* * *

Setzen Sie sich bequem hin und atmen Sie ein paar Mal tief durch. Nehmen Sie mit sanfter, offener Aufmerksamkeit die Angst oder Verletzlichkeit, die Sie in Körper und Geist fühlen, zur Kenntnis. Verbinden Sie sich mit Ihrer Sehnsucht, in bedingungsloser Liebe umarmt, gehalten und getragen zu werden. Vergegenwärtigen Sie sich das Bild oder Gefühl von einer Person, einer spirituellen Gestalt oder einer Gottheit, die Sie mit Mitgefühl assoziieren. Sie sehen vielleicht das Gesicht Ihrer Großmutter oder Ihrer liebsten Freundin. Oder Sie sehen ein Bild des Buddha, der Kuan Yin oder von Christus vor sich; Sie können sich aber auch einen absolut gnädigen und erbarmungsvollen Gott vorstellen. Bitten Sie dieses Wesen in stillem Gebet um seine Gegenwart. Sie erleben vielleicht, dass die Wesenheit Sie mit bedingungsloser Liebe anblickt. Schauen Sie in die Augen, die Sie in Verständnis und mit vollkommener Akzeptanz ansehen. Wenden Sie Ihre Aufmerksamkeit Ihrem Herzen zu, seien Sie sich Ihrer Sehnsucht bewusst, und erfahren Sie dieses mitfühlende Wesen als absolut präsent und zugänglich, nehmen Sie wahr, dass es hier bei Ihnen sein möchte.

Stellen Sie sich nun diese Wesenheit als grenzenloses strahlendes Lichtfeld vor. Visualisieren und fühlen Sie, wie Sie von dieser warmen Leuchtkraft eingehüllt sind, in ihrer liebevollen Umarmung ruhen.

Schauen Sie, wie umfassend Sie sich ihr hingeben können, wie Ihr Verletztsein, Ihre Angst, Ihr Schmerz und Ihr Kummer sich in dieser gnadenvollen Präsenz auflösen können. Erlauben Sie, dass sich Ihr ganzer Körper, Ihr Herz und Ihr Geist in diese liebevolle Bewusstheit hinein befreien und mit ihr verschmelzen. Wenn Sie sich wieder in Angst und Zweifel zusammenziehen, dann spüren Sie sanft Ihr Leiden, und wenden Sie sich noch einmal dieser mitfühlenden Präsenz zu.

* * *

Wenn Sie das Anrufen einer solchen Manifestation des Mitgefühls üben, werden Sie entdecken, dass es der Heimweg zu Ihrem erwachten Herzen ist. Mit jedem Mal, wo Sie sich im Einssein mit Dem/Der Geliebten auflösen, wird Ihr Vertrauen in Ihre wahre Natur tiefer und stärker werden. Sie werden zu der mitfühlenden Präsenz, die alles Leiden mit Zärtlichkeit trägt und hält.

9

Die Kreise des Mitgefühls ausdehnen

Der Pfad des Bodhisattva

Ich lebe mein Leben in wachsenden Ringen,
die sich über die Dinge ziehn.
Ich werde den letzten vielleicht nicht vollbringen,
aber versuchen will ich ihn.
Rainer Maria Rilke

Ich schenkte Narayan zu seinem sechsten Geburtstag einen Ameisenbau in einem Glaskasten. Mein Sohn sah stundenlang fasziniert zu, wie die kleinen Geschöpfe auf wundersame Weise ihr Tunnelnetzwerk schufen. Er gab einigen von ihnen einen Namen und verfolgte ganz genau ihre Bemühungen und Fortschritte. Nach ein paar Wochen machte er ihren Friedhof ausfindig und sah voller Staunen zu, wie einige von ihnen die Körper ihrer toten Kameraden dorthin schleppten und ablegten. Als ich Narayan am nächsten Tag von der Schule abholte, war er sichtlich unglücklich. Er erzählte, dass die Kinder sich auf dem Schulhof einen Spaß daraus gemacht hatten, auf Ameisen zu treten. Er war entsetzt darüber, dass sie diesen Tieren, die er so bewunderte, Leid antaten.

Ich versuchte ihn zu trösten und erklärte ihm, dass wir, wenn wir Zeit mit irgendwelchen Lebewesen verbringen, so wie er mit den Ameisen, entdecken, dass sie ganz reale Wesen sind. Sie verändern sich, sie sind lebhaft, hungrig, gesellig. Ihr Leben ist so zerbrechlich wie das unsere, und wie wir möchten auch sie am Leben bleiben. Seine Kameraden hatten nicht die Möglichkeit gehabt, die Ameisen so kennenzulernen wie er. Sonst hätten sie ihnen auch kein Leid zufügen wollen.

Wann immer wir uns aus ganzem Herzen der Person zuwenden, mit der wir zusammen sind, oder dem Baum in unserem Vorgarten oder dem auf einem Ast sitzenden Eichhörnchen, wird diese lebendige Energie zum innigen Teil von uns selbst. Der spirituelle Lehrer Jiddu Krishnamurti schrieb: »Achtsam und aufmerksam zu sein heißt, dass wir Anteil nehmen, was wiederum heißt, dass wir wirklich lieben.« Aufmerksamkeit *ist* die grundlegendste Form der Liebe. Indem wir Aufmerksamkeit walten lassen, lassen wir uns vom Leben berühren, und unser Herz wird ganz natürlich offener und engagierter.

Der Dalai Lama bemerkte einmal: »Ich weiß nicht, warum die Leute mich so mögen. Der Grund muss sein, dass ich *Bodhicitta* (das erwachte Herz/der erwachte Geist) hochhalte. Ich kann nicht behaupten, es zu praktizieren, aber es hat für mich eine hohe Bedeutung.« Uns liegt am erwachten Herzen, weil es wie die voll erblühte Blume die volle Verwirklichung unserer Natur ist. Uns geliebt zu fühlen und zu lieben ist das, was für uns alle in allererster Linie zählt. Wir fühlen uns am meisten als »wer wir sind«, wenn wir uns einander und mit unserer Umwelt verbunden fühlen, wenn unser Herz offen, großzügig und von Liebe erfüllt ist. Und selbst wenn sich unser Herz eng und verkrampft oder taub anfühlt, ist uns nach wie vor an Zuwendung und Anteilnahme gelegen.

Bei der Beschreibung seiner persönlichen spirituellen Entwicklung sagte Mahatma Gandhi: »Ich halte mich für unfähig, irgendein Wesen auf Erden zu hassen. Durch das langjährige Befolgen und Einhalten der Disziplin des Gebets habe ich vor über vierzig Jahren aufgehört, irgendjemanden zu hassen. Ich weiß, ich nehme etwas Gewaltiges für mich in Anspruch. Dennoch tue ich es in aller Demut.« Wenn wir uns unser eigenes Leben und die Menschheitsgeschichte anschauen, wird uns klar, das Hass, Wut und alle Formen von Abneigung durchgängige und natürliche Bestandteile des Lebendigseins sind. Wir sind darauf konditioniert, uns von anderen getrennt und anders als die anderen zu fühlen, und daraus entsteht Abneigung. Und wie Gandhi feststellte, können wir nur dadurch, dass wir uns irgendeiner Form von Training widmen, diese Tendenz auflösen und alle Wesen mit Radikaler Akzeptanz in die Arme schließen.

Der Dienst an den Armen und Sterbenden in Kalkutta war für Mutter Teresa eine Übung, jede Person als »Christus in seiner erschreckenden und schmerzlichen Verkleidung« anzusehen. Und indem sie dies tat, konnte sie über die Unterschiede hinaussehen, die ansonsten ihr Herz vielleicht verhärtet hätten, und jeder Person, die sie berührte, mit bedingungslosem Mitgefühl dienen. Wenn wir uns darin trainieren, hinter die oberflächlichen Erscheinungsformen zu sehen, können wir erkennen, in welcher Weise wir alle gleich sind. Für Mutter Teresa bedeutete das, dass jede Person einen Funken des Göttlichen in sich trägt. Den buddhistischen Lehren zufolge ist unsere wahre Natur zeitloses, strahlendes Gewahrsein oder Bewusstheit. Uns selbst und andere mit bedingungslosem Mitgefühl zu akzeptieren heißt, beides, das reine Gewahrsein, das unsere Essenz ist, *und* unsere natürliche menschliche Verletzlichkeit zu erkennen und anzuerkennen.

In diesem Buch haben wir bisher erforscht, wie wir die Achtsamkeit und das Mitgefühl der Radikalen Akzeptanz in unser inneres Leben einbringen können. So, wie wir Mitgefühl für unsere eigene Person erwecken, indem wir unsere Angst, unsere Wut und unseren Kummer berühren, wird unser Herz auch offen und zärtlich, wenn wir uns mit klarer Aufmerksamkeit der Verletzlichkeit anderer zuwenden. Mitgefühl mit uns selbst führt ganz natürlich zu Mitgefühl mit anderen. Während die Liebe unser Grundgefühl von Verbundensein beschreibt, ist das Mitgefühl mit anderen die Spielart der Liebe, die zum Vorschein kommt, wenn wir die Wahrheit des uns allen gemeinsamen Leidens sehen.

Unser Dasein mit weisem und mitfühlendem Herzen zu leben ist die Essenz des Bodhisattva-Pfades. Wie wir im letzten Kapitel sahen, können uns die Bestrebung und der Wunsch des Bodhisattva – »Mögen alle Umstände der Erweckung des Mitgefühls dienen« – dazu anleiten, alles, was sich in unserem Leben ergibt, mit Akzeptanz und Anteilnahme zu halten und zu tragen. Beim Umwandeln von Leiden in Mitgefühl erkennen wir unsere wechselseitige Verbundenheit mit allem im Leben. Diese tiefe Erkenntnis erweckt einen zweiten und zentralen Aspekt der Bestrebung eines Bodhisattva: »Möge mein Leben allen Wesen von Nutzen sein.«

Diese Bestrebung findet in den traditionellen Texten als Gelübde der Bodhisattva Ausdruck, so lange nicht in das Nirwana – die letzte Befreiung – einzugehen, bis nicht alle anderen Wesen auch frei sind. Mag sich dieses Gelübde in seiner sprachlichen Formulierung auch auf verschiedene Weise interpretieren lassen, die Absicht ist jedoch klar: Der oder die Bodhisattva widmet aus Mitgefühl ihr Leben und ihre Praxis der Befreiung vom Leiden. Der selbstlose Geist dieses Gelübdes lädt uns ein, uns auf unser Zugehörigsein zu besinnen und unsere Fähigkeit zu grenzenlosem Mitgefühl zu vertiefen und zu stärken.

Wie der oder die Bodhisattva des Mitgefühls können auch wir danach streben, so weit und so zärtlich in unserem Bewusstsein zu werden, dass wir mit Anteilnahme das Leiden aller Wesen halten und tragen können. In diesem Kapitel werden wir uns anschauen, wie unser Mitgefühl sich in »wachsenden Ringen« immer weiter ausdehnt, wenn wir unsere Aufmerksamkeit auf das Leiden anderer richten. Wie Gandhi herausfand, können wir uns dazu trainieren, jedermann in unser Herz mit einzubeziehen.

Wir sitzen gemeinsam im Boot

Kim kam zu einem Neujahrsretreat »Das Herz des Mitgefühls erwecken« und fühlte sich wegen eines Missgeschicks bei der Arbeit zutiefst gedemütigt. Nachdem sie fünftausend Broschüren für ihre Firma hatte drucken lassen, stellte sie fest, dass sie einige sehr offensichtliche Tippfehler übersehen hatte. Bei einem hässlichen Wortwechsel mit einem Mitarbeiter hatte sie sich zu verteidigen und ein wenig von der Schuld auf ihn abzuwälzen versucht, indem sie anmerkte, dass sie vielleicht weniger abgelenkt gewesen wäre, wenn er sich um das Telefon gekümmert und nicht so lange Mittagspause gemacht hätte. Und um ihren Bemerkungen Nachdruck zu verleihen, hatte sie einen ordentlich aufgeschichteten Broschürenstapel von ihrem Schreibtisch gefegt. Jetzt, da sie mit ihren Gedanken allein war, ließ sie die Szene noch einmal vor ihrem inneren Auge ablaufen und krümmte sich vor Scham bei der Erinnerung an den Ton in ihrer Stimme und wie sie einfach nur dagestanden und zugesehen hatte, während sich der Mitarbeiter bückte und die Broschüren aufsammelte.

Bei unserem ersten Gespräch ermunterte ich sie dazu, die Geschichte loszulassen und sich in das Gefühl der Angst und Scham fallen zu lassen, so, wie es sich in ihrem Körper und Bewusstsein manifestierte. Sie berichtete mir, sie fühle einen tiefen Schmerz in der Brust und einen Schraubstock um ihren Hals. Bei der traditionellen Mitgefühlsmeditation ansetzend, die wir im Retreat gelehrt hatten, leitete ich Kim an, zunächst einmal Mitgefühl für sich selbst zu erwecken. »Während du den schmerzenden Stellen in Anteilnahme zugewandt bleibst, kannst du die Sätze, die du gelernt hast, wiederholen: ›Ich nehme Anteil an diesem Leiden. Möge ich von Leiden frei sein.‹«

Als ich sah, dass Kim sich entspannt hatte, fragte ich sie, ob sie sich auf irgendwelche Familienmitglieder oder Freunde besinnen könne, die sich auch für ihre Fehler und ihre emotionale Reaktion auf sie geniert hatten. Ihr kamen ihre Mutter und ihr Bruder in den Sinn. Und als sie sich daran erinnerte, wie diese sich geschämt und gedemütigt gefühlt hatten, spürte sie eine Welle der Zärtlichkeit für sie in sich aufsteigen. Im Stillen flüsterte sie den beiden zu: »Ich nehme Anteil an eurem Leiden; mögt ihr von Leiden frei sein.«

Sie setzte diese Mitgefühlsübung fort und dehnte nunmehr ihre Zuwendung und Anteilnahme auch auf Menschen aus, mit denen sie vertraut, aber nicht gut bekannt war – andere Personen im Retreat, Leute, denen sie im Fitnesscenter begegnete, Eltern von Freunden ihrer Kinder. Sie fühlte sich noch immer wund von ihren Selbstzweifeln und konnte sich von daher vorstellen, dass sich möglicherweise die gleiche Angst, die sie hatte, hinter der Distanziertheit oder Arroganz, Geschäftigkeit oder Abwehrhaltung verbarg, die sie bei anderen beobachtet hatte. Als sie in dieser Weise ein Empfinden von der Verletzlichkeit jedes Menschen in sich zuließ und ihr Gebet der Anteilnahme sprach, spürte sie, wie sich ein inniges Band knüpfte.

Jetzt, da ihr Herz offener war, vergegenwärtigte sie sich den Mitarbeiter, über den sie sich so geärgert hatte. Sie erinnerte sich an den Ausdruck der Verletztheit in seinen Augen, als sie über ihn herfiel. Sie dachte an seine meist besorgte Miene, seine körperliche Angespanntheit und seine abschätzigen Bemerkungen über sich selbst und erkannte, dass auch er Angst hatte, nichts wert und inkompetent zu sein. In ihr stiegen Reue und dann Traurigkeit auf, als ihr klarwurde, dass sie ihn vermutlich an einer äußerst empfindlichen Stelle getroffen hatte. In den folgenden Momenten konzentrierte sie ihre ganze Anteilnahme auf ihn und betete darum, dass er von Angst frei sein möge.

Ich geleitete Kim zum letzten Schritt dieser Mitgefühlsübung – ihr Herz und ihre Aufmerksamkeit grenzenlos weit zu öffnen und ihre Liebe und Anteilnahme auf alle Wesen auszudehnen, die leiden, die sich unsicher und entfremdet fühlen. Als sie ihre Meditation zu Ende geführt hatte und die Augen öffnete, war ihr Gesicht weich geworden und ihr Körper entspannt. Sie lehnte sich auf ihrem Stuhl zurück und ließ die Hände offen und locker im Schoß ruhen. Sie schenkte mir ein sowohl trauriges wie auch liebes Lächeln und sagte: »Wenn ich mir in Erinnerung rufe, dass andere Menschen die gleichen Unsicherheitsgefühle haben wie ich, dann fühle ich mich nicht als schlechter Mensch – ich bin einfach nur menschlich.« Und nach einer kleinen Pause fügte sie hinzu: »Ich kann jetzt fühlen, wie wir alle gemeinsam im Boot sitzen.«

Diese Praxis des bewussten Reflektierens über das Leiden – unser eigenes Leiden und das Leiden anderer – ist die Grundform buddhistischer Mitgefühlsmeditationen. Wir schließen das Leiden derer mit ein, die wir lieben und schätzen, derer, die wir kaum kennen, derer, die wir schwierig finden, und derer, denen wir nie begegnet sind, bis hin zum allerweitesten Kreis. Diese Praxis verstärkt unsere Fähigkeit, Mitgefühl walten zu lassen, auch wenn wir nicht in jeder Meditation formal über alle in jedem Bereich reflektieren. Wie Kim feststellte, merken wir beim Besinnen auf das Leiden anderer, dass wir in unserem Schmerz nicht allein sind. Wir sind durch unsere Verletzlichkeit miteinander verbunden.

Ohne die echte Bereitschaft, das Leiden anderer in uns einzulassen, bleibt unsere spirituelle Praxis leer und hohl. Vater Theophanus, ein christlicher Mystiker, schildert eine Begebenheit, die sich ereignete, als er sich eine Auszeit von seinen üblichen Pflichten in seiner Pfarrgemeinde nahm und sich zur spirituellen Erneuerung in ein fernab gelegenes Kloster begab. Er hatte von einem weithin für seine Weisheit geachteten Mönch gehört und suchte ihn dort auf. Man hatte ihn schon vorgewarnt, dass dieser seinen Rat nur in Form von Fragen erteilte. Darauf erpicht, seine eigene spezielle Weisung zur Kontemplation von ihm zu erhalten, wandte sich Theophanus an den Mönch: »Ich bin Gemeindepfarrer und zu einem Retreat hier. Kannst du mir eine Frage geben, über die ich meditieren soll?«

»Ah ja«, erwiderte der weise Mann. »Meine Frage für dich lautet: Was brauchen sie?« Ein wenig enttäuscht bedankte sich Theophanus bei ihm und ging davon. Nachdem er ein paar Stunden über die Frage meditiert und das Gefühl hatte, damit nicht weiterzukommen, beschloss er, den Lehrer nochmals aufzusuchen. »Bitte entschuldige«, sagte er, »vielleicht habe ich mich nicht klar ausgedrückt. Deine Frage war hilfreich, aber ich war nicht so sehr daran interessiert, in diesem Retreat über meinen Sendungsauftrag nachzusinnen. Vielmehr wollte ich über mein eigenes spirituelles Leben ernsthaft nachdenken. Könntest du mir eine Frage für mein eigenes spirituelles Leben geben?« »Aha, ich verstehe«, erwiderte der weise Mann. »Dann lautet meine Frage: Was brauchen sie *wirklich?*«

Wie so viele von uns hatte Vater Theophanus angenommen, dass sich die wahre spirituelle Betrachtung auf unser einzelnes

Ich konzentriert. Aber wie der weise Mann ihm in Erinnerung brachte, hat das spirituelle Erwachen untrennbar mit anderen zu tun. Als sich Theophanus auf die Bedürfnisse jener konzentrierte, die ihm anvertraut waren, erkannte er deren Verletzlichkeit und Sehnsucht nach Liebe – und merkte, dass ihre Bedürfnisse sich von den seinen nicht unterschieden. Die Frage, die der weise Mann ihm vorschlug, war wunderbar dazu geeignet, in Theophanus die wahre spirituelle Tiefe zu erwecken, die daraus entsteht, dass man anderen menschlichen Wesen gut zuhört und volle Aufmerksamkeit schenkt.

Die Trance des unwirklichen »Anderen«

Wenn wir in unserem Drama, in dem sich alles nur um unsere eigene Person dreht, gefangen sind, werden alle anderen zum »Anderen«, zum Andersartigen und Unwirklichen. Die Welt wird zur Hintergrundkulisse für unsere spezielle Erfahrung, und jedermann auf dieser Bühne dient uns als Nebendarsteller, manche als Widersacher, andere als Verbündete, die meisten davon ganz einfach bedeutungslos. Weil uns die Beschäftigung mit unseren persönlichen Wünschen und Belangen davon abhält, all den anderen volle Aufmerksamkeit zu schenken, können die Personen in unserem Umfeld – sogar Familienangehörige und Freunde – unwirklich werden, zweidimensionale Pappfiguren und nicht Menschen mit Bedürfnissen und Ängsten und pochenden Herzen.

Je andersartiger sich jemand für uns ausnimmt, desto unwirklicher empfinden wir ihn vielleicht. Wenn Menschen einer anderen Rasse oder Religion angehören, wenn sie aus einer anderen »Schicht« kommen, können wir sie nur allzu leicht ignorieren oder abtun. Wir distanzieren uns von ihnen, indem wir sie als uns überlegen oder unterlegen, als besser oder schlechter, wichtig oder unwichtig einschätzen. Wir fixieren uns auf das äußere Erscheinungsbild – Aussehen, Verhalten, Sprechweise – und nageln sie auf einen bestimmten Typus fest: Sie sind Linker oder Fundamentalist, Krimineller oder Machtmensch, Feministin oder Wohltätiger, HIV-positiv oder Alkoholiker. Manchmal hat unsere Festlegung auf einen Typus auch mehr mit der Wesensart zu tun – jemand ist langweilig oder narzisstisch, bedürftig oder rüpelhaft, ängstlich oder depressiv. Doch ob es sich nun um eine grobe oder subtile Typisierung handelt, in allen Fällen lässt sie das betreffende menschliche Wesen für unsere Augen unsichtbar werden und verschließt unser Herz.

Wir haben alle unser ganz persönliches komplexes und weitgehend unbewusstes Klassifizierungssystem. Wenn ich die Zeitung lese oder Nachrichten sehe, stoße ich regelmäßig auf meine Wut und meine Abneigung gegenüber Personen des öffentlichen Lebens, die reich, weiß, im Allgemeinen männlich, machtvoll und konservativ sind. Ich halte starr an meinen Ansichten von richtig und falsch und Recht und Unrecht fest und rechne diese Senatoren, Konzernmanager und Chefherausgeber den »Bösen« zu, betrachte sie als Teil des Problems. Sie werden zu Figuren in einem verstörenden Film, sind keine lebendigen, atmenden Menschen.

Ursula Hegi enthüllt in ihrem Roman *Die Andere*, der im Nazi-Deutschland spielt, das Leiden der »Anderen« auf beeindruckende Weise. Die Geschichte wird aus dem Blickwinkel einer mutigen Frau erzählt, Trudy, die ihr Leben riskiert, um die in ihrem Dorf lebenden Juden zu verstecken. Trudy ist eine einfühlsame und ansprechende Person, und sie ist kleinwüchsig. Während die Geschichte ihren Lauf nimmt, nehmen wir, indem wir mit den Augen Trudys sehen, allmählich den Schmerz wahr, den es bedeutet, der oder die »Andere« zu sein. Sie sehnt sich danach, von ihren Nachbarn und Mitmenschen im Ort erkannt zu werden, wünscht sich, dass sie mehr sehen als nur ihren kleinen unbeholfenen Körper und ihr überproportional großes Gesicht. Sie kann sich gut mit denen identifizieren, denen sie Zuflucht gewährt, weil auch sie unter den verbalen und nichtverbalen Beleidigungen leidet, die sie wissen lassen, dass sie nicht dazugehört.

Die Lektüre dieses Romans rüttelte mich wach. Ich fragte mich, wie viele Menschen ich jeden Tag nicht sehe, auf wie viele ich nicht eingehe oder reagiere, weil ich sie unbewusst als »Andere« kategorisiere. Ich hätte ebenfalls in Trudys Dorf leben und mich verlegen abwenden können, wenn wir auf der Straße aneinander vorbeigingen, weil ich nicht zu genau auf diese menschliche »Kuriosität« blicken wollte. Unsere Fähigkeit, den Blick von der Wirklichkeit und vom Leiden anderer abzuwenden, hat entsetzliche Konsequenzen. Jahrelang hat die Welt sich von der Not der Juden im Nazi-Deutschland abgewandt. Und heute nehmen wir vielleicht nicht wahr, welche ungeheure Anzahl von Menschen an Aids stirbt, wir sehen nicht die Schrecken eines Lebens im Mittleren Osten, in Afghanistan, in den vielen von Kriegen zerrissenen und entsetzlich armen Gegenden auf diesem Planeten.

Im Sommer 1991 unterhielt ich mich während eines Inlandsflugs mit meiner Sitznachbarin. Sie erzählte mir, dass ihr Sohn bei der Luftwaffe sei und unbeschadet aus dem Zweiten Golfkrieg zurückgekommen war. Dann neigte sie sich mit einem Lächeln zu mir herüber und sagte leise: »Wissen Sie, es lief wirklich gut. Von unseren Jungs sind nur ein paar gestorben.« Mir sank das Herz. Nur ein paar von unseren Jungs. Was war mit den Jungs und den Frauen und den Kindern des Irak? Was war mit all den Millionen, die noch an radioaktiver Verseuchung oder im Verlauf des nachfolgenden Wirtschaftsembargos an Unterernährung und Krankheit sterben würden? *Unsere Jungs.*

Sind Menschen erst einmal zu unwirklichen »Anderen« geworden, sehen wir nicht mehr, wie sehr sie leiden. Weil wir sie nicht als fühlende Wesen wahrnehmen, können wir sie nicht nur ignorieren, sondern ihnen auch ohne irgendwelche Skrupel Leid und Schmerz zufügen. Nicht zu sehen, dass andere wirkliche Wesen sind, führt dazu, dass der Vater seinen Sohn enterbt, weil dieser schwul ist, dass geschiedene Ehepaare ihre Kinder als Waffe benutzen. All dieses ungeheure Leiden von Gewalt und Krieg rührt von unserem grundlegenden Versagen her, die anderen als wirklich wahrzunehmen.

Unsere unmittelbare Reaktion des Angezogenseins oder der Ablehnung, des Interesses oder der Achtlosigkeit, ist Bestandteil unserer biologischen Programmierung auf das Überleben. Wie ein Mensch schaut, wie er riecht und spricht, sagt uns, ob er zum selben Stamm gehört oder nicht. Wenn wir in dieser biologischen Trance gefangen sind, können wir Verhaltensweisen und Ansichten nur im Kontext eines Freund-Feind-Musters deuten. Diese Konditionierung zur Wahrnehmung von Unterschieden ist zwar sehr stark, doch wir sind auch dazu fähig, unsere Abwehrhaltung zu lockern. Wir sind imstande, unser Stammesgefühl auszudehnen, zu erweitern. Das ist eine Erfahrung von Radikaler Akzeptanz, die im Mittelpunkt des Bodhisattva-Pfades steht. Wir können lernen, unsere uns allen gemeinsame Verletzlichkeit zu erkennen und uns unsere Zugehörigkeit zu allen Wesen klarzumachen.

Unseren Stamm erweitern – hinter die äußere Erscheinung blicken

Mitte der siebziger Jahre arbeitete ich als Aktivistin für Mieterrechte mit armen Familien in Worcester, Massachusetts. Wir organisierten Mietervereinigungen, um so die Hausbesitzer unter Druck zu setzen, damit sie angemessene Mieten verlangten und für anständige Wohnbedingungen sorgten. In einer dieser Mietervereinigungen waren Familien versammelt, die ihre Behausungen in einem Elendsviertel von einem der berüchtigtsten und herzlosesten Hausbesitzer gemietet hatten. Die Vorsitzende, Denise, war eine energische und wortgewaltige Frau, die hart dafür arbeitete, dass die Gruppe aktiv wurde und etwas gegen den rasanten Anstieg der Mieten, die sich niemand mehr leisten konnte, zu unternehmen.

Im Verlauf der vielen Monate, die der Aufbau der Mietervereinigung in Anspruch nahm, freundete ich mich mit Denise und ihrer Familie an. Ich kam zu ihnen zum Essen, spielte mit den Kindern und war in ihre Probleme und Kämpfe eingeweiht. Ihre

Wohnung war einige Male verwüstet worden, und es gab keine Möglichkeit, die Ratten und Küchenschaben fernzuhalten. Denise' ältester Sohn saß im Gefängnis, der andere Sohn war drogensüchtig. Ihr derzeitiger Ehemann war arbeitslos, und sie hatten Schulden. Ihre noch kleinen Kinder zu ernähren und zu kleiden und die Heizung am Laufen zu halten waren Herausforderungen, denen sie sich regelmäßig zu stellen hatte. Ich bewunderte ihre Bereitschaft, so hingebungsvoll ihre Rolle als Vorsitzende der Mietervereinigung wahrzunehmen, wo sie doch zu Hause derart viele Probleme hatte.

Zwei Tage bevor wir unseren von Denise koordinierten Mieterstreik beginnen wollten, fand ich eine unter meiner Tür durchgeschobene Nachricht von ihr. Darauf stand, dass sie die Mietervereinigung verließ. Ich war überrascht und enttäuscht, hatte aber eine Ahnung, was passiert war. Die Vermieter von Elendsquartieren korrumpierten oft die Anführer von Mietervereinigungen, um diese zu schwächen. Wie sich herausstellte, war Denise mit dem Angebot eines neuen doppelten Schlosses für die Wohnungstür, einer Aussetzung der Mietzahlungen und einem Teilzeitjob für ihren Sohn bestochen worden.

Die anderen Mieter fühlten sich verraten und demoralisiert. Denise war »doppelzüngig« und »rückgratlos«, sagten sie. Wenn sie sie auf dem Gehweg sahen, wechselten sie zur anderen Straßenseite. Sie ließen ihre Kinder nicht mehr mit Denise' Kindern spielen. Sie war zur Außenseiterin geworden, zu einer von »denen«. Früher hatte ich in solchen Fällen ebenso gedacht. Diese Leute behinderten unsere Fortschritte.

Bei Denise war es anders. Ich verstand, wie verzweifelt sie versuchte, ihrer Familie zu helfen. Ich hatte gesehen, wie sie ebenso wie ich Ängste in Bezug auf ihr Leben hatte und wie auch sie sich nach Liebe sehnte. Der Dichter Longfellow schreibt: »Wenn wir die heimliche Geschichte unserer Feinde lesen könnten, würden wir im Leben eines jeden Menschen genug Kummer und Leid finden, um alle Feindseligkeit aufzugeben.« Ich hatte genug von Denise' heimlicher Geschichte gelesen, um sie als wirkliche Person wahrzunehmen; sie lag mir am Herzen.

Zwar war es mir möglich, trotz ihrer Handlungsweise ein offenes Herz für sie zu bewahren, aber den Vermietern gegenüber hegte ich ganz gewiss andere Gefühle. Sie gehörten in meine Kategorie der »Bösewichte«. Einige Jahre später bot sich mir die Gelegenheit, mich mit jemandem aus dieser Schublade auseinanderzusetzen und ein wenig tiefer zu schauen. Einer meiner Freunde kannte den Generaldirektor eines sehr großen Unternehmens, der vorhatte, für die Angestellten seiner Firma ein Achtsamkeitsprogramm einzurichten. Mein Freund wollte, dass ich das Programm mit diesem Mann beim Mittagessen besprach. Er passte genau in meine Klischeevorstellungen vom reichen weißen Mann. Er stand im Mittelpunkt eines von den Medien aufmerksam verfolgten Gerichtsverfahrens, weil er den Frauen systematisch die gleichen Aufstiegsmöglichkeiten verweigerte, die die Männer hatten. Und diese geschlechtsspezifische Diskriminierung war gegenüber afroamerikanischen Frauen besonders eklatant. Ich willigte ein, mit ihm zu reden, aber mir war beim Gedanken an das Treffen nicht wohl, und ich ging davon aus, dass wir von sehr unterschiedlichen und einander nicht gerade freundlich gesinnten Planeten kommen würden.

Bei genauerer Betrachtung erwies sich der Mann als durchaus menschlich und real. Er gab ein bisschen an und wollte ganz offensichtlich gemocht werden. Seine Mutter hatte vor ein paar Wochen eine dreifache Bypassoperation gehabt. Sein ältester Sohn hatte Jugenddiabetes. An den Wochenenden beklagte sich seine Frau darüber, dass er mit den Kindern zu wenig spielte. Eigentlich wollte er gerne mit ihnen zusammen sein, er war ganz verrückt nach ihnen, aber dringende Anrufe übers Handy zogen ihn unweigerlich fort vom Tischtennisspiel, vom Grillen oder den Videos, die sie sich gemeinsam ansahen. Er fragte sich, ob das Praktizieren von Achtsamkeit ihm wohl helfen könnte, sich zu entspannen, wenn ringsum immer nur Forderungen an ihn gestellt wurden. Es spielte keine Rolle, dass wir in den meisten politischen und gesellschaftlichen Fragen vermutlich unterschiedlicher Meinung waren. Ich mochte ihn und wollte, dass er glücklich war.

Auch wenn wir jemanden nicht mögen, öffnet die Erkenntnis seiner Verletzlichkeit unser Herz für ihn. Wir entscheiden uns vielleicht bei einer Wahl gegen ihn und würden ihn auch nie zu uns nach Hause einladen, ja, wir könnten sogar der Ansicht sein, dass er zum Schutz anderer ins Gefängnis gesteckt werden sollte. Dennoch müssen unsere Gefühle von Anziehung und Abneigung nicht unsere grundlegende Fähigkeit außer Kraft setzen, zu erkennen, dass auch er leidet und sich nach Glück sehnt. Wenn wir sehen, wer da wirklich vor uns steht, wollen wir nicht, dass er oder sie leidet. Unser Kreis des Mitgefühls erweitert sich ganz natürlich, um sie mit einzuschließen.

In einer Welt leben, in der alle wirklich sind

Eines der bemerkenswertesten Dinge am Dalai Lama ist für mich die Tatsache, dass er jedermann gleichbehandelt. Da zeigt ihn ein Zeitungsfoto, wie er eine prominente Persönlichkeit liebevoll umarmt, und ein anderes, wie er die Arme um einen armen tibetischen Flüchtling legt. Wenn der Dalai Lama sagt: »Meine Religion ist die Freundlichkeit«, drückt er sein Gelübde aus, sein Leben mit dem bedingungslos offenen und liebevollen Herzen des Mitgefühls zu führen. Freundlichkeit und Güte sind eine Facette des Juwels des Mitgefühls. Es ist der Wunsch zu helfen, der entsteht, wenn wir uns darauf besinnen, dass wir mit jedem Lebewesen, dem wir begegnen, verbunden sind. Jede Person ist kostbar, jede Person ist zerbrechlich, jede Person zählt.

Beim Begräbnis eines geliebten Rabbi wandte sich ein jüngerer Mann, der eben erst sein Studium bei ihm begonnen hatte, an einen, der schon seit Jahrzehnten sein Schüler war. »Was war für unseren Meister am wichtigsten?«, fragte er. Der ältere Schüler erwiderte lächelnd: »Immer der, der im Augenblick gerade bei ihm war.« Wie der Dalai Lama reservierte auch der Rabbi seine Energie und Zeit nicht nur für diejenigen, die über Geld und Macht verfügen, oder nur für seine Familie und engsten Schüler.

Er widmete seine ganze Aufmerksamkeit jeder Person, mit der er beisammen war, und bot ihr das Geschenk seines vollkommen mitfühlenden und wachen Herzens an.

Auch wenn wir andere nicht in Wut oder Hass wegschieben, können wir doch leicht Leute übersehen und ihnen unwissentlich unsere Freundlichkeit vorenthalten. Am augenfälligsten mag das jene betreffen, die in den buddhistischen Mitgefühlsübungen als »neutrale« Menschen bezeichnet werden – Personen, die bei uns weder positive noch negative Reaktionen auslösen. Das können der Postbote, Mitschüler der Kinder, der Ehemann einer Freundin, ein ferner Verwandter sein. Wenn ich Mitgefühlsübungen unterrichte, bitte ich die Schüler manchmal, eine Person zu wählen, die sie regelmäßig sehen, mit der sie aber persönlich nichts weiter zu tun haben. Wenn sie sich diese dann vorstellen, fordere ich sie auf, über Folgendes nachzudenken: »Was braucht diese Person?« – »Was fürchtet sie?« – »Wie sieht ihr Leben aus?«

Vicki kam nach einer dieser Meditationen zu mir und berichtete, dass sich etwas Wundervolles ereignet habe, seit sie diese Praxis ausübt. Wenn sie Kollegen bei der Arbeit sieht, Nachbarn, die ihren Hund ausführen, Angestellte in den Läden, dann sagt sie im Stillen: »Du bist real. Du bist real.« Und sie stellte fest, dass sie dann für sie lebendig werden, statt nur eine Hintergrundkulisse für ihr Leben abzugeben. Ihr fiel ein Aufblitzen von Neugierde in den Augen auf, ein großzügiges Lächeln, ein ängstliches Zähneknirschen, ein enttäuschtes und resigniertes Herabsacken der Schultern, der Kummer in einem gesenkten Blick. Wenn sie noch einen Augenblick länger verweilte, konnte sie auch ihre Schüchternheit, ihre Unbeholfenheit oder ihre Angst spüren. »Je realer sie für mich werden, desto realer und warmherziger und lebendiger fühle ich mich«, sagte sie. »Ich fühle eine Nähe einfach dadurch, dass wir gemeinsam Menschen sind. Es spielt keine Rolle, wer sie sind … Ich habe das Gefühl, sie als Teil meiner Welt akzeptieren zu können.«

Wenn wir innehalten, uns anderen zuwenden und sie als wirklich, als real ansehen, decken wir ein verborgenes Band auf, das zwischen allen Wesen existiert. In ihrem Gedicht »Güte« schreibt Naomi Shihab Nye:

Bevor du die zärtliche Schwerkraft der Freundlichkeit
erfährst,
musst du dorthin wandern, wo der Indianer im weißen
Poncho
tot am Straßenrand liegt.
Du musst sehen, dass er du sein könnte,
dass auch er jemand war,
der mit Plänen durch die Nacht reiste
und dem simplen Atem, der ihn am Leben erhielt.

Wir reisen alle mit Plänen durch die Nacht und atmen dieses rätselhafte, mysteriöse Leben ein und aus. Die »zärtliche Schwerkraft der Freundlichkeit« erwacht ganz natürlich, wenn wir anderen unsere Aufmerksamkeit schenken.

Was machen wir, wenn sich unser Herz verschließt?

Vor einigen Jahren war ich über einen Klienten in einer von mir geleiteten psychotherapeutischen Gruppe sehr verärgert und fühlte mich von ihm belagert. Tom blieb nach jedem Treffen noch da und stellte mir völlig unnötig erscheinende Fragen oder kommentierte lang und breit die Abendsitzung. Und bei den Gruppensitzungen provozierte er ganz eindeutig den Groll der anderen. Eines Abends gestand ein junger Mann, dass ihn die unaufhörliche Kritik seiner Frau angespannt und gehemmt machte, wenn sie beisammen waren. Tom sagte zu ihm in etwas überheblichem Ton, er solle Selbstsicherheit vortäuschen, sonst würde ihn seine Frau nie respektieren. Das Gesicht des jungen Mannes wurde rot, und für den Rest des Abends gab er keinen Mucks mehr von sich. Und bei verschiedenen anderen Sitzungen musste ich Tom in seinen endlosen Ausführungen darüber unterbrechen, wie er ähnliche Probleme, wie sie von den anderen zur Sprache gebracht wurden, gehabt und gelöst hatte. Es war klar, dass er sich wichtig vorkommen und im Mittelpunkt stehen wollte. Und ganz gleich, was ich tat, er drängte sich weiterhin immer wieder ins Rampenlicht.

Als ich am Ende unserer fünften Sitzung Tom wieder darauf warten sah, dass alle anderen gingen, sank mir das Herz. Ich wünschte mir wütend, er würde verschwinden. Dann atmete ich tief durch, ging zu ihm und ließ mich neben ihm nieder. Er sagte, er müsse über seine Probleme reden, sich in diese Gruppe einzufügen. Das war zwar ein vernünftiges Ansinnen, aber ich fühlte mich dennoch hart und verschlossen. Ich wusste, er wollte mein Interesse und meine Aufmerksamkeit, aber ich wollte sie ihm nicht geben. Und als Tom anfing, mir zu erzählen, was an dieser speziellen Zusammensetzung von Leuten falsch war – überempfindliche Frauen, passive, emotional unterdrückte Männer –, stellten sich in mir alle Stacheln auf. Ich fühlte mich intolerant, ungeduldig, voller Abscheu und dachte bei mir: »Na schön, warum gehst du dann nicht einfach? Das würde jedermanns Problem lösen.«

Ich musste feststellen, dass es nicht immer leicht ist, in Reaktion auf die Bedürfnisse eines anderen mitfühlend zu sein. Stattdessen empfinden wir vielleicht Groll, fühlen uns bedrängt, sind angewidert, fühlen uns machtlos, haben Schuldgefühle, haben Angst.

Wenn sich unser Herz in Abwehr verhärtet, bedeutet das nicht, dass wir als Bodhisattvas versagen. Es lässt uns lediglich wissen, dass wir mit dem Geschehen in unserem Innern erst Freundschaft schließen müssen, bevor sich das Mitgefühl für andere ganz natürlich entfalten kann.

Als Tom und ich unser Gespräch fortsetzten, richtete ich einen Teil meiner Aufmersamkeit auf mein Inneres. Ich erkannte, dass sich hinter meiner Intoleranz das Gefühl verbarg, »vergewaltigt« zu werden. Er nahm mir meine Zeit, er hinderte andere daran, sich in der Gruppe sicher zu fühlen, und er sprach abschätzig über Gruppenmitglieder. Als ich die Hitze und den anschwellenden Druck der Wut in meiner Brust fühlte, begann ich gegen mich selbst zu Felde zu ziehen: »Ich bin da, um ihm zu helfen, nicht, um auf ihn zu reagieren … er ist derjenige, der wirklich leidet.« Aber als ich merkte, wie extrem aufgebracht ich war, wurde mir klar, dass auch ich litt. Sanft sagte ich mir selbst: »Es ist okay, es ist okay.« Das einfache Anerkennen dieses Schmerzes half mir, mich zu entspannen und darauf zu besinnen, meinem Herzen eine Botschaft zukommen zu lassen: »Ich nehme Anteil an diesem Leiden.«

Der freundliche und gütige Umgang mit meiner Wut und Verärgerung half mir, mich zu öffnen und auf das zu achten, was Tom fühlte. Und als ich nun auf die Person, die da vor mir saß, blickte, fragte ich mich innerlich: »Was brauchst du wirklich?« Es war, als könnte ich sein Herz sprechen hören. Ich spürte, dass er sich verzweifelt wünschte, dass ich ihm Gesellschaft leistete, dass ich ihn sah und dass mir an ihm lag. Er hatte Angst, dass ich ihn missverstand und nicht als hilfreichen Menschen wertschätzte, der eine Menge anzubieten hatte.

Meine Verärgerung und mein Überlegenheitsgefühl begannen sich zu mildern. Ich hatte mich der Rollen von »Therapeut« und »Klient« bedient, um mich von Tom zu distanzieren, und nun saßen wir hier beisammen, beide verletzliche und leidende menschliche Wesen. Je mehr ich Tom als reale, verwundete und empfindsame Person ansah, desto mehr Zärtlichkeit konnte ich für ihn und den Schmerz, mit dem er lebte, empfinden.

Ich streckte die Hand aus und berührte seinen Arm. Wir sprachen – und hörten einander zu. Und am Ende lachten wir, als er Witze darüber machte, dass unsere Sitzungen mit den wöchentlichen Episoden der Fernsehserie *Frasier,* mit einem Psychoanalytiker in der Hauptrolle, kollidierten und er quasi in Loyalitätskonflikte kam. Ich war nicht mehr mit einem Bein schon aus der Tür – ich war involviert und interessiert. Und als ich Tom ein bisschen Feedback über seine Rolle in der Gruppe gab, hörte er zu, ohne in die Defensive zu gehen. Ich erzählte ihm, wie sehr ich Vater Theophanus' Frage »Was brauchen sie wirklich?« liebte, und er war eifrig bemüht, sich davon leiten zu lassen. Als wir das Gespräch beendeten, hielt er nicht länger fest im Versuch, sich zu beweisen oder aus mir noch mehr herauszuholen. Er verließ leichten Schrittes den Raum, so, als fühlte er sich genährt. Auch ich fühlte mich innerlich leicht. Ich war aus meinem wuterfüllten Überlegenheitsgefühl herausgetreten und zu einem Gefühl der Verbundenheit und Zärtlichkeit heimgekehrt.

Wie sich herausstellte, hatte sich Tom die Praxis des Fragens »Was brauchen sie wirklich?« zu Herzen genommen. Bei einer der nächsten Sitzungen sagte er sogar dem jungen Mann, den er gekränkt hatte, wie leid es ihm tue. »Du erinnerst mich in gewisser Weise an meinen Sohn. Ich wollte, dass du zu mir wie zu einem wissenden Vater aufschaust, aber ich habe bei dir wieder denselben Fehler gemacht wie schon bei meinem Sohn. Ich habe nicht daran gedacht herauszufinden, was du wirklich brauchtest.« Tom schluckte. »Ich wollte einfach nur helfen und wusste nicht, wie.« Der junge Mann war sichtlich gerührt. Nach einigen Augenblicken antwortete er, und die Worte kamen langsam, aber mit Gewissheit. »Was ich wirklich brauchte, von meiner Frau und von allen anderen, ist das Gefühl, dass ich zähle. Und jetzt hast du mir eben das Gefühl gegeben, dass es so ist.«

Es stellte sich heraus, dass die Person, die ich mit dem Etikett des »außerordentlich unerwünschten Anderen« versehen hatte, schließlich eine Schlüsselrolle dabei spielte, dass sich alle in der Gruppe öffneten. Während Toms anfängliche Unsensibilität ihn zum Sündenbock und Blitzableiter hatte werden lassen, konnten sich die anderen, als er erst einmal aufgemacht hatte, eingestehen, dass die Verletztheit, die Angst oder die Wut, die sie zum Ausdruck brachten, wenig oder gar nichts mit Tom zu tun hatten. Die tiefe Intimität, die sich in der Folge in unserer Gruppe entwickelte, gründete sich auf der Bereitschaft jedes einzelnen Teilnehmers, präsent zu sein und bei seinem oder ihrem Schmerz zu bleiben und deshalb auch für den Schmerz der anderen offen zu sein. Da wir gemeinsam unsere Herzen weich werden ließen, öffnete sich unser Kreis des Mitgefühls – wir waren füreinander real und wichtig.

Manchmal werden genau die Menschen, die uns am nächsten stehen, für uns unwirklich. Wir nehmen unter Umständen allzu leicht an, dass wir wissen, wie ihr Leben aussieht, und vergessen, dass sie sich genau wie wir fortwährend verändern, dass sie immer neue Erfahrungen machen. Wir sehen und berücksichtigen nicht mehr, wie sehr auch sie mit Wunden, Verletzungen und Ängsten leben, wie hart das Leben für jeden Einzelnen sein kann.

Jeff und Margo kamen zu mir in Therapie, weil ihre Ehe den Bach hinunterging. Jeff war ein vitaler Mensch gewesen, bis er vor acht Jahren bei einem ihrer Campingausflüge von einer Zecke gebissen wurde und daraufhin an Lyme-Borreliose erkrankte. Monat um Monat nahmen die Schmerzen und Erschöpfungszustände zu. Seine Finger waren geschwollen und steif, und er konnte seiner Arbeit als Kunstschreiner nicht länger nachgehen. Obwohl er versuchte, nicht die Hoffnung zu verlieren, wurden seine Depressionen immer schlimmer. Margo tat, was sie konnte – machte Überstunden, kochte, putzte das Haus –, hatte aber das Gefühl, dass Jeff ihre Bemühungen nicht wirklich zu schätzen wusste. »Es ist nie genug, was ich mache«, sagte sie.

Jeff hingegen glaubte wahrzunehmen, dass Margo ihm die ganze Situation verübelte. Er merkte das an ihrem grimmig angespannten Kiefer und ihrer Wortkargheit. Und sie ließ ihn sich schuldig fühlen, so, als sei es sein Fehler, dass er krank war und seinen Teil nicht übernehmen konnte.

In unseren Sitzungen wandten wir eine einfache psychodramatische Verfahrensweise an, die man »Rollentausch« nennt. Erst hörte Margo sehr aufmerksam zu, während Jeff seine Schamgefühle und Frustration wegen seiner Krankheit beschrieb. Er fühlte sich impotent, so, als wäre er ein Schlappschwanz, auf den man nicht zählen konnte. Er sprach darüber, wie sehr er sich vor der Zukunft fürchtete, und auch, wie einsam er sich fühlte, weil Margo nicht das gewaltige Ausmaß dessen, was ihm da widerfahren war, zu realisieren schien. Er hatte seine Gesundheit verloren, sein Leben, so, wie er es gekannt hatte.

Als er fertig war, tauschten die beiden die Sitzplätze. Margo wurde nun zu Jeff, nahm so gut sie konnte seine Körperhaltung, seinen Gesichtsausdruck und sogar seinen Tonfall an. Aus der Perspektive seiner Welt sprach sie darüber, was es hieß, mit der Lyme-Borreliose zu leben. Als sie wieder ihre ursprünglichen Plätze einnahmen, sagte Jeff, zu hören, wie sie so klar seine Erfahrungen schilderte, hatte ihm geholfen, sich von ihr besser verstanden zu fühlen.

Als es an Margo war, ihre Erfahrungen zu beschreiben, sprach sie zunächst darüber, dass sie sich nicht wertgeschätzt fühlte. Aber dann platzte sie heraus: »Ich habe mich einfach so hilflos gefühlt. Du bist von dieser Krankheit geplagt. Du, der Mensch, den ich liebe. Und ich kann nichts dazu tun, dass du dich besser fühlst. Und ich weiß nicht, wie das enden wird.« Margo war auf das Leben wütend, nicht auf Jeff. Und hinter dieser Wut verbarg sich das Gefühl von tiefem Kummer, weil ihr Leben so hart geworden war. Als sie die Plätze tauschten, sprach Jeff als Margo und beschrieb, wie es war, sich so machtlos zu fühlen, das Gefühl zu haben, ihr Leben sei ruiniert, und nichts daran ändern zu können.

Als die Prozedur abgeschlossen war, lagen sich Margo und Jeff in den Armen, bei beiden flossen die Tränen. Ihm war nicht klar gewesen, dass sie so frustriert war und solchen Kummer litt. Und sie hatte keine Ahnung gehabt, wie einsam er sich ohne ihr Verständnis fühlte. Ihre gegenseitigen Anschuldigungen von »Du gibst mir das Gefühl …« hatten sich in »Was kann ich tun, um zu helfen« umgewandelt.

Thoreau schreibt: »Gibt es ein größeres Wunder, als durch die Augen eines anderen zu sehen, und sei es auch nur für einen kurzen Moment?« Wie Margo und Jeff erlebten, trifft das Sehen durch die Augen eines anderen den Kern des Mitgefühls. Wir brauchen nicht die formale Prozedur des Rollentausches zu durchlaufen, um zu verstehen, wie das Leben für unseren Ehepartner oder unser Kind, für unsere Schwester oder unseren

Freund ist. Wir können uns vorstellen, wie es wäre, in der Haut dieser Person zu stecken, in ihrer Situation, unter ihren Umständen zu leben. Und wenn wir uns erlauben, uns voll und ganz für ihr bewusstes und verletzliches Wesen zu öffnen, fühlen wir uns ihnen ganz natürlich zärtlich nahe.

Hafis schreibt:

Es geschieht im Himmel fortwährend
Und wird eines Tages
Auch wieder auf Erden
Anheben zu geschehen –
Dass Männer und Frauen …
Die einander Licht geben,
Oft auf die Knie sinken

Und … Mit Tränen in den Augen
Aufrichtig sprechen und sagen werden:

»Liebes,
Wie kann ich liebevoller zu dir sein;
Wie kann ich
Freundlicher sein?«

Wenn wir uns bei der Begegnung mit irgendjemandem – sei es ein Freund oder ein Fremder – fragen: »Wie kann ich freundlicher sein?«, ist es unvermeidlich zu erkennen, dass jedes Wesen es braucht, dass man ihm zuhört, dass es geliebt und verstanden wird. Mag sein, dass wir uns dessen zunächst in unserem engsten Kreis bewusst werden, aber es ist möglich, allen Lebewesen Aufmerksamkeit und Anteilnahme zukommen zu lassen. Je umfassender wir aufmerksam sind, desto tiefer verstehen wir, dass freundlich zu sein das ist, was im Leben am meisten zählt. Wenn wir uns für die Verletzlichkeit anderer öffnen, fällt der Schleier der Trennung ab, und unsere natürliche Reaktion ist die, dass wir eine helfende Hand ausstrecken.

In einer anrührenden Geschichte der Sikhs ruft ein betagter Meister seine beiden ergebensten Schüler in den Garten vor seiner Hütte. Ernst gibt er jedem ein Huhn und weist sie an: »Geht dorthin, wo es niemand sehen kann, und tötet das Huhn.« Der eine Schüler verschwindet sofort hinter seinem Schuppen, nimmt eine Axt und schlägt dem Huhn den Kopf ab. Der andere wandert Stunden umher und kehrt schließlich zu seinem Meister zurück, das lebendige Huhn noch immer in der Hand. »Was ist passiert?«, fragt ihn der Lehrer. Der Schüler antwortet: »Ich kann keinen Ort finden, wo mich niemand sehen kann, um das Huhn zu töten. Das Huhn sieht mich, wo ich auch hingehe.«

Für diesen Mann war das Huhn ein reales, ein wirkliches Wesen. Es hatte Bewusstsein und fühlte Schmerz. Wenn wir mit freundlicher Aufmerksamkeit auf unser eigenes bewusstes und verletzliches Wesen blicken, werden wir wacher dafür, dass alle Wesen fühlend sind, dass sie Schmerz empfinden und am Leben bleiben möchten.

Wir mögen zwar nicht unbedingt meinen, dass wir mit einem Huhn viel gemeinsam haben, aber wir können uns – so wie mein Sohn es mit den Ameisen tat – in die Grundschwingung und die Zerbrechlichkeit, die alle Lebewesen auszeichnet, einfühlen. Der Dichter Gary Lawless schreibt:

Wenn die Tiere zu uns kommen
Und um unsere Hilfe bitten,
Wissen wir dann, was sie sagen?
Wenn die Pflanzen zu uns sprechen
In ihrer zarten, wunderschönen Sprache,
Können wir ihnen dann Antwort geben?
Wenn die Erde selbst
In unseren Träumen zu uns singt,
Können wir uns dann erwecken und handeln?

Wenn wir wissen, dass die Tiere und Pflanzen Teil von uns selbst sind, können wir zuhören und antworten. Wenn wir die Bäume ignorieren, ist das so, als würden wir unsere Lungen ignorieren, wenn sie verstopft sind und wir nicht atmen können. Das Auslöschen der Singvögel bedeutet das Ende unserer lebendigen Musik. Wenn die Erde selbst uns in unseren Träumen ruft, wenn wir uns unserer wechselseitigen Zugehörigkeit bewusst sind, wird in unserem Herzen ganz natürlich die Anteilnahme erweckt. Wir besinnen uns darauf, dass das Netz des Lebens unser Zuhause ist.

Die Bestrebung des oder der Bodhisattva »Möge mein Leben allen Wesen von Nutzen sein« ist ein machtvolles Werkzeug, um uns unser Zugehörigsein und die Erweiterung unserer Kreise des Mitgefühls in Erinnerung zu rufen. Mit dem Entschluss, allen leidenden Wesen zu helfen, übernimmt der oder die Bodhisattva keine grandiose Rolle und verteidigt auch nicht irgendein unerreichbares Ideal. Wenn wir uns selbst als kleine, isolierte Einzelwesen ansehen, die versuchen, die Verantwortung für die ganze Welt auf ihre Schultern zu laden, fallen wir der Täuschung und dem Scheitern anheim. Unser Bestreben, nützlich zu sein, geht vielmehr aus der radikalen Erkenntnis hervor, dass wir alle dem Netz des Lebens angehören und dass alles, was darin geschieht, alles andere beeinflusst. Jeder Gedanke, den wir haben, jede unserer Handlungen wirkt sich zum Guten oder Schlechten aus. So äußerte eine australische Ureinwohnerin die beeindruckenden Worte: »Wenn du gekommen bist, um mir zu helfen, vergeudest du deine Zeit. Aber wenn du gekommen bist, weil dein Schicksal mit dem meinen verbunden ist, dann lass uns gemeinsam arbeiten.«

Wenn wir unsere Zusammengehörigkeit spüren, dann gibt es zahllose Möglichkeiten, unserer Anteilnahme Ausdruck zu verleihen. Manchen Leuten ist es am wichtigsten, für ihre Familie ein liebevolles Heim zu schaffen, andere konzentrieren sich auf Gesetzesänderungen, damit arme Kinder zu einer besseren Ernährung und Ausbildung kommen. Manche Leute beten stundenlang in einsamer Stille, und andere hängen ständig am Telefon. Es ist leicht, sich im Glauben zu verfangen, dass wir mehr tun oder die Dinge anders machen sollten, aber was wirklich zählt, ist, dass wir lieben und Anteil nehmen. Wie Mutter Teresa lehrt: »Wir können keine großen Dinge vollbringen – nur kleine Dinge mit großer Liebe.«

So, wie die strahlende Sonne Eiswürfel zum Schmelzen bringt, schaffen wir in den Augenblicken, in denen wir uns verbunden fühlen und voll gütiger Liebe sind, eine warmherzige Atmosphäre, die andere um uns herum ermutigt, sich zu entspannen und zu öffnen. Jedes Mal, wenn wir den Kreis der Liebe und Anteilnahme erweitern – mit einem Lächeln, einer Umarmung, einem Gebet, indem wir zuhören und präsent sind –, strömen die kleinen Wellen hinaus, erstrecken sie sich ins Unendliche. Wenn wir dem Menschen neben uns Trost zusprechen, breitet sich unsere Freundlichkeit in der ganzen Welt aus. Ob wir es im Innern spüren oder anderen darbieten, das Mitgefühl der oder des Bodhisattva ist ein sanfter Regen, der unvoreingenommen alles Leben berührt.

GELENKTE MEDITATION
Tonglen – das Herz des Mitgefühls erwecken

Die tibetisch-buddhistische Praxis des Tonglen kultiviert das allumfassende Herz des Mitgefühls. *Tonglen* bedeutet »Hineinnehmen und Aussenden« oder »Nehmen und Geben«. Bei dieser mit dem Atemfluss verbundenen Praxis üben wir uns darin, uns für das Leiden – unser eigenes und das aller anderen – unmittelbar zu öffnen und Linderung und Zuwendung anzubieten. Die folgende Meditation ist eine Version des Tonglen, die Ihnen helfen kann, angesichts von Leiden das Mitgefühl zu erwecken.

Es gibt Zeiten oder Fälle, in denen sich die Tonglen-Praxis nicht empfiehlt. Wenn Sie mit der Erfahrung von Missbrauch, mit ständiger Depression oder äußerst heftigen Gefühlsschwankungen zu kämpfen haben, kann Tonglen eine emotionale Überflutung auslösen oder das Gefühl verstärken, dass Sie festsitzen.

In solchen Situationen sollten Sie sich, statt Tonglen zu praktizieren, Rat von einem Therapeuten, einem mit dieser Praxis vertrauten Lehrer oder einer spirituellen Lehrerin Ihres Vertrauens holen.

* * *

Setzen Sie sich so hin, dass Sie entspannt und wach zugleich sein können. Fühlen Sie den natürlichen Rhythmus Ihres Atems, lassen Sie Körper und Geist zur Ruhe kommen.
Die traditionelle Tonglen-Praxis beginnt mit einer Rückerinnerung, mit dem Erkennen des erwachten Herzens und Bewusstseins. Lassen Sie die Augen offen und erspüren Sie zunächst die unendliche Weite des Raums und die natürliche Offenheit und Leerheit des Gewahrseins und Bewusstseins. Vergegenwärtigen Sie sich nun eine Erfahrung des Leidens. Das kann Ihr eigener Schmerz sein oder das Leiden einer Ihnen nahestehenden Person – eines Freundes, einer Freundin, eines Familienmitglieds – oder auch das Leiden eines Haustiers oder eines anderen Lebewesens. Fühlen Sie dieses Leiden auf unmittelbare, lebendige und Ihnen immer näher kommende Weise. Lassen Sie es ganz real sein – der Verlust, die Verletzung oder die Angst. Lassen Sie beim Einatmen den Schmerz ganz und gar in Ihren Körper und Ihr Herz einströmen. Ist es der Schmerz eines anderen Wesens, fühlen Sie ihn so, als wäre es Ihr eigener.
Setzen Sie nun beim Ausatmen den Schmerz, den Sie erfahren, frei. Lassen Sie los, hinein in die Offenheit des Gewahrseins, lassen Sie den Schmerz in der Frische des offenen Raums durchlüften. Verbinden Sie mit dem Ausatmen ein Gebet oder einen Ausdruck von Anteilnahme und Zuwendung, der Ihnen ganz natürlich in den Sinn kommt. Zum Beispiel: »Mögest du frei von Leiden sein; ich nehme Anteil an deinem Leiden; ich wünsche, du könntest glücklich und im inneren Frieden sein.«
Sie werden vielleicht feststellen, dass Sie sich zunächst nicht mit dem Leiden des Verwundetseins, der Angst oder des Kummers verbunden fühlen. In diesem Fall können Sie sich ein paar Minuten lang vorrangig auf das Einatmen und das »Hineinnehmen« des Schmerzes konzentrieren. Achten Sie besonders auf die Empfindungen, die in Ihrem Körper entstehen. Wenn Sie dann allmählich eine umfassendere Erfahrung des Leidens machen, nehmen Sie wieder eine ausgewogene Praxis des

Hineinnehmens von Leiden und des Aussendens von Linderung und Erlösung auf.

Seien Sie sich, ohne zu werten oder zu urteilen, bewusst, wie Sie sich auf das Leiden beziehen. Manchmal fühlen Sie vielleicht eine mutige Bereitschaft, sich für die Intensität und Rohheit des Schmerzes zu öffnen. Manchmal haben Sie vielleicht auch Angst, und Ihr Herz ist voller Abwehr oder taub. Wenn Sie Widerstand spüren, können Sie mit den Gefühlen des Widerstands Tonglen üben. (Sie können mit jeder sich ergebenden Erfahrung Tonglen praktizieren.) Atmen Sie die Gefühle von Angst oder Taubheit ein, nehmen Sie sie in sich auf. Dann atmen Sie Vergebung aus, bringen den Widerstand dar, hinein in den offenen, weiten Raum des Gewahrseins. Gleich, ob Sie sich bereitfühlen oder Widerstand verspüren, praktizieren Sie weiter mit dem Atem, nehmen Sie die rohen, ungefilterten Empfindungen des Leidens hinein, und senden Sie Erleichterung, Linderung, Erlösung aus, lassen Sie los in die Offenheit hinein.

Stellen Sie sich nun alle anderen Wesen in der Welt vor, die die gleiche Art von Leiden erleben, über das Sie reflektiert haben. Spüren Sie, dass die einzelnen Geschichten sich wohl voneinander unterscheiden mögen, dass aber die konkrete Erfahrung von physischem Schmerz und emotionalem Leid dieselbe ist. Wenn Sie über den Schmerz, sich unzulänglich und abgelehnt zu fühlen, meditieren, dann empfinden in diesem Augenblick Millionen Menschen den gleichen Schmerz.

Spüren Sie die Realität, die Wirklichkeit dieses Leidens, und beginnen Sie um all jener willen zu atmen, die auf diese Weise leiden. Atmen Sie die Unsicherheit, den Kummer oder das Verletztsein ein, das all diese Wesen empfinden, und erfahren Sie in vollem Umfang und in all seiner Intensität deren Schmerz in Ihrem Herzen. Entlassen Sie beim Ausatmen dieses gewaltige Maß an Leiden in den grenzenlosen Raum. Lassen Sie es in grenzenlosem Gewahrsein gehalten und getragen sein. Und verbinden Sie es wie zuvor beim Ausatmen mit einem Gebet oder Satz, was immer dem Leiden Linderung bringen könnte.

Atmen Sie weiterhin ein und aus, öffnen Sie sich der universellen Erfahrung des Leidens und lassen Sie mit einem Gebet los, hinein in die offene Weite des Raums. Wenn sich Ihr Herz diesem gewaltigen Leiden öffnet, werden Sie zu dieser Offenheit. Indem Sie Ihre Zärtlichkeit und

Güte anbieten, werden Sie von Mitgefühl durchdrungen. Atmen Sie weiterhin das Leiden ein und atmen Sie Anteilnahme und Güte aus, spüren Sie Ihr Herz als Wandlerin von Kummer und Leid.

* * *

Sie können Tonglen immer dann praktizieren, wenn Sie Leiden bewusst wahrnehmen. Vielleicht sehen Sie in den Fernsehnachrichten eine Familie, die gerade bei einer Flut oder bei einem Feuer ihr Zuhause verloren hat. Vielleicht fahren Sie auf der Autobahn an einer Stelle vorbei, wo sich gerade ein Unfall ereignet hat. Vielleicht nehmen Sie an einem Treffen der AA teil und hören einer Person zu, die ihren Kampf mit dem Alkoholismus schildert. Sie können sofort bewusst einatmen und den scharfen Schmerz dieser Verletzung und Angst in sich spüren. Mit dem Ausatmen und einem Bittgebet um Linderung und Erlösung entlassen Sie den Schmerz in die Offenheit des Gewahrseins und der Bewusstheit. Wenn Sie das ein paar Minuten lang praktiziert haben, dehnen Sie Ihr Feld des Mitgefühls aus und atmen für alle Wesen, die unter einem Verlust oder Trauma oder einer Sucht leiden.

10

Unser Gutsein erkennen

Das Tor zu einem liebevollen Herzen

Wie eine liebende Mutter
Ihr einziges Kind hält
Und sein Leben bewacht,
So halte mit grenzenlosem Herzen
Dich selbst und alle Wesen.
Buddha

Ich bin größer und besser, als ich dachte.
Ich glaubte nicht, so viel Gutsein in mir zu beherbergen.
Walt Whitman

Amy kam mit rotem Gesicht und sehr aufgeregt zu ihrer Therapiesitzung. Sie war seit zwei Monaten bei mir in Therapie und bisher ruhig, fast verklemmt gewesen. Das Hauptproblem, an dem wir arbeiteten, war ihr mangelndes Selbstwertgefühl. Bei dieser Sitzung erzählte sie mir nun, sie habe herausgefunden, dass ihr Mann eine Affäre hatte. Im letzten halben Jahr hatte er immer mehr Wochenenden fort von zu Hause mit »Projekten, die mit der Arbeit zu tun haben« verbracht. Misstrauisch geworden beschloss sie schließlich in der letzten Woche, die E-Mails durchzusehen, die an seine Firmenadresse gerichtet waren. Sie fand zahlreiche Nachrichten von einer Frau, einer Arbeitskollegin, die so intim waren, dass Amy vor Wut zitterte. Und als sie Don am Abend zur Rede stellte, wurde er blass, dann nickte er niedergeschlagen und sagte: »Du hast recht. Es stimmt.« Er wollte mit ihr reden, alles erklären, aber sie wollte nichts hören. Sie sagte, es sei alles aus und sie würde ihm das nie verzeihen können.

Don hatte nach dem Eingeständnis seiner Untreue die Affäre beendet. Er flehte Amy an, ihm zu verzeihen, ihrer Ehe noch eine Chance zu geben. Zu wütend, um irgendwelche Zugeständnisse zu machen, bewahrte sie zunächst eisiges Schweigen. Später erklärte sie ihm, dass sie die Ehe schon beendet hätte, wenn es nicht auch um ihre Tochter Celia ginge.

Seit jenem Abend, so sagte Amy, kreisten in ihrem Kopf ständig die Gedanken daran, wie er sie in die Irre geführt hatte, wie er ihr gesagt hatte, er müsse an einer Konferenz teilnehmen oder noch bis spät arbeiten oder zu einem Planungstreffen des Teams gehen. Ihre Wut darüber, so verraten worden zu sein, brannte wie ein gewaltiges Feuer in ihrer Brust. Er war ein schmieriger Lügner. Ein herzloses Scheusal. Jedes Wort von ihm war Teil eines ganzen Lügennetzes. Die ganze Ehe war Lug und Trug.

Wenn wir betrogen worden sind, reagieren wir unter anderem als Erstes mit Anschuldigungen und Schuldzuweisungen. Wir fabrizieren eine Geschichte von Gut und Böse und richten unsere Wut gegen die Person, die uns Schmerzen zugefügt hat. Mit tiefem Groll, mit gewaltigem Ressentiment, bauen wir einen Fall gegen sie auf, der oft genügend Beweismaterial dafür enthält, dass wir sie ganz aus unserem Leben streichen sollten. Das Wort *Ressentiment* bedeutet im eigentlichen Sinn »wieder fühlen«. Jedes Mal, wenn wir uns die Geschichte wieder erzählen, wie uns Unrecht angetan wurde, spüren wir in Körper und Bewusstsein erneut die Wut und den Zorn darüber, gekränkt und verletzt worden zu sein. Doch oft genug spiegelt sich in unserem Groll auf andere der Groll auf uns selbst wider. Wenn wir von jemandem abgelehnt werden, bestärken er oder sie uns möglicherweise in einer schon vorhandenen Meinung – dass wir nicht gut genug, nicht liebenswert genug sind.

Amy richtete zwar ihren Groll und Zorn zunächst gegen Don, wandte sich aber schon bald gegen sich selbst. Don hatte mit seiner Affäre ihre schlimmsten Ängste bekräftigt: Sie verdiente es, beiseitegeschoben zu werden. Seine Zurückweisung bestätigte ihr das Gefühl ihrer Unzulänglichkeit in jeder Hinsicht. Der Außenwelt mochte sie warmherzig und fürsorglich erscheinen, innerlich aber fühlte sie sich wie eine Hochstaplerin, hölzern, grotesk. Don war der Mensch, der sie am besten kannte, und er hatte sie verstoßen. Jetzt hatte sich Amy in der Trance des geringen Selbstwertgefühls verloren und war davon überzeugt, nicht liebenswert zu sein.

Vor allem dann, wenn alles zu zerfallen und zu zerbrechen scheint – wir verlieren den Arbeitsplatz, erleiden eine ernsthafte Verletzung, entfremden uns einer geliebten Person –, kann unser Leben von der Erfahrung bestimmt werden, dass mit uns irgendetwas nicht stimmt. Wir sitzen der Überzeugung auf, dass wir mit grundsätzlichen Mängeln behaftet und schlecht sind und es nicht verdienen, geliebt zu werden. Wie Amy vergessen wir unser Gutsein und fühlen uns von unserem Herzen abgeschnitten. Doch der Buddha lehrte, dass unsere Essenz, unsere Buddha-Natur, rein und unbefleckt ist, ganz gleich, wie sehr wir uns in der Täuschung und Illusion verloren haben. Wie der tibetische Meditationsmeister Chögyam Trungpa schrieb, »besitzt jedes menschliche Wesen eine Grundnatur des Gutseins«. Grundlegendes Gutsein ist die Ausstrahlung unserer Buddha-Natur – es ist die uns angeborene achtsame Wachheit und Liebe.

Das heißt nicht, dass wir nichts Falsches oder Unrechtes tun können. Aber im scharfen Gegensatz zu unserer kulturellen Konditionierung als Erben von Adam und Eva gibt es aus buddhistischer Sicht keine an sich sündhafte oder böse Person. Wenn wir uns selbst oder anderen Leid oder Schaden zufügen, dann nicht, weil wir *schlecht* sind, sondern weil wir *unwissend* sind. Unwissend sein heißt, die Wahrheit zu ignorieren, dass wir mit allem Leben verbunden sind und dass das Greifen und Hassen noch mehr Trennung und Leiden schaffen. Unwissend sein heißt die Reinheit des Gewahrseins und die Fähigkeit zur Liebe zu ignorieren, die unser grundlegendes Gutsein zum Ausdruck bringen.

Dieses grundlegende Gutsein in jedermann zu erkennen erfordert Mut. Trungpa nennt das die Aufgabe des spirituellen Kriegers und sagt, dass menschliche Tapferkeit in ihrem Kern beinhaltet, »sich zu weigern, irgendjemanden oder irgendetwas komplett abzuschreiben«. Das kann besonders schwierig sein, wenn wir das grundlegende Gutsein in einem Mörder, im Konzernchef, der mit seinen Unternehmen den Planeten vergiftet, im Kinderschänder zu sehen versuchen. Dieses grundlegende Gutsein kann unter einem hässlichen Gestrüpp von Angt, Gier und Feindseligkeit begraben sein, und es wahrzunehmen bedeutet nicht, das schädliche Verhalten in uns selbst und anderen zu übersehen. Die Radikale Akzeptanz des Lebens hängt vom klaren Sehen und Erkennen seiner ganzen Wahrheit ab. Der Romancier und Mystiker Romain Rolland schreibt: »Es gibt nur einen Heldenmut auf der Welt: Diese so zu sehen, wie sie ist, und sie zu lieben.« Die Welt so zu sehen, wie sie ist, bedeutet nicht nur die Verletzlichkeit und das Leiden jeder Person, sondern auch deren grundlegendes Gutsein zu sehen. Wenn wir uns selbst und andere in Radikaler Akzeptanz annehmen, blicken wir hinter die Rollen, Geschichten und Verhaltensweisen, die unsere wahre Natur verdunkeln.

Das Gutsein in anderen zu sehen fängt damit an, dass wir unser eigenes Gutsein sehen. Selbst wenn wir uns schämen oder deprimiert sind, feindselig gesinnt oder unsicher sind, schreiben wir uns nicht ab. In den Traditionen buddhistischer Lehren gibt es formelle Meditationsübungen, die dazu bestimmt sind, uns aus der Trance zu befreien und wieder mit dem Gutsein und liebenden Gewahrsein zu verbinden, die unsere wahre Natur sind. Diese beginnen oft mit dem Verzeihen und Vergeben, denn das löst den Panzer von Groll und Schuldzuweisung auf, der unser Herz umgibt und uns am Wahrnehmen des Gutseins in uns und anderen hindert. Die Praxisübungen der gütig liebenden Zuwendung erwecken die Liebe, die die Blüte unseres Gutseins ist.

Die Radikale Akzeptanz, die im Zentrum dieser Übungen steht, hängt von einem »Glaubenssprung« ab. Mag sein, dass unsere Trance-Gedanken uns erzählen, dass mit uns irgendetwas nicht stimmt, aber wir lassen sie ziehen und vertrauen auf die Möglichkeit des Gutseins. Mag sein, dass unser Körper von schmerzlichen Emotionen erfüllt ist, aber wir vertrauen uns der heilenden Kraft der mitfühlenden Präsenz an. Mag sein, wir haben zu unserem Schutz unser Herz verschlossen, aber wir weigern uns um der Liebe willen, irgendjemanden, uns selbst eingeschlossen, aus unserem Herzen zu verstoßen. Wenn wir bereit sind zu springen, werden wir in unserem Glauben und Vertrauen nicht enttäuscht, denn wenn wir die Schichten der Täuschungen und Illusionen abschälen, finden wir das Gutsein und die Liebe, die immer da sind.

Sich selbst vergeben – die Schuldzuweisungen aufgeben

In unserer nächsten Sitzung erging sich Amy in einer Litanei ihrer persönlichen Fehler und Mängel. Sie war eine untaugliche Mutter, eine schlechte Ehefrau, überall – zu Hause, bei der Arbeit – war sie stümperhaft, versagte sie. Sie war sich schmerzlich bewusst, wie sehr sie und ihre vierzehnjährige Tochter Celia sich mittlerweile entfremdet hatten. Sie sprachen nur selten wirklich miteinander, und Amy wusste kaum, was Celia dachte oder fühlte. Es hätte sie nicht so überraschen müssen, dass Don sich einer anderen Frau zugewandt hatte. Wer wollte schon einem so bissigen und egoistischen Weib, wie sie es war, treu sein? Immer kritisierte sie ihn wegen seiner Schlampigkeit, seiner Urlaubsplanung, seiner Fahrweise. Eine Episode aus dem letzten Jahr war ihr besonders im Gedächtnis. Sie hatten nachts im Bett gelegen, und Don hatte angefangen, ihr von einem Streit mit seinem Chef zu erzählen. Sie hatte ihn ärgerlich unterbrochen: »Okay, nun sag es schon. Hast du deine Chancen auf eine Beförderung ruiniert? Hast du es vermasselt?« Don stieg aus dem Bett und blieb einen Moment im Dunkeln stehen. »Nein, Amy«, sagte er nur und verließ das Zimmer. Weder in dieser Nacht noch in der nächsten kam er ins Ehebett zurück. Nachdem Amy mir das erzählt hatte, lehnte sie sich zurück und blickte zu Boden. »Ich weiß nicht, auf wen ich mehr sauer bin … auf Don oder auf mich«, sagte sie mit müder Stimme.

Ob sich unser Zorn und Groll nun gegen einen anderen oder uns selbst richten, das Ergebnis bleibt dasselbe – es entfernt uns vom tieferen Schmerz unseres Verletztseins und unserer Scham. Solange wir diesen Gefühlen ausweichen, bleiben wir in unserem Panzer gefangen, weggesperrt von der Liebe zu uns selbst und anderen.

Wie wir immer und immer wieder sahen, beginnt der Weg hinaus mit der Radikalen Akzeptanz unseres Schmerzes. Wenn wir unsere Geschichten von Schuldzuweisungen aufgeben und uns die Scham- und Angstgefühle im Körper unmittelbar erfahren lassen, beginnen wir uns selbst mit Mitgefühl zu betrachten. Statt in der Reaktion auf vergangene Ereignisse zu leben, statt uns als wütenden, verratenen oder schlechten Menschen zu sehen, begegnen wir dem gegenwärtigen Augenblick mit Weisheit und Freundlichkeit. Das ist die Essenz von Vergebung. Ob wir nun auf uns selbst oder andere wütend sind, *wir vergeben, indem wir die Schuldzuweisungen aufgeben und uns dem Schmerz öffnen, den zu verdrängen wir versucht haben.*

Aber wenn wir uns sehr vehement und tiefgehend gegen uns selbst gewandt haben, kann uns Vergebung als unmöglich erscheinen. Wie Marian in ihrem Schuldgefühl wegen des sexuellen Missbrauchs ihrer Tochter können auch wir uns nicht vorstellen, Mitgefühl für uns selbst zu empfinden. Ich fragte Amy: »Glaubst du denn, du könntest dir verzeihen, dass du so kritisch warst, dass du diese Fehler gemacht hast?« Ohne Zögern erwiderte sie: »Nein! Wenn ich mir verzeihe, lässt mich das bloß vom Haken … wie sollte denn das eine bessere Mutter oder bessere Ehefrau aus mir machen?« In sanftem Ton fragte ich weiter nach: »Gibt es noch etwas, das dich daran hindert, dir zu vergeben, Amy?«

Mit einer gewissen Bitterkeit erwiderte sie: »Warum sollte ich mir vergeben? Es würde ja denen, die ich schon verletzt habe, nichts bringen. Ich habe meine Familie schon ruiniert. Es ist zu spät.« Doch ich wusste, dass ein Teil von Amy verzweifelt gern aus der Schlinge des Selbsthasses schlüpfen wollte. Ich fragte: »Was würde passieren, wenn du nur mal für kurze Zeit die Geschichte, dass du ein schlechter Mensch bist, beiseitelassen würdest?« Das wisse sie nicht, sagte sie, war aber bereit, es damit zu versuchen.

Als ich Amy anleitete, ihre Aufmerksamkeit auf die Empfindungen in ihrem Körper zu richten, berichtete sie, dass sie das Gefühl habe, in einem tiefen Loch der Scham, in einem Sumpf der Schlechtigkeit zu versinken. Binnen weniger Augenblicke kam in ihr die Erinnerung an einen Vorfall vor Jahren hoch. Sie sah sich in ihrem Arbeitszimmer zu Hause sitzen und von Celias ständigem Gejammer genervt sein. Sie zerrte ihre Tochter buchstäblich am Arm ins Wohnzimmer, schaltete den Fernseher ein und schloss die Tür ab. Sie ließ sie zwei Stunden dort drin, ohne auf ihr gelegentliches flehentliches Rufen zu achten. »Tara, wie kann ich mir jemals verzeihen, dass ich mein Kind so behandelt habe?«, fragte sie, nachdem sie mir das erzählt hatte. »Ich schäme mich so.«

Ich schlug ihr vor, statt zu versuchen, *sich selbst* zu verzeihen, solle sie einfach ihrer Scham eine Botschaft der Vergebung zukommen lassen. »Kannst du der Scham für ihre Existenz vergeben?«, fragte ich. Amy nickte und flüsterte dann: »Ich vergebe dieser Scham … ich vergebe dieser Scham.« Dann schwieg sie recht lange, weshalb ich sie fragte, was passierte. »Nun«, begann sie zögerlich zu berichten, »es fühlt sich nicht mehr wie Scham an. Jetzt ist es eher Angst.« Ich sagte, dass sie mit der Angst in gleicher Weise verfahren könne: sie einfach sein lassen, sie spüren, ihr Vergebung anbieten. Nach ein paar Minuten erklärte Amy: »Ich weiß, wovor ich Angst habe – dass ich nie jemandem nahe sein werde. Ich schiebe alle weg. Ich will niemanden sehen lassen, wie ich wirklich bin.« Weinend bedeckte sie ihr Gesicht. Ich erinnerte sie sanft daran, auch dieser Angst und diesem Kummer zu vergeben. Wenn sie wollte, konnte sie einfach nur »vergeben, vergeben« sagen. Die Knie an die Brust gezogen und fest umschlungen, schaukelte Amy vor und zurück, vergab und öffnete sich dem Kummer, der unter ihrem Groll und ihrer Feindseligkeit begraben gelegen hatte. »Es kam so oft vor, dass ich hätte liebevoll sein können, aber es nicht war … liebevoll zu Celia, zu Don, zu meinen Freunden.«

Ganz gleich, was in Erscheinung tritt – höllische Wut, nagende Angst, grausame Gedanken oder tiefste Niedergeschlagenheit –, wenn wir jedem dieser Gefühle direkt Vergebung anbieten, erlauben wir unserem Innenleben so zu sein, wie es ist. Statt einem »Ich« oder »Selbst« zu verzeihen, vergeben wir den Erfahrungen, mit denen wir uns identifizieren. Widerstand verhärtet unser Herz, zieht unseren Körper zusammen und verengt unser Bewusstsein, wohingegen ein »ich vergebe« eine Wärme und Weichheit entstehen lässt, die den Emotionen erlaubt, sich zu entfalten und zu verändern.

Als ihr Kummer und ihre Trauer schließlich nachließen, wurde Amys Körper sehr still, war ihr Gesicht entspannt. Sie lehnte sich zurück und ging zu langsamen und ausgedehnten Atemzügen über. Als sie mich ansah, waren ihre Augen rot und geschwollen, blickten aber friedlich. Dann rollte sie sich im Sessel zusammen und erzählte mir, wie sie einmal von der Schule nach Hause kam, sie war in der zweiten Klasse, und einen streunenden Hund am Müll herumschnüffeln fand. »Es war Liebe auf den ersten Blick«, berichtete sie, und als die Eltern den Hund ins Tierheim bringen wollten, weinte sie sich die Augen aus. Schließlich adoptierte die Familie den Hund, und sie nannten ihn Rudy. Er war das erste von einer ganzen Reihe herumstreunender Geschöpfe – darunter noch weitere Hunde, Kätzchen und ein verletzter Vogel –, die Amy in ihre Obhut nahm. Ihr Gesicht wurde weich, als sie erzählte: »Alle sagten immer, dass ich so gut zu Tieren sei ... ich liebte sie einfach. Sie waren meine Freunde.« Sie machte Witze darüber, dass Dons zwar milde, aber dennoch bestehende Allergien das Einzige waren, was sie davon abhielt, jetzt eine ganze Menagerie um sich zu haben.

Dann sagte sie mit ruhigerer Stimme: »Weißt du, mir liegt an Menschen ... an Tieren ... ich war schon immer so.« Diese Worte sagten mir, dass sie die Tür zu ihrer Heilung aufzumachen begann. »Amy, du *bist* ein guter Mensch. Ich hoffe, du kannst darauf vertrauen.« Ich fragte sie, ob sie Fotos habe, auf denen sie mit ihren Haustieren zu sehen war. Wenn ja, könne sie sich diese einmal vornehmen. Sie könne sich auch Babybilder von sich anschauen, um festzustellen, was sie dabei wahrnahm und empfand.

Als wir unsere Sitzung beendeten, erinnerte ich Amy daran, dass es lange dauern kann, bis wir uns selbst vergeben können und unserem Gutsein zu trauen lernen. Ich erzählte ihr, dass ich mir an manchen Tagen immer und immer wieder – zwanzigmal, dreißigmal – vergeben muss. Gewöhnlich tue ich das nicht mit dem Mittel einer regelrechten Meditation; ich erkenne einfach nur an, dass ich mich verurteile oder nicht mag, und bringe meinem Schmerz Mitgefühl entgegen. Ich habe ganz bewusst die Absicht, jegliche Schuldzuweisungen aufzugeben und zu mir freundlicher zu sein.

Ich schlug Amy vor, jede Nacht vor dem Einschlafen einen »Vergebungs-Scan« durchzuführen, sich daraufhin zu überprüfen, ob sie sich irgendetwas vom Tage vorwarf. Vielleicht hatte sie bei der Arbeit einen Fehler gemacht oder zu ihrem Mann etwas Herablassendes gesagt. Wenn sie merkte, dass sie sich selbst anklagte, konnte sie sich den Schmerz ihrer Selbstvorwürfe, der Angst oder Wut oder Scham fühlen lassen und die Botschaft »vergeben, vergeben« aussenden. Sie konnte sich auch sanft in Erinnerung bringen, dass sie ihr Bestes tat.

Uns selbst zu vergeben ist ein Prozess, der unser ganzes Leben lang andauert. Wir sind so sehr daran gewöhnt, die Geschichten über das, was mit uns und anderen nicht stimmt, immer wieder abzuspulen, dass ein Leben mit grollendem, verschlossenem Herzen allzu vertraut werden kann. Tausende Male finden wir uns in Geschichten von unserem falschen oder unrechten Tun verstrickt. Tausende Male mögen wir uns von unseren Schuldzuweisungen hinabziehen lassen, dorthin, wo unser tieferer Schmerz wohnt. Doch mit jeder Runde, in der wir uns durch das Vergeben befreien, stärken wir in uns die Anerkenntnis unseres grundlegenden Gutseins. Wie Amy beginnen auch wir wieder darauf zu vertrauen, dass uns am Leben liegt.

Wenn wir uns selbst vergeben, verwandelt dies mit der Zeit unser Leben. Wir alle kennen Geschichten von zum Tode verurteilten Häftlingen, die sich selbst vergeben konnten, indem sie sich ehrlich dem von ihnen verursachten Leid stellten. Indem sie sich für das ganze gewaltige Ausmaß des Schmerzes öffneten, wurde ihr Herz zärtlich und wach. Andere Häftlinge, Wärter, Gefängnisgeistliche und Verwandte konnten das Strahlen ihrer inneren Freiheit wahrnehmen. Diese Gefangenen ließen sich nicht einfach so vom Haken. Sie übernahmen die volle Verantwortung für ihr Tun, vermochten aber dennoch auch die Wahrheit ihres grundlegenden Gutseins zu erkennen.

Wir könnten uns, wie Amy, Sorgen machen, dass wir das schädigende Verhalten irgendwie entschuldigen oder uns erlauben, so weiterzumachen, wenn wir uns vergeben. Doch sich selbst zu verzeihen heißt nicht, dass wir sagen: »Ich konnte nicht anders ... deshalb kann ich das Ganze auch ebenso gut vergessen.« Und ebenso wenig wischen wir unsere Verantwortung beiseite, wenn wir unsere Schuldzuweisungen und Selbstvorwürfe aufgeben. Zwar mag es uns zeitweilig von schädigendem Verhalten abhalten, wenn wir uns wegen irgendetwas, das wir getan haben, schuldig und schlecht fühlen. Aber wenn wir uns ewig weiter die Schuld geben und uns selbst hassen, führt das nur zu weiterem schädigendem Handeln. Wir können uns nicht durch Selbstbestrafung dahin prügeln, ein guter Mensch zu sein. Nur wenn wir uns im Mitgefühl der Vergebung unserer selbst annehmen, erfahren wir unser Gutsein und reagieren mit Weisheit und Achtsamkeit auf unsere Umstände.

Unser eigenes Gutsein sehen lernen

Amy sprach in den nächsten Wochen kaum ein Wort mit Don. Er schlief auf der Wohnzimmercouch, und sie war sich unschlüssig, was sie als Nächstes tun sollte. Mir sagte sie, dass sie die Ehe nicht beenden wolle, aber auch nicht so tun könne, als sei alles normal, und ihn einfach so davonkommen lassen wolle. Doch in unseren Sitzungen sah ich, dass sich in ihrem Innern trotz all ihres Schmerzes und ihrer Unsicherheit irgendetwas veränderte und öffnete.

Zu unserer nächsten Sitzung brachte sie ein kleines Päckchen mit Fotos mit. Sie breitete sie auf dem Couchtisch aus, und wir schauten sie uns gemeinsam an. Auf einem war Amy als Baby zu sehen, wie sie an die Brust ihrer Mutter gekuschelt war, und wir lächelten beide über das süße kleine Persönchen mit den großen Augen. Auf einem anderen Foto war sie etwa zwei und saß auf den Schultern ihres Vaters, hatte die Ärmchen um seinen Kopf geschlungen und lachte. Amy grinste. »Weißt du, es macht mich glücklich, sie glücklich zu sehen!« Auf anderen Aufnahmen war sie etwa acht oder neun. Hier sah man sie mit ihren adoptierten Freunden – sie knuddelte Rudy, lag auf dem Bett mit ihrem Kätzchen Sam, das auf ihrer Brust schlief, hielt achtsam einen kleinen Vogel in den Händen. Als wir sie mit ihren Tieren betrachteten, sagte Amy, sie könne sich daran erinnern, wie es sei, sich als guter Mensch zu fühlen. »Als du mir das letzte Woche sagtest, Tara, konnte ich es nur schwer annehmen. Aber wenn ich mir jetzt diese Bilder anschaue, kann ich es fühlen, glaube ich. Dieses Gutsein und die Unschuld – ich habe das noch immer in mir.«

Dass Amy auch nur in Betracht ziehen konnte, sich an ihr Gutsein zu erinnern, hing damit zusammen, dass sie die Überzeugung aufgab, ein schlechter und unliebenswerter Mensch zu sein. In der vorhergehenden Sitzung hatte sie mit dem Prozess des Vergebens begonnen, sich für ihren Schmerz geöffnet und ihn in Mitgefühl angenommen und gehalten. Sie sagte, auch der Vergebungs-Scan hätte geholfen. Als sie sich eines Nachts daran erinnerte, wie abwesend und uneffizient sie im Umgang mit ihren Immobilienklienten gewesen war, ließ sie sich einfach die körperlichen Empfindungen von Angst und Scham fühlen und vergab ihnen für ihr Dasein. Amy lächelte und sagte: »Mir wurde klar, dass ich nervös und verklemmt und trotzdem ein guter Mensch sein kann.«

Als sie ihre Fotos wieder einsammelte, stand ich auf, zog ein Buch aus dem Regal und schlug eines meiner Lieblingsgedichte auf. Es stammt von Kabir, und ich las Amy ein paar Zeilen vor:

Wir spüren, da ist eine Art Geist,
der Vögel und Tiere liebt und Ameisen –
vielleicht der, der auch dir in deiner Mutter Schoß
ein Strahlen verlieh …

»Das erinnert mich an dich Amy, an *deinen* liebevollen Geist … Ich glaube, die Tiere, derer du dich angenommen hast, haben dir geholfen, dich darauf zu besinnen, wer du warst.« Sie lächelte zustimmend und klopfte auf das Fotopäckchen. »Die gehören auf meinen Altar. Wenn ich je eine regelmäßige Gedächtnisauffrischung brauchte, dann jetzt.«

Das Nachdenken darüber und das Besinnen auf unser Gutsein gilt in der buddhistischen Praxis als geschicktes Mittel, weil es unser Herz öffnet und unseren Glauben an unsere spirituelle Entwicklung und Entfaltung bestärkt. Wenn wir uns in der Überzeugung verstricken, dass wir schlecht sind, ziehen wir uns zusammen und verstecken uns. Wenn wir hingegen auf unser Gutsein vertrauen, öffnen wir uns für andere, fühlen wir uns inspiriert, anderen zu helfen, bewegen wir uns mit Hingabe und Freude auf unserem spirituellen Weg weiter voran.

Es gibt einige Übungspraktiken, die uns herkömmlicherweise als Mittel der Besinnung auf unser Gutsein angeboten werden. Wir können den Anfang damit machen, dass wir ganz einfach über bestimmte Eigenschaften oder Verhaltensweisen nachdenken, die wir an uns schätzen. Wenn ich mich zum Beispiel an Situationen erinnere, in denen ich zu jemandem freundlich war, kann ich schmecken, wie süß es ist, liebevoll und großzügig zu sein. Ich erinnere mich vielleicht daran, wie ich meine eigenen Anliegen und Vorhaben zurückstellte, um innezuhalten und jemandem genau zuzuhören, oder wie ich einer Freundin spontan ein Buch schenkte, das sie sich gewünscht hatte. Wenn ich mich von Mozarts Musik berührt fühle oder ehrfürchtig den sternenübersäten Nachthimmel betrachte, fühle ich mich als Teil des Gutseins und der Schönheit des Lebens. Und finde ich das Leben lustig und komisch, fühle ich mich wirklich existent und menschlich und im Grunde meines Seins gut.

Manchmal ist mir der Gedanke, mir selbst Wertschätzung entgegenzubringen, aber auch peinlich oder kommt mir selbstsüchtig vor. In solchen Fällen erscheint es mir ehrlicher, mein Grundverlangen nach Glück sowie die Tatsache anzuerkennen, dass ich mich wie alle Menschen danach sehne, geliebt zu werden und mein Gutsein zu fühlen. Wenn ich meine Aufmerksamkeit diesen Sehnsüchten in ihrer ganzen Tiefe zuwende, verbinde ich mich wieder mit einem echten Gefühl von Wärme mir selbst gegenüber.

Oft ist es für uns leichter, uns selbst wertzuschätzen, wenn wir uns mit den Augen einer Person betrachten, die uns liebt. Ein Freund erzählte mir, dass er, wenn er mit den Augen seines spirituellen Lehrers auf sich blickt, sich wieder daran erinnert, wie hingebungsvoll er nach der Wahrheit strebt. Einer meiner Klienten merkt wieder, wie liebenswert er ist, wenn er sich daran erinnert, wie entzückt sein Großvater immer über seine jungenhafte Neugier und seinen Erfindungsreichtum war. Unsere guten Eigenschaften können wir uns oft besser ins Gedächtnis rufen, wenn wir uns mit den Augen eines engen Freundes oder einer engen Freundin betrachten. Er oder sie liebt vielleicht unseren Humor und unsere Herzenswärme, unsere Leidenschaft, mit der wir uns für den Umweltschutz einsetzen, unsere Bereitschaft, ehrlich zu sagen, was in unserem Leben wirklich los ist. Wir brauchen diese uns wertschätzenden Wesen nicht auf die Menschenwelt zu beschränken. Ich sah einmal einen Autoaufkleber: »Herr, hilf mir, mich so zu sehen, wie mein Hund mich sieht.« Es mag sich uns die Frage stellen, aus welchen Gründen unser Hund glücklich ist, wenn er uns sieht. Und sollte die Antwort lauten, dass er einfach nur gefüttert werden oder Gassi gehen möchte, spiegelt doch die Tatsache seiner Wertschätzung unserer Beständigkeit einen wertvollen Aspekt unserer Persönlichkeit wider. Die Übung, uns mit den Augen eines Menschen zu betrachten, der uns liebt, kann ein effektiver und überraschend direkter Weg zur Besinnung auf unsere Schönheit und unser Gutsein sein.

Durch die einfache Übungspraxis, sich unser Gutsein zu vergegenwärtigen, lösen wir tief eingewurzelte Gewohnheiten der

Selbstvorwürfe und des Selbsthasses auf, die uns das Gefühl geben, isoliert und wertlos zu sein. Der indische Meister Bapuji ermahnt uns liebevoll, uns an unser Gutsein zu erinnern und es wertzuschätzen:

Mein geliebtes Kind,
brich nicht länger dein Herz.
Mit jedem Mal, das du dich verurteilst, brichst du dein Herz.
Du nährst dich nicht mehr von der Liebe, dem Quell deiner Lebenskraft.
Die Zeit ist gekommen, deine Zeit.

Das Gutsein, das du bist, zu leben, zu feiern und zu schauen …

Lass niemanden und nichts, keinen Gedanken und kein Ideal
dich daran hindern.
Wenn dergleichen kommt, und sei's auch im Namen
der »Wahrheit«, vergib ihm seine Unwissenheit.
Kämpfe nicht.
Lass los.
Und atme – hinein ins Gutsein, das du bist.

Jedes Mal, wenn wir Verrat an uns üben, indem wir unser Gutsein nicht sehen, brechen wir unser Herz. Wenn wir uns verurteilen, weil wir etwas nicht erreicht haben, brechen wir unser Herz. Und obwohl Amy schon seit Jahren ihr Herz gebrochen hatte, fing sie nun doch an, ihr Gutsein zu erkennen und sich in Richtung Heilung zu bewegen. Weil wir in unserer Selbstsicht so sehr von unseren Beziehungen beeinflusst werden, wurde ihr Vertrauen auf ihr Gutsein stärker, als sie das Gefühl hatte, dass ihr auch von einer anderen Person vergeben wurde.

Amy blieb eines Spätnachmittags auf der Heimfahrt vom Büro im Stau stecken. Als sie nach Hause kam, hatte sie nur noch wenig Zeit für die Zubereitung des Abendessens. Don war nicht in der Stadt, und ihre neue Chefin kam mit ihrem Mann zum Essen. Als sie die Küche betrat, standen dort überall mit Tomatensoße bekleckerte Teller, anderes schmutziges Geschirr und auch einige halb ausgetrunkene Limonadendosen herum. Amy explodierte. Sie stürmte in Celias Zimmer, schaltete die auf volle Lautstärke gedrehte Musik ab und schickte die Freunde ihrer Tochter nach Hause.

Als sich die Tür hinter ihnen geschlossen hatte, knöpfte sie sich Celia vor. »Wie konntest du so gedankenlos sein! Du wusstest doch, dass wir Gäste zum Abendessen haben.« – »Du brauchtest mich doch nur zu fragen«, begann Celia mit ihren Einwänden, aber Amy unterbrach sie und schrie, dass es ja wohl nicht sein könne, dass sie um Hilfe betteln müsse. »Deine Freunde und deine Musik, das ist alles, was zählt ... alles andere ist dir scheißegal.« Amy verließ das Zimmer und schlug die Tür hinter sich zu.

In der nachfolgenden Stille konnte sie das Echo ihrer schreienden Stimme hören. Ihr Herz klopfte, sie atmete schnell und flach. Plötzlich stand ihr ein Bild von Celia als Kleinkind vor Augen, das ihr in Erinnerung brachte, wie ihre Tochter ihr immer Sträuße aus Löwenzahn gepflückt hatte. Und sogleich stieg ein anderes Bild auf, wie sie und Celia einander Blumen ins Haar flochten und sich in Maiköniginnen verwandelten. Amy drehte sich um und klopfte leise an die Tür. Celia machte auf und stand wartend da. »Ich kann's nicht glauben, Celia. Ich kann's nicht glauben, dass ich dir das antue.« Amy setzte sich aufs Bett, und alles sprudelte aus ihr heraus. Es tat ihr leid, dass sie ihnen das Leben so vermieste, es tat ihr leid, was zwischen ihr und ihrem Vater passierte, es tat ihr leid, dass sie so eine Mutter war, dass sie nicht genug für Celia da war, Entschuldigung, Entschuldigung, Entschuldigung.

Celia war eine Weile lang still, dann sagte sie: »Mom, niemand ist vollkommen, aber ich hab immer gewusst, dass du mich liebst. Und das ist es doch, was zählt, oder?« Amy blickte in die klaren blauen Augen ihrer Tochter und wusste, dass sie die Wahrheit sagte. Celia hatte nie daran gezweifelt, dass sie ihrer Mutter am Herzen lag. Sie hatte ihre Liebe gespürt und gewusst, dass diese unerschütterlich war, auch wenn Amy verärgert und frustriert war und herumkritisierte. Klar war sie gelegentlich auf ihre Mutter wütend gewesen und wollte sie manchmal lieber nicht sehen, aber sie wusste, sie war da, wenn sie sie brauchte. Amy spürte eine große Woge der Erleichterung. Statt sich schuldig und verabscheuungswürdig zu fühlen, empfand sie, dass ihr vergeben worden war.

Wenn sie in den folgenden Tagen merkte, dass sie sich selbst gegenüber gereizt war und an sich herumnörgelte, erinnerte sie sich an Celias sanfte blaue Augen. Sogleich begann sich der schmerzliche Griff der Selbstvorwürfe zu lockern. Auch wenn die Gewohnheit des Selbstverurteilens weiterhin anhielt, baute sich doch das Gefühl, schlecht zu sein, nicht so stark auf, dass es schließlich alles übernahm. Weil Celia ihr vergeben hatte, war Amy sanfter und freundlicher zu sich selbst.

Das Wissen, dass uns vergeben wurde, kann zutiefst befreiend sein, vor allem wenn diese Akzeptanz unserer Schwächen und Unzulänglichkeiten mit Mitgefühl einhergeht. Ich habe eine bewegende Geschichte über eine Frau gehört, die Aids hatte und im Krankenhaus im Sterben lag. Sie hatte das letzte Jahrzehnt ihres Lebens mit ihrer Heroinsucht gelebt, und es war ihr gleichgültig gewesen, wo sie den nächsten Schuss herkriegte, solange sie ihn nur bekam. Ihre Tochter war der einzige Mensch, den sie je geliebt hatte, doch auch diese Liebe hatte sie nicht davon abhalten können, ihr Leben zu zerstören.

Eines Tages machte ein junger katholischer Priester die Runde im Kreiskrankenhaus und stieß auch auf diese ausgezehrte Frau. Er ließ sich an ihrem Bett nieder und fragte, wie es ihr ginge. »Ich bin verloren«, sagte sie. »Ich habe mein Leben und alles Leben um mich herum ruiniert. Für mich gibt es keine Hoffnung. Ich komme in die Hölle.«

Der Priester saß ein paar Augenblicke schweigend da. Dann bemerkte er das gerahmte Foto von einem hübschen Mädchen auf dem Nachtkästchen. »Wer ist das?«, fragte er. Die Miene der Frau erhellte sich ein wenig. »Das ist meine Tochter, das einzig Schöne in meinem Leben.«

»Und würden Sie ihr helfen, wenn sie in Schwierigkeiten steckte oder einen Fehler machte? Würden Sie ihr vergeben? Würden Sie sie immer noch lieben?«

»Aber natürlich!«, rief die Frau. »Ich würde alles für sie tun! Sie wird mir immer kostbar und sie wird immer schön für mich sein. Warum fragen Sie das überhaupt?«

»Weil ich möchte, dass Sie wissen, dass Gott auch ein Foto von Ihnen auf seinem Nachtkästchen hat«, erwiderte der Priester.

Mit seiner Botschaft von der bedingungslosen Vergebungsbereitschaft und Liebe Gottes gab er der Frau ihr Gutsein und ihre Unschuld zurück. Aus buddhistischer Sicht geben wir, wenn wir unsere Fehler und Fehltritte mit den Augen des Mitgefühls betrachten können, die Unwissenheit auf, die uns in Hass und Selbstvorwürfen gefangen hält. Wir sehen, dass unsere Unvollkommenheiten unser grundlegendes Gutsein nicht verderben. Das bedeutet das Gefühl, Vergebung erlangt zu haben. Wir sind uns unserer wahren Natur gewahr, wir wissen, dass alles in Ordnung ist.

Das Gefühl, uns ist vergeben worden, ist ein unfehlbarer Weg zur Öffnung unseres Herzens. Diese Kraft findet in den traditionellen buddhistischen Übungspraktiken ihre Anerkennung und Bestätigung. Bevor wir mit der Praxis, allen Wesen gütige Liebe zu schicken, beginnen, bitten wir zunächst alle still um Vergebung, die wir bewusst oder unbewusst geschädigt oder verletzt haben mögen. Schon diese fundamantale Geste der Bitte um Vergebung erweicht unser Herz. Weiter können wir uns für die Möglichkeit der Vergebung öffnen, indem wir an ganz bestimmte Personen denken, die wir vielleicht geschädigt oder verletzt haben, und diese still um Verzeihung bitten.

Wie Amy erlebte, kann das Gefühl, dass andere uns vergeben haben, es uns ermöglichen, dass auch wir uns tiefergehend verzeihen. Der nächste Schritt bei dieser herkömmlichen Vergebungspraxis besteht nun darin, sich selbst Vergebung zu gewähren. Haben wir das Gefühl, dass wir uns selbst vergeben haben und uns von anderen vergeben worden ist, und haben wir den schmerzhaften Panzer der Selbstanklagen und Selbstvorwürfe abgelegt, können wir in der Meditation auch anderen ganz aufrichtig Vergebung anbieten.

Anderen vergeben – niemanden aus unserem Herzen verdrängen

Wie alles im Leben folgt auch das Vergeben seinem eigenen natürlichen Entwicklungs- und Entfaltungsprozess. Oft sind wir nicht bereit, uns selbst zu vergeben, sind wir nicht imstande, jemandem, der uns verletzt hat, zu verzeihen. Zur Vergebung kann man sich nicht zwingen – sie ist kein Ergebnis von Bemühung und Anstrengung, sondern von Offenheit. Deshalb ist die Absicht der Vergebung ein solches Schlüsselelement in diesem Prozess. Es lässt die Tür einen Spalt offen, wenn wir zur Vergebung noch nicht ganz bereit sind, aber den Willen dazu haben.

Es ist an sich schon schwer, niemanden aus unserem Herzen zu verdrängen, wenn wir von einem Menschen, den wir kennen, verletzt worden sind. Doch unser Vorsatz, als spiritueller Krieger oder spirituelle Kriegerin niemanden fallenzulassen und abzuschreiben, wird auf die härteste Probe gestellt, wenn wir von jemandem zutiefst verletzt worden sind, mit dem uns keine liebenden Bande verbinden. Wie vergeben wir einem Fremden, der unsere Tochter vergewaltigt hat, einem Terroristen, der unseren Freund mit einer Bombe tötete?

Während einer meiner Meditationsretreats berichtete mir eine Schülerin von ihrem Kampf, dem Mann zu vergeben, der verantwortlich dafür war, dass ihr Sohn sein Leben lang nie wieder würde gehen können. Sie hatte Brian eines Abends vom Bar-Mizwa-Unterricht abgeholt, und auf dem Nachhauseweg war ein betrunkener Fahrer über den Mittelstreifen hinweg in ihr Auto gerast. Ihr Wagen überschlug sich, und sie hatte nur geringe Verletzungen davongetragen, aber Brian war zu Boden geschleudert und seine Beine waren zerschmettert worden. Das Verzeihen und Vergeben war ein langer und schmerzlicher Prozess. Tausende von Malen fühlte sie, wie brennende Wut und die Qual des Verlusts in ihr tobten. Sie fühlte auch, wie sich ihr Herz verhärtete, wenn der Hass sie überwältigen wollte. Im Wissen, dass sie nur durch das Vergeben ihren Weg zurück zur Liebe und zur inneren Freiheit finden konnte, fasste sie den Vorsatz, dem Mann zu verzeihen. Sie ließ sich von ihren Gefühlen durchströmen und vergab ihnen, so, wie sie aufstiegen, und im Lauf der Jahre und ganz allmählich wurde ihr Herz weit genug, um auch diesen Mann mit einschließen zu können. Ohne irgendwelche Einzelheiten zu kennen, wusste sie, dass auch er litt. Es war ihr klar, dass es nicht seine Absicht gewesen war, ihnen Schmerz und Leid anzutun. Schließlich öffnete sie sich, indem sie sich das Gutsein aller Wesen vergegenwärtigte, so weit, dass sie ihn mit verzeihendem Herzen annehmen konnte.

Wir erhalten die Absicht zu vergeben aufrecht, weil wir begreifen, dass unser Herz sich verhärtet und verbunkert, wenn wir nicht verzeihen. Solange wir gegenüber irgendjemandem Hass empfinden, bleiben wir an die Leiden der Vergangenheit gekettet und können keinen echten Frieden finden. Wir vergeben um der Freiheit unseres eigenen Herzens willen.

In den ersten sechs Monaten nach der Entdeckung von Dons Affäre waren Amys Verletztheit und Wut so tief und vehement, dass sie sich nicht vorstellen konnte, ihm je zu verzeihen. Aber als sich ihr Herz in Selbstvergebung öffnete, begann ihr zu dämmern, dass sich ihre Gefühle für Don mit der Zeit ändern könnten. Eines Tages sagte sie mir, dass sie tatsächlich die Absicht habe, ihm zu vergeben – wenn sie dazu bereit war.

Es geschah fast unmerklich. Amy bemerkte, wie freundlich er sich gegenüber Celia verhielt, wie achtsam er ihr zuhörte, und ihr Herz wurde ein wenig weicher. Sie sah, wie sehr er einem ihrer Freunde half, als dieser krank wurde, ihn zur Arztpraxis fuhr, ihm jeden Abend Essen brachte. Und ganz sicher strengte er sich ausreichend an, nett zu ihr zu sein, bemühte sich eindeutig, ihr Komplimente über ihr Aussehen zu machen, wenn sie sich für die Arbeit fertig machte, und ihr ganz genau zu sagen, wohin er ging und wie sie ihn erreichen konnte, wenn er nicht in der Stadt war. Eines Abends fand sie sich in Gelächter über eine Geschichte ausbrechen, die Don über die Darbietungen des Amateurvolleyballteams seiner Firma erzählte. Und während er in seiner Schilderung fortfuhr, erinnerte sie sich daran, wie sehr sie sein Talent geschätzt hatte, allem eine komische Seite abgewinnen zu können. Es gab immer noch Augenblicke, in denen sie voll und ganz vom Gefühl des Verrats durchdrungen war, aber etwas veränderte sich.

Amy war sich nicht ganz sicher, wann genau es war, aber sie erzählte mir, dass ihr eines Tages beim Betrachten der im Flur aufgehängten Hochzeitsfotos zu Bewusstsein kam, dass Don im Grunde kein schlechter Mensch war. Er hatte einen großen Fehler gemacht, und vielleicht hatte ihr das auch etwas sehr Schmerzliches über ihre eigene Person verdeutlicht. Aber er war nicht böse oder böswillig. »Es gab nie einen Augenblick, in dem ich dachte: ›Okay, ich vergebe ihm.‹ Aber irgendwann musste ich ihn nicht mehr so hart von mir wegschieben«, sagte sie.

Amy mochte es vielleicht nicht so ganz klar sein, aber ich konnte sehen, dass sie in dem Maße, wie sie sich im Verlauf unserer Zusammenarbeit mit sich selbst wohler fühlte, Don gegenüber offener wurde. Die Einsicht in ihr eigenes Gutsein machte sie offen für das Erkennen seines Gutseins. Wie es zuweilen vorkommt, wenn ein Partner in einer Beziehung eine Affäre hat, fanden schließlich auch Amy und Don wieder zueinander und zu einer tieferen und ehrlicheren Beziehung. Beide hatten sich geändert, aber ich schrieb ihren Erfolg zum großen Teil Amys Bereitschaft zu, die hinter ihrem Minderwertigkeitgefühl verborgenen Emotionen zu akzeptieren und zu vergeben.

Dass wir die Absicht und Bereitschaft hegen, zu verzeihen, Groll und Schuldzuweisungen aufzugeben, heißt nicht, dass wir schädigendes und verletzendes Verhalten entschuldigen oder weiterhin zulassen. Für Amy bedeutete Vergebung nicht, dass sie Dons Art, seiner Unzufriedenheit mit der Ehe Ausdruck zu verleihen, billigte oder seine Täuschungsmanöver in irgendeiner Weise tolerierte. Sie bestand darauf, dass sie zur Eheberatung gingen, und setzte auch ihre eigene Therapie fort. Zu vergeben bedeutete nicht, dass sie zum Fußabstreifer wurde oder ihre zuweilen aufsteigende Wut negierte. Und es bedeutete auch nicht, dass sie ungerührt dasitzen würde, wenn ihr Mann ihre Ehe je wieder verraten sollte. Sie konnte Dons Gutsein sehen und dennoch Grenzen setzen.

Wenn wir vergeben, hören wir auf, andere starr über ihr unerwünschtes Verhalten zu definieren. Ohne irgendetwas zu verdrängen oder zu verleugnen, öffnen wir Herz und Geist weit genug, um in die tiefere Wahrheit von dem, wer und was wir sind, Einsicht nehmen zu können. Wir sehen das Gutsein. Und dann öffnet sich unser Herz ganz natürlich in Liebe.

Das Gutsein in anderen sehen

Als Narayan noch kleiner war, saß ich oft an seinem Bett, wenn er schlief, und dachte darüber nach, wer er war. Sein liebliches Gesicht und seine sanft atmende Gestalt betrachtend, machte ich eine Praxisübung daraus, ganz bewusst über seine physische Erscheinung hinaus zu dem vorzudringen, der er wirklich war. Ich nahm alle in mir aufsteigenden Gedanken und Bilder zur Kenntnis und ließ sie dann beiseite. Mir wurde warm ums Herz, wenn ich mich daran erinnerte, wie er Fragen stellte oder mit unserem Hund spielte oder sagte: »Mama lieb haben.« Aber ich fragte wieder: »Wer bist du wirklich?« Diese Frage führte mich jenseits aller meiner Vorstellungen von ihm und enthüllte mir seine Natur als Gewahrsein oder Bewusstsein, als Leben liebendes Lebendigsein. Ich stellte auch an mich die Frage: »Wer bin ich?«, und blickte hinter die Vorstellung von mir als Mutter, hinter meine Identifikation mit einem physischen Körper, hinter jegliche Gedanken von dem, was ich da an seinem Bett sitzend tat. Und wieder wurden reines Gewahrsein und Liebe enthüllt. Wir waren dasselbe. Es gab keine Trennung zwischen uns, keinen Unterschied in dem, wer wir beide wirklich sind.

Die meisten Eltern haben, so wie ich, ihre schlafenden Kinder beobachtet und ein reines, unkompliziertes Aufwallen von Zärtlichkeit empfunden. Wenn sie schlafen, müssen wir ihnen nicht die Bitte um den zehnten Keks abschlagen, sie antreiben, damit sie rechtzeitig in den Kindergarten kommen, oder sie uns vom Leibe halten, während wir zu telefonieren versuchen. Wenn sie schlafen, können wir unsere Aufmerksamkeit vertiefen und Einblick nehmen in die Süße und Unschuld ihrer Seele. Es kann in unserem Bemühen, niemanden aufzugeben, niemanden total fallenzulassen, eine ganz nützliche Übung sein, wenn wir uns andere als Babys oder kleine Kinder vorstellen. Eine andere Methode, uns zum kostbaren Wesen außerhalb der Grenzen von Persönlichkeit und Rollen zu führen, ist die, uns vorzustellen, dass wir jemanden zum letzten Mal sehen oder sogar, dass er oder sie schon verstorben ist. Wenn wir unsere gewohnte Art, andere zu definieren, beiseitelassen, können wir das strahlende Gewahrsein, das Gutsein ihrer wahren Natur schauen.

Die meisten von uns haben die Gewohnheit, die Menschen in unserem Umfeld auf eine enge und unveränderliche Identität festzunageln. Und nur allzu oft gründen wir uns dabei auf Verhaltensweisen, die wir als unangenehm oder ärgerlich empfinden. Da fixieren wir uns vielleicht auf den Eigensinn oder die Flegelhaftigkeit unseres Kindes oder das angeberische Verhalten eines Arbeitskollegen. Hat uns jemand gekränkt, sind wir jedes Mal argwöhnisch und auf der Hut, wenn wir ihm oder ihr begegnen. Macht unser Partner eine schneidende Bemerkung, bevor er morgens zur Arbeit geht, sind wir am Abend auf Weiteres dieser Art gefasst. Wir vergessen, dass jeder Mensch – auch wir selbst – in jedem Augenblick neu ist.

T. S. Eliot schreibt in seinem Stück *Die Cocktail-Party*:

Wir kennen von anderen Menschen
Nur unsere Erinnerung an Momente,
In denen wir sie kannten. Und sie haben sich
Seither verändert …

Wir müssen
Auch bedenken,
Dass wir bei jeder Begegnung
Einem Fremden begegnen.

Natürlich können wir in uns und anderen bestimmte Verhaltensmuster erkennen, doch unsere Ansammlung von Annahmen und Mutmaßungen definiert noch keine Person. Wenn wir innehalten und fragen: »Wer bist du wirklich?«, werden wir zu einem tieferen Verständnis geführt. Wir sehen, so wie ich bei Narayan, das inhärente Gutsein, wir sehen die Buddha-Natur und reagieren unweigerlich mit Liebe.

Die gütige Liebe erwecken

Die Zärtlichkeit und Güte, die Liebe und der gute Wille, die in Reaktion auf das Wahrnehmen von Gutsein ganz natürlich in uns wachgerufen werden, sind im Buddhismus als *metta,* als Güte oder gütige Liebe, bekannt. Diese gütige Liebe ist Teil unserer eigentlichen, wahren Natur, kann aber auch durch eine Reihe ausgeklügelter Übungspraktiken kultiviert werden, die im Verlauf der letzten zweitausendfünfhundert Jahre in ungebrochener Linie weitergegeben wurden.

Wenn wir für jemanden Liebe empfinden, wünschen wir dieser Person ganz spontan Glück und Wohlergehen. Dieser Reaktion wurde in der Praxis des Kultivierens von gütiger Liebe Form gegeben. Herkömmlicherweise beginnen wir bei dieser

Meditation mit dem Reflektieren über das Gutsein in uns selbst und ein paar einfachen Sätzen liebevoller Zuwendung: »Möge ich glücklich sein. Möge ich im Frieden sein. Möge ich von gütiger Liebe erfüllt sein.« Das sind die gebräuchlichen Standardsätze, aber jedes Gebet um Wohlergehen, das in unserem Herzen Widerhall findet, ist ein Ausdruck gütiger Liebe. Wie bei den sich immer weiter ausdehnenden Kreisen des Mitgefühls beginnen wir auch hier bei uns selbst und öffnen uns dann, um auch andere mit einzubeziehen: Jene, die wir lieben, jene, denen gegenüber wir »neutral« empfinden, und jene, bei denen es uns unter Umständen schwerfällt, ihnen Wohlergehen zu wünschen, und letztlich alle Wesen allerorten.

Wenn wir denen, die wir lieben, gütige Liebe schicken, beginnen wir mit einer Person, in der wir das Gutsein am leichtesten wahrnehmen können. Sollte unser Herz am meisten Liebe und Güte empfinden, wenn wir an unser Kind oder an unsere Großmutter denken, fangen wir bei ihnen an. Wir können uns auf all das besinnen, was wir an ihnen lieben, und ihnen unsere liebevollen Wünsche für ihr Wohlergehen zusenden. Während wir »Mögest du glücklich sein« sagen und in die Bedeutung dieses Wunschgebets hineinspüren, können wir uns vorstellen, wie sie vor Glück leuchten und strahlen. Dabei werden unsere Gefühle von Herzenswärme und Zuneigung noch stärker, und wir können noch besser wertschätzen, wer sie sind.

Die Erweiterung unseres Kreises der gütigen Liebe auf jene Menschen, die wir als Problem oder Zumutung empfinden, erfordert den Mut des spirituellen Kriegers. Wir bemühen uns, auch bei jenen, die in uns Verärgerung, Wut oder Abneigung auslösen, eine kleine Eigenschaft zu entdecken, die wir wertschätzen können. Wenn ich jemanden nicht leiden kann, hilft es mir, mir vorzustellen, dass dieser Mensch von jemandem umarmt wird, der ihn liebt. Oder ich male mir aus, dass er aufrichtig betet oder beim Spaziergang durch frisch gefallenen Schnee von Staunen erfüllt ist. Wenn wir uns jemanden in dieser Art vor Augen stellen, ist damit nicht gemeint, dass wir irgendetwas erfinden oder unsere Wahrnehmungen oder Gefühle verleugnen.

Vielmehr blicken wir über unsere gewohnheitsmäßigen Beurteilungen und Bewertungen hinaus, um die Schönheit zu sehen, die wirklich und wahrhaftig da ist. Der Dalai Lama sagt: »Jedermann möchte glücklich sein. Niemand möchte leiden.« Selbst wenn wir an denen, denen wir uns fremd und fern fühlen, nur wenig Gutes entdecken können, können wir daran denken, dass sie glücklich und von Leiden frei sein möchten. Es kann uns hart ankommen, Wunschgebete gütiger Liebe an die zu übersenden, mit denen wir unsere Schwierigkeiten haben, aber dadurch bestärken wir uns in unserer Fähigkeit zu bedingungsloser Liebe.

Matt liebte seine Mutter von Herzen, aber manchmal »kriegte er Zustände« wegen ihrer Unsicherheit und Bedürftigkeit, wie er sagte. Seit er erwachsen war, wollte sie permanent von ihm bestätigt bekommen, dass sie okay war, dass sie gute Entscheidungen traf, dass sie in Ordnung war. Matt war auf die andere Seite des Kontinents gezogen, teilweise um von ihr wegzukommen. Er besuchte sie regelmäßig und kam auch immer, wenn es nötig war, ertappte sich aber oft dabei, dass er sie wegschob, wenn sie beisammen waren, dass er sich einer allzu überschwenglichen Umarmung entzog und sein Privatleben für sich behielt. Manchmal ließ ihn schon der Gedanke an etwas, das sie gesagt oder getan hatte, zynisch und feindselig werden. Seine Tendenz, anderen zu misstrauen und sich in seiner Zuneigung zurückzuhalten, war in der Beziehung zu seiner Mutter am stärksten ausgeprägt. Ich kannte Matt schon seit Jahren, und er hatte viele Male darüber gesprochen, wie schuldig er sich wegen seiner Reaktionen fühlte, aber er wusste einfach nicht, wie er mit seinen Gefühlen der Liebe in Kontakt kommen sollte.

Eines Tages rief er mich an, und ich merkte sofort, dass etwas nicht in Ordnung war. Wütend und frustriert berichtete er mir, dass er gerade von einer weiteren Reise quer durchs Land zurückgekommen sei, die er unternommen hatte, um seine vermeintlich im Sterben liegende Mutter zu besuchen. Es war das sechste Mal innerhalb von drei Jahren, dass er alles stehen und liegen ließ, um an ihr Totenbett zu eilen, und jedes Mal hatte sie sich allen Umständen zum Trotz wieder erholt. Sie flehte ihn an, zu bleiben, sagte, dass sie solche Angst vor dem Sterben habe, dass sie Angst habe, nicht in den Himmel zu kommen. Er tat, was er konnte, um sie zu trösten, aber: »Ehrlich gesagt, Tara, habe ich das Gefühl, dass sie mich in ein schwarzes Loch zieht. Manchmal wünsche ich, sie wäre schon gestorben.«

Matt meditierte schon seit ein paar Jahren, und obwohl wir über seine Praxis nie sprachen, wusste ich, dass er für Vorschläge aufgeschlossen sein würde. »Matt, wahrscheinlich ist das Kultivieren und Praktizieren von gütiger Liebe – für deine Mutter *und* dich selbst – das Beste, was du tun kannst.« Er hatte es schon vor einigen Monaten mit dieser Übungspraxis versucht, sagte er, aber nur sporadisch und halbherzig. »Es wird schwer sein, aber ich werde es noch einmal damit probieren. Es ist kein gutes Gefühl, gegenüber einem Menschen, den ich liebe, so verschlossen zu sein.«

Auch wenn wir in jemandem nur schwer das Gutsein zu sehen vermögen, können wir ihm oder ihr trotzdem Liebe und Güte schicken. Anfangs mag es uns unecht vorkommen oder irritieren, unsere guten Wünsche fühlen sich vielleicht hohl und seicht an. Aber wenn wir in aller Freundlichkeit auf diese Gefühle blicken und in unserer Praxis fortfahren können, passiert etwas Überraschendes. *Indem wir ganz einfach gütig liebende Zuwendung anbieten, beginnen Liebe und Güte in uns zu erwachen.*

Matt saß jeden Morgen nach dem Meditieren noch ein paar Minuten da und praktizierte das Kultivieren von gütiger Liebe. Die guten Dinge in Bezug auf sich selbst, die er sich in Erinnerung brachte, machten ihm das Herz allmählich ein wenig leichter. Freunden und neutralen Personen gute Wünsche für ihr Glück zu schicken war problemlos und fühlte sich gut an. Wenn er dann zu seiner Mutter kam, wirkte die Übung wie auswendig gelernt. Aber er sprach trotzdem die Sätze: »Mutter, mögest du glücklich sein. Mögest du im Frieden sein. Mögest du von gütiger Liebe erfüllt sein.« Und an manchen Tagen wiederholte er immer und immer wieder: »Mögest du dich einfach so akzeptieren, wie du bist.«

Matt stellte fest, dass er sich jeden Tag spontan an irgendeine Kleinigkeit erinnerte, die er an seiner Mutter mochte und schätzte. Er entsann sich, dass sie zu denen in ihrer Nachbarschaft gehörte, die den Kranken oder Bedürftigen Essen brachte und fröhlich Gesellschaft leistete. Er erinnerte sich daran, wie glücklich sie für ihn war, als er an seinem bevorzugten College angenommen wurde, an ihre Freudentränen, als er mit der Frau, die er liebte, zum Altar schritt. Im Verlauf der Wochen wurden aus seinen Wünschen für ihr Glück echte Wünsche. Er wollte, dass sie mit sich in Frieden war und ihr Gutsein erkannte. Wenn er dann das Gefühl hatte, dass sein Herz völlig offen war, konnte er auch ganz aufrichtig alle Wesen in seine Wunschgebete einbeziehen und in seinen Kreis gütiger Liebe aufnehmen.

Als es schließlich so weit war und spät in der Nacht der Anruf kam, dass seine Mutter in sehr kritischer Verfassung sei und wahrscheinlich nur noch wenige Tage zu leben habe, hatte sich in Matt etwas geändert. Er fragte sich zunächst schon, ob es dieses Mal wirklich stimmte oder wieder nur falscher Alarm war, aber er fühlte doch eine echte Bereitschaft in sich, an ihrer Seite zu sein, wenn sie ihn brauchte. Auf seinem Flug Richtung Ostküste beschloss er, sie nicht mehr wegzuschieben, wenn sie an ihm zerrte oder er sich erdrückt fühlte. Er wollte, wenn er bei ihr war, dieselbe Liebe für sie empfinden, die er in seinen Meditationen gefühlt hatte.

Der Buddha lehrte, dass keine andere spirituelle Praxis von solchem Wert ist wie die der gütigen Liebe. »Gütige Liebe, welche die Freiheit des Herzens ist, nimmt sie alle in sich auf; sie glüht, sie leuchtet, sie strahlt, sie flammt und lodert.« Wenn wir uns darin üben, uns selbst und anderen Wünsche für Glück und Frieden zu schicken, kommen wir mit der Schönheit und Reinheit unserer wahren Natur in Berührung. Die Praxis, das Gutsein zu sehen, erweckt die gütige Liebe, und die Praxis der gütigen Liebe befähigt uns, mit größerer Wachheit für das Gutsein in uns und um uns herum durchs Leben zu wandern.

Ein liebendes, gütiges Herz: die Strahlkraft unserer wahren Natur

In einer einfachen und tiefgründigen Belehrung sagte der Dalai Lama: »Eine meiner fundamentalen Überzeugungen ist … dass Freundlichkeit und Güte zur grundlegenden menschlichen Natur gehören.« Und das könne er ganz klar sehen, »ohne zur Doktrin der Buddha-Natur Zuflucht nehmen zu müssen«.

> *Wenn wir uns zum Beispiel die Muster unseres Daseins von frühester Kindheit bis zum Tod anschauen, erkennen wir, wie fundamental uns Zuneigung und liebende Zuwendung nähren … Zudem sehen wir auch, wie wir ganz natürlich von innen her beeinflusst werden, wenn wir selbst Gefühle der Zuneigung hegen. Und nicht nur das, ein liebevolles und heilsameres Verhalten und Denken scheint auch der physischen Struktur unseres Körpers bekömmlicher zu sein und sich positiv auf unsere Gesundheit und unser physisches Wohlbefinden auszuwirken … Auch muss man zur Kenntnis nehmen, dass das Gegenteil für die Gesundheit zerstörerisch zu sein scheint. Aus diesen Gründen können wir meiner Meinung nach darauf schließen, dass Freundlichkeit und Güte zu unserer fundamentalen menschlichen Natur gehören.*

Diesen einfachen »Beweis« für unsere angeborene Natur haben wir alle schon in unserem Leben erfahren. Wenn wir lieben, geht es uns gut, und wir fühlen uns am wahrhaftigsten als die, die wir wirklich sind. Wenn wir zu unserer Buddha-Natur heimkehren, wird unser gütiges Herz weit und bedingungslos in seiner Liebe. Matts Geschichte ist hier ein gutes Beispiel.

Als er im Krankenhaus ankam, fand er seine Mutter, die unter starken Schmerzen litt. Der Krebs hatte sich überall ausgebreitet, und sie konnte sich wegen eines Hüftbruchs nicht bewegen. Fünf Tage lang saß er an ihrem Bett, hielt ihre Hand, war Zeuge ihrer ständigen Schmerzattacken und wiederholte still seine Wunschgebete gütiger Liebe. In der fünften Nacht wurde ihm grell bewusst: Das war es. Seine Mutter lag wirklich im Sterben. Sie würde nicht mehr lange bei ihm sein. Als er in ihr blasses, ausgezehrtes Gesicht blickte und ihrem mühseligen Atmen lauschte, sah er nicht die bedürftige Person, die irgendetwas von ihm zu bekommen versuchte, nicht die angstvolle Person, die ständig Bestätigung von ihm forderte, sondern ganz einfach ein Wesen, das geliebt werden wollte. Seit nunmehr fünfzehn Jahren war sie Witwe. Wer hatte sie in dieser ganzen Zeit wirklich umarmt? Wer hatte sie gehalten, sie verletzlich sein lassen, ihr das Gefühl gegeben, angenommen und geliebt zu sein? Nun sah er jenseits all der Rollen, über die er seine Mutter definiert hatte, die Wahrheit, nämlich dass zu lieben und geliebt zu werden alles war, was sie je wirklich gewollt hatte.

Er klappte das Seitengitter ihres Bettes herunter, beugte sich über sie und legte sanft die Arme um ihren kleinen knochigen Körper. Er spürte ihre Zerbrechlichkeit und erinnerte sich daran, wie sie ihm in seiner Kindheit, wenn er krank war, tröstlich über die Stirn strich. Tiefer noch als ihre Sehnsucht, geliebt zu werden, war die Essenz des Herzens; Matt spürte, sie war die Strahlkraft der Liebe selbst. »Mögest du von gütiger Liebe erfüllt sein«, flüsterte er. »Mögest du im Frieden sein, Mama. Mögest du von diesem Leiden frei sein.«

Sein Gesicht nahe an ihrem, sagte er ihr immer und immer wieder, dass er sie liebte, dass er bei ihr war, dass die Liebe da war. Er küsste ihre Stirn, ihr ganzes Wesen erstrahlte in der Wahrheit ihres Gutseins. Einige Stunden hielt er sie so, manchmal sanft zu ihr sprechend, manchmal schluchzend, und immer spürte er, wie der zerbrechliche Faden ihres kostbaren Lebens immer dünner wurde. Als er sie verließ, schien ihr Atmen leichter und unbeschwerter zu sein. Sie sah friedlich aus.

Am nächsten Morgen um sieben Uhr erhielt Matt einen Anruf vom Krankenhaus; man teilte ihm mit, dass seine Mutter verschieden sei. Er legte langsam den Hörer auf und saß reglos auf der Bettkante. Er wusste, sie hatte sich schließlich frei gefühlt, zu gehen. Sie war mit dem Segen einer unkomplizierten, reinen Liebe in den Tod entlassen worden. Nach ein paar Minuten kamen die Tränen. Und zwischen seinen Schluchzern hörte Matt sich immer und immer wiederholen: »Sie möchten alle einfach nur geliebt werden.« Die Klinge des Widerstands, mit der er in all den Jahren gelebt hatte, das Urteilen und das Misstrauen, waren durch ein zärtliches, gütiges Herz ersetzt worden.

Als Matt mich in jener Nacht anrief, sagte er, sein tiefstes Bittgebet sei, nie mehr zu vergessen, dass »sie alle einfach nur geliebt werden wollen«. Oder wie es die Ärztin und Autorin Rachel Naomi Remen ausdrückt: »Ein Augenblick bedingungsloser Liebe stellt ein ganzes Leben des Gefühls, nichts wert zu sein, in Frage und entkräftet es.« Matt hatte die Heilkraft dieser Liebe erlebt. Weinend sagte er: »Jetzt weiß ich, was ich in diesem Leben zu tun habe. Ich möchte herumgehen und alle wissen lassen, wie liebenswert sie sind.« Matt hatte das Gutsein der Liebe in sich gefunden, eine Liebe, die das Gück der anderen anstrebt.

Thich Nhat Hanh schreibt: »Wenn du so etwas wie ›Ich liebe dich‹ … mit deinem ganzen Wesen sagst, nicht nur mit deinen Lippen oder deinem Intellekt, kann es die Welt verwandeln.« Weil wir alle wechselseitig miteinander verbunden sind, verändert unsere Liebe, wenn wir sie denn in uns erwecken und zum Ausdruck bringen, unsere Umwelt. Die Herzen derer, die wir berühren, öffnen sich, und sie wiederum berühren die Herzen anderer. Liebe ist die Grundnatur, das Gutsein aller Wesen, das darauf wartet, sich zu manifestieren. Wir helfen dem Gedeihen der Liebe in allen Wesen allerorts, wenn wir Liebe im stillen Gebet oder laut ausgesprochen anbieten. Dieser Ausdruck unserer tiefsten Natur ist die lebendige Kraft der gütigen Liebe – und wie der Buddha sagte: »Sie glüht, sie leuchtet, sie strahlt, sie flammt und lodert.«

Der christliche Mystiker Thomas Merton schreibt: »Das Leben ist so einfach. Wir leben in einer absolut transparenten Welt, in der das Göttliche fortwährend durchscheint. Das ist nicht nur eine nette Geschichte oder ein Märchen. Es ist wahr.« Für mich ist das Göttliche das liebende Gewahrsein, das unsere Quelle und unsere Essenz ist. Wenn wir achtsam und genau hinschauen, sehen wir jede Person als einen Ausdruck der Liebe und des Gutseins, das wir so schätzen. Jedes Wesen wird zu Der oder Dem Geliebten. Merton schildert einen tiefen Moment, in dem er diese verwandelnde Wahrheit erkannte.

> *Dann war es, als sähe ich plötzlich die heimliche Schönheit ihrer Herzen, die Tiefe ihrer Herzen, die weder Sünde noch Wissen erreichen können, den Kern der Wirklichkeit, die Person, die ein jeder und eine jede von uns in den Augen des Göttlichen ist. Wenn sie sich nur selbst so sehen könnten, wie sie wirklich sind, wenn wir nur einander die ganze Zeit so sehen könnten, dann gäbe es kein Bedürfnis mehr nach Krieg, nach Hass, nach Gier, nach Grausamkeit. Ich nehme an, das große Problem wäre dann, dass wir alle auf die Knie fallen und uns gegenseitig anbeten würden.*

Wenn wir die geheime Schönheit eines Menschen, uns selbst eingeschlossen, sehen, blicken wir über unsere Beurteilungen und Ängste hinaus und hinein in den Kern von dem, wer wir wirklich sind – kein eingekerkertes, in der Falle sitzendes Ich, sondern die Strahlkraft des Gutseins.

Gewinnt unser Vertrauen in unser grundlegendes Gutsein an Stärke und Tiefe, können wir unserer Liebe und Kreativität umfassender Ausdruck geben. Statt uns immer in Frage zu stellen, statt von Selbstzweifeln gelähmt zu sein, können wir die aus diesem Gutsein hervorgehenden Eingebungen ehren und achten und entsprechend auf sie reagieren. Ähnlich können wir, wenn wir dem Gutsein in anderen vertrauen, ihnen ein Spiegel sein und ihnen helfen, sich selbst zu trauen. Unsere aus der gütigen Liebe hervorgehenden Handlungen sind Bestandteil unseres Bodhisattva-Pfades. Wenn wir nicht von Schuldzuweisungen vereinnahmt sind und davon, dass wir uns gegen uns selbst oder andere wenden, sind wir frei, gemeinsam unsere Talente und Begabungen zu kultivieren und in den Dienst an der Welt zu stellen. Wir sind frei, einander und das ganze Leben zu lieben, ohne zurückzuhalten.

GELENKTE MEDITATION
Ein versöhnliches, verzeihendes Herz kultivieren

Zwar können wir unser Herz nicht willentlich dazu zwingen, dass es sich erweicht und öffnet, aber die folgenden Meditationen nähren eine Bereitschaft, die das Vergeben möglich macht. Sie gründen sich auf traditionelle buddhistische Übungspraktiken, bei denen wir zunächst Vergebung von anderen erbitten, dann uns selbst Vergebung zuteilwerden lassen und sie schließlich denen gewähren, die uns verletzt oder gekränkt haben.

* * *

Um Vergebung bitten

Setzen Sie sich bequem hin, schließen Sie die Augen und werden Sie ruhig und präsent. Lassen Sie Ihre Aufmerksamkeit ein paar Augenblicke auf dem Atem ruhen, entspannen Sie sich beim Einatmen und entspannen Sie sich beim Ausatmen.

Vergegenwärtigen Sie sich eine Situation, bei der Sie einen anderen Menschen geschädigt oder verletzt haben. Vielleicht haben Sie jemanden vorsätzlich mit beleidigenden Worten gekränkt oder wutentbrannt ein Telefonat abgebrochen und den Hörer aufgelegt. Oder Sie haben eine Liebesbeziehung auf eine Art beendet, die jemandem unbeabsichtigt Schmerz zugefügt hat. Oder Sie waren zu beschäftigt und haben nicht bemerkt, dass Ihr Kind besonders viel Aufmerksamkeit brauchte. Vielleicht haben Sie auch das Gefühl, jemandem über Jahre hinweg immer und

immer wieder mit Ihren Tobsuchtsanfällen oder Ihrem mangelnden Interesse Leid zugefügt zu haben. Nehmen Sie sich ein paar Augenblicke Zeit, um sich an Situationen zu erinnern, in denen Sie jemanden verletzt haben, und spüren Sie den Verrat, die Verletztheit oder die Enttäuschung, die der Betroffene empfunden haben mag.
Halten Sie sich nun diesen Menschen vor Augen und beginnen Sie, ihn um Verzeihung zu bitten. Flüstern Sie im Geiste seinen Namen und sagen Sie: »Ich verstehe, wie verletzt du dich gefühlt hast, und ich bitte dich jetzt um Vergebung. Bitte verzeih mir.« Wiederholen Sie das mit aufrichtigem Herzen einige Male. Bleiben Sie dann einige Augenblicke in der Stille und öffnen Sie sich für die Möglichkeit, dass Ihnen vergeben wird.

- **Uns selbst vergeben**

Vergegenwärtigen Sie sich nun einen Aspekt Ihrer selbst, den Sie als unverzeihlich empfinden. Vielleicht können Sie sich nicht vergeben, dass Sie so vorschnell Urteile fällen, dass Sie immer die Kontrolle über alles haben müssen oder dass Sie andere verletzt haben. Vielleicht hassen Sie sich für Ihre Feigheit, dafür, dass Sie keine Risiken eingehen, die Ihr Leben vielleicht erfüllender machen würden. Möglicherweise können Sie sich nicht verzeihen, wie sehr Sie sich Ihr Leben durch Ihr Suchtverhalten ruiniert haben. Vielleicht widern Sie Ihre Zwangsvorstellungen oder Ihre Eifersucht an. Erspüren Sie, was an Ihren unverzeihlichen Verhaltensweisen, Emotionen oder Denkweisen so schlimm ist. Welche Gefühle rufen sie in Ihnen hervor? Wie hindern sie Sie am Glücklichsein? Fühlen Sie den Schmerz, der möchte, dass Sie diesen süchtigen, unsicheren oder verurteilenden Teil Ihrer selbst wegschieben und verdrängen.
Erforschen Sie nun, was diesen unannehmbaren Teil von Ihnen antreibt. Welches Bedürfnis versuchen Sie zu befriedigen, welche Angst versuchen Sie zu besänftigen, wenn Sie zum Beispiel esssüchtig, nikotin- oder alkoholabhängig sind oder waren? Empfinden Sie selbst Angst, wenn Sie andere verurteilen? Haben Sie, wenn Sie einen anderen Menschen verletzt haben, aus einem Gekränktsein oder einer Unsicherheit heraus gehandelt? Aus einem Macht- oder Sicherheitsbedürfnis? Wenn Sie sich der zugrunde liegenden Bedürfnisse und Ängste bewusst werden, lassen

Sie sich diese in Körper, Herz und Geist unmittelbar und ganz direkt wahrnehmen und spüren.

Beginnen Sie nun, den von Ihnen abgelehnten Gefühlen, Gedanken oder Verhaltensweisen eine aufrichtige Botschaft der Vergebung zu schicken. Vielleicht flüstern Sie im Stillen: »Ich sehe, wie ich für mich selbst Leid verursacht habe, und ich vergebe mir jetzt.« Oder Sie sprechen einfach die Worte »vergeben, vergeben«. Begegnen Sie allem, was hochkommt – Angst oder Verurteilung, Scham oder Kummer –, mit einer Botschaft der Vergebung. Lassen Sie zu, dass sich die Verletzung und der Schmerz entwirren in die Offenheit eines versöhnlichen Herzens hinein.

Sie mögen hier beim Praktizieren das Gefühl haben, dass Sie zwar alle Schritte vollziehen, sich aber eigentlich nicht richtig vergeben können. Vielleicht glauben Sie, dass Sie keine Vergebung verdienen. Vielleicht befürchten Sie, dass Sie dasselbe wieder machen, sobald Sie sich verziehen haben. Vielleicht haben Sie Angst, mit einer unerträglichen Wahrheit über Sie selbst konfrontiert zu werden, wenn Sie wirklich aufmachen und sich vergeben. Wenn solche Zweifel und Ängste in Ihnen aufkommen, dann erkennen Sie sie an und akzeptieren sie voller Mitgefühl. Sagen Sie sich dann: »Ich habe die Absicht, mir zu vergeben, wenn ich dazu imstande bin.« Ihre Absicht zu vergeben ist das Samenkorn der Vergebung – diese Bereitschaft wird nach und nach Ihr Herz entspannen und es sich öffnen lassen.

Anderen vergeben

Wir alle haben andere verletzt und gekränkt, und ebenso wurden wir alle in unseren Beziehungen verletzt. Vergegenwärtigen Sie sich eine Erfahrung, bei der Sie zutiefst enttäuscht oder abgelehnt, misshandelt, missbraucht oder verraten wurden. Stellen Sie ohne Wertung oder Urteilen fest, ob Sie gegenüber dem Menschen, der Sie verletzt hat, noch immer Wut empfinden oder ihm Vorwürfe machen. Haben Sie ihn aus Ihrem Herzen ausgeschlossen?

Rufen Sie sich in Einzelheiten die spezielle Situation ins Gedächtnis, die Sie am stärksten daran erinnert, wie Sie verletzt wurden. Vielleicht erinnern Sie sich an einen wütenden Gesichtsausdruck Ihrer Mutter oder Ihres Vaters, an harte Worte von einem Freund oder einer Freundin, an den Augenblick, in dem Sie entdeckten, dass Sie von einem Menschen, dem Sie vertraut haben, getäuscht oder betrogen worden sind, oder daran, wie Ihr Partner aus dem Haus stürmte. Seien Sie sich der aufsteigenden Gefühle gewahr, Kummer oder Scham, Wut oder Angst. Spüren Sie diesen Schmerz so, wie er sich in Körper, Herz und Geist zum Ausdruck bringt, mit Akzeptanz und Sanftheit.

Schauen Sie sich nun diesen anderen Menschen genauer an und spüren Sie die Angst, die Verletztheit oder Bedürftigkeit, die ihn vielleicht zu seinem Verhalten veranlasst hat. Nehmen Sie ihn als ein unvollkommenes menschliches, verletzliches und reales Wesen wahr. Fühlen Sie die Gegenwart dieses Menschen, flüstern Sie im Geiste seinen Namen und schicken Sie ihm eine Botschaft der Vergebung. »Ich spüre den Schmerz, der verursacht wurde, und in dem Maße, wie ich dazu bereit bin, vergebe ich dir jetzt.« Oder wenn Sie im Augenblick nicht imstande sind, Vergebung zu gewähren: »Ich spüre den Schmerz, der verursacht wurde, und ich habe die Absicht, dir zu vergeben.« Bleiben Sie mit Ihrer eigenen Verletzlichkeit in Kontakt und wiederholen Sie Ihre Botschaft der Vergebung oder der Absicht zu vergeben so lange, wie Sie möchten.

* * *

Sie können das Vergeben im Verlauf des Tages ganz formlos praktizieren. Wenn Sie merken, dass Sie sich selbst oder einen anderen Menschen schwer verurteilen, können Sie innehalten und sich Ihre Gedanken und Gefühle der Schuldzuweisung bewusst machen. Nehmen Sie sich etwas Zeit, um mit den Bedürfnissen und Ängsten, die der Antrieb Ihrer Verurteilung sind, in Verbindung zu treten. Beginnen Sie dann die Botschaft der Vergebung an Ihr Innenleben oder an einen anderen Menschen auszusenden, die Ihnen am natürlichsten scheint. Haben Sie Geduld. Mit einiger Übung wird Ihr Vorsatz, voll und ganz zu lieben, ein versöhnliches und verzeihendes Herz hervorbringen.

GELENKTE MEDITATION

Gütige Liebe erwecken

Durch die Meditation der Kultivierung gütiger Liebe öffnen wir unser Herz für uns selbst, für andere und für alle Wesen allerorten.

* * *

Setzen Sie sich bequem hin. Gehen Sie Ihren Körper durch und entlassen Sie alle Verspannung, soweit es Ihnen möglich ist. Lockern Sie die Schultern, die Hände, entspannen Sie die Bauchgegend. Nehmen Sie sich ein paar Augenblicke, um das Bild und das Gefühl eines Lächelns in sich wahrzunehmen (siehe »Das Leben mit einem Lächeln umarmen«, S. 115). Verbinden Sie dies mit der geistigen Haltung von Sanftheit und Unbeschwertheit.

Rufen Sie sich nun Ihr grundlegendes Gutsein in Erinnerung, und öffnen Sie sich dafür. Vielleicht vergegenwärtigen Sie sich Fälle, in denen Sie freundlich und großzügig waren. Oder Sie besinnen sich auf Ihr natürliches Verlangen, glücklich zu sein und nicht zu leiden. Sie könnten mit Achtung an Ihre fundamentale Wachheit, Ehrlichkeit und Liebesfähigkeit denken. Wenn Ihnen das Anerkennen Ihres eigenen Gutseins schwerfällt, dann schauen Sie sich mit den Augen eines Menschen an, der Sie liebt. Was liebt diese Person an Ihnen? Sie können sich auch die Wesenheit vergegenwärtigen, die für Sie Den Geliebten, oder Die Geliebte verkörpert – Buddha, Kuan Yin, die Göttliche Mutter, Jesus, Shiva –, und mit seinen oder ihren weisen und liebevollen Augen auf sich selbst blicken. Wenn Sie mit dem Gefühl von Ihrem grundlegenden Gutsein verbunden sind, dann verweilen Sie in zärtlicher Wertschätzung ein paar Augenblicke darin.

Lassen Sie sich nun in still geflüsterten Gebeten der Zuneigung und Anteilnahme gütige Liebe und Zuwendung zukommen. Spüren und fühlen Sie beim Wiederholen eines jeden Satzes die Bedeutung der Worte, lassen Sie sie aus aufrichtigem Herzen aufsteigen. Wählen Sie vier oder fünf Sätze aus, die für Sie Bedeutung haben. Zum Beispiel:

– Möge ich von gütiger Liebe erfüllt sein; möge ich von gütiger Liebe umfangen und getragen sein.

- Möge ich mich so akzeptieren, wie ich bin.
- Möge ich glücklich sein.
- Möge ich großen und natürlichen inneren Frieden erfahren.
- Möge ich die natürliche Freude am Lebendigsein erfahren.
- Mögen mein Herz und mein Geist erwachen; möge ich frei sein.

* * *

Mag sein, dass Sie nervös werden, wenn Sie für sich selbst solche Wunschgebete der gütigen Liebe sprechen. Die Worte hören sich vielleicht falsch oder künstlich an, wenn Sie gerade nicht gut auf sich zu sprechen sind. Manchmal macht eine solche Übung der liebevollen Hinwendung zur eigenen Person nur deutlicher, wie minderwertig, schlecht und unwürdig wir uns fühlen. Schließen Sie ohne Bewertung diese Reaktionen in Ihre Meditation mit ein: »Möge auch das in gütiger Liebe angenommen werden.« Nehmen Sie dann wieder die von Ihnen gewählten Sätze der Anteilnahme und Zuneigung zu sich selbst auf, und bleiben Sie in Achtsamkeit und Akzeptanz bei jedweden Gedanken und Gefühlen, die aufsteigen.

Machen Sie sich keine Sorgen, wenn Sie feststellen, dass Sie in diesem oder irgendeinem anderen Teil der Meditation die Worte nur mechanisch rezitieren. Ihr Herz hat, wie schon bei der Praxis des Vergebens, seine ganz natürlichen Zeiten der Offenheit und Verschlossenheit. Was am meisten zählt, ist Ihre Absicht, gütige Liebe zu erwecken.

* * *

Jetzt können Sie damit beginnen, Ihren Kreis der gütigen Liebe zu öffnen. Vergegenwärtigen Sie sich einen Menschen, der Ihnen sehr lieb ist. Denken Sie über sein grundlegendes Gutsein nach, erspüren Sie, was Sie besonders an ihm lieben.
Vielleicht seine Liebesfähigkeit, seine Ehrlichkeit, seinen Humor. Sie denken vielleicht daran, dass er glücklich sein und nicht leiden möchte. Seien Sie sich gewahr, dass er in seinem Wesenskern gut und achtsam und liebevoll ist. Empfinden Sie in Ihrem Herzen Wertschätzung für diesen Menschen und beginnen Sie mit Ihren Wunschgebeten. Sie können sich

vier oder fünf von den unten stehenden Sätzen aussuchen oder Ihre eigenen erfinden, wenn Ihnen das lieber ist. Wenn Sie nun still jeden dieser Sätze der gütigen Liebe flüstern, stellen Sie sich vor, wie es für diesen Menschen sein mag, die Frucht Ihres Segens zu erfahren – die Selbstakzeptanz, den Frieden, die Freude und die Freiheit.

- Mögest du von gütiger Liebe erfüllt sein; mögest du von gütiger Liebe umfangen und getragen sein.
- Mögest du meine Liebe jetzt fühlen.
- Mögest du dich so akzeptieren, wie du bist.
- Mögest du glücklich sein.
- Mögest du großen und natürlichen inneren Frieden erfahren.
- Mögest du die natürliche Freude am Lebendigsein erfahren.
- Mögen dein Herz und Geist erwachen; mögest du frei sein.

Nachdem Sie so einige Minuten lang Ihre Wunschgebete für einen geliebten Menschen gesprochen haben, dehnen Sie Ihren Kreis der Zuneigung, Anteilnahme und des Gewahrseins aus, indem Sie sich einen Menschen vergegenwärtigen, dem gegenüber Sie neutral eingestellt sind. Einen Menschen, den Sie vielleicht regelmäßig sehen, aber nicht gut kennen, und für den Sie weder starke positive noch negative Gefühle hegen. Denken Sie über das Gutsein dieses Menschen nach, indem Sie spüren, dass auch er glücklich sein und nicht leiden möchte.
Spüren Sie Ihre Lebendigkeit und fundamentale Anteilnahme am Leben. Nehmen Sie die oben aufgeführten Sätze oder andere Sätze Ihrer Wahl, und bieten Sie diesem Menschen gütige Liebe an.
Vergegenwärtigen Sie sich nun einen Menschen, zu dem Sie eine schwierige Beziehung haben – der in Ihnen vielleicht Wut oder Angst oder Verletztsein auslöst. Nehmen Sie sich zunächst ein paar Augenblicke Zeit, um sich mit freundlicher Achtsamkeit all dem zuzuwenden, was in Ihnen hochkommt, wenn Sie an diesen Menschen denken. Nehmen Sie diese Gefühle mit liebender Güte an. Lenken Sie dann Ihre Aufmerksamkeit auf den betreffenden Menschen und versuchen Sie, einige Aspekte seines grundlegenden Gutseins auszumachen. Wenn es Ihnen schwerfällt, Freundlichkeit oder Ehrlichkeit wahrzunehmen, denken Sie einfach darüber nach, dass auch er glücklich sein und nicht leiden möchte. Spüren

Sie seine grundlegende Wachheit und bedenken Sie, dass ihm das Leben ebenso wichtig ist wie Ihnen. Hüllen Sie ihn in sanfte Aufmerksamkeit, und beginnen Sie mit den Sätzen gütiger Liebe, die Ihnen am ehesten in den Sinn kommen.

Stellen Sie sich als Nächstes vor, dass Sie alle versammeln, für die Sie gerade gebetet haben – Sie selbst, ein geliebter, ein »neutraler« und ein für Sie schwieriger Mensch –, und sprechen Sie Gebete der gütigen Liebe für alle zugleich. Spüren Sie die Menschlichkeit, die Verletzlichkeit und das grundlegende Gutsein, das Ihnen allen gemeinsam ist. Und umfangen Sie sich selbst und die anderen in Ihrem Herzen im Wissen, dass wir alle im gleichen Boot sitzen.

Dehnen Sie nun Ihr Gewahrsein, Ihr Bewusstsein, in alle Richtungen aus – nach vorne, zu beiden Seiten, nach hinten, nach unten und nach oben. Spüren Sie, wie Ihre liebende Präsenz in diesem unendlich weiten Raum alle Wesen umfängt: die Geschöpfe der Natur, die fliegen und schwimmen und laufen; die Hunde und Katzen in unseren Häusern; die Lebensformen, die vom Aussterben bedroht sind; die Bäume und Gräser und Blumen; die Kinder allerorten; die Menschen, die in großer Armut leben, und die, die in großem Reichtum leben; die im Krieg und die im Frieden; die Sterbenden und die Neugeborenen. Stellen Sie sich vor, dass Sie die Erde, unsere Mutter, im Schoß halten und alles Leben in Ihr grenzenloses Herz aufnehmen können. Im Bewusstsein von den Freuden und Leiden, die all diese Wesen erfahren, sprechen Sie nun wieder Ihre Wunschgebete:

- Mögen alle Wesen von gütiger Liebe erfüllt sein.
- Mögen alle Wesen großen und natürlichen Frieden erfahren.
- Möge Frieden auf Erden, möge allerorten Frieden sein.
- Mögen alle Wesen erwachen; mögen sie alle frei sein.

Wiederholen Sie diese Sätze einige Male. Ruhen Sie dann in der Offenheit und Stille und lassen Sie alles, was in Ihrem Herzen und Bewusstsein aufsteigt, von gütiger Liebe berührt sein.

* * *

Sie können die Praxis der Kultivierung gütiger Liebe in Ihr Alltagsleben einbauen. Wenn Sie mit einem geliebten Menschen zusammen sind oder mit jemandem, der in Ihnen Verärgerung oder Unsicherheit auslöst, können Sie innehalten, sich auf Ihr Herz besinnen und flüstern: »Mögest du glücklich sein.« Sie könnten sich vornehmen, eine Woche lang jeden Morgen über das Gutsein der Menschen nachzudenken, mit denen Sie leben, und im Verlauf des Tages still Wunschgebete der gütigen Liebe für sie sprechen, wann immer Sie daran denken. Sie könnten sich einen für Sie neutralen Menschen aussuchen, den Sie regelmäßig sehen, und ihm eine Woche lang bei jeder Begegnung still Wohlergehen wünschen. Sie könnten sich auch einen Menschen aussuchen, den Sie schwierig finden, und ihm täglich gütige Liebe schicken. Achten Sie darauf, wie sich Ihre Gefühle gegenüber den betreffenden Personen verändern, wenn Sie diese Praxis ausüben. Ändert sich auch deren Verhalten Ihnen gegenüber?

Es geschieht leicht, dass die Sätze und Abfolgen der formellen Praxis mechanisch abgespult werden. Um Ihre Erfahrung spontan und lebendig zu halten, gibt es verschiedene Möglichkeiten:

- Wählen Sie Sätze aus, die mit dem Augenblick in Einklang stehen.
- Sprechen Sie Ihre Gebete »laut« im Flüsterton.
- Sprechen Sie den Namen des Menschen aus, für den Sie Ihr Wunschgebet sprechen.
- Stellen Sie sich vor, Sie umfangen den Menschen, dem Sie gütige Liebe schicken, in Ihrem Herzen oder berühren sanft und voller Zuneigung seine Wange.
- Stellen Sie sich vor, dass sie sich durch Ihr Gebet geheilt, geliebt und erhoben fühlt.

Selbst wenn Sie nur wenige Augenblicke gütige Liebe aussenden, werden Sie mit der Reinheit und Lauterkeit Ihres liebenden Herzens verbunden.

11

Gemeinsam erwachen

Radikale Akzeptanz in der Beziehung

Bleibt zusammen, Freunde.
Verstreut euch nicht und schlaft.
Unsere Freundschaft
Ist aus Wachsein gemacht.
Rumi

Ich suchte meinen Gott,
ihn konnte ich nicht sehen.
Ich suchte meine Seele,
sie entzog sich mir.
Ich suchte meinen Bruder
und fand alle drei.
Unbekannt

In einer der Legenden vom Heiligen Gral durchwandert der junge Ritter Parzival auf seiner Gralssuche ein ausgedörrtes und zerstörtes Land, wo nichts wächst. Als er in der Hauptstadt dieser Ödnis anlangt, stellt er fest, dass die Bewohner sich so verhalten, als sei alles ganz normal. Sie fragen nicht: »Was für ein Grauen ist über uns gekommen?« Oder: »Was können wir tun?« Stattdessen sind sie stumpfsinnig und mechanisch, als ob sie unter einem Bann stünden.

Parzival wird ins Schloss eingeladen, wo er zu seiner Überraschung den König blass und sterbend in seinem Bett liegend vorfindet. Das Leben des Herrschers schwindet dahin wie das seines Landes. Parzival hat viele Fragen, aber da ihm ein älterer Ritter gesagt hatte, dass es sich für jemanden seines Ranges nicht geziemt, Fragen zu stellen, schweigt er. Am nächsten Morgen verlässt er das Schloss, um seine Reise fortzusetzen, und begegnet schon bald der Zauberin Kundri. Als sie hört, dass er den König nicht nach seinem Befinden gefragt hat, bekommt sie einen Wutanfall. Wie konnte er so hartherzig sein? Er hätte den König, das Reich und sich selbst erlösen können, wenn er gefragt hätte.

Parzival nimmt sich ihre Worte zu Herzen, kehrt in das öde Land zurück und begibt sich geradewegs zum Schloss. Ohne nur seinen Schritt zu verlangsamen, tritt er direkt auf den König zu, der auf seinem Diwan liegt. Er kniet nieder und fragt sanft: »Oh, mein Herr, was fehlt Euch?« Sogleich kehrt die Farbe in des Königs Wangen zurück, und er steht geheilt auf. Auch in seinem Reich erblüht alles wieder zum Leben. Die Menschen, wieder wach geworden, unterhalten sich lebhaft und lachen und singen und gehen kräftigen Schritts. Das Getreide beginnt zu wachsen, und das Gras auf den Hügeln erstrahlt in frischem Grün.

Wenn wir uns, so wie der König in dieser Geschichte, von anderen abgeschnitten fühlen, kann sich auch unser Leben wie ein Ödland ausnehmen, bedeutungsleer, hohl und spärlich. Wir vermögen weder uns selbst noch die Menschen in unserer Umgebung aus der Trance des niedrigen Selbstwertgefühls zu erwecken. Wenn eine Person in unsere Ödnis eintritt, die wirklich Anteil nimmt, können auch wir innerhalb von einem Augenblick wieder zum Leben erweckt werden. Eine Freundin von mir ruft mich ab und zu an, wenn sie in einer Depression steckt. Sie hat sich vielleicht schon seit Tagen oder Wochen dumpf und leer gefühlt, ohne zu wissen, was ihr fehlt, abgeschnitten vom Schmerz ihrer Traurigkeit. Schon meine aufrichtige Frage »Wie geht es dir?« öffnet die Schleusen einer heilsamen Tränenflut.

Wenn wir einen spirituellen Weg gehen, können wir meinen, es sei eine Sache des Meditierens oder häufigeren Betens, von emotionalen Kämpfen und Konflikten frei zu sein. Aber ganz gleich, wie viel wir meditieren oder beten, wir brauchen doch andere, die uns die Mauern der Isolation niederreißen helfen und uns an unser

Zugehörigsein erinnern. Die Besinnung darauf, dass wir mit anderen und unserer Welt verbunden sind, ist die Essenz von Heilung.

Anne, eine meiner Meditationsschülerinnen, war vier Jahre alt, als ihre Familie an das andere Ende der Stadt umzog. Im Chaos des Umzugstages passierte etwas, was zur Folge hatte, dass Anne sich jahrelang in sich selbst zurückzog und sich verschloss. Während am Morgen Kisten gepackt und zu den Autos geschleppt wurden, spielte sie im Kellergeschoss. Als ihr bewusst wurde, dass schon seit einer ganzen Weile niemand mehr nach ihr gesehen hatte, stieg sie die Treppe hoch, um nach ihrer Mom zu suchen. Die Kellertür war abgeschlossen, und im Haus war es schrecklich still. Anne hämmerte und trat gegen die Tür, schrie und heulte und kauerte sich schließlich still und völlig verängstigt in einer Ecke zusammen. Als die Eltern ihren Irrtum bemerkten – beide hatten gedacht, Anne sei beim anderen –, waren schon ein paar Stunden vergangen.

Als Erwachsene hatte Anne häufig das Gefühl, sehr jung und verängstigt zu sein. Wenn sie allein in der Wohnung war, wurde sie zuweilen von einem zermürbenden Einsamkeitsgefühl gequält. Sie versuchte dann, dieses intensive Empfinden von Verletzlichkeit mit freundlichem Gegenwärtigsein anzunehmen und auszuhalten, so, wie sie es im Meditationsunterricht gelernt hatte. Aber im Innern konnte sie die Stimme eines Kindes schreien hören: »Ich will nicht allein sein. Ich kann das nicht allein.«

Als sie zur spirituellen Beratung zu mir kam, dachte sie natürlich, ich würde ihr eine Meditationstechnik für den Umgang mit diesem Terror vermitteln. Doch zu ihrer Überraschung betonte ich stattdessen, wie sehr unsere spirituelle Heilung und unser spirituelles Erwachen im Zusammenhang mit anderen stattfinden. In Beziehungen werden wir verletzt, in Beziehungen müssen wir heilen. Anne war erleichtert zu hören, dass die Stimme des schreienden und weinenden Kindes nichts »Unspirituelles« war. Sie brauchte sich nicht dafür zu schämen, dass sie andere Menschen brauchte. Für sie lag, wie bei Parzivals König, ein Schlüssel zu ihrem Erwachen darin, dass sie die echte Zuneigung, Anteilnahme und das Interesse anderer spüren konnte.

Wir sind gesellig veranlagte Wesen – wir essen, schlafen, arbeiten, lieben, heilen, verwirklichen uns und erwachen miteinander. Und selbst wenn wir ganz allein stehen, haben wir doch ein inneres Gefühl dafür, zu wem wir gehören, und machen uns Gedanken darum, wie andere uns sehen. Die Anteilnahme und Zuneigung, die uns von anderen entgegengebracht werden, ermöglichen es uns, wie der König aus der Trance zu erwachen und heil und ganz zu werden. Allen unseren Beziehungen wohnt das Potenzial inne, dieses Gedeihen und Aufblühen zu unterstützen, seien es die mit unseren Lehrern, Therapeutinnen, Kollegen, Familienangehörigen oder Freundinnen. Aus gegenwärtiger Sicht ist das unser Sangha, und diese Gemeinschaft umfasst das gesamte Netz an bewussten Beziehungen, innerhalb dessen wir heilen und wach werden. Zwar mögen manche Beziehungen heilsamer und erfüllender sein als andere, doch alle können sie uns unsere wechselseitige Verbundenheit aufzeigen. Wenn Achtsamkeit und Mitgefühl, die beiden Fügel der Radikalen Akzeptanz, gegenwärtig sind, werden unsere Beziehungen zu anderen zum heiligen Gefäß spiritueller Freiheit.

Bewusste Beziehung – das Herz spiritueller Praxis

Im Westen herrschte bei manchen Adaptionen des Buddhismus die Tendenz, sich auf die persönliche Meditationspraxis zu konzentrieren und so manche der ihr traditionell zugehörigen Aspekte des zwischenmenschlichen und gesellschaftlichen Kontexts außer Acht zu lassen. Wir suchen uns einen geschützten und ruhigen Raum, in dem wir die Instrumente des Gewahrseins und Bewusstseins schärfen und lernen können, innerlich still, aufmerksam und klar zu werden. Während Phasen des Alleinseins ein kostbarer und unabdingbarer Bestandteil spiritueller Praxis sind, können Lehren, die vorrangig die stille Meditation und die Konzentration auf das Innenleben betonen, zu einem grundlegenden Missverständnis führen. Sie bekräftigen unter Umständen die irrige Vorstellung, dass wir einen bitteren und einsamen Weg gehen und sich unsere spirituellen Ziele nur in einem Vakuum verwirklichen lassen.

Die buddhistische Zeitschrift *Tricycle* druckte einmal einen Cartoon mit einer Annonce für die Spalte buddhistische Partnerschaftssuche:

Groß gewachsener, dunkelhaariger, gut aussehender
Buddhist sucht
sich selbst.

Dies könnte man als clevere Anmerkung dazu betrachten, wie kleinkariert wir werden können, wenn wir die Lehren dahin gehend auslegen, dass wir auf uns selbst gestellt sind, meditieren und schwer an der Befreiung eines belasteten und behinderten Ichs arbeiten. Beziehungen mit anderen spielen zwar eine Rolle, scheinen aber für unser spirituelles Erwachen nebensächlich zu sein.

Wenn wir unsere Praxis nur dann als »spirituell« ansehen, wenn sie im Kontext formeller Meditation stattfindet, entgeht uns die entscheidende Bedeutung unserer täglichen Beziehungen für unser Erwachen. Wir weichen den in den Beziehungen aufgerührten verstörenden, aufregenden und verwirrenden Emotionen aus. Wir weichen der Konfrontation mit der Tatsache aus, wie leicht sich die im stillen Retreat liebevolle, friedliche Person im Kontakt mit einem anderen Menschen in ein wütendes, verletzendes Wesen verwandeln kann.

Wenn ich auf meine eigenen Jahre spiritueller Praxis zurückblicke, erkenne ich, dass Herz und Geist am grundlegendsten im Kontext tiefer menschlicher Beziehungen erweckt wurden: indem ich ein Kind zur Welt brachte und aufzog, mir mein Herz brechen ließ, half und mir geholfen wurde, ich mich meiner Angst vor Nähe stellte, mit meiner Neigung zu Kritik und Verurteilung kämpfte, umfassender zu lieben versuchte. Enge Beziehungen lassen meine heftigsten Reaktionen entstehen und verschaffen mir hochgeschätzte Erfahrungen von Verbundenheit.

Ich kehrte von meinem ersten sechswöchigen Vipassana-Retreat heim und fühlte mich glücklich, ausgeglichen und entspannt. Alex, Narayans Vater, war im Haus geblieben und hatte sich um unseren Sohn gekümmert, und ich freute mich schon sehr darauf, beide zu sehen. Wir verbrachten den Abend mit Popcornessen, Schwatzen und Erzählen von Neuigkeiten. Am nächsten Morgen ging ich in mein Arbeitszimmer und fand dort einen Umschlag mit der Überweisung für die Ratenzahlung der Hypothek, den Alex während meiner Abwesenheit hätte abschicken sollen. Jetzt war es zu spät, und ich musste Strafe zahlen. Ich rief ihn an und brüllte sofort los, ich habe doch im letzten Monat kein Geld verdient und könne mich nicht auf ihn verlassen ... nicht mal darauf, dass er einen Brief zum Briefkasten brachte. Ich reagierte ganz eindeutig auf angesammelten alten Groll, aber die Wut fühlte sich frisch und scharf an.

Er ließ mich noch ein klein bisschen weitertoben, bevor er erwiderte:

»So, das lernst du also in diesen buddhistischen Retreats?« Es hätten schneidende Worte sein können, aber das waren sie nicht. Vielmehr hörte ich Enttäuschung in seiner Stimme – er war darauf gespannt gewesen zu erleben, wie sich diese ausgedehnte Praxis positiv niederschlagen würde, und nun schienen wir doch wieder in den gleichen alten Mechanismen gefangen zu sein. Nachdem ich den Hörer aufgelegt hatte, stieg sofort Reue in mir auf. Zu was sollten meine tiefen Erfahrungen von Akzeptanz und Frieden nütze sein, wenn ich gleich wieder so locker um mich schlagen und in alte Muster zurückfallen konnte? Alex' Antwort war – wie das Anschlagen der Glocke im Meditationsretreat – ein deutlicher Weckruf. Ich wurde wieder zu Radikaler Akzeptanz aufgerufen, wieder aufgerufen, meinen aufsteigenden Gefühlen mit Achtsamkeit und Zuwendung zu begegnen. Mein Bedauern und Kummer brachten mir in Erinnerung, dass meine Beziehungen zu anderen im direkten Mittelpunkt des spirituellen Lebens stehen.

Der Buddha betrachtete den *Sangha,* die Gemeinschaft der Mönche und Nonnen, die seine Lehren befolgen, als einen der fundamentalen Schätze auf dem spirituellen Pfad. Seine eigene Beziehung zu Ananda, seinem getreuen Betreuer und Cousin, ist ein bleibendes Vorbild für spirituelle Liebe und Freundschaft. Ananda, der im Sangha der Mönche und Nonnen für seine Freundlichkeit und Großzügigkeit bekannt war, nahm sich selbstlos der persönlichen Bedürfnisse des Buddha an. Und der Buddha ließ Ananda seine aufmerksame und liebevolle Führung auf dem spirituellen Pfad zukommen. Tatsächlich liefern Anandas Fragen im Verlauf ihrer gemeinsamen Jahre dem Buddha eine Art Folie, um seine Lehren zu verdeutlichen. »Nicht so, Ananda …« ist ein vertrauter Refrain in den Schriften, der uns darauf aufmerksam macht, dass wir nun gleich eine sehr wesentliche Botschaft erhalten. So fragte Ananda einmal: »Ist es nicht so, dass dieses heilige Leben zur Hälfte aus guten Freunden von edler Art, der Gemeinschaft mit den Guten, besteht?« Und der Buddha antwortet (natürlich): »Nicht so, Ananda.« Und fährt dann fort: »Dieses heilige Leben besteht zur Gänze aus dieser Freundschaft, Gemeinschaft und Verbindung mit den Guten.« Der Buddha bestritt nicht den Wert des Praktizierens in einsamer Abgeschiedenheit, betonte aber auch, wie überaus wichtig die gegenseitige Unterstützung für das Erwecken von Herz und Geist ist.

In all den Jahren seines Umherwanderns und Lehrens vermittelte er seinen Anhängern ein paar Prinzipien für das harmonische Zusammenleben in der Gemeinschaft. Seine grundlegendste ethische Lehre war die des Nicht-Verletzens – in Gedanken, Wort und Tat alles Leben zu achten und zu respektieren. Er riet dazu, nach Versöhnung zu streben und den Konflikt beizulegen, wenn jemand in der Sangha einen anderen durch sein Verhalten verletzt hatte. Er machte auch die rechte Rede – wahr und hilfreich zu sprechen – zu einer der Schlüsselpraktiken auf dem Achtfachen Pfad. Thich Nhat Hanh stützt sich in seinem Buch *Ein Lotos erblüht im Herzen: Die Kunst des achtsamen Lebens* auf die Lehren Buddhas, wenn er Möglichkeiten für den Umgang mit Situationen anbietet, in denen wir andere verletzt haben. Die Hauptelemente sind: die Verantwortung dafür übernehmen, dass wir jemandem Schmerz verursacht haben; intensiv und genau zuhören, um das Leiden des Menschen zu verstehen; uns aufrichtig entschuldigen und unseren Vorsatz erneuern, gegenüber diesem Menschen und gegenüber allen Wesen mit Mitgefühl zu handeln. Ähnlich wie das Wiedergutmachen bei den Zwölf-Schritte-Programmen öffnen und befreien diese einfachen, aber effektiven Methoden, in unseren Beziehungen zu anderen aufmerksam und klug zu sein, unser Herz.

Nachdem ich an jenem Morgen über Alex hergefallen war, rief ich ihn noch einmal an und fragte ihn, ob er zum Mittagessen herkommen wolle, damit wir reden konnten. Als wir uns am Tisch niederließen, entschuldigte ich mich sofort. Wir redeten eine Weile miteinander und benannten beide unsere Gefühle. Ich sagte ihm, wie dankbar ich sei, dass wir so miteinander sprechen und umgehen konnten. Gemeinsam machten wir das, was ich wochenlang in der Einsamkeit geübt und praktiziert hatte: Achtsamkeit und Aufmerksamkeit walten lassen, einen Sturm durchstehen und am anderen Ende miteinander verbundener und wacher daraus hervorgehen.

In der geschützten Atmosphäre von Anteilnahme und Zuneigung konnten wir uns auch Gedanken darüber machen, wie sich in Zukunft derartige Interaktionen vermeiden ließen. Alex versprach, in Zukunft Vereinbarungen einzuhalten. Ich gestand ein, dass ich überreagiert hatte, und nahm mir vor, Pause zu machen, mich zurückzuhalten und nicht mehr wütend über ihn herzufallen. Das alles ist zehn Jahre her, und im Rückblick wird klar, dass unsere – wenngleich langsamen und unvollkommenen – Fortschritte an dieser Front aufgrund unserer gegenseitigen Akzeptanz möglich waren. Der tiefe Quell Radikaler Akzeptanz, den ich im Retreat aufgespürt hatte, war inmitten des menschlichen Beziehungsgeflechts lebendig.

Um die starken Wünsche, Bedürfnisse und Ängste zu verbergen, die in engen Beziehungen unter Umständen bei uns aufkommen, verstecken wir uns oft hinter unserer Fassade. Wir reagieren auf den anderen Menschen aus Gewohnheit und sind sofort in unseren Mustern und Mechanismen der Verteidigung, des Vorgebens, Urteilens und Distanzierens gefangen. Der Vipassana-Lehrer Gregory Kramer bietet in seinem Buch *Meditating Together, Speaking From Silence* eine Übungspraxis an, die uns helfen kann, derartige Reaktionsmuster unmittelbar während der Kommunikation zu unterbrechen. Er schreibt: »Es gibt die Sitzmeditation. Es gibt die Gehmeditation. Warum nicht auch die Hör- und Sprechmeditation? Wäre es nicht vernünftig, Achtsamkeit auch in der Beziehung zu üben und so auf diesem Feld besser zu werden?«

Greg nennt seine zwischenmenschliche Meditationspraxis »Einsichtsdialog«. Wenn wir eine Unterhaltung führen, halten wir einen Moment inne, statt dem anderen sofort zu antworten. Wir entspannen Körper und Geist und nehmen achtsam zur Kenntnis, was wir in uns wahrnehmen und erleben. Wir könnten uns die Frage stellen: »Was möchte wirklich Aufmerksamkeit?«, und die aufsteigenden Gefühle und Gedanken vermerken. Beurteilen, interpretieren oder kommentieren wir, was die andere Person sagt? Welche Körperempfindungen haben wir? Durch das Innehalten und achtsame Beobachten werden wir uns unserer Reaktionsmuster sehr genau bewusst.

Diese Art, miteinander Radikale Akzeptanz zu üben, ob nun in formeller zwischenmenschlicher Meditation oder inmitten einer unserer alltäglichen Interaktionen, führt zu mehr Verständnis und Freundlichkeit in unseren Beziehungen. Wenn wir pausieren und unsere Aufmerksamkeit vertiefen, statt von unbewussten Wünschen, Bedürfnissen und Ängsten getrieben zu sein, öffnen wir uns für unsere verschiedenen Möglichkeiten: Wir können unser innerliches Kommentieren aufgeben und intensiv auf die Worte und Erfahrungen der anderen Person hören. Wir können eine Bemerkung zurückhalten, die beweisen soll, dass wir recht haben. Wir können Gefühle von Verletzlichsein laut benennen. Wir können lernen, tief und genau zuzuhören und mit achtsamer Gegenwärtigkeit zu sprechen, zu sagen, was hilfreich und wahr ist.

Das Erwachen durch die bewusste Interaktion in unseren Beziehungen ist das Herzstück spirituellen Lebens. Die im Umgang mit anderen erlebten Ängste, Bedürfnisse und Wünsche können entweder unsere Gefühle von Minderwertigkeit und Isolation nähren, oder sie können, wenn wir ihnen mit Radikaler Akzeptanz begegnen, in Mitgefühl und gütige Liebe umgewandelt werden. So, wie es bei meiner Geschichte mit Alex war: Als ich aufhörte zu reagieren, konnten wir achtsam miteinander sprechen, und unsere Herzen konnten sich wieder öffnen.

Thich Nhat Hanh sagt: »Im Westen ist der Sangha der Buddha.« Weil in unserer westlichen Kultur eine so extreme Neigung vorherrscht, uns als vereinzelte, isolierte Individuen zu sehen, geben uns unsere Beziehungen zueinander eine effektive und unmittelbare Möglichkeit an die Hand, unsere Buddha-Natur zu erkennen. Wenn wir uns dem Erwachen durch die bewusste Interaktion in unseren Beziehungen widmen, lösen wir ganz direkt die Konditionierung auf, die uns in der Trance des Getrenntseins festhält.

Die Herausforderung und der Segen der Verletzlichkeit

Anne hatte in ihren Therapiesitzungen an ihrem inneren Zwiespalt gearbeitet – zum einen hatte sie Angst davor, allein zu sein, zum anderen hatte sie Angst davor, mit anderen zusammen zu sein, vor allem mit Menschen, die sie nicht gut kannte. Eines Tages kam sie fast panisch zu ihrer Stunde, weil sie sich gezwungen sah, sich mit einer ihrer tiefsten Ängste direkt zu konfrontieren. Sie hatte große Freude am Singen und in den letzten Jahren in einem hochgeachteten städtischen Chor mitgesungen. Nun war die Idee entstanden, dass dieser dreißig Leute umfassende Chor auf Tournee gehen sollte. Für das folgende Wochenende war eine eintägige Klausur angesetzt, wo über verschiedene Möglichkeiten, über Promotion und Finanzierung gesprochen werden sollte. Diese Aussicht war für Anne fürchterlich. Sie hatte es genossen, mit den anderen im Chor zu sein, ohne dass irgendwelche wirklichen Forderungen an sie gestellt wurden. Der

Chor war für sie zu einem geschützten Raum geworden, in dem sie für sich sein und sich dennoch daran freuen konnte, wie gut ihre klangvolle Altstimme mit den anderen Stimmen harmonierte. Aber nun in Klausur und möglicherweise auf Tournee zu gehen war etwas anderes. Sie musste mit anderen in Interaktion treten. Und wenn sie es nicht tat, würde sie sich ausgeschlossen fühlen, das wusste sie.

Wir besprachen, wie sie die Angst, die sie in der Klausur überkommen mochte, durch Pausieren und aufmerksame Zuwendung handhaben konnte. Sie konnte sogar mitten in einem Gespräch lange genug innehalten, um sich ein bisschen zu entspannen und irgendwelche Gefühle oder Geschichten, die in ihr hochkamen, zur Kenntnis zu nehmen. Ich sagte, es könne ihr auch helfen, sich präsenter zu fühlen und sich nicht in ihrer Angst zu verfangen, wenn sie einfach nur zuhörte und aufmerksam verfolgte, was andere erlebten und wahrnahmen. »Und weißt du, Anne«, fügte ich hinzu, »es ist ganz in Ordnung, wenn du aussprichst, dass du im Moment ein bisschen Angst hast.«

»Was, vor der ganzen Gruppe?!«, protestierte sie in einem Anflug von Leidenschaftlichkeit. Ich räumte ein, dass es nicht leicht ist, anderen gegenüber zuzugeben, wie wir uns fühlen. Und natürlich müssen die Umstände es erlauben. Aber wenn wir wissen, dass die Menschen, mit denen wir beisammen sind, im Grunde freundliche und wohlmeinende Leute sind, werden sie es gutheißen, wenn jemand aufrichtig ist. »Es verlangt Mut, die Wahrheit über unsere Gefühle zu sagen, vor allem, da wir nie wirklich wissen, wie sie aufgenommen wird«, sagte ich. »Aber wenn wir uns öffnen, kann das für andere auch ein Geschenk sein … es lädt sie ein, dasselbe zu tun.« Als Anne an diesem Tag ging, hatte sie noch immer Angst, beschloss aber, zu dieser Klausur zu gehen und ihr Bestes zu tun.

Am Vormittag des Klausurtages führte die Gruppe eine hitzige Debatte darüber, ob eine Tournee vielleicht doch ein zu ehrgeiziges und kostspieliges Unternehmen war. Annes Herz begann zu klopfen, und ihr Körper zitterte. Sie hatte das Gefühl, in einer ständig schrumpfenden Kiste zu sitzen, und fühlte sich mit jedem Augenblick mehr in der Falle. Sie beschloss, in der Mittagspause zu gehen. Sie konnte sagen, dass ihr nicht wohl war. Es war die Wahrheit.

Sie sah auf die Uhr. Noch zwanzig Minuten bis zum Mittagessen. Plötzlich stieg in ihr die lebhafte Erinnerung daran hoch, wie sie sich im Keller eingeschlossen fand. Da saß sie mit dreißig Leuten im Raum, fühlte sich aber vollkommen isoliert und verzweifelt. Sie besann sich auf die Werkzeuge, über die wir gesprochen hatten, und versuchte in Freundlichkeit und Güte bei ihren Gefühlen zu bleiben. Aber sie war vor Angst erstarrt. Sie hörte, wie der Chorleiter die Versammelten in frustriertem Ton daran erinnerte, dass schon der halbe Tag verstrichen sei und sie sich noch immer nicht darüber geeinigt hatten, was sie tun wollten. Und dann hörte Anne ihre eigene Stimme, leise und stockend: »Bitte … ich muss etwas sagen.« Es wurde sofort still im Raum, und alle waren aufmerksam. Sie schluckte und fuhr dann fort: »Ich bin nicht sicher, was passiert, aber ich habe im Augenblick wirklich große Angst.« Das war's. Mehr Worte bekam sie nicht heraus. Die Tränen begannen zu fließen, und sie zitterte am ganzen Körper. Die Frau, die neben ihr auf der Couch saß, sagte: »Oh Schatz, es ist schon okay«, rückte an sie heran und legte ihr tröstend den Arm um die Schultern. Anne lehnte sich an sie, sackte zusammen und weinte.

Nach ein paar Minuten beruhigte sie sich, und die Frau an ihrer Seite fragte sanft: »Möchtest du uns sagen, was los ist?« Anne blickte in die Runde. Alle schauten auf sie, aber sie schienen weder schockiert noch angewidert zu sein. Sie wirkten, als warteten sie geduldig auf sie. In ihrem Kopf hämmerte es, aber sie begann Worte zu finden. Sie erzählte ihnen, dass es manchmal vorkam, dass sie ohne große Vorwarnung von Angst und dem Gefühl, völlig isoliert zu sein, überwältigt wurde. Dass sie nur selten anderen zu erkennen gab, was passierte, aber dass sie so nicht weiterleben mochte. Dies sollten sie einfach nur wissen, damit sie sich nicht mehr so schrecklich allein fühlen musste. Als sie merkte, wie die anderen reagierten, mit Kopfnicken und freundlichem Lächeln, begann sich ihr Körper zu entspannen.

Einige Leute sagten, wie sehr sie ihre Tapferkeit bewunderten. Eine Frau äußerte, dass auch sie sich beim Austausch an diesem Morgen verletzlich und unwohl gefühlt habe. Er sei nicht gerade hässlich, aber auch nicht freundlich gewesen. Der Mann neben ihr pflichtete ihr bei – er hatte gedacht, diese Klausur würde weniger geschäftsmäßig ablaufen und ihnen mehr die Chance bieten, einander besser kennenzulernen und vielleicht gemeinsam etwas Neues zu kreieren.

Als Anne den anderen zuhörte, fühlte sie ihren Panzer schmelzen. Aus dem Hämmern in ihrem Kopf wurde ein leichtes Pulsieren, und ihr war leichter ums Herz. In den nächsten paar Stunden ließ die Gruppe ihre Tagesordnungspunkte außer Acht und sprach stattdessen über die Ängste und Herausforderungen, Freuden und Erfüllungen, die sich mit ihrer gemeinsamen Hingabe an die Musik verbanden. Als der Tag endete, war es keine Frage mehr, dass sie auf Tournee gehen würden. Sie fühlten sich einander näher und waren aufgeregter und gespannter, als sie es ihrer Erinnerung nach jemals waren. Auch Anne fühlte sich zu ihrer Überraschung nicht verachtet oder abgelehnt, sondern fast allen anderen näher. Indem sie einen Ton menschlicher Verletzlichkeit angeschlagen hatte, hatte sie der Stimme ihres Chors einen vollen und anrührenden Klang hinzugefügt.

Wenn wir anderen unsere Verletztheit oder Angst preisgeben, geben wir ihnen im Grunde die Erlaubnis, authentischer zu sein. Zum Glück geschah genau das in Annes Fall. Es ist wichtig zu spüren, wann andere wegen ihrer eigenen Wut oder Verwirrung vielleicht nicht imstande sind zu begreifen oder so aufgeschlossen zu reagieren. Wir gehen immer ein Risiko ein, wenn wir unsere Verletzlichkeit zum Ausdruck bringen, und werden unter Umständen auch manchmal verletzt. Doch die Tatsache, dass die größere Wunde, das wirkliche Leiden, darin besteht, die Panzerung und Isolation aufrechtzuerhalten, bringt uns dazu, dieses Risiko einzugehen. Es erfordert zwar Mut, sich verletzlich zu zeigen, aber der Lohn ist süß: Wir erwecken in unseren Beziehungen mit anderen Mitgefühl und echte Nähe.

Der Jesuitenpater Anthony De Mello berichtet in einem seiner Bücher von einer Erfahrung von Radikaler Akzeptanz, die sein Leben veränderte. Er schreibt, dass er jahrelang neurotisch war, »ängstlich und deprimiert und egoistisch«. Wie so viele von uns hatte er ein Selbstverbesserungsprojekt nach dem anderen ausprobiert und war am Rande der Verzweiflung, als nichts zu funktionieren schien. Dies alles war auch deshalb so schmerzlich, weil sogar seine Freunde fanden, dass er sich ändern müsse, und ihn regelmäßig drängten, weniger ichbezogen zu sein.

Doch eines Tages blieb seine Welt stehen, als ein Freund zu ihm sagte: »Ändere dich nicht. Ich hab dich lieb, genau so, wie du bist.« Es fühlte sich wie die pure Gnade an, als er Herz und Geist von diesen Worten durchströmen ließ. »Ändere dich nicht. Ändere dich nicht. Ändere dich nicht ... Ich hab dich lieb, genau so, wie du bist.« Paradoxerweise fühlte er sich erst frei, sich zu ändern, als er die Erlaubnis erhielt, es nicht zu tun. Pater De Mello berichtet, dass er sich entspannte und für ein Gefühl der Lebendigkeit öffnete, das seit Jahren blockiert gewesen war.

Wenn andere uns genau so akzeptieren, wie wir sind, bedeutet das nicht, dass ihnen alles gefällt, was wir tun. Es bedeutet nicht, dass sie passiv danebenstehen, wenn wir uns selbst oder anderen schaden. Wenn wir Glück haben, greifen unsere Freunde und Familienangehörigen ein, wenn wir zum Alkoholiker werden oder unser Gehalt verspielen. Sie lassen uns wissen, wenn wir ihre Gefühle verletzt haben. Und wenn wir noch mehr Glück haben, werden sie klarstellen, dass sie uns nach wie vor lieben, dass sie die menschliche Konfusion akzeptieren, die hinter der schädlichen Art und Weise steckt, in der wir unseren Schmerz äußern.

Liebevolle Akzeptanz im Verein mit geradliniger Ehrlichkeit sind die Schlüsselkomponenten einer »Intervention«, wie es in der Suchtarbeit genannt wird. Meine Mutter, Nancy Brach, die

Jahrzehnte im Suchtbereich gearbeitet hat, beschreibt eine Intervention als Sitzung, »bei der sorgfältig angeleitete Co-Abhängige sich auf liebevolle, vorurteilsfreie Weise mit ihren alkohol- oder drogenabhängigen Angehörigen auseinandersetzen. Auch wenn es sich hier von der Art her um eine Konfrontation handelt, gehen Menschen, die mit Abhängigen arbeiten, längst nicht mehr davon aus, dass du warten musst, bis dein Klient ›bereit‹ ist, an ein Zwölf-Schritte-Programm herangeführt zu werden. Es sind schon zu viele Süchtige gestorben, bevor sie ›bereit‹ waren, und ihre Familienangehörigen waren mehr als ›bereit‹, sie umzubringen, bevor sie noch tiefer in den Sumpf hinabgezogen wurden.« Wenn die Sucht das Leben der Familie, der Freunde und der Mitarbeiter zerstört, können sie eine solche Sitzung in die Wege leiten. Es wird im Voraus ein Bett gebucht, so dass der oder die Süchtige (so hofft man) direkt von der Sitzung in das Behandlungsprogramm überwechseln kann. Eine der Lieblingsinterventionsgeschichten meiner Mutter ist ein gutes Beispiel für die Kraft der Radikalen Akzeptanz. Sie schreibt:

Ich glaubte nicht, dass Harry es bis zu diesem reservierten Bett schaffen würde. Seine zahlreichen Alkoholexzesse zeigten sich in den kleinen geplatzten Äderchen in Wangen und Augen und in seinem durch Wasser bedingten Übergewicht; er benahm sich großspurig und unvorhersehbar und war drauf und dran, seinen Arbeitsplatz zu verlieren.
Ich war besorgt, wie es wohl die Teilnehmer an dieser Sitzung – seine Frau, seine beiden Söhne und sein alter Vater – schaffen würden, »liebevoll und vorurteilsfrei« zu sein, wo sie doch alle unglaublich wütend auf ihn waren. Jeder von ihnen hatte Grund zur Klage und war voller Groll: Die Söhne, die ihre Schulfreunde nicht mit nach Hause bringen konnten, weil ihr Vater so unberechenbar war; die Frau, die einen liebevoll sorgenden Partner verloren hatte, auf den sie hatte zählen können; der Vater, der seinen einzigen Sohn nie zu sehen bekam. Ich fürchtete, dass sie ihn einfach be-

schimpfen und verfluchen würden, statt Anteilnahme und Zuneigung zu bekunden.
Ich irrte mich. Harry kam in den Raum und schaute in die Runde, wie er mir später erzählte, blickte in die Gesichter derer, die ihm die Liebsten auf der Welt waren. Und sie alle schauten ihn an, waren alle für ihn da. Etwas passierte mit der Atmosphäre im Raum, sagte er, sie schien zu pulsieren. Nachdem er sich auf einen Stuhl hatte sinken lassen, schlug ich vor, dass seine Frau Marge den Anfang machte. Aber statt ihm seine Abwesenheiten, seine nicht eingehaltenen Verpflichtungen vorzuhalten, stand sie einfach nur auf und küsste ihn. »Danke, dass du gekommen bist, Harry«, sagte sie. Und dann standen zu meiner Überraschung auch sein Vater und die Jungs auf und umarmten ihn. Es war nur schwer zu erkennen, was danach geschah; uns stand allen das Wasser in den Augen. Als seine Familie dann sagte, was gesagt werden musste, hörte Harry zu. Danach nahm er das Bett, das für ihn reserviert worden war. Das ist nun etwa fünfzehn Jahre her, und soweit ich weiß, nimmt er immer noch an den Zwölf-Schritte-Treffen teil und ist sich nach wie vor der mutigen Liebe – der Akzeptanz und dem Aussprechen der Wahrheit – bewusst, die ihm wahrscheinlich das Leben rettete.

Es erstaunt mich immer wieder, wenn ich die Kraft der Radikalen Akzeptanz beobachte. Ich habe Leute erlebt, die jahrelang schmachvolle Geheimnisse mit sich herumschleppten, sich einer Gruppe der Zwölf Schritte oder einer Gruppe der spirituellen Freunde (die ich nachfolgend beschreibe) anschlossen und sich sofort zutiefst erleichtert fühlten. Weil ihnen klarwird, dass sie menschlich, unvollkommen und dennoch liebenswert sind, können sie tief durchatmen und von neuem beginnen. Ich erlebte, wie eine meiner Klientinnen, nachdem sie einige Monate von der liebenden Akzeptanz der Gruppe getragen worden war, zu einer Nähe mit ihrem Partner fähig wurde, die vordem völlig unmöglich erschien. Ich habe gesehen, wie Menschen ihren Beruf wechselten und nun einer sie wirklich inspirierenden Arbeit nachgehen, nur weil sie Akzeptanz erfahren haben. Es ist, als öffnete die Radikale Akzeptanz die Tür unseres Käfigs und lade uns ein, uns in unserer Welt freier zu bewegen.

Den Weg mit spirituellen Freunden gehen

Wir benutzen das Wort *Freund* oder *Freundin* so beiläufig, dass wir darüber die Kraft und Tiefe vergessen, die sich damit verbinden. Freundlichkeit ist eine der Hauptbedeutungen des Pali-Wortes *metta* (das unter anderem mit »gütiger Liebe« übersetzt wird). Die Liebe und das Verständnis einer Freundin oder eines Freundes erfrischt wie ein tiefer Quell reinsten Wassers den Urgrund unseres Wesens. Wenn alle Religionen und großen Ideologien verschwänden und unser Bestreben einzig in der Freundschaft läge – in bedingungsloser Freundlichkeit im Umgang miteinander, mit unserem Innenleben, mit aller Natur –, ach, was wäre das für eine Welt!

Das Zusammensein mit guten Freunden hilft uns, die Schwankungen und Stürme in unserem Innenleben entspannt zu sehen und unsere schmerzlichen Emotionen oder unser konfuses Verhalten nicht mehr als Symptome einer spirituellen Regression zu betrachten. Wenn wir unsere Verletzlichkeit, unsere Einsichten und unser Herz in eine bewusste Beziehung einbringen, wird uns klar, dass wir alle gemeinsam erwachen. In diesem Umfeld der Gemeinschaftlichkeit wird tiefe Heilung möglich.

Karen, eine meiner Meditationsschülerinnen, hatte sich nach fünfzehn Jahre Ehe von ihrem Mann scheiden lassen und war mit ihm in einen hässlichen Kampf um das Sorgerecht verwickelt. Karen hatte das Gefühl, ihr Leben breche auseinander und sie stünde ganz allein und isoliert in ihrem Kampf.

Als sie zu mir kam, um mit mir darüber zu sprechen, wie sie mit ihrer Wut und ihren Selbstzweifeln fertig werden könne, schlug ich ihr vor, darüber nachzudenken, ob sie sich einer unserer spirituellen Unterstützungsgruppen innerhalb unserer Meditationsgemeinschaft anschließen wolle. Solche Gruppen, *kalyanna mitta* (»spirituelle Freunde«) genannt, wurden als Erstes von Schülern und Schülerinnen, Lehrern und Lehrerinnen des Spirit Rock Centers außerhalb von San Francisco gebildet. Sie erfüllten so effektiv ein bestehendes Bedürfnis, dass bald überall im Land in den buddhistischen Meditationsgemeinschaften solche Gruppen entstanden. Sie haben im Allgemeinen acht Mitglieder, die zumeist alle zwei Wochen zusammenkommen. Das Treffen beginnt normalerweise mit einer Phase der stillen Meditation und geht dann in den achtsamen Dialog über. Dessen Thema kann die Herausforderung sein, im Alltag spirituell wach zu bleiben, gleich, ob es dabei um die Arbeit oder die Liebesbeziehungen, die Konfrontation mit einer Sucht oder die Angst vor Krankheit oder Tod geht. Manchmal dreht sich das Gespräch auch um die Vertiefung der formellen Praxis. Was auch immer das Thema sein mag, allen Gruppenmitgliedern ist die Absicht gemeinsam, ehrlich zu sprechen und zuzuhören, gegenwärtig zu sein und aus dem Herzen heraus zu kommunizieren.

Karen war sofort daran interessiert und begann an *Kalyannamitta*-(KM-)Treffen teilzunehmen. Erleichtert stellte sie fest, dass sie dort über ihre Wut, ihr Ohnmachtsgefühl und ihre Angst sprechen konnte, ohne sich fehl am Platz oder verurteilt zu fühlen. Sie konnte sogar Situationen eingestehen, in denen sie sich hässlich benommen, in denen sie Wutausbrüche und Schreianfälle bekommen hatte, wenn sie sich von ihrem Ex-Mann kritisiert oder irregeführt fühlte. Die sanfte Akzeptanz der Gruppe half ihr darauf zu vertrauen, dass »auch das« als Teil des Weges angenommen werden konnte. Ihre unbeherrschten Reaktionen machten sie nicht zu einem schlechten Menschen; es waren keine unspirituellen Entgleisungen. Vielmehr riefen diese schmerzlichen Emotionen sie auf, ihre Aufmerksamkeit zu vertiefen und Mitgefühl zu üben.

Als andere in der Gruppe über verwirrende oder unerfreuliche Bereiche in ihrem Leben redeten, konnte Karen sehen, dass sie nicht fehl am Platz war. »Bei Gruppenmeditationen hatte ich bisher immer das Gefühl, dass alle anderen so ruhig und friedlich waren, als ob sie ihre Buddha-Natur verwirklichten oder so. Und ich war die einzige neurotische Person im Raum, die sich unentwegt zwanghaft mit ihren eigenen Dramen beschäftigte.« Nun wurde ihr klar, dass ein Mensch nicht durch die Stimmungsschwankungen und Stürme, die er durchleben mag, definiert wird. Diese verändern sich und gehen vorüber wie Wettererscheinungen. Des Weiteren half ihr das Zusammensein mit einer Gruppe spiritueller Freundinnen und Freunde, sich wieder darauf zu besinnen, was sie an sich selbst schätzte – ihr Einfühlungsvermögen, ihren Humor und ihre intuitive Weisheit.

Ihre Zugehörigkeit zu dieser KM-Gruppe veränderte nicht nur ihre Beziehung zu sich selbst, sondern auch die zu Richard, ihrem Ex-Mann. Im Verlauf ihrer Ehe war sie zur Überzeugung gelangt, ihre so leicht zu verletzenden Gefühle bedeuteten, dass sie schwach sei, und ihr Bedürfnis nach Zuneigung und Bestätigung sei ein Zeichen für ihre grundlegende Unsicherheit. Doch nach Monaten ihrer Mitgliedschaft in einer KM-Gruppe, in der sie sich alle über ihre Verletzungen und Ängste austauschten, wusste sie nun, dass mit ihr alles stimmte. Statt jedes Mal, wenn sie es mit Richard zu tun hatte, überwältigt, niedergeschmettert oder unglaublich wütend zu sein, hatte sie nun ein tiefergehendes Selbstvertrauen, eine stabilere Mitte in sich entwickelt.

Bei einem Treffen schilderte Karen einen Vorfall, der sich ein paar Tage zuvor ereignet hatte. Sie hatte mit Richard telefoniert und mit ihm darüber gesprochen, ob Melanie, ihre älteste Tochter, in eine Privatschule überwechseln sollte. Richard machte eine hässliche Bemerkung: Er hoffe, dass ihre Unsicherheit nicht auf ihre Tochter abfärbe und sie der Grund für deren Unzufriedenheit mit der staatlichen Schule sei. Karen fühlte die Wut in sich hochkochen, erwiderte aber nichts. Stattdessen stellte sie sich ihre KM-Gruppe vor, die ihr vertrauten und anteilnehmenden Gesichter. Sie vergegenwärtigte sich das Gefühl der Akzeptanz und spürte eine große Woge der Dankbarkeit in sich, dass sie Richards Geschichten über ihre Schwächen und Unzulänglichkeiten nicht mehr glauben musste. Immer noch verärgert, beendete sie rasch das Gespräch. Doch sie war auch hochgestimmt und voller Hoffnung. Weil sie sich unterstützt und akzeptiert fühlte, hatte sie aus dem ewig alten Reaktionsmuster ihres Tanzes mit Richard ausbrechen können.

Karens wachsendes Selbstvertrauen leistete ihr gute Dienste, als sie ihrer Tochter half, die für sie beste Schule ausfindig zu machen. Weil sie entspannter war, konnte sie sich ganz offen Melanies Interessen und Ängste anhören, ohne sich überfordert oder untauglich zu fühlen. Sie gingen gemeinsam zu ihrer Highschool-Beraterin und besichtigten die Quäkerschule, die Melanie ins Auge gefasst hatte. »Je länger ich Melanie zuhörte, desto klarer wurde mir, dass sie mit ihren Bedürfnissen recht hatte«, erzählte mir Karen. »Ich wusste, diese neue Schule würde für sie ganz wunderbar sein.« Als sie das nächste Mal mit Richard sprach, erhob er nicht einmal Einwände. »Ich vermute, er konnte an Bord kommen, weil ich an Bord war – ich hatte jetzt ein gewisses Maß an Selbstvertrauen.« Die Akzeptanz, die Karen von ihren spirituellen Freunden erfahren hatte, hatte Wurzeln geschlagen – ihr Glaube an sich ermöglichte es ihr, sich mit zunehmender Ausgewogenheit und Stärke auf ihre Mitmenschen zu beziehen.

Wenn die Radikale Akzeptanz in unseren Beziehungen blüht und gedeiht, wird sie quasi zu einer neuen spirituellen Elternschaft, die es uns ermöglicht, auf das Gutsein und die Schönheit von dem, wer wir wirklich sind, zu vertrauen. So, wie gute Eltern einem Kind durch ihre Zuneigung und Liebe vermitteln, dass es liebenswert ist, bestätigen wir anderen, wenn wir sie verstehen und akzeptieren, dass sie wertvoll sind und dazugehören. Wenn wir diese Art von Radikaler Akzeptanz erfahren, kann das unser Leben völlig verwandeln. Indem wir einem Menschen sein Gutsein zurückspiegeln, machen wir ihm ein unermessliches Geschenk, dessen Segen ein ganzes Leben hindurch spürbar ist.

Rachael Naomi Remen schreibt: »Wenn wir den Funken Gottes in anderen erkennen, entfachen und stärken wir ihn mit unserer Aufmerksamkeit. Ganz gleich, wie tief oder lange er begraben war … Wenn wir eine Person segnen, berühren wir das ungeborene Gutsein in ihr und wünschen ihm Gedeihen.« Das Spiegeln der inneren Schönheit ist ein Segen, den wir alle einander gewähren können. Wir brauchen nur innezuhalten, klar zu sehen, wer vor uns steht, und unser Herz weit zu öffnen.

Einige unserer tiefsten Erweckungserfahrungen geschehen durch jene innigen und liebevollen Verbindungen, die uns am umfassendsten daran erinnern, wer wir sind. Der Sufi-Lehrer Idries Shah erzählt die Geschichte von einem Derwisch, der so weise und beliebt war, dass er jedes Mal, wenn er sich in einem seiner Lieblingscafés niederließ, sofort von Schülern und Anhängern umringt war. Er selbst war demütig und bescheiden und behauptete nicht, jemand Besonderes zu sein; doch genau diese Eigenschaften waren Teil der starken Aura, von der sich seine Anhänger so angezogen fühlten. Man stellte dem Derwisch verschiedene Fragen zum spirituellen Leben, doch die häufigste Frage an ihn war persönlicher Art: »Wie bist du so heilig geworden?« Und er erwiderte dann unfehlbar ganz schlicht: »Ich weiß, was sich im Koran findet.«

Das ging eine ganze Weile so weiter, bis ihn eines Tages ein ziemlich arroganter Neuling herausforderte, nachdem er diese Antwort vernommen hatte: »Und was findet sich im Koran?«, verlangte er zu wissen. Der Derwisch blickte ihn freundlich an und erwiderte: »Im Koran finden sich zwei getrocknete Blüten und ein Brief von meinem Freund Abdullah.«

Die Schriften leiten uns an, und unsere Übungspraktiken lassen uns gesammelt sein und still werden, doch das Erfahren der Liebe offenbart uns die uns innewohnende Ganzheit und Strahlkraft, wie der Derwisch anklingen lässt. Unser Leben ist in ein Feld des wechselseitig abhängigen Seins eingebettet, und wenn wir uns bewusst aufeinander beziehen – wenn »unsere Freundschaft aus Wachsein besteht«, wie Rumi sagt –, verflüchtigt sich das Leiden unserer persönlichen Trance.

Michael Meade, berühmter Geschichtenerzähler und Lehrer, berichtet von einem Heilritual in Sambia. Hier glaubt man, wenn ein Stammesmitglied – psychisch oder physisch – erkrankt, hat sich der Zahn eines Vorfahren in der Person eingenistet und die Krankheit verursacht. Da alle Stammesmitglieder miteinander verbunden sind, wirkt sich das Leiden des einen auf alle anderen aus, und alle sind am Heilungsprozess beteiligt. Wie Meade berichtet, beruht das Heilungsritual auf dem Verständnis, dass »der Zahn herauskommt, wenn die Wahrheit herauskommt«. Die kranke Person muss die Wut oder den Hass oder die Begierde, die in ihr stecken, offenbaren, aber damit die ganze Wahrheit herauskommen kann, muss jeder Angehörige des Stammes seine in sich begrabenen Verletzungen und Ängste, seine Wut und Enttäuschung äußern. »Die Erlösung und Befreiung tritt nur dann ein«, so Meade, »wenn inmitten von Tanzen und Singen und Trommeln alles herauskommt. Das ganze Dorf wird durch die Befreiung vom Zahn mittels der Befreiung von diesen schwierigen Wahrheiten gereinigt und geläutert.«

Dieses Ritual zeugt von großer Weisheit. Im Gegensatz zu unserer Kultur, in der wir Krankheit oder Depression als persönliche Angelegenheit oder ganz persönliches Leid betrachten, werden diese Stammesmitglieder für ihr Leiden nicht verantwortlich gemacht oder damit allein gelassen. Bei ihnen ist das Leiden eine kollektive Angelegenheit, Bestandteil von jedermanns Leben. Der Schmerz gehört nicht einem Einzelnen. *Für die Radikale Akzeptanz ist es ganz entscheidend, dass wir den Schmerz nicht persönlich nehmen.* Wie der Buddha lehrte, gehören die Schwierigkeiten des Lebens nicht einer Einzelperson, noch werden sie von ihr verursacht – unsere wechselnden körperlichen und geistigen Zustände oder Verfassungen werden von unzähligen Variablen beeinflusst. Wenn wir das erkennen und im zwischenmenschlichen Umgang offen, verletzlich und in der Akzeptanz bleiben, heilen wir gemeinsam.

Unseren Schmerz nicht persönlich zu nehmen bedeutet eine nachhaltige Veränderung unserer gewohnten Lebensanschauung. Selbst wenn wir uns darum bemühen, uns nicht zu verurteilen, gehen wir doch leicht davon aus, dass unsere eifersüchtigen Gedanken, egoistischen Tendenzen, unsere Zwänge und unser oft unaufhörliches Bewerten und Urteilen ein persönliches Problem und ein Zeichen von Unzulänglichkeit und Schwäche sind. Doch wenn wir anderen gegenüber sehr achtsam und aufmerksam sind, so, wie Karen es in der KM-Gruppe war oder der Stamm in Sambia es ist, sehen wir, dass wir mit unseren Bedürfnissen und Ängsten nicht allein sind. Und wir sehen auch, dass wir uns alle danach sehnen, liebevoller und wacher zu sein. Die Erkenntnis der Wahrheit des Zugehörigseins, dass wir alle gemeinsam auf dem Pfad leiden und erwachen, ist das kraftvollste Gegengift für irgendwelche persönlichen Gefühle, nichts wert und nicht würdig zu sein. Wenn *meine* Angst oder *meine* Scham zu *unserem* geteilten Leiden wird, blüht und gedeiht die Radikale Akzeptanz.

Gewohnheitsmäßige Gefühle des Getrenntseins und der Isoliertheit tauchen im Leben immer wieder auf – das ist ganz einfach Teil unserer menschlichen Bedingtheit. Als der indische Meister Sri Nisargadatta gefragt wurde, wie man mit diesem ständigen Gefühl, einander fremd und fern zu sein, umgehen solle, gab er einen schlichten, wunderbaren Rat: »Lass einfach jeden Gedanken los außer ›ich bin Gott … du bist Gott‹.« Indem wir uns in Radikaler Akzeptanz aufeinander beziehen, bestätigen wir die Wahrheit von dem, wer wir wirklich sind. Wenn wir in Freundschaft alle uns voneinander distanzierenden Gedanken und Vorstellungen aufgeben, wenn wir einander mit Klarheit und Liebe betrachten, nähren wir die Saat der Befreiung.

GELENKTE REFLEXION

Mit dem Gewahrsein kommunizieren

Die Art, in der wir mit anderen sprechen und ihnen zuhören, kann Liebe oder Hass, Akzeptanz oder Ablehnung übermitteln. Der Buddha nannte ein Sprechen, das nur äußert, was wahr und hilfreich ist, ein weises Sprechen, eines, das Achtung und Ehrfurcht vor dem Leben bezeugt. Doch wie erkennen wir, was wahr ist, da wir doch so aus unseren Wünschen, Bedürfnissen und Ängsten heraus aufeinander reagieren und in diesen Mustern gefangen sind? Wie erkennen wir, was hilfreich ist? Wie sprechen und hören wir vom Herzen her?

Die folgenden Meditationsübungen geben Richtlinien für ein achtsames und aufgeschlossenes zwischenmenschliches Kommunizieren. Sie stammen aus verschiedenen Quellen und werden in den USA von *kalyanna mitta* und ähnlichen Gruppen in verschiedenen Kombinationen angewandt. Sie können sie während einer Unterhaltung für sich praktizieren oder als formelle Anleitung für einen meditativen, achtsamen Dialog mit zwei oder mehr Personen nehmen.

* * *

- **Setzen Sie Ihre Absicht fest**
  Besinnen Sie sich, als grundsätzliche spirituelle Praxis, auf Ihre Absicht, unter allen Umständen in Ihrer Beziehung zu anderen präsent, ehrlich und freundlich zu sein. Rufen Sie sich Ihren Vorsatz zu Beginn eines jeden Tages, zu Beginn eines meditativen Dialogs in der Gruppe und vor jeder Interaktion mit anderen in Erinnerung.

- **Lassen Sie Ihren Körper einen Anker sein**
  Wählen Sie zwei oder drei Kontaktpunkte aus, Bereiche oder Stellen in Ihrem Körper, an denen Sie wieder ein Gefühl von Präsenz erwecken können. Das können die Gefühle beim Atmen oder die Empfindungen in den Bereichen von Schultern, Händen, Magen oder Füßen sein. Kehren Sie während Ihres kommunikativen Austausches mit anderen so oft wie möglich zu diesen Punkten zurück.

Je mehr Sie sich darin üben, sich während Ihrer Meditation und im Verlauf des Tages dieser Kontaktpunkte gewahr zu bleiben, desto leichter bleiben Sie beim Zusammensein mit anderen in Ihrem Körper präsent.

- **Hören Sie vom Herzen her**
  Versuchen Sie, wenn andere sprechen, Ihre eigenen Gedanken außen vor zu lassen und aufmerksam auf das zu hören, was diese sagen. Das bedeutet, dass Sie Ihre eigene Gesprächsplanung aufgeben. Bleiben Sie sich der Empfindungen bewusst, die im Körper und vor allem in der Herzgegend auftreten. Seien Sie sich ganz besonders gewahr, wenn Ihr Geist in Beurteilungen und Bewertungen abwandert. Wenn Sie merken, dass Sie kritisieren, analysieren oder interpretieren, begegnen Sie diesen Gedanken mit Achtsamkeit, lassen sie dann ziehen und kehren zum empfänglichen Zuhören zurück. Das soll nicht heißen, dass Sie mit dem Gesagten einverstanden sind, sondern nur, dass Sie die andere Person mit Ihrer vollen Präsenz und Aufmerksamkeit ehren. Hören Sie tief und aus ganzem Herzen zu, achten Sie auf den Ton in der Stimme, die Tonlage, die Lautstärke und die Worte. Und nehmen Sie neben dem Inhalt auch die Stimmung und den Geist der Äußerungen des anderen auf.

- **Sprechen Sie vom Herzen her**
  Versuchen Sie nicht, im Voraus vorzubereiten und zu proben, was Sie sagen werden, und schon gar nicht, wenn ein anderer noch spricht. Sagen Sie das, was Sie im Augenblick als wahr und sinnvoll empfinden. Das kann eine Antwort auf das eben Gehörte sein. Vielleicht ist aber auch, so wie es häufig beim meditativen Dialog der Fall ist, gar keine Antwort nötig. Stattdessen entspringt das, was Sie sagen, ganz unmittelbar dem Strom Ihrer Erfahrung. Vom Herzen her sprechen beginnt damit, nach innen zu hören. Sprechen Sie langsam genug, um achtsam mit Körper und Herz verbunden bleiben zu können.

- **Pausieren, entspannen, Achtsamkeit vertiefen**
  Halten Sie im Verlauf Ihrer Interaktionen immer wieder inne. Machen Sie kurz Pause, bevor Sie sprechen und nachdem Sie gesprochen haben. Pausieren Sie beim Sprechen, um wieder Verbindung mit Ihrem Körper und Ihren Gefühlen herzustellen. Machen Sie Pause, wenn ein anderer mit

dem Sprechen fertig ist, lassen Sie dem Gesagten etwas Raum. Entspannen Sie bei jedem Pausieren Körper und Geist. Ruhen Sie in der Offenheit, achten Sie voll und ganz auf die Erfahrung des Augenblicks.
Nach dem Pausieren können Sie Ihre Aufmerksamkeit vertiefen und mittels Nachfragen Herz und Geist konsultieren. Fragen Sie sich: »Was ist jetzt wahr und stimmig? Was fühle ich?« Vertiefen Sie auch Ihr Gewahrsein von der anderen Person, indem Sie sich fragen: »Was mag diese Person innerlich erleben?« Dieses Nachfragen ist ein aktiver wie auch ein passiver Prozess – Sie fragen und forschen ganz bewusst nach, öffnen sich aber auch allem, was sich entfaltet. Nutzen Sie diese Schritte von Pausieren – Entspannen – Aufmerksamkeit als geheiligtes Tor zum Gegenwärtigsein, wann immer Sie daran denken.

- **Üben Sie Radikale Akzeptanz**
  Das Streben und Bemühen, im Miteinander präsent und wach zu sein, lehrt uns Bescheidenheit und Demut. Gehen wir mal davon aus, dass wir unsere Absicht vergessen, vergessen, mit dem Körper in Kontakt zu bleiben, vergessen, ohne eigene Gedanken zuzuhören, vergessen, nicht zu proben, vergessen, vergessen, vergessen. Begegnen Sie diesem ganzen Prozess mit Radikaler Akzeptanz, vergeben Sie sich selbst und anderen immer und immer wieder dieses vollkommene Unvollkommensein. Wenn die Radikale Akzeptanz ein Gefäß für unsere Beziehungen ist, wird echte innige Nähe möglich.

* * *

Wenn wir uns darin üben, im Miteinander präsent zu sein, gibt uns das die Möglichkeit, Achtsamkeit und gütige Liebe in unseren Alltag zu integrieren. In dem Augenblick, in dem wir in Aufrichtigkeit und Freundlichkeit kommunizieren, beginnen wir mit der Auflösung der Trance des Getrenntseins. Statt von Wünschen, Bedürfnissen oder Ängsten getrieben zu sein, fühlen wir uns zunehmend spontan und authentisch. Indem wir uns wach und achtsam aufeinander beziehen, lassen uns diese Übungspraktiken ebenso gut wie jede Meditation die Süße unserer Verbundenheit und unseres Zugehörigseins entdecken.

12

Unsere wahre Natur erkennen

Oh sehnsuchtsvoller Geist,
Verweile in der Tiefe
Deiner eigenen reinen Natur.
Such nicht anderswo dein Zuhause …
Allein dein nacktes Gewahrsein, oh Geist,
Ist die unerschöpfliche Fülle,
Nach der du dich so verzweifelt sehnst.
Sri Ramakrishna

Eine alte indische Legende erzählt von einem Moschustier, das an einem frischen Frühlingstag einen rätselhaften himmlischen Duft in der Luft witterte. Er versprach Friede, Schönheit und Liebe und lockte es wie ein Flüstern immer weiter. So machte es sich in seinem Drang, die Quelle davon ausfindig zu machen, auf den Weg, entschlossen, die ganze weite Welt abzusuchen. Das Moschustier erkletterte abweisende eisige Berggipfel, stapfte durch dampfende Dschungel, durchwanderte endlose Sandwüsten. Am Ende brach es erschöpft von der unaufhörlichen Suche zusammen. Beim Fallen durchdrang ein Horn seinen Bauch, und plötzlich war die Luft von diesem himmlischen Duft erfüllt. Und das sterbende Tier merkte, dass dieser Duft die ganze Zeit über von ihm selbst ausgegangen war.

Wenn wir in der Trance des Gefühls, isoliert und nichts wert zu sein, gefangen sind, scheint die Buddha-Natur außerhalb von uns zu existieren. Das spirituelle Erwachen scheint, sofern es einem derart mit Makeln und Schwächen behafteten Ich überhaupt möglich sein sollte, in weiter Ferne zu liegen, in einer anderen Zeit oder an einem anderen Ort. Wir stellen uns vielleicht vor, dass es die Verwirklichung nur vor Jahrhunderten in Asien gab oder nur in Klöstern oder nur bei jenen, die weitaus hingebungsvoller und disziplinierter sind als wir. Und auch wenn wir ihrem Weg folgen, gleichen wir unter Umständen doch jenem Moschustier. Wir verbringen möglicherweise unser Leben auf der Suche nach etwas, das sich eigentlich in uns befindet und dort gefunden werden könnte, wenn wir nur innehielten und unsere Aufmerksamkeit vertieften. Aber wir verbringen abgelenkt und zerstreut unser Leben auf dem Weg irgendwo anders hin.

Wenn wir spirituell etwas reifer geworden sind, wird unser Verlangen nach Erkenntnis der Wahrheit und nach einem Leben in Herzenswärme und Offenheit dringlicher als der Reflex, Schmerzen zu vermeiden und dem Vergnügen nachzujagen. Mag sein, dass wir uns von unserem Partner schlecht behandelt fühlen und wütend sind, doch wir sind bereit, unseren Anteil an der Sache zu sehen, seinen oder ihren Schmerz wahrzunehmen, zu vergeben und liebevoll zu bleiben. Sind wir einsam oder traurig, neigen wir weniger dazu, die schmerzlichen Gefühle mit Essen, Drogen oder permanenter Geschäftigkeit zu betäuben. Wir richten uns immer stärker auf unsere Bestimmung aus, nämlich auf unser Erwachen für unsere natürliche Weisheit und unser natürliches Mitgefühl.

Der Mahayana-Buddhismus beschreibt unsere wahre ursprüngliche Natur als *prajnaparamita*, die Essenz der Vollkommenheit der Weisheit. Diese Vollkommenheit der Weisheit wird die Mutter aller Buddhas genannt, »sie, die die Welt zeigt (wie sie ist)«. Sie wird auch »die Quelle des Lichts« genannt, »… so dass alle Angst und Sorge vertrieben werden«. Wenn wir mit unserer wahren Natur in Kontakt sind, sind wir völlig frei von der Trance. Ohne von Angst besetzt oder zusammengezogen zu sein, erkennen wir unsere tiefste Essenz als das reine, wache Gewahrsein, das alle Schöpfung mit Liebe betrachtet.

Wir mögen zuweilen unvermittelt und tief Einsicht in unsere wahre Natur nehmen. Doch ob wir in dieser Wahrheit heimisch werden, ihr in unserem Alltagsleben vertrauen, hängt gewöhnlich von einer allmählichen Entwicklung und Entfaltung ab. Aus diesem Grund wird der Erkenntnis- und Verwirklichungsprozess von dem, wer wir wirklich sind, als ein *Pfad* des Erwachens bezeichnet. Während ein Pfad gewöhnlich impliziert, dass man an einen anderen Ort gelangt, öffnet uns der Pfad im spirituellen Leben für ein Gewahrsein und eine Liebe, die »hier, jetzt, immer« da ist, wie T.S. Eliot schreibt.

An unserer Buddha-Natur zweifeln

Ich befand mich mitten in einem einwöchigen Meditationsretreat, als uns unsere Lehrerin eine einfache und tiefgreifende Frage stellte: »Vertraut ihr wirklich darauf, dass ihr ein Buddha seid?« Meine innere Antwort war: »Absolut … manchmal.« Unzählige Male hatte ich mein Herz und meinen Geist zur Freiheit erwachen sehen. In solchen Augenblicken erhob sich aus einer ganzkörperlichen Erkenntnis und Einsicht heraus das Vertrauen, dass meine ursprüngliche Natur reines Gewahrsein ist. Wenn ich in dieser Wahrheit ruhte, fühlte ich mich echt, wirklich existent und zu Hause. Doch ich wusste auch, dass ich jeden Tag über weite Strecken hinweg glaubte, ein kleines, unzulängliches Ich zu sein, das irgendwie anders sein musste, um okay zu sein.

Da ich den Wunsch hatte, mehr auf diese ständige Illusion von einem kleinen, minderen Ich zu achten, fragte ich mich für den Rest des Retreats immer wieder in Abständen: »Für wen halte ich mich?« Ich war eine Meditierende, die sich von Zwangsvorstellungen mitreißen ließ und nicht genug anstrengte. Ich war eine Frau, die für ein buddhistisches Retreat zu sexy und unbescheiden angezogen war. Ich war eine zu Urteil und Kritik neigende Person, die das Aussehen und Benehmen anderer ständig innerlich kommentierte. Ich war eine verlegene Yogini, die ihre Lehrerin beim persönlichen Gespräch beeindrucken wollte. Die Frage erwies sich als sehr nützliches Instrument, das mir zeigte, wie häufig und wie vollkommen ich in die Trance glitt.

Ich konnte erkennen, dass ich immer dann, wenn ich mich für irgendeine Version eines kleinen, minderen Ichs hielt, die wache Präsenz, die meine tiefste Natur ist, nicht erkannte oder ihr nicht traute. Zwar war das Gefühl der Angst und des Getrenntseins nicht immer sehr stark, aber es war immer vorhanden.

Nach dem Retreat schien mir meine Gewohnheit, meiner wahren Natur zu misstrauen, sogar noch extremer ausgeprägt. Eines Morgens saß ich meditierend in meinem Schlafzimmer, während Narayan sich für die Schule fertig machte. Mein Geist war ziemlich still und ruhig, und ich verweilte einfach im Gewahrsein, statt in einsgerichteter Konzentration gesammelt zu sein. Und während Bilder, Laute und Empfindungen aufstiegen und sich im grenzenlosen Raum des Geistes auflösten, nahm ich die wunderbare Freiheit wahr, an nichts zu haften, und ich fühlte eine enorme Zärtlichkeit für die Welt. Es war der Duft der Buddha-Natur, unmittelbar und kraftvoll: Ich fühlte mich so weit und offen wie der Himmel, so wach wie eine strahlende Sonne. Es gab kein Ziel; nichts fehlte oder war außerhalb des Gewahrseins.

Plötzlich war da ein lautes Klopfen an der Tür, und Narayan platzte ins Zimmer. Atemlos und sich entschuldigend bat er mich, ihn zur Schule zu fahren – er war so schnell gerannt, wie er konnte, hatte aber trotzdem den Bus verpasst. Mein weites, offenes, strahlendes Universum brach zusammen, wurde unversehens auf die Rollen und Pflichten einer Mama reduziert. Ich willigte ein, schlüpfte schnell in Jeans, und los ging's. Während wir im Washingtoner Berufsverkehr dahinkrochen, wurde ich zunehmend gereizter. Als ich meinen Sohn fragte, ob er sich für den heutigen Test in Naturwissenschaften vorbereitet fühle, murmelte er: »Nicht besonders.« Weiteres Nachfragen ergab, dass er am Vortag vergessen hatte, seine Labornotizen mit nach Hause zu nehmen. Ich verkniff mir meine üblichen Bemerkungen über seine Lebensorganisation oder sonstige strenge Worte. Doch ich spürte, wie sich mein Magen vor Verärgerung verspannte. Als er wie gewöhnlich das Radio anstellen wollte, murmelte ich »auf keinen Fall« und schob ärgerlich seine Hand weg. Auch noch Rap war einfach zu viel.

Als ich meinen grimmig zusammengepressten Kiefer und meine geistige Angespanntheit spürte, ermahnte ich mich selbst, dass sich hier eine weitere Gelegenheit zum Üben von Achtsamkeit bot. Doch diese Mahnung zur Besinnung war reine Abstraktion. Die konkrete Wirklichkeit sah so aus, dass ich verspannt und voller Abwehr war, eine neurotische Mutter, die in der Falle ihrer Reaktionsmuster saß. Das Gewahrsein, das ich so liebte und schätzte und noch vor kurzem als meine wahre Natur erkannt hatte, war ein Duft irgendwo da draußen, fernab, weit weg. Es hatte nichts mit der Person zu tun, die sich hier ihren Weg durch den Verkehr bahnte.

Nach Hause zurückgekehrt, parkte ich den Wagen in der Auffahrt und blieb noch ein bisschen sitzen. Manchmal kann die Schutzhülle eines Autos ein ebenso guter Ort für das In-Kontakt-Kommen mit dem Augenblick sein wie die geheiligtste aller Meditationshallen. Zunächst war ich ruhelos und musste dem Drang widerstehen, ins Haus zu stürzen und meine E-Mails und Nachrichten auf dem Anrufbeantworter abzurufen. Doch ich wartete, erspürte meinen Körper und schaute, was am stärksten der Aufmerksamkeit bedurfte. Während ich so saß, konnte ich sehen, wie sich draußen die Eichhörnchen um einen Baum herumjagten. Auch meine Gefühle jagten einander umher, und ich wusste, ich konnte nichts weiter tun, als sie sich ausagieren lassen. An meinen zusammengesackten Schultern und der schleichenden Ermattung konnte ich das Gefühl von Scheitern ablesen.

Ich hatte mich, kurz bevor mein Sohn ins Zimmer gekommen war, so im Frieden und so weit gefühlt. Wie konnte ich mich so schnell dermaßen zusammenziehen, mich so unzulänglich fühlen, so gereizt, so verspannt sein? Ich versagte an allen Fronten – beim Meditieren, als Mutter, bei meiner Lebensführung. Solche Selbstzweifel waren mir vertraut. Würde ich wohl je imstande sein, mir im alltäglichen Auf und Ab eine teilnahmsvolle und offene Präsenz zu bewahren?

Im Gipfelmoment seines Erwachens sah sich Gautama Buddha mit der gewaltigen Kraft des Zweifels konfrontiert. Er verbrachte die Nacht unter dem Bodhi-Baum, reagierte mit Achtsamkeit und Mitgefühl auf die verschiedenen Herausforderungen Maras, dem Gott der Gier, des Hasses und der Täuschung. Als die Nacht zu schwinden begann, wusste Gautama, dass Herz und Geist erwacht, aber noch nicht vollkommen frei waren. Mara ließ seine letzte und schwierigste Anfechtung los: Mit welchem Recht strebte Siddhartha die Buddhaschaft an? Mit anderen Worten: »Für wen hältst du dich denn?« Diese Stimme Maras ist die Stimme, die uns drängt, uns gegen uns selbst zu wenden, den Pfad aufzugeben, es ist die Stimme, die uns davon zu überzeugen sucht, dass wir nirgendwohin gelangen.

In Antwort auf diese Herausforderung berührte Gautama die Erde und rief sie an, seine vielen Leben des Mitgefühls zu bezeugen. Und mit dieser Berührung berührte er auch den Grund wacher Präsenz – die Essenz der Vollkommenheit der Weisheit, aus der alle erleuchteten Wesen hervorgehen. Er berief sich auf seine wahre Identität, um alle Zweifel zu zerstreuen, die ihn an der vollständigen Freiheit hinderten. Die Legende erzählt, dass in dem Moment, in dem er den Erdboden berührte, die Erde erbebte und der Himmel von Donnergrollen erfüllt war. Mara, der sah, dass er nicht einem Menschen gegenüberstand, sondern der schöpferischen Macht des Gewahrseins und der Bewusstheit selbst, zog sich angsterfüllt zurück.

Als ich an jenem Morgen in meinem Auto saß, besann ich mich darauf, meinem Gefühlschaos mit Radikaler Akzeptanz zu begegnen. Die Verspanntheit und Härte in der Herzgegend begannen sich zu mildern. Als ich den sehr unmittelbaren Schmerz der Selbstzweifel anerkannte und zuließ, begann ich mich wacher und wahrhaftiger zu fühlen. Und als die Minuten so vergingen, spürte ich, wie ich zum liebevollen und offenen Gewahrsein zurückkehrte.

Die Eichhörnchen hatten mit ihrem verrückten Umrunden des Baumstamms aufgehört, und eine leichte Brise strich durch die Blätter. Innerlich fühlte ich mich zunehmend ruhiger. Die Zweifel waren noch immer da, aber ich hielt mich nicht länger für eine Versagerin als Mutter oder unfähige Meditierende – es war eher das Wispern eines verunsicherten, vorsichtigen Ichs. Um mich weiterhin von jeglichem Gefühl des Zusammenziehens und Rückzugs in ein Gehäuse der »Ichheit« zu befreien, stellte ich mir die Frage: »Wer ist im Moment gewahr?« Ich war mir nur des Gewahrseins gewahr: Es war kein »Ich« auszumachen. Es gab keine Wesenheit, die versagte, kein Ich, das ängstlich und bekümmert war, keinen Halt für Selbstzweifel. Während Ströme an Empfindungen und Gefühlen Körper und Bewusstsein durchflossen, war niemand hinter den Kulissen, dem sie gehörten oder der sie kontrollierte. Ich konnte nur unendlichen Raum von Gewahrsein finden – formlos, offen, wissend.

So, wie der Buddha in Antwort auf Maras letzte Herausforderung den Erdboden berührte, berühren wir, wenn wir von der Stimme des Zweifels geplagt werden, den Grund, indem wir auf der Stelle in diesem Augenblick ankommen. Wir berühren den Grund, indem wir uns direkt mit der Erde verbinden, mit dem Leben in unserem Körper, mit unserem Atem und unserer inneren Befindlichkeit. Wir berühren den Grund, indem wir direkt in das Gewahrsein blicken, das die Quelle unseres Lebens ist. Wenn wir uns mit dem verbinden, was unmittelbar vor uns ist, erkennen wir die wahre unermessliche Dimension von dem, wer wir wirklich sind.

Über das Ich hinaussehen und ins Gewahrsein hinein loslassen

Wenn wir uns zum Meditieren niederlassen, beginnen wir sofort mit unserem unmittelbaren Erleben und Wahrnehmen. Sind wir für die Bereiche, die am stärksten nach unserer Aufmerksamkeit rufen, liebevoll gegenwärtig, werden Körper und Geist allmählich ruhig. Und sehen wir genau hin, dann merken wir, dass sich unser Gefühl von einem Ich aufzulockern beginnt. An diesem Punkt besteht die Tendenz, sich in einer subtilen, aber beharrlichen Kontraktion zu verfangen, die sich immer noch wie »ich« anfühlt. Ich bin »diejenige, die ruhig wird«, oder »derjenige, der sich in der Meditation anleitet«. Dieses diffuse und randlose Ich-Gefühl nenne ich »Geister-Ich«. Manche sprechen hier vom Beobachter oder vom beobachtenden Selbst. Das Geister-Ich kerkert uns zwar nicht so sehr ein wie ein wütendes oder angsterfülltes Ich, bedeutet aber nach wie vor das Haften an einer Identität, das uns am Freisein hindert.

Der Buddha lehrte, dass das Festhalten an *irgendetwas,* und sei es auch das Gefühl, der Beobachter zu sein, die volle Freiheit des Gewahrseins verdunkelt. In solchen Fällen können wir diese schwache Aura von Ichheit auflösen, indem wir fragen: »Wer ist gewahr?« Oder auch: »Was gewahrt?« Oder: »Wer bin ich?« Oder: »Wer denkt?« Wir richten die Achtsamkeit auf das Gewahrsein selbst. Wir *schauen* ins Gewahrsein. Indem wir nachfragen und dann ins Gewahrsein Einsicht nehmen, können wir die tiefsten Ich-Illusionen, die uns im Getrenntsein und in Fesseln gehalten haben, vertreiben.

Jim nahm schon seit acht Monaten an meinem allwöchentlichen Meditationsunterricht teil und hatte sich mehrere Male nach dem Unterricht völlig frustriert an mich gewandt. Jedes Mal, wenn sein Geist genügend still geworden war, um ins Gewahrsein zu blicken, endete es damit, dass er ein beobachtendes Ich wahrnahm. Wenn er fragte: »Wer ist sich dieses beobachtenden Ichs gewahr?«, meldete sich dieser Beobachter einfach wieder. In Sorge, dass er es einfach »nicht kapierte«, kam er eines Abends wieder auf mich zu. Ich bat ihn, seine Achtsamkeit auf die Empfindungen, Bilder und Stimmungen dieses Beobachters zu richten und mir zu sagen, was er wahrnahm. Er sah eine Lichtwolke hinter diesem Beobachter-Ich und hörte seine eigene Stimme sagen: »Das bin ich.« Ich fragte: »Wer ist sich des Lichts, des Klangs der Stimme gewahr?« Seine Antwort erfolgte prompt: »Ich natürlich!« Er sagte, er fühle sich gereizt und verärgert, so als ob jemand – ich, der Buddhismus – das Ich anfechte, von dem er doch wisse, dass es absolut real sei. Nach ein paar Augenblicken schlug seine Verärgerung in Entmutigung um, und er sagte kläglich: »Ich weiß nicht, was ich tun soll. Ich bin verwirrt, und diese ganze Meditation bereitet mir Unbehagen.«

Wenn wir beim Schauen ins Gewahrsein ängstlich sind oder eine bestimmte Erfahrung anstreben, fixiert sich unsere Aufmerksamkeit auf Gedanken, Laute oder Empfindungen, statt unvoreingenommen und offen zu sein. Statt in den sich wandelnden Strom der Phänomene Einsicht zu nehmen und ihn zu akzeptieren, fühlen wir uns gezwungen, an etwas festzuhalten, an irgendetwas. Im Bemühen, uns zu orientieren, machen wir einen geistigen Schnappschuss von unserer Erfahrung und fügen einen Kommentar hinzu. Mag sein, dass wir anfänglich ohne Vorstellungen oder Erwartungen ins Gewahrsein blicken, doch dann stecken wir binnen weniger Augenblicke wieder in unserem konzeptuellen Denken und versuchen, dem Geschehen einen Sinn zu geben. Und das tun wir am grundlegendsten durch unser Festhalten an der Vorstellung von einem stabilen und dauerhaften Ich oder Selbst. Wir versuchen unsere Identität abzusichern, indem wir unsere Erfahrung festnageln.

Ich ermunterte Jim, zu erkunden, wie er sich umfassender entspannen könne, während er übte, ins Gewahrsein zu schauen. Ich gab ihm die Anweisungen weiter, die mein tibetischer Meditationslehrer Tsokney Rinpoche für das Erkennen unserer wahren Natur gibt: »Schau und sieh … Lass los und sei frei.« Rinpoche veranschaulicht das, indem er erst seine Hände etwa dreißig Zentimeter vor seinem Gesicht hochhält, die Handflächen nach außen gewandt. Unsere Aufmerksamkeit ist wie unsere Handflächen nach außen gerichtet und konzentriert sich immer auf den Film des Lebens – unsere äußere wie auch innere Welt.

Dann dreht er die Handflächen in seine Richtung um und demonstriert damit den Akt des unmittelbaren Schauens ins Gewahrsein: »Schau und sieh.« Wir geben unseren auf Gedanken und andere Erfahrungsobjekte gerichteten Fokus auf, wir blicken direkt darauf, wer schaut. Und dann lässt Rinpoche mit dem »Lass los und sei frei« seine Hände sanft nach unten sinken und in seinem Schoß ruhen. Wenn wir in unser Gewahrsein schauen und sehen, was wahr ist, entspannen wir uns und lassen voll und ganz in diese Wirklichkeit hinein los.

In der folgenden Woche blieb Jim nach dem Unterricht noch

da und erzählte mir, dass er beim Meditieren am Abend zuvor eine tiefe Einsicht erfahren hatte. Wie schon so viele Male zuvor hatte er, nachdem sein Geist zur Ruhe gekommen war, den Beobachter als einen vertrauten hellen Lichtschein hinter sich wahrgenommen. Er wurde neugierig und fragte: »Wer ist sich dessen gewahr?« Dann, so schilderte er weiter, »konnte ich die Spannung in meinem geistigen Bewusstsein spüren, das ›mich‹ lokalisieren wollte, aber die Wahrheit war, dass ich nichts finden konnte, wo ich hätte anknüpfen können. In diesem Moment, bevor noch mein Geist mit irgendeiner Erklärung aufwartete, entspannte ich mich völlig. Das war es ... da war nichts Festes, nichts Stillstehendes. Kein Ich war da ... die ganze Welt war Gewahrsein.«

In einer klassischen Zen-Geschichte bittet der Schüler Hui-K'e seinen Meister Bodhidharma: »Bitte hilf mir meinen Geist zur Ruhe zu bringen.« Bodhidharma erwidert: »Bring mir deinen Geist, damit ich ihn zur Ruhe bringen kann.« Nach einem langen Augenblick des Schweigens sagt Hui-K'e: »Aber ich kann meinen Geist nicht finden!« – »Siehst du«, gibt Bodhidharma mit einem Lächeln zur Antwort, »jetzt habe ich deinen Geist zur Ruhe gebracht.«

Wenn wir wie Hui-K'e nach innen schauen, gibt es da keine Wesenheit, keinen Geisteskern, kein Selbst, kein Ding, das wir identifizieren könnten. Da ist nur Gewahrsein – offenes, leeres Gewahrsein. Wir können kein Zentrum ausmachen und keine Begrenzung für unsere Erfahrung finden. Solange wir uns nicht wieder in Gedanken verankern oder nach erwünschten Empfindungen oder Gefühlen greifen, haben wir nichts, worauf wir stehen können, keinen festen Boden. Das kann beunruhigend, beängstigend, unglaublich rätselhaft sein. Es mag eine Fülle an Aktivität geben – Klänge, Empfindungen, Bilder –, aber da ist nichts, woran man sich festhalten könnte, kein Ich hinter dem Vorhang, das die Fäden zieht. Dieses Schauen von nichts, von keinem Ding, nennen die tibetischen Lehrer die höchste Sicht.

Aber diese Leerheit, diese »Kein-Ding-lichkeit« ist nicht leer von Leben. Leeres Gewahrsein ist vielmehr voller Präsenz, *pul-*

siert in Wissen. Gewahrsein ist seiner Natur nach Erkenntnis, ein unablässiges Wissen vom Strom der Erfahrung. In diesem Augenblick, in dem Sie lesen, werden Laute gehört, werden Schwingungen gefühlt, werden Form und Farbe gesehen. Dieses Wissen geschieht unmittelbar, spontan. Wie ein von der Sonne erleuchteter Himmel ist das Gewahrsein strahlend in Erkenntnis und grenzenlos genug, um alles Leben in sich zu enthalten.

Wie Jim entdeckte, müssen wir, um das reine Gewahrsein zu erkennen, den Schleier der Geschichten, Gedanken, Wünsche und Ängste, der unser natürliches Wesen verdeckt, lösen. Sri Nisargadatta schreibt: »Die wirkliche Welt existiert jenseits unserer Gedanken und Vorstellungen; wir sehen sie durch das Netz unserer in Vergnügen und Schmerz, richtig und falsch, innen und außen unterteilten Wünsche und Begierden. Um das Universum so zu sehen, wie es ist, muss man hinter das Netz treten. Das ist gar nicht schwer, *denn das Netz ist voller Löcher*.«

Unsere Aufmerksamkeit ist immer auf etwas fixiert – die schmeichelhafte Bemerkung von jemandem, unsere Pläne für nächsten Samstag, die Erinnerung an unsere schmutzige Küche, die Gedanken an eine Auseinandersetzung. Unsere Realität sind die Gedanken und Dramen, die sich in unseren Köpfen wie Filme abspulen. Wir treten hinter das Netz, indem wir von unseren Geschichten und Beschäftigungen lassen und uns dem Gewahrsein zuwenden. Das ist so, als drehten wir uns um, schauten auf den Projektor und machten uns klar, dass es das Licht ist, das die Bilder so lebendig erscheinen lässt. Wir schauen zurück in die Leere, die die schöpferische Quelle aller Geschichten und Emotionen ist, in den formlosen fruchtbaren Raum, aus dem alle Existenz hervorgeht. Dort »sehen wir das Universum, wie es ist«.

Alles, was wir möglicherweise sehen, hören, fühlen oder uns vorstellen können – diese ganze Welt –, ist eine phantastische Vorführung, die im Gewahrsein oder in der Bewusstheit in Erscheinung tritt und verschwindet. Wenn Gedanken entstehen – wo kommen sie her, wo gehen sie hin? Wenn Sie das Hineinschauen in den Raum erkunden, zwischen den Gedanken hindurch, durch die Löcher im Netz, dann schauen Sie ins Gewahrsein selbst. Sie mögen still dasitzen und einfach ein paar Momente nur lauschen. Nehmen Sie zur Kenntnis, wie die Laute aufsteigen und sich im formlosen Gewahrsein wieder auflösen. Können Sie den Anfang und das Ende der Laute ausmachen? Den Raum dazwischen? Es geschieht alles im Gewahrsein, im Wissen des Gewahrseins.

Dieses »Schau und sieh … Lass los und sei frei« ist revolutionär und läuft unserem Instinkt zuwider. Statt zu versuchen, unsere Erfahrung unter Kontrolle zu halten oder zu deuten, üben wir uns darin, den Griff zu lockern. Indem wir wach und achtsam loslassen, hinein in das, was genau hier ist, werden wir nach Hause getragen ins Mysterium und in die Schönheit, die unsere tiefste Natur sind. Lama Gendun Rinpoche schreibt:

Das Glück lässt sich nicht durch große Anstrengung und Willenskraft finden,
Vielmehr ist es schon da, in der Entspannung, im Loslassen.
Müh dich nicht ab, es gibt nichts zu tun …
Nur unsere Suche nach dem Glück hindert uns daran, es zu sehen …
Glaub nicht an die Wirklichkeit von guten und schlechten Erfahrungen;
Sie sind wie Regenbogen.

Im Wunsch, das nicht Greifbare zu ergreifen, erschöpfst du dich umsonst.
Sobald du von diesem Greifen ablässt, ist der Raum da
– offen, einladend und behaglich.

Also mach Gebrauch davon. Alles ist schon dein. Such nicht mehr weiter …
Da ist nichts zu tun.
Nichts zu erzwingen,
Nichts zu wünschen
– und alles geschieht von selbst.

Der Pfad des Erwachens ist einfach ein Prozess der wachen und tiefen Entspannung. Wir sehen, was im Hier und Jetzt ist, und lassen los, hinein ins Leben, genau so, wie es ist. Wie befreiend! Mit zunehmender Übung bedarf das Erkennen unseres natürlichen Gewahrseins immer weniger der Mühe oder des Gefühls von Tun. Statt einen Hügel zu erklimmen, um die Aussicht genießen zu können, lernen wir die Kunst, uns zu entspannen, zurückzulehnen und wach den ganzen Ausblick zu bewohnen. Wir schauen zurück ins Gewahrsein und *lassen einfach los, hinein in das Geschaute*. Mehr und mehr werden wir im Gewahrsein heimisch, statt in irgendeiner Geschichte von einem Ich, das auf unserem Weg irgendwo anders hin versagt. Wir sind zu Hause, weil wir aus erster Hand die unermesslich weite und strahlende Präsenz gesehen und erlebt haben, die die Quelle unseres Seins ist.

Unsere Natur als Leerheit und Liebe erkennen

Dem Mahayana-Buddhismus zufolge ist die offene, wache Leerheit des Gewahrseins unsere absolute wahre Natur. Unsere ursprüngliche Natur ist unveränderlich, nicht bedingt, zeitlos und rein. Wenn wir dieses Gewahrsein in die relative Welt der Form einbringen, erwacht die Liebe. Wir begegnen dem sich stets wandelnden Strom des Lebens – dieser lebendigen, sterbenden, atmenden Welt – mit akzeptierender Präsenz und gleichbleibend aufgeschlossenem Herzen. Was unser Geist als leeres Gewahrsein erkennt, erfährt unser Herz als Liebe.

Unser Sein wohnt sowohl im Unmanifestierten wie im Manifestierten, im Absoluten und im Relativen. Die im *Herz-Sutra* zum Ausdruck gebrachte Wahrheit gilt als Juwel der Mahayana-Lehren. Darin heißt es: »Form ist Leerheit, Leerheit ist Form. Form ist nichts anderes als Leerheit, Leerheit ist nichts anderes als Form.« Der formlose Ozean des Gewahrseins bringt die unterschiedlichen und endlosen Wellen des Lebens hervor: Gefühle, Bäume, Menschen, Sterne. Indem wir sehen, dass alles Leben einem einzigen Gewahrsein entspringt, erkennen wir unser Verbundensein und fühlen wir die Liebe in ihrer ganzen Fülle und Umfassendheit. Indem wir alle Lebewesen schätzen und Mitgefühl für sie hegen, erkennen wir das leere, wache Gewahrsein, das unsere gemeinsame Quelle ist.

Die Liebe zum Leben und die Erkenntnis unserer Essenz als formloses Gewahrsein sind nicht voneinander zu trennen. Wie ein japanisches Sprichwort sagt: »Das reine Gewahrsein zu schauen, ohne sich liebevoll auf unser Leben einzulassen, ist ein Tagtraum. Ohne Vision in dieser relativen Welt zu leben ist ein Alptraum.« Manchmal können wir in unserem Bemühen um Nichtanhaftung versucht sein, uns von der Unordentlichkeit und vom Ungestüm unserer Körper und Gefühle und von unseren zwischenmenschlichen Beziehungen zu distanzieren. Dieses Abgrenzen lässt uns in einem körperlosen Tagtraum zurück, der nicht im Gewahrsein von unserer lebendigen Welt gründet. Andererseits verlieren wir uns im Alptraum der Identifikation mit einem isolierten, leidenden Ich, wenn wir in die mentalen Dramen und wechselnden Emotionen unseres Lebens eintauchen, ohne uns auf das leere, wache Gewahrsein zu besinnen, das unsere ursprüngliche Natur ist.

Manchmal gelangen wir zur tiefsten Einsicht in die wechselseitige Verbundenheit von Liebe und Leerheit, wenn wir uns mit dem Schmerz und dem Leid des Verlusts konfrontiert sehen. So war es kürzlich bei mir, als ich meine schwarze Pudelhündin verlor, die eine meiner besten Freundinnen gewesen war. Sie hieß ebenfalls Tara und war stets gut gelaunt und zum Spielen aufgelegt. Ich hatte das Gefühl, dass sie mich auf meiner Laufstrecke die steilen Strecken bergauf immer anfeuerte. Wenn ich langsamer wurde, fing sie an mich zu umkreisen. Die wenigen Male, die sie plötzlich an mir vorüberschoss und mich auf die Straße längs hinschlagen ließ, meinte sie es nicht böse. Sie war überrascht, freundlich, es tat ihr leid. Viele von uns kennen solche Freundschaften. Es sind stille Freundschaften, die sich oft im Hintergrund abspielen. Und dennoch halten sie unser Leben aufrecht.

Tara bekam einen Gehirntumor, und es dauerte sechs Monate, bis er diagnostiziert wurde. Sie wurde lethargisch und unkoordiniert in ihren Bewegungen, folgte mir aber immer noch und mühte sich tapfer ab, eine gute Gesellschafterin zu sein. Als wir das Problem erkannten, bemühte ich mich sehr darum, ihr Leben zu retten. Sie hatte ihr eigenes Regalbrett mit Arzneien und ertrug geduldig einige Monate Strahlentherapie. Ich hielt zäh an ihr fest, hoffte gegen alle Wahrscheinlichkeit.

Die Behandlung brachte nichts, und ihre Schmerzen wurden schlimmer. Wegen der Steroide fiel ihr das Fell in Büscheln aus. Wenn ich morgens aufwachte, fand ich sie am Fußende meines Bettes liegen, und ein weiterer roter Fleck nackter Haut war zu sehen. Trotzdem wedelte sie matt mit dem Schwanz oder leckte mich sanft und liebevoll, wollte dem Tag aber nicht entgegentreten. Ich spürte, ich hatte keine andere Wahl, als ihrem Leben ein Ende zu bereiten. Sie blickte mich vertrauensvoll an, als ich sie auf den Stahltisch in der Praxis des Tierarztes setzte. Diesen Moment werde ich nie vergessen. Sie war still und bereit, als ihr die Chemikalien injiziert wurden, die ihr Herz zum Stillstand brachten.

Als der Arzt mich mit Taras Körper allein ließ, brach der Verlust über mich herein, ich schluchzte voll Trauer und Kummer. Ich streichelte und küsste einfach immer weiter ihren lieben Kopf, spürte, wie ihre Gegenwart und Abwesenheit in mir zusammenprallten, mich durchwirbelten. Meine liebe Freundin war gegangen. Nie wieder würden ihre Augen bei meinem Anblick aufleuchten, nie wieder würde sie mit mir rennen, nie wieder warm neben mich gekuschelt schlafen. Doch diese schmerzende, liebende Verbindung war noch so sehr da und lebendig! Während ich sie hielt und umarmte, konnte ich fühlen, wie diese Welt der geliebten Formen sich mit unablässiger, zwingender Kraft ausagiert. *Leerheit ist Form.* Ich hatte das Gefühl, als existierten nur noch diese gewaltigen Wogen in der Welt, die mein völlig niedergeschlagenes Ich durchströmten. Ich war tief im Anhaften, Verlieren, Schmerzen, Lieben versunken. Ich konnte nichts weiter tun, als Woge um Woge des Leids ins Gewahrsein einzubeziehen.

Doch in diesem herzzerreißenden Schmerz fühlte ich auch eine weiche Präsenz, ein mitfühlendes »Dabeisein« in meinem Kummer. Diese riesigen Wogen der Traurigkeit wurden im Raum und in der Güte des Gewahrseins gehalten und getragen. Als ich fragte, wer gewahr ist, erschien und entfaltete sich der Strom wunder, schmerzender, schwermütiger Gefühle in einem weiten und offenen Gewahrsein. Als ich in diese wache Offenheit hinein losließ, gab es dort kein Ich oder Selbst, dem dieses Trauern oder eine Freundin zu eigen war, die es hätte verlieren können. Ich sah, wie diese überaus lebendige Vorführung sich einfach ereignete wie die Bewegung des Windes oder die plötzlich hereinbrechende Dunkelheit vor einem Gewitter. *Form ist Leerheit.* Da war nur das zärtliche Feld des Gewahrseins, das das Entstehen und Vergehen des Lebens erfuhr.

Alle unsere Emotionen, und vielleicht vor allem die tiefe Trauer, können uns zur Wahrheit des *Herz-Sutra* tragen – wenn wir ihnen mit Radikaler Akzeptanz begegnen. Der Dichter David Whyte schreibt:

Wer nicht unter die stille Oberfläche
des Brunnens tiefer Trauer schlüpft,

sich nach unten wendet durch sein schwarzes Wasser,
dorthin, wo wir nicht atmen können,

wird nie die Quelle kennen, aus der wir trinken,
das geheime Wasser, kalt und klar,

und auch die im Dunkel glimmernden
kleinen runden Münzen nicht finden,
hineingeworfen von denen, die sich etwas anderes
wünschten.

Unsere Trauer ist ein ehrliches Erkennen und Anerkennen der Tatsache, dass dieses hochgeschätzte Leben vergeht. Wir öffnen uns, ganz gleich, was wir verlieren, für den Ozean der Trauer und des Kummers, weil wir alles an und in diesem flüchtigen Leben betrauern. Doch unsere Bereitschaft, uns in die schwarzen Wasser des Verlusts zu begeben, enthüllt uns die Quelle, das liebende Gewahrsein, das todlos ist.

Die Radikale Akzeptanz ist die Kunst, sich voll und ganz auf diese Welt einzulassen – sich aus ganzem Herzen um die Kostbarkeit des Lebens zu kümmern –, während wir auch im formlosen Gewahrsein ruhen, das dieses Leben entstehen und vergehen lässt. Es gibt Zeiten, in denen die in unserem Leben entstehenden Formen ganz natürlich im Vordergrund des Bewusstseins stehen. Als Tara starb, wäre ich der Trauer und dem Leid ausgewichen und hätte sie aufgeschoben, wenn ich nicht den mich durchströmenden Wogen des Schmerzes volle Präsenz entgegengebracht hätte. Wenn wir von Wünschen, Bedürfnissen, Trauer oder Angst erfüllt sind, mag uns das frühzeitige Schauen in Richtung Gewahrsein die Möglichkeit bieten, uns von der Härte und Rohheit unserer Emotionen zu lösen.

Doch während wir dieses Leben ganz klar liebevoll annehmen müssen, können wir die Radikale Akzeptanz nicht erfahren, wenn wir die Offenheit des formlosen Gewahrseins vergessen haben. In den Augenblicken, in denen ich ins Gewahrsein schaute, sah ich die unveränderliche, zeitlose Natur, die die Essenz meiner Hündin Tara war und die leere Essenz aller Wesen allerorten ist. Das war die Quelle jener Augen, die mich so warmherzig anblickten, des Gewahrseins, das nie verlorengehen, nur vergessen werden kann.

Das Tor nach Hause: in die bedingungslose Präsenz eintreten

In einer der Jatakas, den mythischen Unterweisungsgeschichten über Buddhas frühere Leben, war der Buddha ein guter Kaufmann, der in einem kleinen Dorf in Nordindien lebte. Als er eines Nachmittags in seinem Laden arbeitete und nach draußen blickte, sah er eine wunderschöne leuchtende Person über den

Dorfplatz schreiten. Er war wie vom Donner gerührt. Und als er sie weiter beobachtete, fühlte er in seinem Herzen ein Jubeln und Jauchzen aufsteigen. Nie zuvor in seinem Leben hatte er ein menschliches Wesen so sichtbar Mitgefühl ausstrahlen, noch nie zuvor die göttliche Immanenz mit solcher Kraft hervorleuchten sehen.

Der Kaufmann wusste sofort, dass er diesem Wesen dienen und sein Leben dem Erwecken einer solchen Liebe in seinem eigenen Herzen widmen wollte. Mit großer Sorgfalt bereitete er ein Tablett mit reifen Früchten und Tee zu, um eine Erfrischung anzubieten. Er trat hinaus ins Sonnenlicht, ging freudig und mit bedachten Schritten auf die Lichtgestalt zu, die dastand und ihn zu erwarten schien.

Plötzlich, der Kaufmann hatte den Dorfplatz erst zur Hälfte überquert, verwandelte sich das Tageslicht in Dunkelheit. Der Boden erbebte gewaltig, und in der Erde tat sich ein Spalt zwischen ihm und dem Wesen auf, dem er zu dienen wünschte. Blitze durchzuckten den schwarzen Himmel, und er sah die funkelnden Augen und bluttriefenden Rachen schrecklicher Dämonen. Er war von den Stimmen Maras umgeben: »Geh zurück! Kehr um! Es ist zu gefährlich … das überlebst du nicht!« Ohrenbetäubender Donner ließ die Luft erzittern, und die Stimmen warnten: »Dieser Weg ist nicht für dich! Für wen hältst du dich? Geh zurück in deinen Laden, zum Leben, das du kennst.«

Voller Schrecken wollte der gute Kaufmann schon kehrtmachen, fliehen und sich in Sicherheit bringen. Aber in diesem Moment stieg in seinem Herzen eine so gewaltige Sehnsucht auf, dass sie das ganze Universum hätte ausfüllen können. Dieser tiefe Wunsch nach Liebe und Freiheit war stärker als jegliche warnende Stimme. Erfüllt von der Gestalt des strahlenden Wesens tat er einen Schritt hinein in Maras dunkles Chaos. Und dann tat er noch einen Schritt und noch einen. Die Dämonen verschwanden, das strahlende Tageslicht kehrte zurück, die Erde fügte sich zusammen und war wieder heil und ganz.

Der Kaufmann fand sich, vor Leben sprühend und vor Liebe und Dankbarkeit überfließend, direkt vor der Lichtgestalt stehen. Das große Wesen umarmte ihn und sagte: »Wohl getan, Bodhisattva, wohl getan. Geh weiter durch all die Ängste und Schmerzen dieses Lebens. Geh weiter, folge deinem Herzen und vertraue auf die Kraft des Gewahrseins. Geh weiter, Schritt für Schritt, und du wirst eine Freiheit und einen Frieden jenseits aller Vorstellungskraft kennenlernen.«

Als er diese Worte vernahm, fühlte der gute Kaufmann, wie sein ganzes Wesen von Licht erfüllt wurde. Und als er sich umschaute, sah er die Erde und die Bäume, die singenden Vögel und jeden Grashalm von derselben göttlichen Präsenz durchleuchtet. Er und das große Wesen und jeder Teil dieser lebendigen Welt gehörten dieser grenzenlosen, strahlenden Präsenz an.

Ganz gleich, wie gewaltig und dicht die Wolken der Angst, Scham und Verwirrung sind, wir können uns, wie der Kaufmann, auf unsere Sehnsucht besinnen, Mitgefühl zu erwecken, auf unsere Sehnsucht, weise und frei zu sein. Die Besinnung auf das, was wir schätzen und lieben, leitet uns an, unsere Ängste und Zweifel mit Gewahrsein zu betrachten und anzunehmen. Wenn wir uns so von Augenblick zu Augenblick bewegen, finden wir, wonach wir uns sehnen.

Wenn Mara in Erscheinung tritt, können wir erwachen, indem wir nur einen Schritt tun – indem wir den Boden dieses gegenwärtigen Augenblicks in mitfühlender Präsenz berühren. Bei einem ärgerlichen Wortwechsel tun wir einen Schritt, fühlen in Gewahrsein den steigenden Druck in der Brustgegend, die Hitze im Gesicht. Hat unser Kind hohes Fieber, tun wir einen Schritt, begegnen, während wir mit dem feuchten Tuch seine Stirn kühlen, unserer Angst mit Gewahrsein. Wenn wir uns nach Eintritt der Dunkelheit in einer fremden Stadt verirrt haben, tun wir einen Schritt, nehmen in Gewahrsein den Druck der Angst zur Kenntnis, wenn wir um die Ecke biegen und erneut eine unbekannte Straße vor uns sehen. Das ist der Pfad – immer und immer wieder mit freundlichem Gewahrsein im Augenblick anzukommen. Auf diesem Pfad des Erwachens kommt es nur darauf an, immer nur einen Schritt auf einmal zu tun, zu diesem Quäntchen bereit zu sein, den Grund eben in diesem Moment zu berühren.

Der Pfad der Radikalen Akzeptanz befreit uns von den Stimmen Maras, die uns erzählen, dass wir isoliert, nichts wert, unwürdig sind. Wann immer wir vollkommen präsent sind, entdecken wir die natürliche Wachheit und Güte, die uns inhärent sind. Wir gelangen auf lebendige Art und auf zellularer Ebene zum Verstehen, wer wir wirklich sind. Rumi schreibt:

Ich bin Wasser. Ich bin der Dorn,
der jemandes Gewand einfängt …

Es gibt nichts zu glauben.
Erst als ich aufhörte, an mich zu glauben,
gelangte ich in diese Schönheit …

Tag und Nacht hütete ich die Perle meiner Seele.
Jetzt, in diesem Ozean perlender Strömungen,
habe ich die Spur von dem, was mein war, verloren.

Wenn wir im Gewahrsein leben, leben wir in der Liebe. Das von uns so wertgeschätzte liebende Gewahrsein ist kein ferner Duft, kein Schatz, der nur nach entbehrungsreicher mühseliger Reise gefunden werden kann. Es ist kein Schatz, um den wir kämpfen oder den wir schützen müssen. Wie das Moschustier bei seinem Tode erkannte, ist die Schönheit, nach der wir uns sehnen, schon hier. Indem wir uns von unseren Geschichten über »für wen wir uns halten« lösen, indem wir wach in diesen Augenblick des Jetzt eintreten, sehen wir, dass nichts fehlt, sich nichts außerhalb dieses Ozeans perlender Strömungen befindet.

Auch wenn wir auf unserem Pfad abdriften und unser essenzielles Wesen aus den Augen verlieren, führt uns die Erinnerung an das, was wir lieben, zurück zur geheiligten Präsenz. Im *Tibetischen Totenbuch* finden wir die tiefgehende Versicherung: »Entsinne dich dieser Belehrungen, besinne dich auf das klare Licht, das leuchtende Licht deiner eigenen Natur. Ganz gleich, wohin du oder wie weit du wanderst, das Licht ist nur einen Sekundenbruchteil, nur einen halben Atemzug entfernt. Es ist nie zu spät, das klare Licht deines reinen Gewahrseins zu erkennen.« Wir können dem Gewahrsein und der Liebe vertrauen, die unser wahres Zuhause sind. Wenn wir uns verirren, brauchen wir nur Pause zu machen, uns anzuschauen, was wahr ist, uns im Herzen zu entspannen und wieder anzukommen. Das ist die Essenz der Radikalen Akzeptanz.

GELENKTE MEDITATION
Wer bin ich?

Die fundamentale Frage der meisten spirituellen Traditionen lautet: Wer bin ich? Die tibetisch-buddhistische Praxis des Dzogchen (die »Große Vollkommenheit«) trainiert uns ganz direkt im Erkennen unserer wahren Natur. Bevor Sie sich der folgenden Dzogchen-Version widmen, nehmen Sie sich am besten etwas Zeit, um sich zu entspannen und den Geist zur Ruhe zu bringen. Sie können einen Körper-Scan durchführen (siehe »Entfaltung körperlicher Präsenz, S. 152) oder eine Vipassana-Meditation (siehe »Die Vipassana-Praxis«, S. 66). Es werden im Verlauf dieser Übung ganz natürlich weiterhin Gedanken und Gefühle aufsteigen, doch am besten wird sie begonnen, wenn die Emotionen nicht besonders stark sind. Idealerweise begeben Sie sich dazu in ein Ambiente, wo Sie direkt in den offenen Himmel schauen können oder durch die Aussicht zumindest nicht abgelenkt werden. Es ist auch durchaus in Ordnung, wenn Sie durch ein Fenster, auf eine nackte Wand oder in den offenen Raum eines Zimmers schauen.

* * *

Setzen Sie sich bequem hin, so dass Sie wach und entspannt zugleich sein können. Lassen Sie den Blick auf einem Punkt leicht über Augenhöhe ruhen. Und lassen Sie ihn weich und unfokussiert, so dass Sie auch noch Eindrücke vom Rande Ihres Gesichtsfeldes aufnehmen können. Entspannen Sie Ihre Augenpartie, auch die Stirn ist glatt und entspannt.

Schauen Sie auf den Himmel, oder stellen Sie sich einen klaren blauen Himmel vor, und lassen Sie Ihr Gewahrsein sich mit diesem grenzenlosen Raum vermischen. Erlauben Sie Ihrem Geist, weit offen zu sein – entspannt und raumgleich. Nehmen Sie sich ein paar Augenblicke, um auf Laute und Klänge zu hören und wahrzunehmen, wie sie sich von sich aus ereignen. Ruhen Sie im Gewahrsein, das auch die fernsten Geräusche mit einbezieht.

Lassen Sie nun so, wie die Laute und Klänge in Erscheinung treten und verschwinden, auch die Empfindungen hervortreten und sich wieder auflösen. Lassen Sie den Atem leicht fließen, sich wie eine sanfte Brise bewegen. Seien Sie sich der Gedanken gewahr, die durchziehen wie dahintreibende Wolken. Ruhen Sie im offenen und unabgelenkten Gewahrsein, nehmen Sie die sich wandelnde Darbietung von Klängen, Gefühlen und Gedanken zur Kenntnis.

Wenn Sie merken, dass sich Ihr Geist auf einen bestimmten Gedanken fixiert – oder auf ein Urteil oder einen geistigen Kommentar, ein Bild oder eine Geschichte –, dann schauen Sie sanft ins Gewahrsein, um den Ursprung des Gedankens auszumachen. Fragen Sie: »Wer denkt?« Oder: »Was denkt?« Oder: »Wer ist sich in diesem Moment gewahr?« Blicken Sie ganz leicht zurück ins Gewahrsein – nur um kurz zu sehen, wer denkt. Was nehmen Sie wahr? Irgendein »Ding« oder »Ich« oder »Selbst«, das statisch, stabil oder dauerhaft ist? Gibt es eine Wesenheit, die vom sich wandelnden Strom der Gefühle oder Gedanken gesondert existiert? Was sehen Sie konkret, wenn Sie ins Gewahrsein schauen? Weist Ihre Erfahrung irgendeine Grenze oder ein Zentrum auf? Sind Sie sich Ihres Gewahrseins gewahr? Das ganze Netz der Gedanken, Wünsche und Ängste ist voller Löcher. Wenn Sie dahinterblicken, sehen Sie allmählich, dass alles Leben aus dem Gewahrsein, aus der Bewusstheit, entsteht und sich darin auflöst.

Lassen Sie los und entspannen Sie sich voll in das Meer der Wachheit hinein. Lassen Sie los, lassen Sie sein, lassen Sie das Leben sich ganz natürlich im Gewahrsein entfalten. Ruhen Sie im Nichttun, in unabgelenkter Bewusstheit. Wenn sich der Geist wieder auf Gedanken fixiert, schauen Sie zurück ins Gewahrsein, um den Ursprung des Denkens auszumachen. Dann lassen Sie los und lassen sein. Versichern Sie sich, dass Sie sich jedes Mal, wenn Sie den Griff der Gedanken lösen, vollkommen entspannen. Entdecken Sie die Freiheit, die darin liegt, sich in Wachheit zu entspannen, das Leben so sein zu lassen, wie es ist. Schau und sieh, lass los und sei frei.

Wenn Empfindungen Ihre Aufmerksamkeit fordern, schauen Sie auf gleiche Weise ins Gewahrsein zurück, fragen, wer sich heiß oder müde oder verängstigt fühlt. Sollten diese jedoch in irgendeiner Weise sehr stark oder zwingend sein, bringen Sie dieser Erfahrung unmittelbar akzeptierende und freundliche Aufmerksamkeit entgegen. Wenn Sie zum Beispiel den Klammergriff der Angst spüren, benutzen Sie den Atem, um sich wieder mit der Offenheit und Zärtlichkeit zu verbinden (siehe »Tonglen – das Herz des Mitgefühls erwecken«, S. 287). Wenn Sie sich wieder gleichmütig und mitfühlend auf die Erfahrung beziehen können, nehmen Sie die Dzogchen-Praxis wieder auf und ruhen im Gewahrsein.

Im Gefolge starker Emotionen stellt man häufig fest, dass der Eindruck von einem »Geister-Ich« bleibt – von einem Ich oder Selbst, das die Angst oder Verletzung in Mitgefühl hält. Wenn Sie das spüren, fragen Sie: »Wer ist mitfühlend?«, und schauen ins Gewahrsein. Lassen Sie dann los in das Geschaute hinein. Lassen Sie los, hinein in das selbst-lose Gewahrsein, in die von Mitgefühl durchdrungene Leere. Das natürliche Aufsteigen von Emotionen bietet die tiefgreifende Gelegenheit zur Erfahrung, dass der natürliche Ausdruck von Gewahrsein oder Bewusstheit Liebe ist. Hier verweben sich Dzogchen-Praxis, das Schauen ins Gewahrsein und Tonglen miteinander.

* * *

Es ist wichtig, dass Sie Dzogchen auf leichte und mühelose Art üben und nicht im Bestreben, es richtig zu machen, das geistige Bewusstsein zusammenziehen. Um keinen Stress aufkommen zu lassen, beschränken Sie die Übung am besten auf Intervalle von fünf bis zehn Minuten. Sie können mehrmals am Tag kurze Phasen der formellen Praxis durchführen. Was das informelle Praktizieren angeht, so nehmen Sie sich, wenn Sie daran denken, ein paar Augenblicke, schauen ins Gewahrsein und sehen, was wahr ist. Dann lassen Sie los, lassen Sie sein.

Danksagung

Das Schreiben von *Mit dem Herzen eines Buddha* war eine der größten Lektionen darüber, dass nichts unser Eigen ist, schon gar nicht der schöpferische Prozess. Die Freundlichkeit, Güte, Intelligenz und Großzügigkeit vieler lieber Menschen flossen zusammen, um diesem Buch zur Geburt zu verhelfen.

Ich fange mit Shoshana Alexander an, weil ihr redaktionelles Hebammentum und ihre liebevolle Freundschaft mich auf jedem Schritt des Weges unterstützten. Shoshana half mir zu verstehen, was ich sagen wollte, und zeigte mir, wie es sich auf bestmögliche Art sagen ließ. Sie, eine begabte Schriftstellerin, war eine der exzellentesten Lehrerinnen, der ich im Zusammenhang mit diesem Projekt begegnen konnte.

Jack Kornfield ließ mir vom ersten Tag an, an dem ich ihm anvertraute, dass ich dieses Buch schreiben wolle, seine zuverlässige Unterstützung und beständige Ermutigung zukommen. Er ist ein wunderbarer Mentor und Freund. Seine von Mitgefühl beseelte Vision und sein in mich und in dieses Buch gesetztes Vertrauen waren mir eine fortwährende nährende Quelle.

Herzlichen Dank an meine Lektorin bei Bantam, Toni Burbak, sie ist einfach die Beste! Es war ein Privileg, der Führung einer so erfahrenen und in ihrer Weisheit und Menschlichkeit so tiefgründigen Person teilhaftig zu werden. Mein tiefer Dank gilt auch meiner Agentin Anne Edelstein, für ihre Gescheitheit, gute Laune und Herzenswärme; dafür, dass sie mich so bestärkend und so vertrauenswürdig durch alles hindurchgeleitet hat. Und ich danke auch meiner Verlegerin Anita Halton für ihre Verlässlichkeit und Intelligenz und ihren Glauben an dieses Buch.

Mein besonderer Dank geht an Joseph Goldstein, meine Schwester Darshan Brach, meinen Bruder Peter Brach, meine Eltern Nancy und Bill Brach, meine Freunde und Freundinnen Tarn Singh, Carolyn Klamp und Doug Klamp. Und an Alice und Stephen Josephs, die das gesamte Manuskript durchgelesen und ihm so viele Stunden ihres glänzenden Geistes und teilnehmenden Herzens geschenkt haben. Ich werde auch meiner Schwester Betsy Brach ewig dankbar sein, die den Text nicht las, weil sie damit beschäftigt war, mir zehn Millionen andere Gefallen zu tun.

So viele andere haben mir auf so vielfältige Weise geholfen. Ich möchte Barbara Gates, die mir das Exposé vorzubereiten half, für ihre Klarheit und Begeisterung danken; Rebecca Cardozo, die mit so sorgfältiger Hingabe Genehmigungen einholte; Barbara Graham, die mich mit ihrem redaktionellen Talent wie auch ihren Erfahrungen in der Verlagswelt in all diesen Jahren des Schreibens unterstützt hat. Mein Dank gilt auch Tim Kinney, der viele Stunden bei der Gestaltung half, und Melanie Berkman, deren Kompetenz und Herzenswärme das Arbeiten mit Bantam glatt und problemlos verlaufen ließ. Sharon Salzberg nahm mich in so vielerlei Hinsicht unter ihre Fittiche. Sie und ihre Assistentin Gyano Gibson ließen mir unschätzbare Anleitung und schwesterliche Unterstützung zukommen. Und euch allen, meinen Freundinnen und Freunden.

Ebenso schulde ich meinen Klienten und Klientinnen, der Insight Meditation Community of Washington und meiner weltweiten Sangha von Schülerinnen und Freunden tiefen Dank. Ohne eure Geschichten und Inspiration gäbe es dieses Buch nicht. Und vor all meinen Lehrerinnen und Lehrern, vor all den mitfühlenden Wesen, die die uralten Wahrheiten und Praxisübungen weitergegeben haben, verbeuge ich mich in Liebe und Dankbarkeit.

Schließlich habe ich das große Glück, Familie und Freunde zu haben, die mir meine langen Zeiten der Abwesenheit und Unaufmerksamkeit vergaben und mir durch all diese letzten Jahre hinweg ihre bedingungslose Zuneigung schenkten. Ich danke euch allen zutiefst. Und du mein lieber Freund Alex und du mein geliebter Sohn Narayan, seid gesegnet dafür, dass ihr immer da seid.

Quellen

S. 19 Wendel Berry, in: *The Selected Poems of Wendel Berry*, Counterpoint Press, Perseus Books, L. L. C., 1998.

S. 41 Antonio Machado, in: Times Alone: *Selected Poems of Antonio Machado,* übersetzt von Robert Bly, Wesleyan University Press 1983.

S. 56 Rumi, Jalal Al-Din, in: *The Essential Rumi,* op. cit.

S. 71 David Whyte, in: David Whyte, *Where Many Rivers Meet,* Many Rivers Press 1990.

S. 97 Rumi, Jalal Al-Din, in: *The Essential Rumi,* op. cit.

S. 111 f. Brown, Ed, »Pillsbury Biscuits Story« in: *Shambala Sun* Magazine, Juli 1994.

S. 125 A. H. Almaas, *Essentielles Sein. Die Bedeutung des Lebens,* Arbor, Freiamt 2000. S. 21.

S. 151 f. Roger Keyes, »Hokusai Says«, Abdruck mit freundlicher Genehmigung des Autors.

S. 159 Rumi, Jalal Al-Din, in: *The Essential Rumi,* op. cit.

S. 190 Rumi, Jalal Al-Din, in: Deepak Chopra, *Love Poems of Rumi,* Harmony Books, Random House, Inc. 1998.

S. 233 Rainer Maria Rilke, Die Zehnte Elegie, in: *Duineser Elegien,* Insel, Leipzig 1923, S. 46.

S. 234 Rainer Maria Rilke, Die Vierte Elegie, in: *Duineser Elegien,* op. cit., S. 23.

S. 239 Rumi, Jalal Al-Din, in: *The Essential Rumi,* op. cit.

S. 251 Rainer Maria Rilke, Ich bete wieder, du Erlauchter, in: *Das Stunden-Buch,* Zweites Buch, Insel, Leipzig 1918, S. 52

S. 255 f. Hafiz, in: Daniel Ladinsky, *The Subject Tonight is Love,* 1996. Abdruck mit freundlicher Genehmigung des Autors.

S. 257 Hafiz, in: Daniel Ladinsky, *The Subject Tonight is Love,* op. cit.

S. 263 Rainer Maria Rilke, Ich lebe mein Leben in wachsenden Ringen, in *Das Stunden-Buch,* Erstes Buch, op. cit., S. 7.

S. 278 Naomi Shihab Nye, in: Naomi Shihab Nye, *The Words Under The Words: Selected Poems,* Far Corner Books 1995.

S. 284 Hafiz, in: Daniel Ladinsky, *The Subject Tonight is Love,* op. cit.

S. 285 Gary Lawless, in: Elizabeth Roberts und Elias Amidon, *Earth Prayers From Around The World, 365 Prayers, Poems And*

Invocation For Honoring The Earth, 1991. Abdruck mit freundlicher Genehmigung des Autors.

S. 301 f. Kabir, in: Bly Robert, *The Kabir Book,* Seventies Press 1977.

S. 331 Rumi, Jalal Al-Din, in: *The Essential Rumi,* op. cit.

S. 372 David Whyte, in: *Where Many Rivers Meet,* op. cit.

S. 376 Rumi, Jalal Al-Din in: *The Essential Rumi,* op. cit.